Éditorial du Grand Maître du Grand Orient de France

Mes très chers Frères, Mes très chères Sœurs,

Dans les circonstances inédites que nous traversons, le quotidien de chacun et celui de tout le pays se trouvent profondément bouleversés. Nos activités ont été fortement perturbées. Notre liberté de mouvement est contrainte, l'anxiété individuelle et collective s'accroît, chacun se demande de quoi demain sera fait.

En moins de six mois quelques molécules d'ARN ont réussi à réduire au confinement la moitié de l'humanité, révélant avec une violence inouïe, l'inimaginable fragilité d'un ordre mondial qui pourtant, étouffant toute critique sous le mépris de ses évidences, se prétendait indépassable.

On a souvent entendu – à chaque grande crise -, que les choses ne seraient plus jamais comme avant et on a vu aussi, souvent et comme fatalement, que bien peu de changements advenaient. Pourtant voici que l'on assiste, dans la dispersion de ce confinement, à l'expression forte d'un nouveau désir de commun, un peu comme si chacun de nous, ébranlé dans ses habitudes, s'efforçait de sortir de l'espèce de somnambulisme où l'avait plongé l'emprise de « la société automatique » mondialisée et son impudente dogmatique.

Privés de leurs tenues, empêchés de se retirer dans cet espace-temps rituel qui leur permet, avec leurs « outils symboliques » et « à la lumière de la raison », de poser la question du sens et de mieux travailler à la chose publique, à la *« res publica »,* les Francs-maçons entendent pourtant participer au questionnement citoyen sur le monde d'après. Ils veulent, à la sortie de cette pandémie, redonner chair et substance à l'utopie de la « Fraternité universelle » dont ils sont porteurs depuis leur origine, repenser la place de l'homme et le sens de son engagement au cœur de nouvelles dynamiques capables de relier autrement économie, société et environnement afin de dessiner un nouveau « commun », plus juste, plus humaniste et plus vivable qui nous permette de faire Nation.

La Chaîne d'union, qui « nous lie dans le temps comme dans l'espace », est l'expression rituelle d'une solidarité exigeante avec les générations futures. Ce Livre Blanc est l'expression publique de la réflexion de nos loges qui, elle, ne s'est jamais arrêtée.

Jean-Philippe HUBSCH, Grand Maître du Grand Orient de France

Préface

Il a été proposé à toutes les loges du Grand Orient de France de contribuer à la rédaction de ce « livre blanc » pour recueillir les réflexions des membres de l'obédience devant la pandémie qui frappe le monde. Il s'agissait de comprendre les circonstances que nous traversons en vue de reconnaître et d'explorer les passages éventuels vers un monde qui pourrait être celui de l'« Après ». Comme le font toujours les grandes épreuves, ce que nous venons de vivre a révélé le meilleur mais aussi le pire, de notre humanité.

Il n'a fallu que très peu de temps à cet ennemi invisible pour soumette la totalité de l'humanité à son emprise morbide, avec une ampleur jamais atteinte dans son histoire.

Il a su en très peu de temps imposer maints cessez-le-feu, déblocages de fonds et autres solutions qui étaient complètement inimaginables l'instant d'avant mais il a révélé aussi des failles redoutables dans notre souveraineté scientifique, technologique et industrielle et un état de dépendance que nous ne soupçonnions même pas.

Il a mis en évidence bien des dysfonctionnements, notamment dans l'organisation de nos services publics, en même temps qu'il jetait une lumière crue sur le travail fondamental de celles et ceux, tellement nombreux, méprisés et sous-payés, qui assurent toutes ces fonctions sans lesquelles aucune vie en commun ne serait possible.

Enfin, là où il y a peu de mois, rien n'était envisageable, voilà soudain que tout devient plausible, voire probable. Cette fulgurance qui nous met face à notre vulnérabilité devant la maladie et la mort nous renvoie tous, puissants, riches ou misérables, à l'égalité crue et nue de la condition humaine. Être capables de faire solidairement au risque de disparaître tous ensemble est devenu le seul horizon acceptable, ce qui n'est certes pas pour étonner des francs-maçons.

Cette proposition faite aux loges a rencontré un vrai succès. Le nombre de contributions reçues (907) représente une somme de réflexion et de propositions qui est vraiment à la hauteur de ce que nous sommes. Même si tous les sujets n'ont pas été traités de façon exhaustive, de véritables pépites émergent.

Un comité de lecture composé de vingt-trois membres s'est chargé de donner à cette œuvre collective une forme cohérente et intelligible. De nombreuses personnes ont d'abord travaillé à la correction et à la mise en forme des textes. Ils ont tous souhaité rester anonymes afin que seul soit considéré le travail des loges. Qu'ils soient toutes et tous chaleureusement remerciés pour avoir mené à bien ces tâches, parfois difficiles et ingrates.

Le livre que vous avez entre les mains vous présente une collecte de ces contributions réorganisée par thèmes et sous-thèmes qui s'appuie sur un site dédié, https://lbapres.godf.org/, où elles sont toutes disponibles dans leur intégralité. Il est certainement imparfait et on espère pouvoir compter sur votre indulgence si, de-ci de-là, subsistaient quelques scories. Il n'est pas un recueil de morceaux choisis mais s'efforce de restituer fidèlement l'œuvre collective des loges.

Ce champ de réflexion s'est mué en un chant d'espoir qui témoigne d'une vision du monde et porte un récit nouveau. Il entend contribuer activement à ce passage vers un « Après ». Il nous engage.

Les membres de la Commission « Livre Blanc Après » du Grand Orient de France

Sommaire

L'individu et la société 159

Un nouvel horizon 193

Le citoyen, l'état, le monde...

Analyse globale sociétale, économique, politique ...

Cette partie invite à une réflexion sur les organisations locales, nationales ou internationales qu'elles soient économiques, sociales, politiques... Cette interrogation s'est imposée par ce que la situation a révélé. Nous avons bien compris que nous étions dans un système d'échanges de biens et de services, d'informations. Cette interdépendance de tous avec tous a montré dans bien des cas, des faiblesses et de grandes vulnérabilités mais aussi des forces en humanité, des lueurs d'altruisme, voire des pépites en humanisme.

Ce chapitre a profité de l'expertise ou de l'expérience des Frères et Sœurs concernant les situations économiques, sociales et politiques, de toutes les organisations ou systèmes organisés.

Citoyenneté

Respectable Loge, Fraternité Caraïbe, Orient de Basse-Terre, Trois rivières, Région 1

Respectable Loge, L'Étoile bleue, Orient de Toulon, Région 2

Respectable Loge, Les Éternels Apprentis, Orient de La Possession, Ile de la Réunion, Région 3

Respectable Loge, Olympe de Gouges, Orient de Strasbourg, Région 4

Respectable Loge, Lumière – Tolérance – Fraternité, Orient de Lyon, Région 6

Respectable Loge, Athanor, Orient de Montfort l'Amaury, Région 7

Respectable Loge, Raison et Laïcité, Orient d'Aulnay-sous-Bois, Région 7

Respectable Loge, Drakkar de la Triple Espérance, Orient d'Yvetot Pays de Caux, Région 9

Respectable Loge, Triple Union, Orient de Dinan, Région 9

Respectable Loge, Tolérance et Liberté, Orient de Cambrai, Région 10

Respectable Loge, Du Devoir et De La Raison, Orient de Paris, Région 11

Respectable Loge, Le Bonheur Diderot, Orient de Paris, Région 14

Respectable Loge, Les Francs Chevaliers de Saint André d'Écosse et Solidarité Réunies, Orient de Bordeaux, Région 16

Respectable Loge, La Paix, Orient de Tarbes, Région 17

Un autre citoyen : Citoyen ou client ?

Nous vivons jusqu'à présent dans une société basée sur le profit et la marchandisation où l'on consomme de plus en plus pour que le système, axé sur l'Avoir au détriment de l'Être, continue de fonctionner. Dans ce contexte, chacun se replie sur soi, sur la satisfaction de ses propres désirs au détriment du bien commun.

Nous produisons de plus en plus de produits de consommation qu'on nous pousse à renouveler et qui ne nous procurent qu'un bien être passager, au détriment des ressources de notre planète, en rompant les équilibres naturels, en augmentant les inégalités, en produisant de plus en plus de déchets...

Peu à peu, le citoyen s'est mué en client. Or comment croire que le bonheur c'est d'avoir ? Comment améliorer la prise de conscience de la dimension citoyenne de chacun dans une dimension plus globale pour construire une humanité plus juste et plus éclairée ?

Ce confinement qui a fait émerger des solidarités, des responsabilités au service des autres, nous a délogé de nos habitudes consommatrices, nous a fait percevoir nos besoins essentiels. Il nous a fait retrouver le « goût des autres ». Il nous a redonné conscience de l'importance des services publics et de la protection sociale. En conséquence il apparait de façon largement partagée que nous devons renoncer à un modèle basé sur la croissance éternelle, la consommation de masse et l'exploitation débridée des ressources naturelles.

Toutes ces énergies d'alors ont produit un sentiment d'utilité publique tourné vers la bienveillance et la solidarité. Nous devons transformer le logiciel de façon radicale pour un modèle plus vertueux et plus humain.

Autrement dit, comment faire un autre citoyen dans une société plus centrée sur l'Humain, dans une société plus solidaire que marchande ?

Citoyen : vigie de l'intérêt général

Citoyens d'une Nation, d'un État ou d'un groupement d'États, du Monde... peu importe ! Avant tout citoyens, c'est-à-dire impliqués, conscients des enjeux, partie prenante d'un projet collectif dont les bases ont été définies et acceptées par tous, un projet forgé à l'aune du bien commun.

La Déclaration des droits de l'homme et du citoyen de 1789 en son Article 6 indique : « La Loi est l'expression de la volonté générale. », et n'accorde pas de droits à l'individu mais au citoyen.

Les notions de droit et de liberté sont donc, de par la loi, encadrées par des devoirs. C'est la libre acceptation de ces contraintes qui fait de l'homme un citoyen, c'est-à-dire « Un parmi les Autres » : un être singulier qui dépasse ses désirs personnels au profit d'un projet collectif.

Être citoyen c'est d'abord se sentir appartenir à une communauté, sentir qu'on y est reconnu. C'est aussi s'autoriser le droit et avoir le devoir de donner son avis, d'agir pour soi et pour les autres et d'en avoir le pouvoir.

Nous ne naissons pas citoyen, nous devons devenir de nouveaux citoyens, un autre citoyen !

Repenser l'éducation à la citoyenneté

La notion de nouveau citoyen exige l'implication, donc l'information... et donc la formation.

Aujourd'hui le rôle de l'école se cantonne de plus en plus à former les enfants à devenir des travailleurs au détriment d'une formation à la citoyenneté. En d'autres termes, plutôt que de produire des têtes bien faites de futurs citoyens, notre système éducatif produit des têtes bien pleines de futurs producteurs...

La place de l'éducation est fondamentale pour former un autre citoyen. Cette éducation ne peut pas reposer sur l'individu mais sur une volonté politique de fournir à l'individu des outils qui feront de lui ce citoyen éclairé.

C'est le rôle républicain de l'Éducation Nationale que de former à l'esprit critique dès le plus jeune âge, et de former les jeunes et futurs citoyens à la compréhension des enjeux républicains.

L'éducation doit donc subir une profonde réforme et cela passe d'abord par lui consacrer une part budgétaire plus importante au développement de l'éducation citoyenne, dès l'école élémentaire. Elle doit établir des ponts entre disciplines, pour que le nouveau citoyen construise une vision du monde qui ne soit pas faite d'une simple juxtaposition de savoirs simplifiés mais de savoirs dynamiques en interactions qui rendent possible l'accès à la complexité du réel.

De l'école primaire jusqu'au lycée, la citoyenneté ne se conçoit que par une construction progressive et précoce des divers apprentissages : le respect de l'autre et le sens collectif, une initiation philosophique au doute, la curiosité, le libre arbitre, la liberté de conscience, une nécessité impérieuse de croiser l'information, une autonomie de pensée et de jugement, une connaissance des valeurs et des fonctionnements de toutes les institutions locales et européennes....

L'éducation à la nouvelle citoyenneté ne se conçoit qu'au travers de mises en situations permettant une implication active de l'apprenant en termes de savoirs, de savoir-faire et de savoir-être.

Aller vers le sens critique, aller vers le sens du bien commun, mise en valeur du bien moral, aller vers la solidarité, doivent permettre d'améliorer les relations entre individus et l'attitude du citoyen envers les faits de société et les règles.

La finalité de cet enseignement ainsi refondé sera de former des citoyens matures, des citoyens conscients, conscients de leur part de responsabilité, garants du monde d'aujourd'hui et de demain.

Il faut aussi que l'éducation à la citoyenneté soit globale et s'appuie sur les synergies de l'ensemble des acteurs éducatifs de la société tout entière et qu'elle soit dispensée tout au long de la vie. De même il est tout aussi indispensable de former les formateurs de façon continue pour avancer ensemble vers cette autre citoyenneté.

Les citoyens formés auront besoin aussi d'une information indépendante la plus libre possible. La concentration de l'information dans les mains de puissances économiques et médiatiques n'est donc pas souhaitable, car elle revient à ne diffuser que l'idée d'une minorité « éclairée », une sorte d'aristocratie qui maîtriserait les codes, face à un « peuple » ne comprenant pas les enjeux républicains. Cette annexion de l'information pourrait mener droit à un « populisme », qui traduirait l'appel aux instincts les plus bas de la population. Il faut favoriser les médias libres et indépendants au service des citoyens.

Refonder un service civique

Consacrer l'entrée dans la vie active des jeunes citoyens doit passer par l'instauration d'un service civil événement majeur de la vie du jeune citoyen, pour une prise de conscience « en temps réel » et la découverte active du fonctionnement du pays, c'était déjà l'ambition du service civique instauré en 2010 !

Au sein des collectivités municipales régionales et nationales et des associations et de leurs services, ce pour une certaine durée suffisante de quelques mois ou à une année entière, chacun sera appelé à choisir le champ d'activités qu'il compte visiter de l'intérieur, afin d'en connaître les « tenants et aboutissants » : Administration du pays, Éducation Nationale, Santé, Défense Nationale, Justice, Aménagement du territoire, Environnement....

Concrétisé par la signature d'un engagement mutuel organisé, il concernera le jeune citoyen et la nation. Cet engagement comporte une liste des droits et des devoirs respectifs du jeune citoyen, d'une part, et de son pays, d'autre part.

Replacer le citoyen au centre de nouvelles structures politiques

Au sortir de cette crise inédite, nous avons besoin de civisme, cette ardente obligation qui nous est faite, à nous, les citoyens, de conjuguer nos droits avec nos devoirs, d'une République qui enseigne le goût de l'autre, d'une République du respect où l'autorité redeviendrait naturelle, aux antipodes de l'autoritarisme ou du laxisme.

Le nouveau citoyen devra d'être plus impliqué dans la vie de la cité notamment à travers les structures décentralisées. Être citoyen ne consiste pas seulement à mettre un bulletin de vote dans une urne et à s'en remettre à ceux qui seront élus. C'est avant tout être actif, s'informer, comprendre pour accepter la réalité du monde social, économique, sanitaire. Les Conseils Municipaux de jeunes et les forums citoyens doivent se généraliser.

Le tissu associatif, reste un moyen privilégié pour « faire société » pour l'implication citoyenne et la participation active à la vie de la cité dans son sens le plus large. Il faut veiller à maintenir son dynamisme, renforcer et développer son action à l'échelon local où il prend tout son sens.

Si le rôle de l'état "chef d'orchestre" est incontournable dans la prise de décision nationale, il doit largement s'appuyer sur les collectivités territoriales, les associations et la participation citoyenne pour leur mise en œuvre décentralisée. Pour ce faire, il faut moins de centralisme synonyme de lourdeurs et de contraintes administratives, un renforcement des moyens des élus locaux, plus de démocratie directe et de proximité, profitables à la prise de décisions et à l'innovation.

Il faut donc mettre le citoyen en situation d'apporter sa contribution, redonner au citoyen le goût, l'envie et les moyens d'une expression libre, susceptible de lui permettre d'exercer une pression réelle sur l'autorité, locale ou nationale selon le sujet, de donner une visibilité à sa demande, et une chance d'aboutir concrètement. Or actuellement le constat est clair : le droit de pétition auprès des assemblées parlementaires ne fonctionne pas, et il fonctionne mal auprès des assemblées locales. Il n'y a ni visibilité ni efficacité de son régime actuel.

Il est proposé d'instituer un véritable droit de pétition au plan local, à tous les citoyens âgés de plus de 16 ans, la pétition devant être initiée par un certain nombre de citoyens à définir. Sous réserve de recevabilité, pour éviter des sujets contraires à l'éthique ou ne relevant pas de la collectivité destinataire, la pétition électronique, de plein droit, serait mise en ligne sur un site dédié, pour une durée de quelques mois. Avec un nombre de signatures recueillant 15 % des électeurs inscrits, la pétition devrait alors automatiquement faire l'objet d'un examen public sur le fond par l'assemblée délibérante concernée, en présence d'au moins 10 ou 20 de ses auteurs. Cette assemblée resterait toutefois souveraine sur le sujet de fond.

Il est proposé un droit de pétition national ouvert et visible, dans des conditions de mise en ligne à définir, recensé dans les archives numériques des deux assemblées quant à son résultat et à la suite donnée, et accessibles en permanence sur les sites internet dédiés.

Permettre aux citoyens de conforter la politique mise en œuvre par le gouvernement, ou de lui lancer un avertissement ou même de le sanctionner en lui imposant le cas échéant un changement de majorité passe par un retour au septennat, mais non renouvelable, avec des élections législatives à mi-mandat. Un tel système dont nous avons déjà l'expérience avec les cohabitations, permettrait de réaffirmer la réalité démocratique, en donnant au citoyen un levier d'expression politique forte, de nature à lui donner envie de se rendre aux urnes.

Le nouveau citoyen doit s'approprier la notion de "Citoyenneté européenne". Le projet européen ne peut pas reposer que sur des règles économiques et monétaires. Il faut à l'Europe un projet citoyen global, ambitieux, cohérent qui donne l'espérance d'un avenir meilleur, solidaire, un pouvoir élargi pour promouvoir de nouvelles compétences européennes en matière sanitaire, écologique, fiscale, stratégique.

L'idée d'une citoyenneté mondiale pour assurer la survie de l'humanité doit émerger dans la conscience citoyenne. Créer des agences supranationales mondiales indépendantes des États-Nations pour tout ce qui touche la survie de l'humanité : climat, protection des espèces vivantes, santé, armes de destruction massive.... Est-ce de l'utopie que de promouvoir un Congrès des peuples, élu en complément ou en refonte des Nations Unies trop souvent impuissantes pour la prise en charge de nouveaux défis de la société mondiale ?

Corriger Promouvoir Transmettre

Le nouveau citoyen doit être ouvert aux transformations du Monde tout en gardant son esprit critique à la perception des bouleversements qui l'attendent dans ses habitudes. S'appuyant sur la mutualisation des ressources, en particulier en ce qui concerne l'accès aux soins, à la nourriture, au logement, à l'éducation, à la culture, il favorise la création de nouvelles structures appropriées à la solidarité, la protection sociale, la fiscalité. Introduire dans l'examen de la Loi de finances annuelle de l'État, en regard des critères économiques habituels des critères sociaux (taux de pauvreté, répartition des richesses, ...) permettrait d'éclairer les élus et les citoyens sur les conséquences sociales immédiates des orientations économiques à voter.

Il répare, corrige et protège. Il doit sortir de l'immédiateté subie, anticipe et planifie pour penser en termes de temps long, en termes de partage, en termes de valorisation des compétences utiles.

Le nouveau citoyen en tant qu'être social émancipé, donc autonome et responsable, à laquelle la République ferait confiance dans sa capacité de jugement et d'action, ici et maintenant, doit promouvoir de nouvelles valeurs dans nos schémas habituels de représentation de notre humanité comme une évolution de la Constitution de la République Française afin d'y inscrire de nouvelles aspirations à davantage de justice sociale, de prise en compte des équilibres biologiques et de participations actives des citoyens à leur devenir.

Le nouveau citoyen lucide, devenu mentalement agile est aussi un philosophe. En tant que représentant du genre homo sapiens, il appréhende la nature humaine telle qu'elle est, un passage éphémère de l'homme dans l'espace-temps de l'humanité. Cette perception lui confère un devoir, celui de la transmission. Ce devoir l'oblige notamment à protéger le bien commun des générations à venir, la planète où elles vivront à leur tour. Le citoyen dépositaire d'une nouvelle liberté doit redevenir « vigie » de cette humanité.

Culture

Respectable Loge, Art & Lumières, Orient de Lyon, Région 6

Respectable Loge, Les Zélés, Orient de Blanzy, Région 6

Respectable Loge, Justice et Raison, Orient de Dreux, Région 9

Respectable Loge, Clarté, Orient de Paris, Région 11

Respectable Loge, Nouveau Siècle des Lumières, Orient de Paris, Région 12

Respectable Loge, Thélème, Orient de Paris, Région 14

La Culture dans tous ses états

La culture permet l'accès, la participation et la contribution des citoyennes et citoyens à la vie artistique et culturelle du pays et contribue à l'appropriation de références communes qui favorisent le développement de l'autonomie de ces derniers.

Face au confinement drastique, les activités culturelles ont été stoppées. Cette situation a engendré, pour leurs acteurs, du chômage technique voire des privations pures et simples de revenu.

La crise sanitaire a également conduit à la mise en place du télétravail, de modes d'enseignement à distance, de représentations sans public, de visites d'expositions virtuelles entre autres. Il s'agit d'un remplacement total des rapports en « présentiel » par les moyens de télécommunications.

En outre, le confinement a été l'occasion de constater l'impact des besoins culturels d'une société redécouvrant ses racines humaines. La culture est apparue comme un élément salvateur durant le confinement, une façon de prendre du temps pour soi, utiliser son temps de manière constructive et prendre plaisir à accroître sa culture.

Une réflexion sur la vie culturelle est alors indispensable à toute projection d'un monde d'Après. La culture, faisant partie des enjeux économiques majeurs et constituant le principal ciment de la nation, doit constituer un chantier prioritaire. A cet effet, nous avons élaboré des propositions à destination de la culture :

Tout d'abord, une politique culturelle volontariste doit être prioritaire à l'École :

1) Attribuer une place importante aux disciplines culturelles et aux pratiques artistiques dans le cursus scolaire de l'école maternelle au lycée afin d'assurer l'égalité d'accès à la culture.
2) Faire de la lecture non un simple apprentissage utilitaire mais également le support d'une ouverture sur l'imaginaire et sur le monde.
3) Programmer la pratique théâtrale dans les collèges et lycées pour favoriser la connaissance des textes et permettre aux jeunes de s'exprimer.
4) Aider et soutenir les enseignants dans leurs actions pour faire découvrir la littérature à la jeunesse en s'appuyant par exemple sur le réseau des bibliothèques et médiathèques nombreuses

Sont 4 axes que nous proposons de privilégier.

Ensuite, il apparaît nécessaire de venir soutenir le domaine culturel et artistique :

- Promulguer une loi sur les bibliothèques, de façon à ce que l'accès à la lecture publique soit généralisée, comme la première marche d'accès à la culture en général

- Revaloriser le budget de la Culture pour symboliquement et durablement l'amener à 1 % de la dépense publique accompagnée d'une remise à plat des clés de répartition et d'un audit critique de toutes les structures

- Lancer un programme de commandes publiques et privées aux artistes de toutes générations afin de reconstruire une politique de la demande

- Pratiquer des tarifs uniques et développer le prix unique pour les DVD, CD, places de cinéma afin de supprimer la concurrence

- Taxer les librairies virtuelles qui tuent les libraires locales

- Protéger et rémunérer davantage les auteurs et autrices dont le travail est la base de tant d'industries culturelles

- Aider au fonctionnement des structures culturelles qui se mobilisent pour infuser un territoire en créant de la solidarité et du partenariat, en créant du lien social et une culture de proximité

- Octroyer à la création et aux pratiques culturelles les batteries d'outils appropriés et de ressources numériques

- Faire émerger au plan régional des pôles mutualisés de production, de diffusion et d'accompagnement à la vie artistique

- Créer des points entre architecture et spectacle vivant

Par ailleurs, des actions peuvent être entreprises dans le domaine télévisuel :

- Réformer l'audiovisuel pour permette, aux heures de grande audience, une diffusion d'émissions courtes présentant un intérêt culturel

- Convaincre maints patrons patronnes de chaînes télévisées d'opter plus pour la qualité des programmes que pour une chasse facile aux profits « média métriques » et aux annonceurs publicitaires.

- Diminuer la publicité en cherchant d'autres formes de subventions

- Démocratiser la diffusion médiatique sur les grandes chaînes nationales en rendant les chanteurs et chanteuses lyriques, les comédiens et comédiennes de théâtre, les artistes graphiques et les auteurs et autrices littéraires aussi familiers à la population que les grands acteurs de cinéma.

Pour finir, il est impératif de renforcer l'égalité d'accès à la culture :

- Être vigilants à la parité notamment dans le spectacle vivant en s'assurant d'une égalité des moyens de productions pour les porteurs et porteuses de projet

- Rendre les œuvres plus accessibles à tous, singulièrement aux plus jeunes notamment par un accès financièrement adapté comme a gratuité pour les musées

- Penser conjointement développement urbain et développement culturel en décentralisant le développement culturel pour l'orienter vers les quartiers et petits territoires pour toucher l'individuel. Ainsi, la notion de vitalité culturelle des quartiers et petits territoires doit devenir centrale.

- Modifier les espaces de rue en aidant les artistes à se réapproprier les espaces urbains et ruraux.

- Allier développement commercial et planification culturelle dans les villes

- Faire des espaces de transit des espaces cultures comme moyens de vivre des expériences continues et soutenir le développement du mécénat culturel

- Mobiliser les champs professionnels comme vecteurs d'entrée dans la culture pour exposer et faire connaître ces métiers et pour initier la population, et en particulier les jeunes, à la pratique de certains gestes professionnels

- Mobiliser le débat actuel sur les modalités de l'antiracisme à l'aune de l'universalisme républicain
- Créer un impératif d'exigences accessibles à chacun
- Reconnaître l'ouverture à l'imaginaire comme droit fondamental

Démocratie

Respectable Loge, Fraternité Caraïbe, Orient de Basse Terre, Trois rivières, Région 1

Respectable Loge, Science et Solidarité, Orient de Cannes, Région 2

Respectable Loge, Mesektet, Orient d'Étang Salé, Région 3

Respectable Loge, Les Enfants de Gergovie, Orient de Clermont-Ferrand, Région 5

Respectable Loge, Les Amis des Hommes, Orient de Lyon, Région 6

Respectable Loge, Mosaïque, Orient de Montélimar, Région 6

Respectable Loge, Le Cœur et L'Esprit, Orient de Voiron, Région 6

Respectable Loge, La Vraie Vertu, Orient d'Annonay, Région 6

Respectable Loge, L'Unité d'Uzès, Orient d'Uzès, Région 8

Respectable Loge, La Parfaite Égalité, Orient de Rouen-Canteleu, Région 9

Respectable Loge, Moriah, Orient du Mans, Région 9

Respectable Loge, Convergence et Progrès, Orient de Nantes, Région 9

Respectable Loge, Conscience Humaine – Éveil, Orient de Paris, Région 11

Respectable Loge, Demain, Orient de Paris, Région 11

Respectable Loge, La Défense Maçonnique, Orient de Paris, Région 11

Respectable Loge, Liberté, Orient de Paris, Région 13

Respectable Loge, Jérôme Lalande, Orient de Paris, Région 14

Respectable Loge, L'Université Maçonnique, Orient de Paris, Région 14

Respectable Loge, Roger Leray, Orient de Paris, Région 14

Respectable Loge, Les Chevaliers de la Fraternité, Orient de Bordeaux, Région 16

Respectable Loge, Sincérité, Instruire, Construire, Orient de Bordeaux, Région 16

Respectable Loge, Les Françaises et Neuf Sœurs Réunies, Orient de Bordeaux, Région 16

Longtemps, depuis son avènement avec les frères révolutionnaires, syndicalistes, résistants, Claude Rouget de L'Isle pour la Marseillaise, Eugène Potier pour l'Internationale, puis avec Arthur Groussier pour la rédaction du code du travail, Maurice Druon et Joseph Kessel pour le chant des partisans, la Franc-maçonnerie s'est identifiée à la République démocratique, indivisible, sociale et laïque et à une certaine idée de la France et de sa relation à la liberté dans le monde.

L'État acteur majeur de notre vie politique, sociale et économique, garant de l'exercice des libertés et des droits est une forme de pensée magique qu'il suffit de déployer pour se croire à l'abri.

Mais à quoi tenons-nous tant ? Quel est-il cet État manifestement en crise d'autorité mais sous l'aile duquel nous nous réfugions aux premières gouttes ?

En résumé : quels sont les devoirs de l'État ?

Une crise aussi totale demande de mobiliser une intelligence très incertaine, prospective autant qu'imaginative, située à l'intersection du sanitaire, du politique, du sociologique, du philosophique et de l'économique. A l'aide de nos principes maçonniques quelle société souhaitons-nous demain ? Quels enseignements une pandémie peut-elle fournir quant à la préservation des principes républicains ? Le maillage de nos territoires, notamment des services publics est-il pertinent ?

Comment dès lors « faire société » ?

Notre société est marquée par la perte de confiance dans les corps politiques mais aussi dans les grands médias, le corps médical... et le citoyen a souvent le sentiment d'être mal représenté, ignoré voire méprisé.

Entre défiance et solidarité, pour permettre l'émergence d'un nouveau citoyen il faut plus de démocratie et plus de République. Aussi, pourquoi ne pas faire revenir et associer les citoyens, le Peuple, les associations, les bénévoles dans l'élaboration des décisions par le dialogue et le débat favorisant la proximité et le terrain local.

Les citoyennes et citoyens aspirent à prendre en main leur existence. Ils contribuent à l'existence d'une société civile forte et autonome en laquelle ils trouvent les moyens de leur émancipation. D'une part, ils sont en demande de pluralisme, de décentralisation, de contre-pouvoirs et de contrôle des institutions. D'autre part, ils sont en demande d'une volonté commune régulatrice.

« Faire société » tout en préservant les libertés publiques, voilà une équation difficile à résoudre.

Les maçons ont choisi l'option qui contribue à l'émancipation et à la protection de tous. Mais, quelle que soit l'option privilégiée, la cohésion sociale ne se fera pas sans tolérance et sans une démocratie éclairée.

Gémissons sans nostalgie sur le monde d'Avant et au lieu d'espérer... Agissons !!!

Nos libertés sont interrogées

La crise nous inciterait à distinguer entre le passé (l'avant), le présent et l'avenir (l'après). Donc à choisir, à renoncer à nos habitudes, à en inventer d'autres. Mais si l'Humanité se trouve confrontée, sans déni ni échappatoire possible, à l'évidence de sa finitude et de sa fragilité par cette pandémie, ce n'est pas nouveau.

Le confinement étant un nécessaire avéré, indispensable, obligé, tant sur le plan médical que moral, donc une nécessité qu'il nous faut accepter au nom des préceptes dont nous sommes non seulement dépositaires mais aussi les obligés acceptant ainsi la limitation de nos déplacements, obligations des gestes barrières, privation de contact avec nos proches, paralysie professionnelle et autres.

Pour autant, la vigilance par rapport à la dégradation de nos libertés individuelles doit rester de mise. Une pleine démocratie ne peut être exercée que par des personnes bien informées. Ce n'est qu'avec un haut niveau d'informations avérées qu'une question peut être débattue depuis les premières interrogations jusqu'à ses conséquences les plus difficiles à imaginer.

Deux éléments de permanence frappent d'emblée à l'observation de cette crise. Le premier tient à l'aggravation des inégalités sociales dans nos sociétés. Les personnes les plus modestes et précaires sont à la fois les premières frappées par la cessation de l'activité économique et sociale et les règles de confinement imposées, Le deuxième tient à cette situation inédite d'annihilement immédiat de la quasi-totalité de nos libertés publiques fondamentales (liberté d'aller et venir, de réunion, de manifestation, libertés sociales et syndicales, droit à l'éducation, à la justice, à la culture).

Si des nécessités peuvent s'imposer en situation de crises, elles doivent être résolument temporaires, adaptées et contrôlées pour que l'état de droit et le respect de chacun ne soit pas altérés. Toutefois constatons que si les citoyens étaient prompts à se réclamer de leurs droits, ils étaient beaucoup moins nombreux à faire preuve d'esprit de responsabilité et à connaître et assumer leurs devoirs.

Dans tout le champ social et politique, au sens organisation des Hommes dans la cité, chacun revendique des droits sans mettre en correspondance et juste équilibre ses propres devoirs. La notion de responsabilité citoyenne doit devenir effective ; nous sommes tous responsables. Le champ politique est un tout et il ne saurait être pertinent sans y associer tous les éléments de ce tout, que ce soit pour le citoyen mais aussi pour ses représentants élus par lui. Redonnons du sens à l'esprit Citoyen.

Entre les différents principes de la Déclaration des Droits de l'Homme nous avons dû choisir. Pour un temps la liberté individuelle s'est restreinte, là où elle pouvait nuire à autrui, au profit de la santé collective. Cependant les circonstances exceptionnelles ne sont justifiées que par l'urgence, et ne peuvent par conséquent pas s'inscrire dans la durée.

Un État démocratique est celui qui ne limite la liberté des uns que pour protéger les autres. La gestion des crises et la restriction des libertés doivent privilégier, dans les sociétés démocratiques, la recherche d'un consensus entre pouvoirs publics et citoyens responsables.

Dans le cadre d'une société démocratique, outre le droit de regard sur la transposition des mesures dérogatoires au droit commun, devraient exister des mécanismes de protection de droit commun et des règles d'organisation de la dérogation aux libertés, tant au niveau constitutionnel que législatif : contrôle constitutionnel, saisine du juge administratif et/ou intervention du juge judiciaire.

Par exemple, pourquoi ne pas penser, avec l'aide de juristes bâtisseurs et imaginatifs, à une forme d'humanisme juridique permettant de répondre à l'imprévisibilité (terrorisme, crises sanitaires et écologiques) en construisant un droit préservant l'équilibre entre liberté et sécurité, un droit toujours soucieux de la dignité ?

Ou encore, l'autonomie, principe de gestion complexe qui s'enseigne et qui s'apprend : combine des compétences à se fixer des buts et des objectifs, à se projeter et anticiper, à faire des choix et à décider, à conduire des mises en œuvre, à évaluer les résultats et procédures mises en jeu.

En guise de conclusion

La crise aux effets sanitaire, économique et social, que nous traversons doit nous alerter sur ce qui est fondamental. Elle doit aussi nous éclairer sur ce que nous faisons réellement, concrètement, nous frères humains, pour améliorer à la fois l'Homme et la société.

Par peur de mourir, nous laisserons-nous embarquer vers un avenir ou la valeur de la vie sera réduite à sa gestion comptable et son suivi statistique par les technocraties en place ? Une telle vie, dépourvue de son intensité relationnelle et de ses contenus existentiels dans un monde où la liberté de mouvement et de rencontres sera devenue un souvenir, méritera-t-elle encore d'être vécue ?

Notre Démocratie questionnée

Respectable Loge, Garibaldi, Orient de Nice, Région 2

Respectable Loge, Les Éternels Apprentis, Orient de La Possession, Ile de la Réunion, Région 3

Respectable Loge, Saint Jean Le Parfait Désintéressement, Orient de Mirecourt, Région 4

Respectable Loge, Amour et Liberté, Orient de Thionville, Région 4

Respectable Loge, Franchise et Solidarité, Orient de Neufchâteau, Région 4

Respectable Loge, L'Humanité Rassemblée, Orient de Poitiers, Région 5

Respectable Loge, Art & Lumières, Orient de Lyon, Région 6

Respectable Loge, Les 7 Frères d'Héliopolis, Orient de Conflans Sainte Honorine, Région 7

Respectable Loge, Germanor, Orient de Perpignan, Région 8

Respectable Loge, Triple Union, Orient de Dinan, Région 9

Respectable Loge, L'Arbre Nouveau, Orient de Caen, Région 9

Respectable Loge, François Rabelais, Orient de Paris, Région 12

Respectable Loge, Intersection, Orient de Paris, Région 12

Respectable Loge, Locarno 28, Orient de Paris, Région 13

Respectable Loge, La Philosophie Positive, Orient de Paris, Région 13

Respectable Loge, Hugo Pratt - Citoyens du Monde, Orient de Bordeaux, Région 16

Respectable Loge, Europe et Humanisme, Orient de Toulouse Pechbonnieu, Région 17

Faire de la politique

Construire une volonté démocratique souveraine

Si nous voulons sortir plus forts de l'épreuve et construire des stratégies réalistes, nous devons apprendre de nos erreurs passées et pour cela, éviter la fuite en avant dans tout utopisme sentimental. Bien que les graves difficultés économiques qui s'annoncent n'y soient pas du tout propices, la première leçon à tirer, c'est qu'il faudra réinventer notre modèle de cohésion collective et lui conférer une dimension politique capable de le garantir face au règne du « tout économique ». Le principal outil pour y parvenir c'est la Constitution de notre République. En 2004, le Conseil constitutionnel, présidé par Pierre Mazeaud, a clairement indiqué que « l'identité constitutionnelle » de la France était toujours opposable à la transposition d'une directive européenne. « L'identité constitutionnelle » de notre pays est « une identité républicaine ».

Produit de son histoire et de sa culture, tout repose sur le primat du politique, de la citoyenneté et de la solidarité avec l'appui d'un « service public » stratégique. Il faut consolider la constitutionnalité de ce principe de service public ainsi que la dimension d'aménagement équilibré du territoire qui y est attachée. Cela rendrait inattaquables bien des décisions d'aide à l'installation d'entreprises ou de soutien à certains secteurs. L'adoption du quinquennat et l'inversion du calendrier électoral ont définitivement mis fin au fragile équilibre des pouvoirs de la Constitution de 1958.

Par ailleurs, le système actuel, exclut de toute représentation politique des pans entiers de la population. Il en résulte un dangereux face-à-face entre une radicalité qui se généralise et un pouvoir de moins en moins crédible et toujours perçu comme insuffisamment légitime. Si on doit maintenir un mécanisme de prime au vainqueur, gage irremplaçable de stabilité de nos institutions, il faut d'urgence organiser une représentation satisfaisante des diverses opinions politiques du pays. Même si c'est bien difficile à imaginer aujourd'hui, les citoyens doivent investir les partis politiques qui sont devenus des structures vides. Ils doivent se les approprier et les remettre à la hauteur de leur rôle constitutionnel (art. 4). Ces partis rénovés de l'intérieur travailleront avec les Français à l'élaboration participative d'un avenir commun. C'est le seul moyen de faire revivre la démocratie, de dégager un « intérêt général » et des politiques, pour le plus grand nombre, capables de s'opposer à la normalisation néolibérale et technocratique qui est toujours à l'œuvre. À l'abri de notre Constitution, on reconstruira des Services Publics accessibles à tous et dégagés du marché. C'est en grande partie du niveau et de la qualité des équipements collectifs que dépend le bien-être des citoyens.

C'est une bataille culturelle pour un projet alternatif. Il faut que l'hégémonie culturelle change de camp et que désormais, l'intérêt général humain, la garantie des biens communs, la transition vers un modèle plus solidaire et plus soutenable, protecteur des citoyens et de leurs droits, s'imposent. Si tous les citoyens s'emparent de ces priorités dans des partis populaires forts et nombreux, ils réussiront à installer la volonté démocratique au cœur du système politique pour lui rendre l'ambition de cohésion collective et d'émancipation des individus qu'il avait perdue. L'affirmation des spécificités démocratiques nationales aura des répercussions dans le concert communautaire européen.

Engagement Citoyen et Démocratie Participative

Des formes de développement de l'engagement citoyen sont à promouvoir, comme par exemple :

Les Conseils des Quartiers. Réunissant les habitants sans contrainte dans le but de les faire participer par leur délibération à la gestion de leur quartier ou de leur ville. Si leurs racines philosophiques remontent à l'idéal de la démocratie athénienne antique, leurs « ancêtres » récents sont dans le mouvement autogestionnaire des années 1970, qui s'est développé dans les G.A.M. (Groupes d'Action Municipale), à Grenoble ou à Marseille.

En se fondant sur la loi ATER du 6 février 1992, des élus locaux ont développé une gestion dite « participative » de leur ville en donnant aux habitants la possibilité de participer à des conseils de quartier. Comme par exemple à Lille où Pierre Mauroy, avait mis en place un tissu de conseils de quartier pour améliorer la gestion de la ville.

Pour qu'ils puissent fonctionner correctement une organisation claire devrait être établie, définissant non seulement leur mode de fonctionnement, mais aussi la manière précise dont ils pourraient faire remonter leurs points de vue aux dirigeants des collectivités locales ou territoriales concernées. Il importerait en tout cas que cette organisation puisse éviter une logique d'instrumentalisation par les pouvoirs publics locaux.

Nous proposons de promouvoir le Référendum d'initiative Citoyenne (local ou national). En France seul un référendum d'initiative partagée est possible, avec la contrainte du nombre de signatures exigé de 10% des électeurs, après le soutien à hauteur de 20% du parlement, raisons pour lesquelles il n'y en a jamais eu.

Le seuil de signatures d'un véritable RIC national pourrait être d'un million de citoyens, proche de ce qui se fait en Suisse (100 000 pour une population de plus de 8 millions d'habitants). Les sujets ne devraient pas avoir de limite thématique, en dehors des demandes de référendum révocatoire, qui pourraient créer une instabilité politique forte.

Les mêmes principes seraient pris en compte pour des référendums locaux, avec des seuils adaptés

Comme toute proposition de référendum, il faut que la question posée puisse être simple, impliquant une réponse alternative, Oui ou Non. Or, une question simple implique une information en amont qui peut être parfois complexe pour que la décision puisse reposer sur des bases réalistes. Il faut également que la question ne soit pas issue d'une manipulation de mots pour éviter les dérives et asseoir un choix populaire sur une base tronquée ou orientée.

Cet exercice difficile devrait donc être soumis à un organe comme le Conseil Constitutionnel et sous contrôle de l'ensemble des partis politiques de la nation.

Une nouvelle gouvernance

Il faut cesser cette ultra centralisation coûteuse et démoralisante pour les citoyens et engager rapidement un acte de décentralisation qui conduira à un rapprochement entre élus et électeurs, et à davantage de proximité. Le principe de subsidiarité devra constamment s'appliquer. La responsabilité de l'action publique revient à l'entité compétente la plus proche de ceux qui sont directement concernés. L'autorité centrale, quant à elle, ne doit effectuer que des tâches qui ne peuvent être réalisées par l'échelon inférieur. Ce principe veille à ne pas déconnecter la prise de décision publique de ceux qui doivent la respecter.

Pour créer un nouveau souffle démocratique, prioriser la proximité ; et pour cela, réinventer la subsidiarité.

Redéfinir l'équilibre des pouvoirs

Il est vraisemblable que si on remonte à la racine du mal français, un consensus populaire pourra être trouvé pour la redéfinition de l'équilibre des pouvoirs.

À cet effet, il convient de rendre au Parlement sa place et son efficacité en le soustrayant à la mainmise de l'Exécutif. On peut envisager à cet effet plusieurs mesures : dissocier élections présidentielles et celles de l'assemblée nationale ; supprimer le droit de dissolution présidentiel (article 12 de la Constitution de 1958) ; modifier le mode de scrutin en introduisant une dose de suffrage à la proportionnelle, suffisante pour une représentation équitable des minorités et la constitution de majorités de projet dépassant le parti présidentiel.

La Chambre des représentants

La proposition se base sur un principe simple :

Concevons un système de représentation populaire qui élabore des lois en faisant travailler tous les cerveaux dans une seule assemblée. Si l'on admet qu'il y a plus d'intelligence et de subtilité dans plusieurs centaines de cerveaux que dans quelques dizaines, on peut créer un nouveau dispositif de sélection des représentants et un nouveau dispositif de concertation et de discussion.

Sélection des représentants : en s'assurant d'une répartition géographique cohérente (selon le nombre d'habitants), il est fait appel à des candidatures spontanées de citoyens intéressés par « la chose publique ». Dans chaque région ou département, un tirage au sort désigne les représentant(e)s. L'assemblée ainsi constituée contient inéluctablement l'ensemble des sensibilités. Elle réunit des hommes et femmes d'âges, de professions, de niveaux sociaux différents.

Les projets de lois sont conçus par des experts des domaines concernés et soumis à la discussion libre de l'ensemble des représentants.

Le temps consacré à l'étude d'un projet de loi est plus long (prises de paroles plus nombreuses) et plus court (plus de navette comme dans le système bicaMériste).

Le mandat de chaque « député » dure 6 années.

Bien sûr, cette proposition trouve sa source dans le constat évoqué plus haut du gaspillage de l'énergie potentielle de plusieurs centaines de « penseurs » soucieux du développement harmonieux de notre pays.

Pour une abolition du cumul des mandats politiques

Nous devons mettre en place un encadrement strict du cumul des mandats politiques. Il conviendrait de mettre fin à cette exception française en matière de cumul des mandats politiques, car la France est de loin la première en Europe en ce domaine. Le cumul des mandats est à l'origine d'un affaiblissement de la démocratie. Il confisque le pouvoir au profit d'une classe politique et porte atteinte aux principes d'égalité en matière de représentation populaire. Il entrave le renouvellement politique et générationnel. Il n'apporte aucune preuve d'une meilleure gouvernance mais entraîne l'inefficacité et l'absentéisme, voire des conflits d'intérêt. Il appauvrit la compétition politique et il est source d'inégalité devant les scrutins en donnant un avantage financier et d'ingénierie aux sortants.

Il est proposé de n'autoriser aux citoyens de n'exercer qu'un seul mandat renouvelable une seule fois dans une assemblée, ou deux mandats différents mais pas en même temps, exception faite pour les fonctions de conseillers municipaux. Une pondération pourrait être apportée en fonction de la taille de la collectivité. Ces mandats devront être rémunérés correctement sans avantages indus : les élus ne bénéficieront d'aucun avantage en nature, feront l'objet d'un contrôle en ce domaine et se verront appliquer les règles de droit commun en matière d'impôts, cotisations retraite, chômage...Une redéfinition claire du rôle des élus, des cabinets et des fonctionnaires serait nécessaire.

A l'issue de leurs deux mandats, les élus sortants qui souhaitent montrer leur dévouement à la collectivité pourront siéger dans un Conseil consultatif ou Conseil des sages, où ils pourront faire profiter leurs remplaçants de leur expérience, sans aucune rémunération.

Un seul mandat politique renouvelable une seule fois

Démocratie et libertés publiques

Il est donc proposé de s'appuyer sur le Conseil Constitutionnel, seule instance existante permettant de répondre à ces trois critères. Celui-ci aurait d'ailleurs toute légitimité puisque sa composition est déterminée par le Parlement et l'Exécutif et que le sujet des libertés publiques est LE sujet qui lui a permis d'affirmer son existence, sa force et sa légitimité.

Il est suggéré de prévoir un mécanisme spécifique de consultation a priori pour toutes décisions relevant de l'État d'Urgence – seul régime permettant au gouvernement de s'octroyer les pouvoirs qui sont ici en question - que celles-ci relèvent du domaine de la loi ou de celui du pouvoir réglementaire.

Définir le rôle du Conseil Constitutionnel dans les situations d'urgence.

Les prises de décisions politiques

Elles sont parfois basées sur des idéologies néfastes ou bénéfiques et parfois basées sur des expertises scientifiques rationnelles ou discutables. Comment s'y retrouver ?

Après un long demi-siècle marqué par l'empreinte d'une hubris idéologique qui a conduit le continent au bord de l'abîme, la deuxième moitié du XXème siècle a consacré le triomphe de la raison dans la décision politique. Celle-ci s'est exprimée dans le refus des totalitarismes tout autant que dans la mise en œuvre d'une gestion publique pragmatique.

La montée en puissance du rôle des experts dans la prise de décision politique a été déterminante dans ce processus. Économistes, hauts-fonctionnaires, sociologues, démographes soutenus par le développement des algorithmes, ont ouvert le champ des possibles. Sans conteste, leur contribution a été décisive dans ce mouvement de progrès économiques et sociaux. Un point d'équilibre a alors été atteint entre le principe de souveraineté du peuple, exprimé dans le fait démocratique, et le rôle de ce qu'il conviendra bientôt d'appeler la technostructure.

Bien que bousculé, à partir de la fin des Trente Glorieuses, avec des secousses liées aux politiques d'austérité, puis par la montée des populismes, le rôle des experts est devenu d'autant plus incontournable que l'action publique s'est diversifiée toute autant qu'elle s'est complexifiée.

La légitimité des experts est questionnée

Malgré leur fonction essentielle, leur légitimité est questionnée. La crise sanitaire actuelle met en exergue la place très étendue de l'expertise dans la prise de décision. Sa nature singulière a conduit l'exécutif à intervenir dans des champs relevant habituellement de la science, un espace ordinairement dévolu aux spécialistes. Cette séquence a conduit le pouvoir à arbitrer, discriminer, sélectionner à l'aune de ce que la connaissance médicale permettait d'éclairer, sans que ces savoirs ne soient, au stade de la décision, rendus définitifs.

Le pouvoir est redevenu ce qu'il avait apparemment cessé d'être depuis longtemps, c'est-à-dire un biopouvoir exerçant son autorité sur le vivant. Comme tout pouvoir de cet ordre, il n'a pu l'exercer que grâce aux paroles des hommes de sciences dont, paradoxalement, les divergences l'ont sans doute aidé à approcher des solutions les plus adaptées aux circonstances. Cette parole politique a donné du sens en rassemblant ce qui était épars, puis en sélectionnant ce qui était essentiel face à ce qui l'était moins. Si cette crise nous rappelle la fragilité de notre civilisation, elle a bousculé la hiérarchie habituelle des experts en replaçant ceux chargés de protéger le vivant au centre de la décision.

Les contradictions du monde post-moderne

Pour ces raisons, plus que jamais savoirs et pouvoirs, raison et idéologie, intérêt général et intérêts particuliers, décisions et responsabilité, expertise et fait démocratique cisèlent des altérités qui forment un corps politique où s'expriment toutes les contradictions du monde post-moderne. Et c'est peu dire qu'elles définissent le périmètre d'affrontements violents.

Des experts rendus incontournables dans un environnement complexe. Malgré toutes les réserves suscitées, à une époque où l'on glosait sur cette force impolitique que représente l'expert- à l'instar de la mythique « Synarchie », personne n'imagine sérieusement que le décideur d'aujourd'hui puisse s'affranchir d'un regard technique. Cette légitimité tient tout autant à l'utilité de cet outil mis à disposition du Pouvoir, en lui permettant d'anticiper, de construire une stratégie, tout autant qu'à la place de la méritocratie républicaine dans l'émergence de ce corps d'expertise ou à l'histoire qu'il a façonnée. En effet, si la technostructure a forgé sa réputation en accompagnant le développement de l'Europe contemporaine, par l'amélioration de l'efficacité des outils de production. En France, les experts, au travers de la haute-fonction publique - point de convergence du savoir et du pouvoir - ont porté l'aménagement du territoire ou permis la redistribution des richesses. Ceux-ci ont su créer les synergies indispensables entre les décideurs politiques et économiques afin de garantir un progrès social sans précédent. Cette expertise s'est faite prédiction réalisée avec les outils de planification ou en transformant la recherche fondamentale en projets industriels. Ces succès incontestables doivent autant aux experts qu'aux principes fondateurs de l'Occident libéral. L'émancipation du savoir face aux grandes universalités, la religion et la politique, ont été les clés de la libération de la pensée. Affranchie de l'idéologie, contrairement à la science soumise à la parole politique dans les régimes totalitaires, l'expertise est venue objectiver les prises de décision, réalisant le rêve du bon gouvernement des Saint-Simoniens.

L'expertise passée au service de la main invisible d'un marché considéré comme un horizon indépassable ? Leur aura est telle que la remise en cause de l'État-Providence n'a pas affecté son rôle. Bien au contraire, l'expert aux ambitions démiurgiques a pu basculer dans le camp de la réforme de ce qu'il avait contribué à bâtir, sans que cette trajectoire erratique ne soit questionnée. Après avoir accompagné le mouvement historique de progrès social, les voici incitant à des réformes dont les conséquences sont vite devenues difficiles à supporter pour les populations exposées. C'est sans doute à l'aune de cette autre « grande transformation » qu'il faut interpréter la remise en cause de ce gouvernement des experts, proche des rêves cultivés par « X-Crise » ou James Burnham et ses « organisateurs ».

Un pouvoir sans visage qui suscite une forme de désarroi citoyen. Ce retour d'un débat déjà ancien exprime une forme de désarroi citoyen. La neutralité des experts ne masque-elle pas une forme de dessaisissement démocratique avec, en ombré, le retour de la vieille « loi d'airain des oligarchies » ? Le consensus autour des réformes ne constitue-il pas une forme de pensée unique ? Sans contester la pertinence de l'expertise, l'opinion interroge désormais son rôle en lui opposant le principe cardinal de la souveraineté exprimée dans et par le suffrage. Bien plus, cette question se fait soupçon. L'expert délivre-t-il seulement une vérité incontestable, ou exprime-t-il un corpus singulier opposé à l'intérêt général ? Il lui est fait grief, à la différence d'un Nogaret, de ne pas être dépositaire de l'autorité mais d'incarner un savoir autonome qui influe sur la décision politique sans que la source de cette potestas ne soit connue. Pouvoir sans visage, l'expert est suspecté de contourner le fait politique sans s'exposer au risque du suffrage, ou pire de signer la fin d'une longue histoire politique engagée depuis la Révolution en fermant les possibilités autrefois offertes aux décideurs.

Face à la fragmentation des savoirs ou au consensus, quelle est désormais la liberté de choix des élus ? Si ces derniers se soumettent à une raison considérée comme objective - alors même qu'elle n'est parfois que le produit de son temps -, ne risquent-ils pas de s'éloigner de l'essence du politique ? En effet, la liberté est le propre du politique et cette soumission à une raison étrangère à la morale, toute scientifique soit cette raison, peut conduire dans des impasses comme celle où de Créon face à Antigone. L'équilibre reste précaire entre la liberté de choix que doit conserver l'acteur politique et cette exigence de prendre en compte la parole de l'expert. Il est à l'honneur de la République d'avoir refusé d'accorder trop d'importance à une parole sans mandat. En effet, un des fondements du pacte républicain est la responsabilité qui revient à celui qui est investi par un mandat contre l'irresponsabilité, apanage de l'expert qui sait, peut-être, sans décider. La politique est ce lieu qui fait converger pouvoir et savoir en vue de gérer au mieux la crise permanente de la cité au profit de ses administrés. C'est avec ironie que Clémenceau soulignait déjà : « La guerre ! C'est une chose trop grave pour la confier à des militaires ».

Que faire ? L'époque se prête à l'impolitique avec la naissance d'un gouvernement des experts qui ne décident pas. La multiplication des instances de consultation masque mal leur rôle de dilution des responsabilités ou son enfermement dans des carcans idéologiques dont l'efficacité prête à discussion. Ces déterminants exigent de questionner la formation des élus qui doivent pouvoir arrêter leurs positions, éclairées par le regard du technicien, sans lui être soumis. Si les urgences du monde rendent nécessaires sa participation au débat, il appartient au décideur de conserver sa capacité d'arbitrage reposant sur les principes de la vieille morale républicaine, engageant ainsi librement et sereinement sa responsabilité.

Toutefois, cette rénovation de la formation des élus doit s'accompagner de celle des processus de sélection des cadres des administrations qui assurent l'interface avec le champ politique. En effet, l'action publique repose sur un attelage politique-administration dont l'efficacité n'est assurée que si l'ensemble des acteurs partagent les mêmes valeurs de responsabilité et d'éthique. A ce titre, les savoirs sont indispensables, tout autant que les savoir-être. Il faut savoir cultiver des qualités, comme la curiosité, garantie contre le pêché de conformisme, mortifère comme l'a cruellement illustré la Collaboration, ou le courage d'affronter les certitudes pour mieux les questionner, rappelant à chacun que si les valeurs sont universelles, les savoirs, eux, restent précaires.

Comité permanent d'éthique et de régulation politique

La mise en place un comité permanent d'éthique et de régulation politique qui aidera l'État à se poser des questions fondamentales est proposé.

Pour ce-faire, nous proposons :

1) L'élaboration d'une charte de référence sur le respect et l'application de l'éthique politique applicable à tous actes et étages des gouvernances politiques, fidèle aux règles et valeurs d'inspiration maçonnique et au bien public.

2) La direction d'esprit : Application d'une philosophie privilégiant l'écoresponsabilité et l'humanisme, séparant les décisions de bien public et l'économie.

3) Une lutte méthodique contre les travers et déviances d'intérêts dans les gouvernance politique, soit : La séparation du politique et de l'économie.

4) Le triangle : intérêt personnel, intérêts stratégiques et intérêt général fournit l'arène de la démocratie. Un code, une juridiction stricte, des sanctions sont à élaborer d'urgence

En premier lieu, s'exerçant durant toutes campagnes électorales, depuis les achats publics et décisions locales jusqu'aux actes d'état, il faut contrôler les comportements, les propos, actes de tous ceux qui agissent dans l'organisation de la société.

Le contrôle devra s'exercer notamment en périodes électorales mais aussi sur les débats et échanges à l'assemblée nationale et au sénat, sur les dérives du discours aux médias et sur la « politique-spectacle », les mots et intentions, la correction respectueuse et la tenue morale.

Il serait préférable de contrôler la moralité fondamentale des politiques : normes, devoirs et comportements, l'humanisme, loyauté aux actions et engagements contrôlés dans l'intérêt du bien commun. Ainsi, des mesures et régulation seront mises en place : non-respect et infidélité aux propos et engagements = démission des fonctions et Inéligibilité définitive des contrevenants.

Pour cela, nous proposons de rédiger et faire adopter un texte comportant des obligations et principes de régulation de contrôle et de sanctions sur le discours politique et le respect des règles du devoir d'éthique et de la légalité avec en ligne de mire l'observance des règles d'humanisme et de démocratie en vue du bien commun.

Le Grand Orient De France s'affirme comme garant éthique et porteur d'espoir

Face à ces enjeux, le Grand Orient de France est à la fois une vigie, une force de proposition et un acteur de terrain. Vigie en faisant œuvre de lanceur d'alerte sur les éventuelles dérives, dangers, risques, au niveau national mais aussi local, au regard de ces valeurs et exigences fondamentales. Vigie également en rappelant, par des outils de pédagogie grand public, les valeurs que nous défendons.

Enfin, dans les débats environnementaux, sanitaires et économiques, notamment, le Grand Orient de France doit rappeler et soutenir une parole rationnelle en œuvrant, sans rentrer dans les arbitrages techniques ou démocratiques, pour réhabiliter la parole scientifique, face, notamment, à la montée d'un environnementalisme complotiste et magique (anthroposophie, anti-vaccin…).

Son rôle est force de proposition en participant à l'émergence d'idées nouvelles et de propositions concrètes sur les grands sujets sociaux et de société d'aujourd'hui et de demain. L'enjeu est de soutenir la parole d'associations, d'intellectuels, de mouvements, proposant des réformes correspondant à ses combats.

Acteur de terrain, le Grand Orient de France est présent par un soutien actif et concret, financier notamment (fondation), à des initiatives d'éducation populaire, via, par exemple, à un système de bourses nationales, régionales ou même locales.

Notre maitre mot est : la Vigilance démocratique

Droits et Libertés

Droits, Libertés et leurs restrictions en question

Diderot, nous rappelle que : « Le consentement des hommes réunis en société est le fondement du pouvoir ».

Respectable Loge, Étienne Dolet, Orient d'Orléans, Région 5

Respectable Loge, Les Enfants de Gergovie, Orient de Clermont-Ferrand, Région 5

Respectable Loge, Louise Michel, Orient de Limoges, Région 5

Respectable Loge, Arc-en-ciel, Orient de Narbonne, Région 8

Respectable Loge, Triple Union, Orient de Dinan, Région 9

Respectable Loge, Les Amis du progrès, Orient du Mans, Région 9

Respectable Loge, Les Clefs de l'Amitié - Les copains d'abord, Orient de Paris, Région 11

Respectable Loge, Demain, Orient de Paris, Région 11

Respectable Loge, Intersection, Orient de Paris, Région 12

Respectable Loge, Sub Rosa, Orient de Paris, Région 13

Respectable Loge, Rénovation, Orient de Paris, Région 13

Respectable Loge, Union des Rites, Orient de Marseille, Région 15

La Liberté

C'est un des piliers de notre devise républicaine. Peut-être, le temps est venu de repenser un nouveau modèle.

Cette crise sanitaire et ses conséquences sur le vivre-ensemble nous obligent à repenser nos procédures de délibération collective, pour accroitre l'acceptation et le consentement de tous à l'égard de mesures restrictives qui s'imposent. En effet, face à un tel défi, l'union fait la force. Elle est la condition indispensable de notre réussite collective. La pédagogie, en faisant appel à l'intelligence et au discernement de chacun, doit être privilégiée, d'autant plus qu'elle permet d'acquérir de bonnes habitudes et de créer des outils de prévention. Pour éviter les restrictions de libertés en période de crise, la question de l'anticipation est centrale. Une société préparée permet de mieux gérer le risque.

Concrètement, dans la mesure où nous ne sommes pas dans un monde idéal peuplé de gens tous responsables, nous pensons que toute mesure attentatoire à la liberté devrait être d'abord identifiée comme telle. Ensuite, on devrait la passer par une grille d'évaluation en se posant plusieurs questions précises dont voici une liste non exhaustive :

1) Quelle est la liberté diminuée par ce texte ? Combien de gens sont concernés ? Une durée a-t-elle été prévue ?

2) Quels sont les risques si on ne prend pas cette mesure ? S'agit-il de risques vitaux ? Pour combien de personnes ? Y a-t-il un risque pour le quotidien des personnes ? Y a-t-il une solution alternative à la diminution d'une liberté ?

3) Quelles seraient les conséquences en cas d'abus ? Quels préjudices ? Pour combien de personnes ? Quels principes fondamentaux seraient bafoués ?

4) Des recours spécifiques auprès d'une autorité indépendante sont-ils prévus en cas d'abus ? La saisine de l'autorité indépendante est-elle facilitée ? Un suivi de ces abus est-il prévu ?

5) Que se passerait-il si un gouvernement autoritaire décidait d'utiliser une telle mesure au-delà des délais et des compétences prévues par la loi ? Quelles seraient les conséquences pour les libertés fondamentales ? Quelles seraient les conséquences pour le quotidien des personnes ?

Est-il nécessaire pour les régimes démocratiques de répondre aux situations de crise en mettant à mal les principes qui les fondent ?

Nous proposons ci-dessous quelques mesures qui étayent le propos précédent.

En tout premier lieu, il convient d'élaborer des mesures claires et précises pour le maintien de la démocratie et contre les dérives autoritaires :

Citoyenneté et autres contrepouvoirs :

Il appartient à tout citoyen de veiller aux fondements de la République « laïque, sociale, une et indivisible », tant par la réflexion et les débats que par l'action. Le citoyen devient ainsi un lanceur d'alerte en cas de dérive autoritaire. La responsabilité individuelle de chaque citoyen, la confiance réciproque entres les habitants et les pouvoirs publics constituent des éléments majeurs de la cohésion politique et sociale. L'existence de contre-pouvoirs, comme les syndicats, les médias, la démocratie locale ou les associations et les organisations non gouvernementales, sont une protection contre des mesures anti-démocratiques. Aussi, convient-il de renforcer les pouvoirs de certaines autorités administratives indépendantes, notamment ceux du Défenseur des Droits, de la Commission Nationale de Déontologie de la Sécurité, de la Commission Nationale Informatique et Liberté, et de la Commission Nationale de Contrôle des Techniques de Renseignement.

Doctrine du maintien de l'ordre et rapprochement police-population :

Élaborer une doctrine de maintien de l'ordre garantissant le droit de manifester pacifiquement et l'utilisation de la force dans des conditions de nécessité et de proportionnalité lors de dégradations et/ou de violences occasionnées contre des policiers ou des gendarmes. Encadrer strictement l'usage des « armes à létalité réduite » uniquement dans des conditions de mise en danger des agents des forces de l'ordre lors de manifestations de haute intensité. Il s'agit de garantir l'ordre public sans violences policières.

L'indépendance des juges :

Garantir l'indépendance des juges à l'égard du pouvoir pour faire respecter les lois dans le cadre de la séparation des pouvoirs. Les juges sont les garants des libertés et de l'égalité devant la loi.

Reconquérir les quartiers sensibles :

Les zones ultra-sensibles, voire parfois les zones considérées comme de non-droit, constituent un enjeu majeur et une priorité, d'autant plus que la situation sociale y est très difficile et peut devenir explosive à la suite de la crise sanitaire : habitants défavorisés, nombreuses familles monoparentales, pauvreté et précarité, jeunes désœuvrés etc. Cette reconquête doit être ferme et déterminée, mais doit être strictement encadrée sur les plans administratif et judiciaire. Par ailleurs, le dialogue avec les jeunes doit impérativement être rétabli, notamment dans le cadre de la mise en place de la police de la sécurité au quotidien. Le but est le respect intangible des droits de l'homme par les autorités et les citoyens. Un État démocratique doit assurer la liberté, le respect des droits de l'homme et la sécurité. Cependant, le respect de l'autorité de l'État de droit est intangible. Bafouer l'autorité de l'État doit engendrer des sanctions. Dans les moments de tourmente, il s'agit de faire face à « l'ennemi » sans rien concéder de nos valeurs.

Une situation de crise dans une société démocratique permet-elle une limitation des libertés ?

Solutions préconisées pour garantir un bon contrôle juridictionnel en temps de crise :

Le maintien du service public de la justice, garant des libertés individuelles, est indispensable.

- Mise en place d'un plan d'action de service public de la justice dans l'hypothèse d'une situation sanitaire analogue

- Voies de recours et actes juridictionnels dématérialisés.

- Magistrats et avocats, greffiers peuvent télétravailler et rédiger des jugements et conclusions.

- Généralisation des procédures orales pénales par visioconférence,

- Convocation des parties par mail et non lettre recommandée exclusivement.

- Convocation des parties par mail et non exclusivement fax.

- Accès au dossier des juges pour enfants, tutelles et pénaux par liens RPVA

- Accès aux bibliothèques juridiques virtuelles gratuites.

- Réduction de la durée d'examen des QPC (au lieu de leur suspension).

- Ne pas mentir pour ne pas affaiblir la parole publique et renforcer l'incivilité publique.

Vers un encadrement des atteintes aux libertés

Les mesures restrictives apportées à l'exercice des libertés doivent être contrôlées par le parlement qui est l'émanation des citoyens. Ces derniers doivent être informés de la teneur des mesures prises et du terme fixé pour leur application, de façon à ce que les libertés soient rétablies dans leur exercice en fonction des moyens de protection prévus pour combattre l'épidémie (masques, gestes barrières, mises en quatorzaine des personnes contaminées et développement des tests). Le gouvernement doit ainsi s'engager à fixer une date pour le déconfinement et la fin de l'état d'urgence. Certains États ont manifesté de fortes réticences à cette suspension de la production et des services, au nom justement de la liberté, comme au Brésil et dans certains États des États-Unis, adeptes des conceptions libertariennes.

Même dans les États ayant déconfiné, les menaces affectant les libertés persistent, comme le prouve l'exemple de l'application de Stop-Covid par signal Bluetooth. Cette mesure vise à déterminer les contacts récents d'une personne contaminée afin de se faire tester. Mais les personnes concernées doivent avoir l'assurance que leurs données de contacts ne seront pas croisées avec la base Sidep qui collecte les données nominatives des personnes testées positives.

Les citoyens doivent rester engagés et critiques pour que les libertés soient rétablies au plus tôt dans le but de maintenir la démocratie. Mais, ces mesures restrictives des libertés ne sont-elles pas un précédent à des mesures de renforcement des forces de l'ordre en vue de contrôler les mouvements de contestation sociale ?

Concilier sécurité et libertés en période de crise

Le plus grand défi reste de rétablir la confiance réciproque entre citoyens et autorités publiques par un discours public de vérité valorisant le couple sécurité-liberté, renforçant du même coup la fraternité, elle-même ciment entre liberté et égalité.

Pour cela, nous proposons la mise en œuvre de plusieurs chantiers concrets :

Créer un comité d'éthique pour garantir, en cas de crise, une information gouvernementale authentique, crédible et responsable à la population ;

Redonner du sens au collectif et au représentatif par une République plus parlementaire et moins centralisée autour d'un pouvoir exécutif très présidentiel ;

Sortir de la culture de masse, publicitaire et communautaire, pour redonner à la politique une vision à long terme, reposant sur des projets reconnus vitaux, discutés et consensuels, comme la défense de l'environnement, la sécurité sanitaire, la politique culturelle, l'indépendance alimentaire, énergétique, industrielle...

Situation de crise et restriction des droits et libertés : jusqu'où et pour quelles limites ?

Comment dès lors trouver l'équilibre ?

Comment trouver la juste limite entre l'intérêt collectif et l'intérêt individuel ? Comment subordonner les libertés individuelles à d'autres valeurs plus adaptées à la stratégie d'une lutte contre la pandémie ? La réponse est délicate mais peut-être s'agit-il de redonner du sens aux vertus citoyennes : chaque individu étant porteur et garant de l'intérêt collectif ; il faut avoir le courage de sortir d'un individualisme facile et rappeler que la Liberté n'est pas l'absence de contraintes et ne peut s'exercer au-delà de celle des autres. Cela implique une grande responsabilité. Si nos sociétés permettent un meilleur épanouissement de la personne, elles ne doivent pas reléguer la solidarité au seul niveau de l'État car la Fraternité sera sacrifiée. La solidarité s'est, certes manifestée durant le confinement du printemps 2020, mais quelles chances a-t-elle de perdurer et de s'inscrire dans une démarche collective et organisée, voire gouvernementale ? N'est-il pas indispensable que chacun ait connaissance des valeurs de la démocratie, que chacun la prenne en charge, la nourrisse de son engagement ? Car la démocratie ne peut vivre si elle ne s'exerce pas. C'est pourquoi, cela impose un effort nécessaire et impératif vers l'éducation et vers l'éveil à la citoyenneté en rappelant et en enseignant les valeurs de la République. Le propos de Benjamin Franklin doit rester à l'esprit de chacun : « Un peuple prêt à sacrifier un peu de liberté pour un peu de sécurité ne mérite ni l'une ni l'autre et finit par perdre les deux ».

D'autres exemples de gestion de la crise pandémique nous sont proposés dans d'autres pays. La Suède a notamment beaucoup été évoquée pendant la crise : refus de confiner la population ou d'imposer le port du masque (excepté pour les soignants), et encouragement au respect des mesures barrières (distanciation sociale). Les mesures sont beaucoup moins coercitives qu'en France, et donc les citoyens ont non seulement le sentiment de ne pas être privés en totalité de leur liberté, mais également d'être plus responsabilisés, et de fait ils adoptent plus facilement d'eux-mêmes les mesures barrières. Et force est de constater qu'à ce jour, les chiffres font mentir ceux qui avaient prédit un avenir des plus funestes aux pays du Nord de l'Europe. La responsabilisation citoyenne suffit-elle ? Per Follin, responsable du département de contrôle et de prévention des maladies infectieuses, affirme que les suédois suivent à la lettre les recommandations en matière de gestes barrières. C'est justement cette discipline qui permet de contenir l'épidémie, plutôt que les gens. Mais c'est aussi une relation à double sens : si le gouvernement suédois fait confiance à sa population, c'est aussi parce que la population place une grande confiance en son gouvernement. Et c'est très loin d'être le cas chez nous : la vision renvoyée par les responsables politiques divers critiquant à tour de rôle les décisions du gouvernement, ou la multiplication des avis contradictoires d'experts médicaux plus ou moins légitimes sur les chaines infos, ne contribue pas à nous donner une vision claire et intelligible de la stratégie de lutte contre le virus. Et donc à susciter la confiance des citoyens. A l'heure où les questions du communautarisme et maintenant du séparatisme se font prégnantes en France, derrière cette question de la liberté ne se cacherait-il pas finalement la question de la remise en question de nos institutions dans leur globalité ? La question de la COVID-19 est-elle aussi vraiment sujette au séparatisme ?

Si nous prétendons vivre dans une démocratie, c'est à dire avec des dirigeants censés avoir été élus librement, pourquoi ne parvenons-nous plus à leur faire confiance ?

Pour garantir la continuité de nos principes républicains, il convient d'introduire dans la Constitution la notion « d'état d'urgence sanitaire ».

Pour cela, il faut relier cette définition à la Loi du 23 mars 2020, afin qu'elle devienne constitutionnelle, car pour l'instant c'est une loi d'exception. Le droit y apparait comme suspendu. Les amendes et autres pénalités prises en vertu de cette loi sont, de fait, contestables. De plus, la consultation du Conseil Constitutionnel pour acceptation de laïcité de la Loi est un préalable incontournable, mais ici ignoré. Pour finir, nous demandons à restreindre la période butoir à 12 jours comme pour l'état d'urgence sécuritaire. Le Parlement, et plus largement les « Institutions » doivent jouer leur rôle.

Le passage vers le monde nouveau se dessinera par une gouvernance continentale.

Il me semble évident que la gestion individuelle des États de la crise COVID-19 va à l'encontre de l'intérêt collectif de l'Humanité. C'est le reflet d'un passé archaïque, inscrit sur la théorie des frontières intercontinentales, alors que notre biologie n'a que des frontières naturelles (océans, montagnes, déserts, forêts), comme points de référence. Ce nouveau et futur maillage engendrera le renouvellement d'une fonction publique à l'échelle continentale. Ceci grâce à l'usage des technologies modernes et à venir. L'historique des pandémies souligne et impose une politique et culture hygiénique adaptée à la diversité des climats, enseignées dès le plus jeune âge, devant réguler nos relations professionnelles, sociales et personnelles, tout en intégrant les innovations scientifiques. La crise de la COVID-19 doit imposer une régulation et une inspection stricte des recherches scientifiques civiles, évitant celles contre nature, limitant aussi la course aux armements ; thème majeur entre grandes puissances depuis les deux Guerres Mondiales et la Guerre Froide. Nous en payons très probablement le prix dans la pandémie actuelle.

Pour aller plus loin : En finir avec les conflits d'intérêt et avec la corruption

Nous proposons d'installer une culture de l'intégrité.

En effet, ce qui semble miner depuis longtemps cette confiance dans un état de droit et la relation sereine qu'il entretient avec son peuple est basée sur la défiance. Il faut absolument un réengagement de la notion directement liée au droit, à savoir : le devoir de tous envers tous.

En complément des amendes et peines de prison prévus par la loi Sapin 2, il est proposé d'installer dans le système pénal des dispositions fortes pour barrer durablement l'accès à leurs fonctions, de nos représentants élus ou de ceux qui exercent une charge publique :

en cas de compromission dans un système de corruption ou de trafic d'influence : 15 à 25 ans d'inéligibilité ou d'exercice d'une charge publique

en cas d'abus de bien public (versus ABS en droit privé) en ce compris les emplois fictifs : 15 à 25 ans

en cas de défaut de transparence dans les déclarations d'intérêt ou de patrimoine exigés par la loi ou les règlements ou par les dispositions statutaires : 5 à 10 ans.

La peine d'inéligibilité prononcée en 1ère instance serait exécutoire immédiatement, et entrainerait donc, ipso facto, la déchéance de tous les mandats et responsabilités de la personne condamnée.

En outre, et par dérogation au principe de la présomption d'innocence, comme c'est d'ailleurs déjà le cas pour de nombreux délits dans le domaine pénal ou économique :

en cas de mise en examen, basée par définition sur des « indices graves et concordants », suspension dans l'exercice du mandat ou de la charge concernés par la procédure,

aucun candidat ne pourrait se présenter à une élection ou à l'exercice d'une charge publique quelconques, en étant sous le coup de l'instruction de l'un ou l'autre de ces faits.

Installer une culture de l'intégrité en rendant inéligible ou interdit d'exercice d'une charge publique, jusqu'à un minimum de 15 ans, tout élu ou responsable public condamné pour conflit d'intérêt, trafic d'influence, corruption ou abus de bien public, et en suspendant le mandat ou la charge concernée dès mise en examen.

C'est cela aussi qu'il faut acter pour renforcer le rôle de chacun dans la communauté des hommes.

Respectable Loge, Les Amis de la Vertu, Orient de Saint-Tropez, Région 2

Respectable Loge, Démos, Orient de Nice, Région 2

Respectable Loge, L'Étoile bleue, Orient de Toulon, Région 2

Respectable Loge, Coupo Santo, Orient du Cannet des Maures, Région 2

Respectable Loge, Humanisme et Progrès, Orient de Toulon, Région 2

Respectable Loge, Science et Solidarité, Orient de Cannes, Région 2

Respectable Loge, L'Amitié, Orient de Saint-Denis de la Réunion, Région 3

Respectable Loge, Jean de la Fontaine, Orient de Château-Thierry, Région 4

Respectable Loge, La Vraie Lumière, Orient de Nancy, Région 4

Respectable Loge, Émancipation 90, Orient de Saint-Flour, Région 5

Respectable Loge, Louise Michel, Orient de Limoges, Région 5

Respectable Loge, Les Démophiles, Orient de Tours, Région 5

Respectable Loge, Art & Lumières, Orient de Lyon, Région 6

Respectable Loge, Les Ecossais Roannais, Orient de Roanne, Région 6

Respectable Loge, Les Compagnons Réunis, Orient de Gonesse, Région 7

Respectable Loge, L'Eau Vive, Orient de Bussy Saint Georges, Région 7

Respectable Loge, Les 2 Terres, Orient de Cabestany, Région 8

Respectable Loge, Marceau, Orient de Chartres, Région 9

Respectable Loge, La Parfaite Égalité Retrouvée, Orient de Morlaix, Région 9

Respectable Loge, Triple Union, Orient de Dinan, Région 9

Respectable Loge, Aménité et Fidélité, Orient du Havre, Région 9

Respectable Loge, Les Amis du Progrès, Orient du Mans, Région 9

Respectable Loge, Le Myosotis de Vorgium, Orient de Treffin-Carhaix, Région 9

Respectable Loge, L'Homme et la Société, Orient de Valenciennes, Région 10

Respectable Loge, Les Amis Fidèles, Orient de Paris, Région 11

Respectable Loge, La Défense Laïque, Orient de Paris, Région 11

Respectable Loge, Clarté, Orient de Paris, Région 11

Respectable Loge, Les Clefs de l'Amitié - Les copains d'abord, Orient de Paris, Région 11

Respectable Loge, Les Compagnons de l'Espérance, Orient de Paris, Région 11

Respectable Loge, Demain, Orient de Paris, Région 11

Respectable Loge, Le Nouveau Siècle des Lumières, Orient de Paris, Région 12

Respectable Loge, Les Frères Unis Inséparables, Orient de Paris, Région 12

Respectable Loge, Intersection, Orient de Paris, Région 12

Respectable Loge, Étoile Polaire, Orient de Paris, Région 12

Respectable Loge, L'Internationale, Orient de Paris, Région 12

Respectable Loge, Thélème, Orient de Paris, Région 14

Respectable Loge, Les Vrais Experts, Orient de Paris, Région 14

Respectable Loge, L'Étoile de la Crau, Orient de Miramas, Région 15

Respectable Loge, Deucalion, Orient de Marseille, Région 15

Respectable Loge, Union des Rites, Orient de Marseille, Région 15

Respectable Loge, Réveil Maçonnique, Orient de Libourne, Région 16

Respectable Loge, Les Chevaliers de la Fraternité, Orient de Bordeaux, Région 16

Respectable Loge, Concorde et Montesquieu, Orient de Bordeaux, Région 16

Respectable Loge, Les Citoyens Du Monde - Hugo Pratt, Orient de Bordeaux, Région 16

Respectable Loge, Gambetta, Orient de Cahors, Région 17

Introduction Générale

L'école forme le citoyen. Elle doit donner toutes les chances à chaque enfant. Permet-elle son émancipation, un développement personnel réussi ? Que veut dire réussir sa vie ? Ce sont toutes ces contributions à des questions parfois complexes que ce chapitre permettra d'approfondir. Le Grand Orient de France a toujours été très attentif à l'école de la République. S'il fallait une preuve supplémentaire à cela, elle se trouve dans le nombre des loges qui ont contribué à cette partie du Livre blanc.

Éducation et enseignement

Définissons tout d'abord les termes de ce thème ; à cet égard il convient de souligner que nous sommes face à deux notions proches et pourtant distinctes : éducation et enseignement.

L'éducation, c'est développer, produire, apprendre. C'est le développement des facultés intellectuelles morales et physiques d'une personne sur des plans variés : moral, social, religieux technique, scientifique, médical etc.

Il est possible de distinguer quatre grands domaines éducatifs :

Le savoir, qui consiste en l'acquisition des connaissances intellectuelles

Le savoir-faire, qui englobe l'acquisition de compétences pratiques

L'être, qui regroupe la connaissance psychique et biologique d'un individu

Le savoir-être, enfin, qui désigne la capacité de produire des actions et réactions adaptées à la société humaine et à l'environnement

Quant à l'enseignement, c'est précisément la mise en œuvre, par un enseignant, de la transmission des compétences décrites ci-dessus. Enseigner ne s'improvise pas, c'est une activité qui requiert formation et expérience. Il couvre deux champs : la gestion de l'information, la structuration du savoir par l'enseignant d'une part, et leur appropriation par l'élève d'autre part.

On peut donc dire que l'enseignement est une composante de l'Éducation.

Qu'en est-il au niveau sociétal ?

Durkheim définit l'éducation comme visant à "susciter et développer chez l'enfant un certain nombre d'états physiques, intellectuels et moraux que réclame de lui et la société politique dans son ensemble et le milieu spécial auquel il est particulièrement destiné".

L'école a donc un rôle de socialisation. Par l'éducation physique (maîtrise du corps), par les apprentissages pratiques (maîtrise des techniques) et intellectuels (maîtrise des connaissances), elle contribue à réaliser la socialisation des enfants et à permettra l'apprentissage de la citoyenneté, de même qu'elle participe activement au développement de l'économie, par la formation générale comme par la formation professionnelle et par la transmission des connaissances scientifiques et des techniques.

Cela étant, un constat s'impose : l'école de la République se transforme moins rapidement que la société dans laquelle elle évolue. Le système éducatif au sens large est donc à réinventer en permanence, qu'il s'agisse d'éducation scolaire, périscolaire ou postscolaire, de l'enfant comme de l'adulte. C'est une condition indispensable si l'on veut maintenir une adéquation entre la société et les citoyens.

Tout d'abord, le rôle des parents demeure fondamental. En l'espèce, on constate un écart croissant entre les milieux favorisés et les autres.

Évidemment, les enseignants sont très importants. Ils ont été, pour la grande majorité d'entre eux, exemplaires. Ils se sont montrés force de propositions et ont su concrétiser un engagement solide auprès de leurs élèves. C'est d'autant plus remarquable que les enseignants ne jouissent plus aujourd'hui d'un statut valorisé, qu'ils doivent faire face à des situations de plus en plus variées et complexes et qu'ils ne bénéficient pas toujours du soutien véritable de leur hiérarchie. Cette relative déconsidération se traduit notamment dans les salaires : le rapport de l'OCDE "Regards sur l'éducation" pour l'année 2019 sur l'éducation montre que les enseignants français, et en particulier ceux du primaire, touchent des salaires médiocres en comparaison avec leurs homologues des pays développés. Selon ce rapport, le salaire des professeurs français est inférieur de 7% à la moyenne des pays de l'OCD. À titre d'exemple, après quinze ans de carrière, un enseignant français en école primaire gagne 37700 dollars bruts, soit 34140 euros par an. Son homologue allemand gagne pratiquement le double avec un revenu annuel brut de 74486 dollars, soit 67450 euros. Notons au passage que cette étude de l'OCDE contredit à certain lieu commun en particulier ceux qui concernent le temps de travail des enseignants. En primaire, les instituteurs français travaillent 900 heures par an alors que la moyenne de l'OCDE est de 794 heures. En résumé, les enseignants français travaillent plus que la moyenne et sont payés significativement moins. Ces chiffres illustrent une réalité simple qui constitue aussi une erreur collective stratégique : en France, l'éducation est considérée comme un coût qu'il faut limiter et non comme un investissement qu'il faut encourager et maximiser. La question à laquelle il faut répondre est la suivante : pour relever les défis à venir, mise-t-on sur l'école ou non ? Pendant la campagne pour l'élection présidentielle de 2017, le candidat Emmanuel Macron avait affirmé sa volonté de réduire les inégalités "à la racine" en faisant porter ses efforts sur l'école primaire. Une de ses promesses consistait notamment à diviser par deux les effectifs en CP et CE1 pour les établissements situés en zone REP (Réseau d'Éducation Prioritaire) et REP+. Force est de constater que cette promesse a été assez largement tenue. Mais force est de constater que cela ne s'est accompagné d'aucune revalorisation salariale. Pourtant, ce ne semble pas être une question de moyens. En euros constant, le budget alloué à l'éducation a en effet régulièrement augmenté entre 1980 et 2015, que ce soit en valeur absolue ou rapporté au nombre d'élèves. En 2021, il reste le premier de l'État : le projet de loi de finances pour l'année 2021 fait état, pour le Ministère de l'Éducation Nationale de la Jeunesse et des sports d'un budget de 55,1 milliards (53,6 milliards seront consacrés à l'éducation, 699 millions à la jeunesse et à la vie associative et 802 millions aux sports) Le système jacobin français montre ici ses limites. Il impose une gestion uniforme sur l'ensemble du territoire alors que celui-ci ne forme pas un tout homogène. La solution passe certainement par un fonctionnement bien plus décentralisé des établissements dans lesquels on laisserait une large autonomie financière et managériale aux chefs d'établissements. Cette autonomie pourrait être négociée avec le rectorat et prendre la forme d'un contrat d'objectifs et de moyens.

Mais le problème n'est pas lié qu'à l'institution. Il est plus large et concerne la société tout entière. C'est l'ascenseur social qui ne fonctionne plus correctement. En France aujourd'hui, seuls 5% des classes populaires ont accès aux grandes écoles contre 20% avant la seconde guerre mondiale. Améliorer la situation passe par la réduction des inégalités, par la mise en œuvre d'une réelle mixité sociale, par la suppression des ghettos. C'est tout le tissu social profond qu'il faut renforcer et remanier. Au niveau de l'éducation, nous l'avons vu, le rôle des enseignants doit être revalorisé. La mise en place de classes à effectifs réduits doit être poursuivie. Mais il y un problème de ciblage à résoudre : les établissements type REP/REP+ ne regroupent que 30% des élèves en difficulté. 70% de ces mêmes élèves ne bénéficient donc pas d'infrastructures pourtant mises en place spécifiquement pour eux. Les outils numériques peuvent également faire partie des solutions, en classe comme à l'extérieur. Pour autant, croire qu'ils se substitueraient magiquement aux professeurs seraient une grossière erreur. Enfin, l'approfondissement des partenariats avec le monde de l'entreprise peut également être porteur de solutions. Le sujet est évidemment complexe. Mais il est temps de comprendre qu'il est dans l'intérêt de tous de mieux organiser l'école et de l'orienter vers la réussite du plus grand nombre : si nous ne faisons rien, c'est le pacte républicain qui est mis en danger.

Redonner goût à l'École républicaine

Un passé glorieux et après ?

Tout le monde s'accorde sur l'excellence du modèle de l'école républicaine de la Troisième République avec une nostalgie plus ou moins prononcée pour les uns ou pour les autres. Pourquoi nous n'arrivons pas à reproduire ce modèle de nos jours et surtout pourquoi l'école n'est plus un vecteur d'intégration comme il le fut ?

On pourrait porter la faute sur la démocratisation de masse qui change par nature les enseignements, mais rappelons que cette démocratisation concerne davantage les études supérieures et nous l'accès à l'École qui confère en principe des bases solides pour s'intégrer en société. Le transfert des enseignements dans les cycles dits supérieurs a appauvrit les bases culturelles et surtout civiques de nos concitoyens. En effet, on regrette souvent l'éducation civique à l'École, mais en mesure-t-on réellement les conséquences ? A notre humble avis, une des conséquences est que la vocation des enseignants en est touchée. Le sens de l'intérêt général n'arrive plus à combattre le dictat de l'intérêt particulier prôné par la consommation de masse. Nous n'arrivons plus à retrouver des vocations qui naissaient par l'admiration des aînés qui nous transmettaient des savoirs, mais aussi des valeurs. Ces aînés, et souvent nos aînés francs-maçons, donnaient du sens à leur métier et ils l'exerçaient en véhiculant un exemple. Combien de nos enseignants aujourd'hui font ce métier pat dépit, spécialement dans les zones dites sensibles ?

L'École plus qu'un média de connaissances

L'École républicaine n'est pas qu'un réservoir de savoir dont les enseignants seraient les débiteurs. Cette conception de fonctionnaires appliquant strictement et bêtement un programme sans y mettre une once d'âme est tout simplement insupportable. L'École est la forge de la citoyenneté. Si Tocqueville disait que la vie communale est « l'École de la démocratie », l'École est le berceau de la citoyenneté. Il nous faut retrouver les vocations de nos maîtres d'écoles qui formaient la chaîne citoyenne, hier. C'est une condition indispensable pour réenclencher le cercle vertueux de la transmission de valeur.

Il devient primordial de revaloriser la fonction, la mission et la rémunération des enseignants, de favoriser l'accompagnement des élèves dans leur parcours de réussite et de travailler sur les vocations et montrer par l'exemple dans les cycles de formation des enseignants, les retours d'élèves accompagné par des duos mentor-élève qui ont donné des succès.

Pour une École, républicaine, qui éveille et qui rend libre

En préambule, tout ce que nous proposons ci-dessous suppose un engagement fort de l'État, que ce soit dans les moyens financiers, les formations mises en œuvre, la démarche sociale accolée nécessaire.

Nous attendons de l'éducation qu'elle amène tout d'abord de l'instruction : les connaissances nécessaires à l'élaboration d'un raisonnement construit et documenté, la curiosité nécessaire à des connaissances qui s'approfondissent et qui évoluent au cours du temps, la tolérance qui permet d'affiner son jugement à l'aide de l'apport des autres ; nous attendons également qu'elle apporte une part éducative : un apprentissage d'une vie en société contenant le respect et l'entraide, l'épanouissement et la complémentarité des individus.

La pédagogie devrait être basée sur l'éveil, il faudrait ouvrir regrouper au sein de l'école un éventail de possibilités et y intégrer une multitude de chemins différents pour les parcourir. Toutes les matières et toutes les étapes seraient présentes mais l'on pourrait y circuler librement, en commençant par les plus attirantes et en induisant par un accompagnement des enseignants vers les complémentaires nécessaires pour évoluer ses aptitudes premières. L'attention des enseignants à l'individualité de chaque enfant serait la première volonté et elle permettrait d'inventer le meilleur parcours pour chacun sans induire de notion d'échec en cours de parcours. Les aptitudes et attirances seraient détectées rapidement et le jeu d'orientation au sein de ce grand ensemble s'adapterait à chaque enfant. Cela suppose une découpe plus souple en tranches d'âge plutôt qu'en classes, comme on peut le retrouver dans les écoles alternatives Montessori. Cela supposerait également que les matières soient étudiées en transversalité, un parcours initiatique aux indispensables connaissances qui ne connaitrait pas la frontière des matières.

Cette école doit être pour tous et doit donc être publique et républicaine. Laisser la possibilité à des écoles privées d'exister c'est déjà créer une ségrégation sociale ou religieuse. Pour endiguer ces chemins de traverse l'école républicaine doit être irréprochable, attractive et novatrice. Elle doit cultiver et proposer les supports à la culture sans cesse, elle doit passer par le jeu ou la narration pour être attirante. Elle doit être un endroit où l'on se sent bien, où on trouve attention et compréhension, où on trouve de l'aide quelques soient les difficultés rencontrées. Elle doit rassembler dans le respect des individualités et, par ses valeurs de tolérance, construire un groupe fort et solidaire.

Il faut que les enseignants soient passionnants et donc passionnés, l'implication de ces derniers doit se situer autant au niveau de l'humanisme que de l'instruction et du savoir partagé. Les projets de l'école doivent regrouper et mettre en valeur toutes les compétences en direction de réalisations collectives. Une formation adéquate doit être donnée à chaque enseignant en amont de sa mise en situation professionnelle qui doit elle aussi être progressive afin que les responsables d'établissement puissent déceler les aptitudes et points forts de chaque membre de son équipe et construire un projet cohérent avec les savoirs disponibles. Les métiers concernés doivent tous être valorisés financièrement pour les rendre plus attirants et une sélection doit être opérée sur la capacité pédagogique. À l'instar du maître d'école dans les années glorieuses il pourrait être intéressant de placer au maximum les membres des équipes enseignantes dans leur berceau géographique natal afin de renforcer le lien existant avec les familles.

En renouvelant positivement le système éducatif public nous arriverions à former des jeunes adultes libres, instruits, ouverts, tolérants et à même de faire évoluer notre société dans des dimensions plus solidaires, plus tolérantes, plus collaboratives, plus vertueuses, en un mot, un Après plus humaniste.

Que veut dire réussir sa vie ?

Les valeurs morales se perdent face au paraître et à la réussite sociale clinquante : le luxe ne s'est jamais aussi bien porté ! Il est devenu la valeur même de la réussite, et quel que soit les moyens pour y parvenir... Alors, aujourd'hui, il semble bien que réussir sa vie n'est plus d'avoir fait le bien autour de soi, mais plutôt afficher une « belle réussite » (le terme existe !) qui portera l'individu sous les projecteurs, bien mieux que pour ses actions citoyennes.

Alors que nous sommes plus que jamais maîtres de nos destinées, pourquoi cette question est-elle encore un enjeu dans les pays démocratiques et développés ?

C'est peut-être parce que nous avons encore à créer les conditions économiques de la sécurité de tous. C'est rendre la liberté à chacun de s'interroger sur la pleine "réussite" de sa vie, ou plus précisément : les conditions de son bien-être (cf. pyramide de Maslow). Là où la simple fraternité républicaine a échoué, ayons le courage de la solidarité. Repensons nos valeurs, pour que le bien-être ne rime pas qu'avec famille, emploi salarié, et richesse matérielle. Valorisons ceux qui œuvrent pour le bien commun, la préservation de notre patrimoine collectif (la paix, la sécurité, la stabilité, les ressources naturelles, la santé, etc.). Ayons l'audace d'une nouvelle éthique républicaine, illustrée par nos choix politiques et portée par l'enseignement scolaire.

Nous devons alors travailler à la définition collective de ce que serait une "réussite collective" pour notre société : qu'est-ce que le bien-être ? Nous devons nous appuyer sur des politiques publiques définies selon ces critères de bien-être collectif et pas seulement de croissance du PIB. Nous devons porposer une plateforme de contribution volontaire (don ou prêt sans intérêt) à des projets publics au choix : recherche fondamentale, éducation, santé, énergie, etc. au niveau local ou national.

Pour accompagner cela, il conviendrait de proposer une notation scolaire valorisant le travail collectif, l'entraide, l'investissement dans des projets extra-scolaires et aborder "qu'est-ce que réussir sa vie" en cours de philosophie, sans attendre la classe de Terminale.

Le changement : cela peut-être une évaluation positive par compétences, la mise en évidence des forces et non des faiblesses, l'encouragement pour les esprits créatifs afin qu'ils prennent la place qu'ils méritent. Le monde en a besoin. Il a besoin d'esprits créatifs pour s'adapter, pour perdurer.

Horace a dit « Sapere aude » Ose savoir. Or le savoir, c'est le savoir-faire ET le savoir-être.

Vers une école émancipatrice. Une émancipation en acte

L'école permet-elle l'émancipation ?

Si émancipation signifie : capacité à s'autodéterminer et à s'intégrer à la société, alors l'école tend de plus en plus à créer de bons consommateurs. Mais face aux difficultés à « tirer son épingle du jeu », l'école semble avoir de plus en plus de mal à jouer son rôle d'ascenseur social, d'où de nombreux exclus ou déçus du système. Cela se traduit par un rejet des institutions amenant à un taux d'abstention croissant, à des mouvements de contestation comme les Gilets Jaunes, à un « dégagisme » de plus en plus marqué, au détournement du système social, à une montée de l'individualisme, du chacun pour soi, à une remise en question de plus en plus fréquente du pouvoir démocratique, qui à terme fait le jeu des mouvement nationalistes et extrémistes.

Mais une école qui émancipe c'est une école plus complexe que cette peinture terne réelle et inquiétante.

L'école émancipatrice doit donner toutes les chances à chaque enfant. Permet-elle son émancipation, un développement personnel réussi ?

Quelles voies innovantes l'école doit-elle emprunter dans ce paysage en crise pour permettre une meilleure émancipation du futur citoyen dans notre démocratie ?

La démocratisation n'a de sens que si elle propose un partage véritable des pouvoirs. Pour cela, il s'agit d'articuler émancipation individuelle et collective. L'école doit fournir les clés pour une égale capacité à agir et à peser sur les transformations de la société.

Les contenus et les pratiques enseignés doivent permettre de sortir de soi et des évidences qui semblent naturelles, de partager et de construire du commun en cultivant la pratique du consensus et du respect de l'autre ; des contenus et des pratiques qui placent tous les élèves en position de créateurs et de critiques en atténuant les effets des inégalités sociales et prévenir les décrochages scolaires.

Des pistes pour une émancipation réussie existent :

Pour donner du sens à l'enseignement, chaque classe (ou groupe de classe) du primaire et du collège devrait élaborer un projet annuel sur un thème ou une problématique. Ceci implique une équipe pédagogique formée, solide et solidaire autour de la conception de ce projet, avec davantage de temps de travail en groupe pour les élèves. Pour aider les équipes pédagogiques à définir leur projet, créer une banque de données, par zone géographique ou nationale selon les thèmes, accessible à tout citoyen, toute entreprise ou toute institution, qui collecterait des problèmes collectifs à résoudre.

Impliquer toutes les parties prenantes de la société : école, famille, institutions et entreprises au travers d'activités hebdomadaires voire bihebdomadaires. Chaque enfant de la classe pourrait travailler à un exposé concernant une habitude familiale, un métier d'un proche, une recette de cuisine ou bien encore un évènement/expérience qui l'a particulièrement marqué et viendrait accompagner d'un parent/proche/adulte pour étayer son récit. Cela permettrait de travailler la connaissance, l'écoute et le respect et surtout de s'initier à la diversité.

Développer les visites dans les musées, les opéras, les bibliothèques, tous lieux favorisant la transmission de la culture et des arts. La découverte du Beau ne peut que contribuer au respect de ce Beau. Quand nous sommes conscients des trésors qui nous entourent et de ce qu'ont créé nos Anciens, nous sommes moins enclins à les détruire. Nous sommes aussi davantage enclins à la réflexion et à apprécier la paix pour en profiter pleinement.

En conclusion, l'école permet par l'accès à la connaissance de comprendre notre société, d'avoir une vision générale du monde et donc de prendre des décisions en accord avec celui-ci. Elle est l'amorce « à cultiver son jardin (cf Voltaire) » en limitant la pensée unique.

Les nombreuses dictatures ne s'y sont pas trompées : principes et valeurs se forgent dès le plus jeune âge. Il apparaît donc essentiel que l'école dès la maternelle mais plus sûrement à partir du primaire contribue à l'émancipation ou tout du moins qu'elle participe activement à l'ouverture d'esprit des citoyens. Action permettant à ce même citoyen de s'engager envers autrui et de pouvoir mener une action solidaire dans la société dans le but de mieux vivre ensemble.

Apprendre à réfléchir par soi-même, apprendre à exercer sa liberté de conscience, apprendre à devenir citoyen

• introduire la philosophie bien avant la terminale et la conserver dans toutes les filières ; sous forme d'une philosophie morale, citoyenne, ainsi qu'une philosophie de la vie ; donner du sens aux valeurs de la société, dont la laïcité à la française, facilitatrice du vivre ensemble.

• enseigner la culture de l'engagement sociétal ; faire connaitre le monde associatif, vecteur de la société civile et de l'intérêt général.

• prendre en compte toutes les formes d'intelligence, en ne valorisant pas seulement la capacité conceptuelle.

• faire la promotion de tous les métiers, car ils relèvent tous d'une utilité sociale.

Acquérir de « l'agilité » pour être à l'aise dans la relation à l'autre et dans un monde moderne

• en plus des connaissances de base incontournables (français, maths, anglais...), cultiver la capacité de changement par la diversité de contenus et de situations d'enseignement.

• ne pas orienter trop tôt les élèves ; ce qui va de pair avec le renforcement de l'enseignement des acquis fondamentaux dans le primaire pour éviter le décrochage.

• développer les qualités émotionnelles, c'est-à-dire la capacité de l'élève, en se connaissant mieux et en comprenant les autres, de prendre une attitude adaptée aux situations et aux relations avec les autres, c'est-à-dire lui donner la capacité d'être assertif et donc plus résilient aux épreuves de la vie. (Comme exemples d'application : une pleine conscience, une régulation des émotions, une estime de soi, l'erreur prise comme un apprentissage, le savoir dire « non », le recadrage des pensées négatives, la conservation de son enfant intérieur...)

Encourager et valoriser les initiatives et la diversité des pratiques, inciter à leur diffusion et à leur échange.

Le rapport aux familles : Pour donner toutes ses chances à chaque enfant, l'école doit agir en connaissance fine des parents et des familles, en complémentarité et en harmonie avec elles, et prendre en compte la disparité des situations et les inégalités sociales – qu'elle ne peut évidemment pas corriger à elle seule.

L'attention aux relations humaines : A chaque échelon de l'institution il faut une connaissance fine et une prise en compte de la situation de chacun, autrement dit un meilleur suivi des relations humaines et une façon de montrer que l'on prend en compte les choses faites, porter une attention aux mots que l'on emploie afin de renverser la cascade de mépris ou ce qui est ressenti comme tel pour construire dans chaque école et établissement scolaire une vraie communauté. Pour que l'enfant se sente bien il faut que ceux qui s'en occupent se sentent bien.

La confiance en premier pour faciliter l'action juste : Dès lors, il faut organiser le système éducatif sur la base d'une confiance placée dans tous ses acteurs, et d'une mise en capacité à agir, selon les valeurs partagées, à tous les échelons, partant de l'enseignant, de l'établissement, de l'encadrement de proximité (corps d'inspection et autorités académiques), dans une ouverture sur l'environnement (collectivités territoriales, associations périscolaires) et sur le monde professionnel.

La valorisation des initiatives : Une telle organisation suppose un fonctionnement du système éducatif encourageant et valorisant les initiatives et la diversité des pratiques, incitant à leur diffusion et à leur échange.

Pour aller encore plus loin dans la structuration de cette émancipation.

Rendre l'École plus juste en établissant une égalité des droits au service de la réussite de tous les élèves. Continuer à prôner l'égalité des chances, en raison du niveau des inégalités qui fracturent notre société, relève du cynisme absolu.

Rescolariser l'école en lui donnant les moyens d'assurer ses missions fondamentales : instruire les enfants, dispenser une culture commune, former à une autonomie de pensée.

Ajouter penser à la trilogie célèbre lire, écrire et compter, et ce dès l'école primaire.

Revoir la formation pratique des enseignants, qui doivent disposer d'un droit à l'expérimentation, et celle des personnels d'encadrement, dont les services doivent comprendre un volume d'heures d'enseignement hebdomadaire.

S'attaquer aux difficultés scolaires en renforçant l'éducation comme service public, et, pour ce faire, en s'appropriant les connaissances produites par différentes catégories d'acteurs (chercheurs, mouvements pédagogiques, groupes de réflexion, acteurs de terrain...).Concrètement un corps de répétiteurs pourrait être, par exemple, rétabli pour mieux aider les élèves de l'école publique à faire face aux exigences de leur scolarité (travail, préparation aux examens, concours) et assurer une continuité pédagogique, afin de ne pas laisser ces divers besoins pris en charge par le secteur marchand . Autre mesure concrète le dispositif Ouvrir l'école aux parents pour la réussite de leurs enfants (OEPRE) devrait être étendu à l'ensemble des parents et pas uniquement à ceux de la migration.

Réinstaurer l'Éducation populaire en établissant un grand ministère de l'Éducation Nationale et de l'Éducation populaire.

Faire découvrir aux élèves l'utilité pratique et sociale, dans leur vie personnelle, des enseignements qu'ils suivent : Il importe, en tout premier lieu, que l'école prenne le temps de rendre concret l'apprentissage, de montrer en quoi les connaissances théoriques acquises servent dans la vie quotidienne ou serviront plus tard à l'élève devenu adulte et citoyen.

L'école au centre mais pas le monopole d'une école fermée sur elle-même : Le temps est largement venu d'assumer, de reconnaître et d'encourager les différences des pratiques, les expérimentations et les stratégies de différenciation, la diversité et la complémentarité des acteurs qui concourent à la réalité de l'école (enseignants, établissements, encadrement pédagogique et administratif de proximité, environnement : familles, collectivités territoriales, associations périscolaires, milieux professionnels)

En bref, il s'agit de créer une « école de la confiance » qui ne soit pas un slogan ou un titre de loi, mais qui reflète l'ambition, l'exigence et la réalité d'une pratique : confiance dans les élèves et leurs familles, dans les enseignants et les équipes des établissements, dans les autorités académiques et les responsables pédagogiques et administratifs de proximité, dans les collectivités territoriales, les associations périscolaires, les milieux professionnels.

Un modèle pédagogique à réinventer, vers un manifeste pédagogique

Nous proposons la création d'une « Académie du Projet éducatif » de la République, structure d'initiative permanente placée sous l'autorité du Ministre de l'Éducation Nationale et de l'Éducation Populaire afin d'assurer la continuité des actions innovantes éducatives.

Pour cela il convient d'améliorer et parfois de réinventer notre modèle pédagogique.

Quelques outils et méthodes : Il conviendrait de réactiver des outils de connaissance de soi et des mécanismes des relations interpersonnelles, mécanique et gestion des conflits, fonctionnement et lacunes du cerveau, fonctionnement des émotions, ATPM (Analyse Transactionnelle, Préférences Mentales), PNL, concepts de J. Salomé, travaux de H. Laborit... le striatum aux commandes face au cortex sur les 5 axes : alimentation, reproduction, information, pouvoir et moindre effort dans le court terme face aux enjeux de long terme sur la planète que sont biodiversité et pollution. Ces outils ouvrent à la tolérance et à la responsabilisation de chacun (comportements choisis et non plus mus uniquement par l'inconscient) (passage du « réactionnel » au relationnel). Pour cela, il faut aborder plusieurs points précis :

Identification pour chacun de ses propres « Valeurs » et interrogation sur le degré de congruence entre ses valeurs et ses actes.

Nous vivons dans un monde économique et mercatique ; il faut former à l'Identification des concepts, logiques et méthodes de la mercatique, fonctionnement de la publicité et fonctionnement du cerveau ;

Nombre de jeunes, et notamment de futurs cadres, méconnaissent le fonctionnement de notre système économique dans lequel, paradoxalement, ils vont jouer un rôle majeur. L'enseignement de « l'Économie politique » à destination de tous nous semble essentiel.

Face et avec les Médias :

Connaître les logiques de fonctionnement des médias, les enjeux autour de leur financement

Face aux dérives des médias en réponse au marché et dans leur logique de structure (primauté du divertissement sur l'information et la culture, développement de l'Entertainment, dérive du cinéma américain manichéen (pour un public adolescent et adulescent), « Va-t'en guerre » permanent :

Faire connaître les contraintes et les enjeux d'un diffuseur d'information, d'un réalisateur de documentaire (ex : forcé de faire dans la dramaturgie pour pouvoir être diffusé au détriment bien souvent de la véracité),

Identifier les logiques de structure qui poussent à la dramaturgie, l'instantanéité, l'émotionnel plutôt que l'informationnel, la pédagogie, le développement de l'esprit critique,

Éduquer à l'élaboration de revue de presse, revue radiophonique, « journal de la désinformation » ; éducation au débat, à l'autoformation critique face et à partir des Technologies de l'Information et de la Communication, initiations aux démarches de recherche en sciences sociales.

Face au racisme, face au communautarisme : vulgariser le concept « d'Ethnocentrisme » de Claude Lévi-Strauss,

Renforcer l'éducation à la laïcité, colonne vertébrale de notre société républicaine démocratique.

Concernant les mythes et héros propres à notre société... que les plaques sous les statues et autres pictogrammes soient plus informationnels sur les actes et pas seulement subjectivement dithyrambiques.

Affirmation des principes humanistes dans l'acte d'enseigner

Une humanisation de l'enseignement entre l'élève et le professeur par un accompagnement en classe des élèves demandeurs, pendant les cours, avec un/e aide pédagogique (et non l'abandon de la plupart des enseignés dans les classes en surnombre). L'itinéraire d'un maçon montre par exemple que l'on ne vise pas un objectif matériel ou une performance intellectuelle, mais bien une recherche de soi à travers le rituel et l'autre, par l'accueil et l'écoute, une découverte du monde au-delà des clivages claniques et des rivalités étatiques, religieuses ou sociales. L'humanisme est la nature de l'humanité.

Méthodes et matières enseignées :

Base d'instruction indispensable commune à tous (savoir lire, écrire, compter)

Les méthodes d'enseignement sont les mêmes depuis des décennies. Elles sont à revoir à la lumière de ce qui se fait dans d'autres pays

Cours de philosophie dès la 6ème

Cours de morale républicaine dès le CP

Développement personnel :

Présence de psychologues dans les classes pour sensibiliser à la gestion des émotions, gestion du stress, gestion des conflits...

Valorisation du potentiel de chacun au travers la mise en place d'activités artistiques, sportives, manuelles....

Création de postes de responsables de bien-être à l'école (happiness manager)

Pratique du yoga, de la méditation....

Rythme scolaire :

Possibilité de faire "pause" : Aujourd'hui le train de l'école n'attend pas et encore moins depuis qu'on déconseille fortement, voire qu'on interdit le redoublement.

Mais quid des enfants pour qui cela va trop vite, qui ne sont pas adaptés à ce seul système (il n'y a pas d'autres alternatives proposées au niveau étatique).

Pourquoi un enfant ne pourrait pas dire : « stop « pendant 1 an ou « stop » ; je vais passer un an dans une école d'un autre pays ?

Temps sur le mode « Scout « » avec missions à accomplir dans un temps donné, entraide, partage, dépassement de soi... et débriefing à raison de demi-journées ou journées complètes régulièrement réparties sur toute l'année et deux jours complets par an avec la plus grande mixité possible.

Avec le 1er Budget de l'État du fait du nombre d'enseignants, l'Éducation Nationale ne pourrait-elle pas mettre en place une économie d'efficience, basée sur l'individu et son épanouissement, et non une économie de rentabilité, avec ses classes surchargées, professeurs sous-payés et non remplacés, etc... L'évolution du système éducatif ne peut aller que dans le sens d'une individualisation de l'instruction, d'un accompagnement par des professionnels du développement personnel de l'enfant, d'une reconnaissance sans jugement de valeur des appétences de chacun et des formations qui vont avec. Ainsi, nous aurons des jeunes adultes épanouis et prêts à mettre au profit, de tous et d'eux-mêmes, leurs talents.

Les enjeux éducatifs suite à la crise sanitaire

Refonder notre modèle éducatif pour former les citoyens de demain

Il est devenu impératif de repenser de fond en comble l'éducation, cela, afin de bien préparer les nouvelles générations à habiter ce monde en perpétuelle transformation qui sera le leur. La crise que nous vivons ne fait qu'accélérer ce sentiment d'urgence. Pour y parvenir, il faut d'abord redéfinir avec des objectifs simples et clairs le contenu de cette nouvelle éducation, repenser nos méthodes pédagogiques pour s'assurer qu'elles transmettront à cette génération de nouvelles compétences et de nouveaux contenus qui, seul, leur permettront de s'épanouir à l'avenir.

Parmi ces compétences, certaines semblent incontournables : la collaboration, la communication, et les compétences liées aux technologies de l'information et des communications (TIC) : créativité, pensée critique, résolution de problèmes, capacité de développer des produits de qualité et productivité, capacité d'apprendre, l'autonomie, capacité de planifier, la flexibilité, l'adaptabilité ou la résolution de conflits.

Dans le monde d'après, les compétences fondamentales les plus recherchées seront aussi les compétences transversales incluant des savoirs, des savoir-faire et des savoir-être complexes et à des situations imprévisibles. Les aptitudes cognitives prédisposeront à la communication et aux échanges, à la manipulation et à l'analyse de l'information telles que le raisonnement déductif, le raisonnement inductif, l'organisation de l'information et le repérage des problèmes. On suppose que la demande pour ces aptitudes sera très forte.

En résumé, la communication, la collaboration, la créativité, l'innovation, la facilité numérique et technologique, l'apprentissage continu, la flexibilité et l'adaptabilité, la citoyenneté, l'entrepreneuriat seront des valeurs essentielles. Le modèle nordique depuis les années, 1970, met en lumière aussi la capacité pour l'homme à savoir se situer dans son écosystème et à anticiper ses besoins par rapport au prélèvement des ressources naturelles de la planète qui sont limitées donc précieuses. Ces méthodes, dont il faut, semble-t-il, s'inspirer, ont, en fait, beaucoup de sens car elles promeuvent l'indépendance, la prise de risques et l'éducation bienveillante. Ce modèle éducatif ininterrompu de 7 à 16 ans au moins, devra se baser également sur les valeurs de liberté et de démocratie dont les fondements seront validés par l'apport des neurosciences et sont utilisés dans diverses pédagogies alternatives comme l'adaptation du système d'apprentissage au rythme d'enseignement et la qualité de l'attention.

Les Scandinaves font office de modèle car ils ne font pas grand cas du sexe de leurs enfants et sont très attachés au fait de traiter les garçons et les filles de la même façon, sans véhiculer des stéréotypes genrés, et ont développé un principe de pédagogie neutre dans lequel chaque enfant est un être à part entière qui possède ses propres périodes et systèmes d'apprentissage et qui de ce fait mérite une attention et un respect particulier et bienveillant de sa personne. Ce point précis sous-entend que les élèves soient scolarisés en petits groupes afin que l'enseignant puisse créer une relation personnelle avec chaque enfant et implique aussi l'organisation d'un parcours d'apprentissage mis en place avec l'enfant qui définit ses objectifs et a pour mission personnelle d'arriver à sa réalisation.

La relation École - entreprise : rendre cette relation pérenne et obligatoire

Si l'éducation nationale veut réussir pleinement sa mission d'éveil des enfants, elle ne réussit qu'à moitié la préparation à la vie professionnelle des jeunes. Il serait profitable qu'il y ait une plus grande interpénétration de professionnels de l'entreprise compétents vers les universités et autres grands corps de formation des élites. Nous observons depuis plusieurs années malgré quelques tentatives remarquables qu'il persiste un problème structurel. En effet les étudiants qui se destinent à l'éducation, après la réussite au concours, passent directement de leurs études, après une formation complémentaire, dans l'éducation nationale. De ce fait, l'ensemble du corps enseignant ne connaît pas vraiment les pratiques fines des entreprises. En toute bonne foi, ils ne peuvent que transmettre les schémas qu'ils ont appris au cours de leurs études.

Nous proposons de renforcer le nombre de stages et d'interrelations entre le monde de l'entreprise et le monde enseignant.

Un modèle se construit avec des propositions concrètes, opérationnelles, disruptives

Trois principes fondent cette école : Assurer la qualité et la cohérence des programmes pour former des citoyens et lutter contre les échecs scolaires.

L'école de la République doit être conçue comme le lieu où l'on apprend dès le primaire, à maîtriser les savoirs élémentaires (lire, écrire, compter), puis couvre tous les champs du savoir et du questionnement scientifique. Elle doit également assurer la transmission des valeurs universelles (liberté, égalité, fraternité) et donc de civisme.

Affirmer l'universalité de l'enseignement : Aucun élève ne peut invoquer une conviction philosophique, religieuse ou politique pour contester le droit de traiter une question au programme ou pour refuser de se conformer aux règles applicables dans l'École de la République. L'École doit rappeler à tous ses acteurs (enseignants, personnels, élèves, parents) les principes de laïcité, valoriser l'universalisme et la fraternité contre le communautarisme, le séparatisme et le repli identitaire.

Combattre la vulnérabilité de la jeunesse par le développement de l'esprit critique : L'École doit permettre de s'émanciper par l'éveil de sa conscience, à penser par soi-même, à devenir un citoyen, à partager les mêmes droits et les mêmes devoirs avec les autres. Elle doit permettre de construire un regard critique sur tous les modes de communication et d'information, notamment les réseaux sociaux et de déconstruire les thèses complotistes et les « fake news ».

Pour répondre à ces objectifs voici vingt propositions classées par thématiques :

Le temps des élèves, au cœur du système éducatif :

Respecter le temps de l'enfant dans son apprentissage et inclure plus de sections d'Unités Localisées pour l'Intégration Scolaire dans les Écoles ;

Revenir au temps de l'École répartie sur 5 jours du lundi au vendredi ;

Faire du soutien scolaire une réelle prise en charge les élèves en difficulté durant le temps de la classe, dès les premiers signes de décrochage sur la base d'un cahier des charges clair avec des objectifs à évaluer ;

Intégrer le travail des associations dans la vie scolaire pour assurer le relais dans les écoles au-delà du temps scolaire en lien avec l'équipe pédagogique. La « solidarité éducative » doit pouvoir aussi s'exercer en dehors du cadre strict de l'école ;

Lutter contre la géographie de la réussite scolaire en assurant une offre scolaire équitable et de qualité et des équipements ad hoc quel que soit l'endroit où l'enfant habite. Cette proposition renvoie à la Dotation Globale de Fonctionnement qu'il serait nécessaire de réajuster pour éviter les différences entre les écoles des communes riches et celles des communes pauvres. Si la souplesse de la décentralisation n'est pas un frein l'État se doit de définir un socle commun de qualité de locaux, d'équipements. Il doit verser aux collectivités les sommes suffisantes et pouvoir sanctionner (mettre sous-tutelle par exemple) les collectivités (comme Marseille) lorsque que les conditions ne sont pas remplies. L'Éducation Nationale devrait disposer des moyens de contrôle nécessaire et pouvoir fermer les écoles qui ne remplissent pas les conditions d'hygiène et de sécurité ;

Le recrutement des enseignants doit passer par deux phases importantes :

Mettre en œuvre un dispositif incitatif pour les candidats à la profession (contrats de pré recrutement les premières années de licence) ;

Mettre en place des formations en alternance pour accéder au métier d'enseignant (via l'apprentissage, l'intégration de cadres d'entreprise ou autres fonctions publiques selon prédispositions) ;

La politique salariale des enseignants peut se décliner en trois points :

Développer une réelle politique salariale : la pratique actuel repose sur un barème par points acquis pour l'essentiel à l'ancienneté et géré de manière paritaire avec les organisations professionnelles. Ces dernières années, quelques assouplissements ont été introduits avec, par exemple, la possibilité donnée à des établissements sensibles de recruter sur profil des enseignants, mais ces aménagements jouent uniquement à la marge ;

Proposer un traitement plus élevé en début de carrière et revoir la progression significative (pour une véritable incitation) sur la base d'objectifs à définir dans un entretien annuel réalisé par l'inspecteur ;

Verser des primes significatives (doublement de salaires pour les enseignants expérimentés volontaires pour enseigner dans les zones réputées difficiles avoir obligation de résultats via un système d'indicateurs à évaluer tous les ans voire des primes spécifiques à des projets de circonscription ;

La formation et l'évaluation des enseignants :

Repenser la formation des professeurs en rompant avec l'idéologie communicationnelle et adaptatrice. Pour mémoire à la fin du quinquennat Sarkozy, la formation spécialisée des enseignants a été supprimée, avec la réforme Blanquer, elle a été réintroduite. Les enseignants doivent s'adapter par cycle gouvernemental aux programmes venus d'en haut, souvent lourds et peu ludiques et souvent théoriques. Par ailleurs entre les partisans de l'apprentissage des connaissances et ceux qui favorisent les compétences, l'approche pédagogique reste très académique ;

Rendre obligatoire la formation continue avec des formateurs de qualité, pris en compte dans la gestion de la carrière et intégrer le temps de formation. Les enseignants doivent être sans cesse formés aux nouvelles technologies afin de ne pas être en décalage avec les jeunes quand ils arrivent en fin de carrière. Il faut sortir des grilles et des évaluations du rectorat et des inspections une fois tous les 5 à 10 ans. L'évaluation à l'instar de la formation doit être continue ;

Défendre et améliorer le statut des enseignants et des formateurs à l'éducation tout en incitant à satisfaire la multiplicité des besoins de la société cognitive ;

Préparer les enseignants et les formateurs à l'évolution des missions éducatives et à la transformation des outils pédagogiques ;

Recourir à l'ensemble des modalités de formation continue (en présentiel, en distanciel, hybride, collective ou individuelle) ;

Se former et perfectionner ses pratiques professionnelles ;

Être accompagné dans ses évolutions professionnelles pour favoriser ses compétences ;

Encourager le développement harmonieux de la culture économique et la connaissance du monde professionnel au système éducatif ;

Favoriser la coopération entre les entreprises et les institutions éducatives afin de définir des objectifs concrets de formations en fonction de la réalité des besoins présent et futurs ;

Créer les conditions de la formation tout au long de la vie : l'accès permanent au renouvellement des connaissances et à l'acquisition de nouveaux savoirs ;

Une gouvernance plus efficace et un pilotage plus adapté :

Mettre en place un véritable statut pour les directeurs d'école avec de réels moyens à l'instar des chefs d'établissement du secondaire et non pas le supprimer comme le préconise la réforme en cours ;

Former des cadres au management et à la communication à l'instar des autres fonctions publiques. Des proviseurs, principaux ou directeurs choisis, évalués et accompagnés, nommés pour une durée de mandat qui soient les véritables « chefs d'entreprise » de leur établissement ;

Revoir le rôle des inspecteurs de l'Éducation Nationale en supprimant leur rôle d'encadrement administratif et les concentrer sur l'évaluation des élèves et la formation continue des enseignants ;

Évaluer l'ensemble des dispositifs mis en place (REP) et programmes spécifiques pour mesurer leur efficience ;

L'organisation de l'enseignement à l'École et hors les murs :

Conforter l'organisation de l'école en cycles d'apprentissage cohérents ;

Sortir d'un enseignement académique et renforcer l'expérimentation de chantiers pédagogiques à l'École et hors les murs donnant l'envie d'apprendre en venant venir à l'École des experts disposant de qualité pédagogique (biologistes, physiciens, chercheurs, chefs en cuisine) sur des sujets qui relèvent de l'environnement, ..., des sciences appliquées, de la nutrition) voire d'emmener les élèves sur leur lieu de travail ;

Renforcer la digitalisation à l'école et la formation ad hoc : La digitalisation doit permettre d'accroître la motivation et le côté ludique de l'enseignement en équipant les écoles d' écrans interactifs, établissant des liens de pertinence et de complémentarité avec des sites d'enseignement (type Kartable), créant une chaîne ou un groupe de chaînes télévisuelles d'enseignement, poursuivant certains cours en visio, en développant les plates- formes numériques dans les établissements (messagerie, cahier de textes, communication, etc.) qui existent déjà dans les écoles privées.

Accompagner les familles : La COVID-19 a zoomé sur les difficultés rencontrées dans le processus de dématérialisation. L'entraide, le partage, l'échange ont permis de les accompagner. Quelques espaces existent déjà, mais il convient de les généraliser dans tous les territoires ruraux, urbains en tenant compte des besoins des habitants. A cela s'ajoutent les problèmes d'éducation des enfants dont les parents ne savent plus faire face. A ce stade, le développement d'école des parents est clairement posé ?

Construire l'École de demain

Pistes et propositions pour la reconstruction de notre école :

L'école de demain reposera sur trois piliers d'égale importance : les professeurs, les élèves, le monde dans lequel nous voulons vivre.

Les professeurs :

Les professeurs doivent rester la cheville ouvrière du dispositif de formation. Mais la révolution numérique, et en particulier l'accès facile et immédiat à toute l'information pour tous, doit transformer profondément le rôle des enseignants.

La nouvelle École devra commencer par repenser totalement la formation des professeurs. Il faut en finir avec un système qui produit des enseignants simples « préparateurs d'examens ».

Quelques pistes à explorer :

Donner aux futurs professeurs une solide formation scientifique sur le fonctionnement du cerveau humain en mode apprentissage.

Former les professeurs, quel que soit leur discipline, aux grands enjeux qui conditionnent l'avenir de l'humanité (cf. plus haut) et à la façon dont chaque discipline peut contribuer activement à conduire les apprenants sur la voie de la réflexion et de l'action pour traiter les problèmes auxquels nous sommes et seront confrontés.

Les futurs professeurs seront autant des accompagnateurs, voire des révélateurs de talents. Les méthodes pédagogiques devront le leur permettre. Ils devront être plus proche des élèves pour les aider à trouver leur place et à réussir.

Dans cette perspective, les professeurs seront formés à encourager les efforts, à accepter les erreurs pour faciliter les apprentissages.

Enfin, les professeurs seront formés comme des cadres. La recherche dans leur discipline, la capacité d'initiative et d'innovation seront encouragées et développées.

L'évaluation devra se faire sur la capacité des élèves à apporter des solutions concrètes aux problèmes posés mais aussi sur leur capacité d'intégration dans la vie collective et leur développement personnel.

Dans cette perspective les notes telles que délivrées aujourd'hui seront définitivement supprimées.

Le baccalauréat actuel sera supprimé. Il sera remplacé par un système d'évaluation des compétences acquises au cours de la formation.

L'organisation matérielle des lieux d'apprentissage tiendra autant que possible compte des modes d'apprentissage de chacun. Elle devra permettre le mouvement, les déplacements sur différents postes de travail en fonction des temps d'enseignement et des objectifs concrets visés. Il faut en finir avec l'apprentissage hors contexte et des élèves qui passent des heures et des journées assis à écouter le professeur, trop souvent seul actif dans la classe. L'école « hybride » s'est développée sous la pression de la pandémie. Faisons-en un outil pédagogique.

Les élèves :

Hormis quelques profils formatés (souvent les futurs professeurs), notre système génère peu d'adhésion. Beaucoup d'élèves s'ennuient et ne trouve ni intérêt, ni sens, ni place dans l'école d'aujourd'hui.

Dans l'École de demain, les élèves sont, tout autant que les professeurs au centre du dispositif éducatif. Cela a quatre conséquences immédiates :

Les élèves retrouvent du sens à leur présence à l'École, par la considération qui leur est apportée, l'implication qui leur est demandée, les contenus qui leur sont proposés et l'évaluation à laquelle ils sont associés.

Les élèves sont mis en situation d'autonomie maximale le plus rapidement possible. Leur apprendre à rechercher l'information pertinente, développer leur réflexion, leur apprendre l'innovation, favoriser leur créativité, les préparer à s'attaquer aux problèmes qui menacent la terre et l'humanité, tels sont les objectifs de l'École de demain. En un mot les mettre en action au lieu de les maintenir dans une morne passivité. La constitution de binômes (ou groupes librement constitués) de travail dans et hors de l'école est encouragée. La salle de classe n'est plus le lieu unique d'apprentissage. Elle devient un lieu de regroupement, d'échange et de propositions.

Les élèves sont acteurs de l'évaluation des apprentissages. Ils participent à l'élaboration des critères d'évaluation, les mettent en œuvre sous la direction des professeurs. Ensemble, ils en mesurent les résultats et corrigent les insuffisances constatées. Les notes sont supprimées. L'erreur, comme élément d'apprentissage est encouragée et la peur de l'erreur combattue.

Les élèves sont formés à cette approche dès le plus jeune âge selon une progression adaptée.

Contenus et activités : 4 grands pôles

Pôle 1 : une forte dose de culture générale ; Elle est essentielle à la compréhension du monde actuel et à la préparation de citoyens éclairés et responsables. Les différents langages font partie de la culture générale enseignée.

Pôle 2 : une culture scientifique et technique concrète liée aux grands enjeux cités plus haut.

Pôle 3 : une véritable éducation à l'orientation et à la connaissance des métiers et des entreprises pour tous les élèves

Pôle 4 : un temps de participation à des activités altruistes au sein d'associations.

Le second cycle de l'enseignement secondaire ne sera pas destiné à préparer l'orientation dans l'enseignement supérieur ou l'insertion professionnelle. Ceci se fera après la classe terminale.

Il nous faut imaginer de nouvelles façons de travailler, de collaborer, d'évaluer au profit d'apprentissages utiles et d'une formation de l'individu dans sa globalité. Il nous faut dans tous les domaines ré inventer/ré imaginer le monde et l'école doit être le socle préparant à ce monde nouveau. Cette tâche doit associer tous les acteurs concernés : professeurs, élèves, parents, experts, artistes et scientifique, citoyens lambda, parlementaires...

Exclusion et Égalité des chances

Pour une Éducation nationale garantissant réellement et sincèrement les mêmes chances pour toutes et tous, il est important de faire obligation de scolarisation au sein d'établissements scolaires et non à domicile (sauf en cas de problème de santé majeur). Il faut développer les possibilités concrètes pour réintégrer à n'importe quel âge dans la scolarité des individus étant sortis prématurément du cursus. Il est possible de faciliter l'accès à une éducation populaire tout au long de la vie.

Pour donner l'égalité des chances à chaque enfant, il importe d'individualiser l'enseignement en adaptant le nombre d'enfants par classe, en mettant fin aux ghettos, en favorisant la mixité sociale réelle. On peut déployer des groupes hétérogènes, par cycle, avec 2, maximum 3 groupes de niveaux, les plus avancés pouvant aider les plus en retards et ainsi avoir une autre activité pendant qu'un autre groupe travaille. Pratiquer l'alternance travail individuel/travail en groupe.

Il est indispensable de respecter les rythmes de chaque enfant. On doit valoriser chaque enfant par :

Une pédagogie multiple : sport, dessin, théâtre, philo, langues, travail manuel, musique, éducation artistique...avec le double avantage d'ouvrir l'horizon des enfants et de permettre à chaque enfant de trouver au moins une matière où il soit bon.

La valorisation des enseignants : recrutement de gens motivés, et les valoriser dans leur rôle social essentiel, bien formés, bien rémunérés.

Il devient indispensable de revaloriser de façon effective le travail manuel.

Comment améliorer la prise de conscience de la dimension citoyenne de chacun dans une dimension plus globale pour construire une humanité plus juste et plus éclairée ?

Les propositions possibles s'appuient sur la méthode maçonnique. Tout d'abord, l'approche maçonnique est une structuration individuelle et collective, à long terme. Il semble donc indispensable de différencier l'urgence, du temps long permettant à des actions concrètes de structurer une société solidaire et éclairée. Dans la pratique de la Franc-Maçonnerie nous essayons de reproduire notre comportement en loge dans notre vie sociale. Au-delà des Francs-Maçons n'est-ce pas ici le moment de discuter de la place de la solidarité et de l'esprit critique dans l'éducation ?

L'école est le lieu des apprentissages et de l'éducation. L'école, pensée comme lieu de socialisation, a probablement perdue cette dimension, au moins en partie. La pratique de la solidarité y est absente ou réservée à des initiatives individuelles, très locale. Or, La solidarité doit retrouver sa place dans le triptyque républicain Liberté, Égalité, Fraternité. L'école doit pouvoir être ce lieu d'apprentissage de la solidarité. Le tissu associatif est très fort en France, grâce aux lois du 1er juillet 1901 relatives aux associations. C'est une chance que l'on peut saisir pour que la pratique de la solidarité s'exerce très tôt dans la vie des citoyens, par l'exemple et l'action. Faciliter l'entrée des associations de solidarité dans les lieux d'enseignement (collèges, lycées, universités) est un minimum que l'on peut attendre. Des interventions régulières (conférences, tables rondes, échanges) devraient être inscrites dans le calendrier. Dans les universités, il existe déjà des « points bonus » pour des activités extra-universitaires : ne serait-il pas possible de les réserver aux activités de solidarités et, également, de l'étendre aux lycées et collèges ?

Par ailleurs, de mon point de vue, l'école d'aujourd'hui, comme celle d'hier, ce concentre sur la connaissance, de façon normative, sans développer cet esprit critique, sans tendre à l'émancipation. La construction d'une humanité plus éclairée passe par le développement de l'esprit critique. Cet esprit critique passe par l'exigence de faits. Le dénie de la réalité des faits, la mauvaise foi, fait obstacle à la citoyenneté. Il est de notre devoir, en tant que Franc-Maçon de le refuser. La citoyenneté éclairée se construit, dès le plus jeune âge (des expériences en maternelle existent déjà), par l'apprentissage du partage des différences, du débat contradictoire argumenté. Nous l'avions déjà évoqué dans des travaux précédents, mais l'enseignement de l'esprit critique (démarche scientifique et politique) semble insuffisamment développé. L'enseignement de l'esprit critique, du débat d'idées, respectueux et argumenté me semble indispensable pour l'émancipation du citoyen de demain.

Renforcer l'enseignement de l'esprit critique à l'école, dès le plus jeune âge, faciliter l'entrée des associations de solidarités dans les écoles, lycée, universités, favoriser, soutenir, motiver la pratique de la solidarité, par les élèves et étudiants sont des propositions concrètes.

Éducation et Citoyenneté

Notre société doit reprendre une réelle connexion avec l'éducation qui ne doit plus en être une fraction indépendante mais un organe important au cœur de celle-ci. L'éducation est le ferment de la société et de la vie en son sein. Elle doit permettre, durant toute la vie et à chaque étape de celle-ci, de mettre en avant son interdépendance avec la réalité sociale qui en devient l'acteur privilégié. L'éducation est sociale, la société doit redevenir éducative.

L'interdépendance entre éducation et société se pose comme un postulat reposant sur leur fonctionnement réciproque. L'éducation est le promoteur des valeurs de la société, du respect individuel et des libertés de chacun. La société redonne à l'éducation son rôle de transmetteur de sens des valeurs citoyennes qui placent l'école au centre de son projet social.

L'éducation est plus que la somme des contenus disciplinaires sur lesquels elle semble uniquement reposer. Elle doit permettre l'épanouissement et l'émergence d'une méthode individuelle et personnelle permettant à chacun d'avancer dans sa propre vie. Plus que les savoirs, elle doit viser au processus d'acquisition de ceux-ci. Sa finalité s'en trouve changée, dynamique et continue.

Les libertés individuelles que promeut la société se retrouvent dans les institutions éducatives. Il ne doit pas exister un parcours unique, standard et valorisé. La liberté d'éducation permet tous les cursus et les passerelles. Prenant exemple sur les pays anglo-saxons et mettant au second plan les contenus disciplinaires, la gradation éducative doit remplacer la pure vision verticale et sectaire des filières et des contenus. L'accent est mis sur le processus de connaissances et son perfectionnement plus que sur une certaine exhaustivité apparente et utopique. L'éducation devient alors systémique et non agrégation d'éléments disparates et isolés.

La prise en compte différentielle des individus et la reconnaissance unanime des parcours divers doit permettre l'épanouissement personnel et non la reproduction des inégalités de départ. La simple reconnaissance et acceptation de ce principe simple doit permettre un changement des valeurs de l'école qui promeuvent le perfectionnement et le cheminement individuels.

L'école, au sens large, est un lieu sacré dans lequel les « marchands du Temple » doivent être bannis. Non seulement, l'éducation ne doit dépendre que de la société mais elle doit refuser la promiscuité des acteurs économiques qui ne visent pas à son processus mais aux gains que ce système de connaissances pourrait lui rapporter. L'éducation est neutre de la sphère économique et marchande, elle est indépendante des valeurs de celle-ci. L'économie éducative est une science descriptive et non un régulateur politique des actions éducatives.

La richesse de l'éducation est le résultat de ses acteurs, enseignants et élèves, qui œuvrent ensemble et cherchent à perfectionner, consciemment ou non, le système dans lequel ils interagissent. Les acteurs externes ne sont pas à négliger, et, les outils et supports qu'ils développent peuvent être utiles. Néanmoins, ils doivent être cantonnés à leur rôle technique, de facilitateur, ou de support à l'enseignement. Les aspects technologiques de l'éducation ne sont pas à négliger mais s'ils ont un effet positif sur le processus central éducatif, ils ne le constituent pas. Le principe éducatif doit revenir au premier plan et les supports éducatifs rester au niveau instrumental qu'ils n'auraient jamais dû quitter. La société de la connaissance repose sur le principe de la connaissance et non uniquement sur l'expansion des médias de cette connaissance que bien souvent, en plus, ils dénaturent. De ces propositions, une idée générale peut être mise en exergue :

L'éducation doit reprendre la place sociale qu'elle n'aurait jamais dû perdre. Cette position s'entend comme celle de processus central et dynamique animant toutes les sphères de la société en la faisant, enfin, devenir celle de la connaissance pour tous, malgré les différences individuelles, porteuse des valeurs de la république et dénuée de la portée économique qui la dénature et pervertie sa mission.

Éducation à la citoyenneté

Mise en place d'un parcours citoyen de l'école maternelle au lycée.

Adossé aux autres enseignements, en particulier l'enseignement moral et civique (EMC), l'éducation aux médias et à l'information (EMI), il devra concourir à la transmission des valeurs et principes de la République en abordant les grands champs de l'éducation à la citoyenneté. Ce parcours prendra également appui sur la participation de l'élève à la vie sociale et démocratique de la classe et de l'école ou de l'établissement. A partir des principes et des contenus développés ci-dessous, il s'agit pour les établissements scolaires de veiller à :

Chaque année de sa scolarité tous les élèves abordent un ou plusieurs des champs soit par un enseignement classique, et/ou soit par la participation, l'engagement dans un projet collectif ou individuel.

Harmoniser par secteurs, de la maternelle au collège (les lycées ayant peu de liens avec les écoles primaires et les collèges), les progressions de ces apprentissages (lors de temps dédiés : conseil de maîtres, conseils école-collège). Cependant le choix des activités et des projets, leur programmation et les dispositifs utilisés sont laissés à la libre organisation des écoles.

Les élèves disposent d'un document (papier ou numérique) rassemblant tous ces grands principes et attestant du parcours individuel et du niveau de leur engagement.

La remise d'un livret ou diplôme de citoyenneté à chaque élève au terme de la scolarité obligatoire. Cette remise pourra se faire lors d'une cérémonie républicaine. Rituel solennel, en présence de leur famille, cette cérémonie permettra de rappeler les temps forts de la scolarité des élèves et de présenter les perspectives, qu'il s'agisse d'obligations ou d'engagements personnels, qui s'ouvriront à eux dès 16 ans et au-delà.

La récurrence des rencontres, expériences et engagements tout au long de la scolarité sera le garant de la réussite cette éducation. En effet, nous pouvons décliner quelques principes :

Culture de la sensibilité → Soi et les autres

Culture de la règle et du droit → Des principes pour vivre avec les autres

Culture du jugement (esprit critique, compréhension des enjeux, discernement) → Penser par soi-même et avec les autres

Culture de l'engagement (action collective, prise de responsabilités, initiative) → Agir individuellement et collectivement

Les champs abordés :

La transmission des valeurs républicaines et du principe de laïcité ;

La culture de l'égalité entre les sexes et du respect mutuel ;

La lutte contre toutes les formes de discriminations et en particulier la prévention et la lutte contre le racisme et l'antisémitisme, notamment à travers l'ouverture sur l'Europe et le monde ;

La prévention et la lutte contre le harcèlement ;

La lutte contre l'homophobie ;

L'éducation à l'environnement et au développement durable ;

L'éducation aux médias et à l'information ;

La connaissance et la pratique du fonctionnement de nos administrations (Impôts, CAF, assurances, gestion bancaire, système de santé, pôle emploi…).

Les points d'appuis sont les connaissances dispensées dans le cadre des enseignements par des rencontres avec des acteurs ou des institutions à dimension citoyenne et des engagements dans des projets ou actions éducatives à dimension citoyenne. Il est enrichi par l'engagement des élèves, dans des projets ou actions éducatives à dimension citoyenne, mais également morale relevant de choix de société :

Participation, notamment à une cérémonie commémorative, visite d'un lieu de mémoire ou toute autre action relevant du champ mémoriel ;

Participation individuelle ou collective à des actions ou projets citoyens dans différents domaines (humanitaire, solidaire, environnemental...) ;

Le parcours repose également sur la mobilisation de tous les acteurs :

L'ensemble de la communauté éducative est impliqué dans la réussite du parcours citoyen de l'élève : personnels d'éducation, de santé, d'encadrement, d'orientation, d'aide (Accompagnant des Elèves en Situation de Handicap), de suivi psychopédagogique, les associations partenaires de l'école publique porteuses de projets co-construits et ancrés dans l'environnement proche des élèves, les collectivités locales et territoriales avec notamment l'élaboration de projets éducatifs territoriaux municipaux ou départementaux. Pour cela, nous demandons la mise en place d'un parcours citoyen à l'école de la grande section de maternelle au lycée pour assurer la transmission des valeurs et principes de la République en abordant les grands champs de l'éducation à la citoyenneté : la laïcité, l'égalité entre les femmes et les hommes et le respect mutuel, la lutte contre toutes les formes de discrimination, la prévention et la lutte contre le racisme et l'antisémitisme, contre les LGBT phobies, l'éducation à l'environnement et au développement durable, la lutte contre le harcèlement

Ce parcours est piloté par une structure dont nous esquissons les principes ci-dessous.

Le Conservatoire de l'Éducation Citoyenne

Le principe est l'invention d'un Service Public d'Éducation Citoyenne tout au long de la vie

- piloté par une structure universitaire indépendante, nationale et décentralisée, ouverte à tous citoyens en recherche de connaissances sur tous les domaines de la vie sociale et citoyenne ;

- chargé de la formation, de l'information et de l'orientation des citoyens, dans le respect de la neutralité du Service Public, hors de toute propagande ni de clientélisme, il doit être proche et facilement accessible par toute personne adulte, n'importe où sur le territoire ;

- composé d'intervenants qualifiés, spécialistes de leur domaine, fonctionnaires ou bénévoles, enseignants ou techniciens ;

- par le moyen de cours, des conférences, des expositions, des publications, des sites internet de formations et d'informations..., afin d'offrir tout un panel d'accès à chaque citoyen, à l'image de ce qui s'est fait sur la 5 pour les scolaires ; par des dispositifs d'information et de formation accessibles partout et ouverts (horaires en particuliers) utilisant le maillage des structures régionales, départementales et locales.

Puisse cet outil, ce nouveau Service Public, apporter cette connaissance que les Hommes des Lumières mettaient en valeur dans leurs œuvres et leur projet pour une société plus humaine.

L'Illettrisme et Illectronisme en France

Existe-t-il des liens entre illettrisme et pauvreté ?

Parmi les personnes qui vivent en dessous du seuil de pauvreté près de 35 % n'ont aucun diplôme, 50 % ont des compétences qui vont du brevet au baccalauréat, 15 % titulaires d'un baccalauréat plus 2. Soulignons la situation des détenus : 25% sont en situation d'illettrisme.

Le modèle jacobin a vécu. L'Agence Nationale de Lutte contre l'Illettrisme est très peu voire trop connue. Il s'agit d'une agence de diffusion de préceptes généraux, une organisation qui accompagne plus qu'elle n'agit à proprement parler....

Au plan législatif quelles sont les dispositions réglementaires ?

Le code du travail prévoit que la maîtrise de la langue française, le développement des compétences y compris en matière numérique font partie intégrante désormais de la formation professionnelle continue obligatoire dans l'administration et l'entreprise. Le deuxième acteur et largement le plus important est l'éducation nationale. Elle agit, on l'aura compris, en amont du problème. Il ne faut surtout pas dénigrer les résultats de cette institution républicaine, laïque, gratuite, fondement de notre démocratie. La France n'est pas si mal positionnée dans le fameux classement Pisa (programme international pour le suivi des acquis des élèves émanant de l'OCDE). En 2016 la France est devant la Grande-Bretagne ou nous sommes au coude à coude avec la Suède. Au total 95 % d'une génération qui sort de l'école sait lire et écrire. Le problème c'est : « Et après ? » que deviennent toutes ces compétences enseignées ? Si elles ne sont pas régulièrement utilisées, les savoirs acquis se perdent très rapidement. On commence à constater l'illettrisme chez les jeunes à partir de 25 ans, le pic étant atteint vers 55 ans. D'autres intervenants agissent : les services publics pôle emploi, l'agence nationale pour la formation des adultes ou AFPA, les collectivités territoriales, mais de façon plus ou moins coordonnée et c'est là où le bât blesse.

Pour achever ce travail, combien ça coûte ?

Il faut au bas mot 300 millions par an selon France Stratégie pour pouvoir assurer le minimum d'action. Actuellement l'État n'y consacre que 160 millions d'euros. L'agence nationale de lutte contre l'illettrisme et France stratégie (institution autonome placée auprès du premier ministre qui contribue par ses analyses et ces propositions à l'action publique) se sont livrées au calcul suivant : pour pouvoir diviser par deux le pourcentage d'illettrisme en 2025, le coût total estimé serait de 1,5 milliard d'euros. C'est peut-être beaucoup mais il s'agit d'un investissement indispensable pour l'avenir.

Enjeux de l'enseignement à distance

Cette expérience est-elle une opportunité pour faire progresser notre modèle pédagogique ?

C'est une possibilité de faire changer les liens sociaux entre élèves, parents et profs : les élèves ont posé bien plus de questions à leurs profs par mail, les parents sont devenus des répétiteurs des profs, le prof est chef d'équipe. L'apport de ces nouvelles techniques permet-il d'améliorer l'être humain ? Elle pourrait permettre aussi d'aborder à nouveau les parents, par un biais différent.

L'enseignement à distance requiert plus d'autonomie, mais il permet d'acquérir des compétences dans un cadre différent, d'échanger avec d'autres étudiants sur des forums, de faire passer des oraux. Il peut être complémentaire d'un enseignement en présentiel.

La technologie peut nourrir autrement l'acquisition des connaissances. On pourrait songer à une éducation à cette acquisition de connaissances, que l'on peut la transmettre comme on veut.

Cette expérience pourrait amener à améliorer les pratiques pédagogiques, à un changement de posture de l'enseignant : les réseaux Wi-Fi sont déjà très utilisés dans les amphis, le cliquetis des touches permet de noter le cours… mais aussi de vérifier sur Wikipédia. Tout ce que dit l'enseignant est disponible. Il ne suffit donc plus de délivrer une connaissance.

Ces nouveaux outils pourraient être utilisés en complémentarité : le TD, le petit groupe pourrait servir à un dialogue plus personnalisé. Sur Openclassrooms, on trouve des mentors qui sont là pour interagir.

L'éloignement physique a posé aussi la question de l'organisation de la scolarité : le numérique pourrait être mieux utilisé pendant le temps scolaire hors de la classe, pour l'accompagnement des élèves ou pendant les heures d'étude, un meilleur usage du ludique pourrait être fait. En Allemagne, les cours se concentrent sur le matin.

C'est peut-être aussi une ouverture sur d'autres structures scolaires en général : des modèles où il n'y a pas de prof, de programme, de cours, ou encore l'exemple des écoles innovantes. Les bâtiments scolaires pourraient également être repensés. Il faut toutefois rester prudent car l'utilisation de ces outils dans les activités périscolaires pourrait sortir du contrôle de la puissance publique. Un enseignement contraire à nos valeurs pourrait alors être transmis dans ce cadre.

Face à ces différentes évolutions, nous devons toujours nous demander si ces nouveaux outils permettent bien de former l'honnête citoyen du XXIe siècle.

Éducation et numérique

Une solution semble alors se dessiner depuis plusieurs années dans un juste équilibre, d'une part entre enseignement en présentiel et à distance, et d'autre part, entre moyens pédagogiques "traditionnels" et utilisation de l'outil numérique. Tous favorisant à la fois les savoirs fondamentaux mais aussi l'apprentissage de l'outil numérique lui-même, source de grands dangers lorsqu'il est mal maitrisé alors même qu'il s'avère désormais incontournable dans notre société. L'École se dote-t-elle alors de tous les moyens pour y parvenir ? L'analyse de ce que nous avons vécu au printemps montre que des progrès sont possibles, tant dans la façon d'utiliser cet outil (que tous les enseignants ne maitrisent pas de la même façon) que dans le traitement des inégalités d'accès au numérique dans certains foyers.

Le numérique au service de l'amélioration de l'école

L'enjeu : une appropriation dans l'urgence, mobilisant les bonnes volontés, mais improvisée et bricolée et renforçant les inégalités, en particulier dans l'enseignement professionnel.

Une mobilisation exceptionnelle des personnels : douze millions d'élèves confinés, une mobilisation exceptionnelle de personnels de l'Éducation nationale au sein des académies, professeurs mais aussi chefs d'établissement, inspecteurs, personnels administratifs, techniciens, personnels de services dont la fonction et l'importance sont parfois oubliées, le tout dans une grande improvisation organisée par le terrain sur le terrain.

Cependant quelques voix s'élèvent sur le fait que certains professeurs n'ont pas assuré la continuité pédagogique. On manque de recul et d'informations fiables, au demeurant sans doute variables selon les établissements et les territoires. Dans l'ensemble les professeurs ont été là, et souvent d'un dévouement extrême. Ponctuellement certains ont effectivement pu faire défaut, plutôt beaucoup moins qu'ailleurs. Les professeurs se sont emparés des moyens d'enseignement à distance plus efficacement que si cela avait été prescrit par un plan ministériel ou une volonté politique forte, on peut s'en réjouir.

Peu voire pas d'impulsion pédagogique et éducative sur le plan national. Cela mérite évidemment un questionnement, une réflexion et de « prendre le taureau par les cornes », c'est-à-dire de construire un chantier nouveau. Concernant le numérique, les professeurs ont à disposition : l'ENT (Espace Numérique de Travail) et de l'outil « classe virtuelle » du CNED (Centre National d'Enseignement à distance). Les élèves disposent par ailleurs de « ma classe à la maison » c'est-à-dire d'activités dispensées par le CNED également, leur permettant de réviser leurs cours. Mais peu d'enseignants ou d'élèves avaient été formés à ces outils, et les infrastructures n'avaient pas été pensées pour supporter un tel volume de connexions. La crise a révélé que nombreux sont les élèves qui ne sont pas équipés des outils indispensables. Les enseignants ont découvert depuis chez eux certaines plateformes numériques avec lesquelles ils n'étaient pas familiarisés, et qui, de plus, ont connu de nombreux dysfonctionnements, même si elles avaient le mérite d'exister.

La mobilisation générale a, heureusement, dépassé l'éducation nationale. La Poste par exemple, les éditeurs, les entreprises d'outils pédagogiques (EDITECH), les collectivités territoriales, ont apporté un concours précieux.

De l'innovation frugale, c'est-à-dire l'apprentissage du bricolage, de l'entraide et du travail collaboratif. Des expérimentations multiples, grandeur réelle, de l'utilisation de l'outil numérique et de l'enseignement à distance, ont été conduites, voire improvisées, dans des conditions de bricolage, qui ont nécessité énormément d'heures de préparation. Les enseignants furent confrontés aux limites de leurs compétences, rendant plus que jamais nécessaire un travail collectif pour élaborer leurs projets pédagogiques à l'heure du numérique et à faire appel, souvent, à une aide familiale à la réalisation. Comme dans toute expérimentation, surtout improvisée dans l'urgence, il y a eu des ratés, et aussi de réelles réussites (La maitresse part en Live pour l'école maternelle, Maths et ma team pour les maths en collège, Ton prof en pyjama pour les SVT en lycée).

De nouvelles relations humaines : Il faut relever aussi une attention inédite portée à la situation individuelle des élèves et des étudiants par les enseignants (conditions scolaires ou universitaires, mais aussi sociales, familiales, d'environnement...), ainsi qu'une relation nouvelle établie entre l'école et les familles : un nouveau regard sur des parents sur leurs enfants et leurs enseignants.

Une dimension particulière pour l'enseignement professionnel et l'apprentissage : Mais l'on doit s'inquiéter aussi du décrochage de certains élèves, accru pour tous après les vacances de printemps, plus important en lycée professionnel et en apprentissage, où la réalisation concrète joue un rôle important que le numérique n'a pas remplacé.

Pour les enseignants des matières professionnelles, travailler depuis leur domicile est beaucoup moins confortable car ils ne disposent pas des mêmes ressources, ni des outils qui permettent souvent de lever de nombreuses difficultés. De plus, pour ces disciplines, l'élève est seul : il a, en effet, très peu de chances de trouver de l'aide auprès de ses parents, en cas de difficultés.

Dans les universités et les autres établissements d'enseignement supérieur, le même effort de continuité pédagogique a été conduit, les mêmes limites et difficultés rencontrées. Outre l'attention renforcée portée à la situation individuelle des étudiants déjà évoquée, deux points méritent d'être relevés :

L'importance prise par la réflexion et l'action pédagogiques, dans une culture professionnelle et institutionnelle qui a tendance à surdéterminer les missions de recherche des enseignants-chercheurs ;

Le rôle d'appui précieux joué, dans les universités qui les ont mis en place, par les services universitaires pédagogiques, pour former et accompagner dans l'urgence les enseignants-chercheurs à l'utilisation des outils numériques comme à l'élaboration de modules de formation à distance.

Quelques enseignements minimaux peuvent être tirés de la période qui vient de s'écouler, pour ne pas subir l'urgence sanitaire, mais en anticiper les conséquences :

Mettre en œuvre un plan ambitieux et volontariste d'équipement en matériels et en réseaux qui conjugue les efforts de l'État et des collectivités territoriales pour assurer aux élèves, aux enseignants et aux familles un égal accès, en tout point du territoire, au service public de l'école ;

Faire de l'utilisation du numérique un rituel. En chaque début d'année, recenser pour chacun le matériel et son temps à disposition, activer les adresses mail professionnelles des enseignants et celles des élèves et des étudiants, faire des exercices pour que cela devienne des automatismes ;

Encourager et développer les expérimentations dès la prochaine rentrée, et mobiliser l'appareil d'encadrement intermédiaire pédagogique et administratif (services académiques, corps d'inspection) pour accompagner et soutenir ces expérimentations ; organisation des échanges entre les équipes, à tous les niveaux (au sein d'un établissement, sur un territoire, au sein d'une discipline, entre premier degré et second degré…). Il convient d'accompagner ce changement par une gouvernance managériale innovante : les corps d'inspection jusqu'au plus haut niveau doivent en savoir autant voire davantage que ce qui demandé aux professeurs de manière à pouvoir, évaluer, accompagner, impulser et reconnaître, pour le professeur et sa carrière, la qualité d'un travail fourni ;

Créer un corpus de formation initiale et continue et une banque de ressources nationales centralisée au CNED : en plus de mobiliser les instituts nationaux supérieurs du professorat et de l'éducation et les laboratoires de recherche pour accompagner, évaluer et analyser les expérimentations (au moins les plus construites d'entre elles), il faudrait constituer un corpus de formation continue et initiale des enseignants, basé sur ces innovations et constituer une banque de ressources nationales centralisée au CNED, pour disposer sur chaque chapitre des programmes, de « capsules numériques » à destination des élèves, qui pourraient être intégrées au cours ou suppléer en partie un cours dans le cadre d'un enseignement à distance ;

Repenser totalement l'ingénierie des formations des enseignants, à la fois initiales et continues : Former les professeurs à concevoir des parcours pour enseigner aussi bien à distance qu'en présentiel ; Prévoir également dans ce cadre des stages sur « comment gérer de façon optimale son temps de travail » (à la fois au niveau du professeur et au niveau de l'élève) ou « comment améliorer la motivation et la cohésion du groupe classe à distance » ;

Rebondir sur le nouveau regard que les parents portent sur leur enfant et leurs enseignants, et sur celui que porte l'enseignant sur l'enfant et ses conditions de travail. L'enseignement à distance a créé un lien qu'il faut entretenir et sur lequel il faut s'appuyer ;

Proposer une nouvelle ambition pour l'enseignement professionnel : l'intégration de filières professionnelles au sein de campus des métiers et des qualifications (CMQ) les fait, par ailleurs, bénéficier de l'effet d'image dû à la proximité d'établissements prestigieux et des entreprises regroupés au sein du campus.

Un stage en entreprise pour l'ensemble des futurs professeurs, pour toutes les disciplines, est indispensable au cours de leur formation initiale.

Une ambition globale forte

Nous pensons qu'il faut faire entrer le numérique dans le quotidien de l'Enseignement et mener des actions dans ce sens. Il s'agit de permettre à tous les élèves d'avoir accès à Internet, d'être équipé avec les terminaux adaptés et d'être formés à leurs usages (connexions wifi, notions de sécurité, utilisation courante internet et mail...). Il faut dans le cadre du programme scolaire intégrer l'usage du numérique, par exemple :

Former les enseignants à la maîtrise des outils numériques ;

Généraliser un devoir en ligne de manière régulière et programmée pour l'enseignement primaire et secondaire ;

Mettre en œuvre un cours " distanciel " chaque mois au Collège et au Lycée dans des disciplines diverses.

L'apport du numérique ne doit pas se substituer à l'enseignement « présentiel ». Il s'agit d'un apport complémentaire pour chaque élève, limité à quelques heures par semaine. L'utilisation du numérique ne doit pas transformer l'enseignant en technicien de l'enseignement.

Pour garantir l'égalité des chances des élèves devant l'examen, l'utilisation du numérique ne devra se faire que dans un contexte de résolution d'exercices ou d'évaluations non notées. Au-delà de préparer un enseignement performant et égalitaire en cas de confinement, il s'agit également de former les citoyens de demain aux bénéfices mais aussi aux risques des technologies numériques.

Nous pouvons imaginer de :

Distribuer, sous conditions de revenus, des « chèques numériques » aux foyers avec enfants afin qu'ils s'équipent de tablette ou d'ordinateur. Le chèque pourrait ouvrir droit à des formations pour l'usage (connexion d'un terminal au réseau de la maison en wifi, notion de sécurité, utilisation courante internet et mail...) ;

Intégrer dans diverses disciplines l'usage du numérique aux programmes ;

Développer des devoirs en ligne réguliers et programmés, des cours " distanciels" mensuels au Collège et au Lycée ;

Former les enseignants à la maîtrise des outils du numériques ;

Préciser et rationaliser les plateformes et logiciels libres à utiliser.

Vers le prof numérique ?

L'enseignement à distance est complémentaire de l'institution scolaire qui reste « l'école de reliance, les moments de résilience dépassés ». Qui plus est, les apprentissages, intégrant les sens et parmi eux les émotions et l'envie, ne sont rien sans la pratique expérientielle et quelle que soit la forme qu'ils revêtent, c'est par sa propre expérience que l'on engramme les savoirs. Il faudra favoriser la formation au numérique et développer les réseaux câblés sur tous les territoires ; reconceptualiser le rôle médiateur du pédagogue et inciter à des séquences en présentiel pour transposer les échanges médiatiques effectués en véritables relations, sources d'apprentissage expérientiel.

Une formation initiale et continue réinventée des enseignants, pour exercer la diversité de leurs missions.

Une formation est à réinventer pour les enseignants et les acteurs de la communauté éducative : qui nécessitera un investissement massif ; qui doit concerner la formation initiale ; qui doit inclure aussi de la formation continue obligatoire ; qui alliera formation théorique et compagnonnage des formations pratiques (comme dans les études médicales par exemple) ; qui inclura un accompagnement des équipes éducatives, notamment pendant les premières années d'exercice de leurs métiers.

L'introduction massive de nouvelles pratiques (artistiques et professionnelles) à tous les niveaux d'enseignement permet une ouverture au monde.

Revoir la notion de contenus uniformément définis par des programmes nationaux pour laisser davantage d'initiatives et de latitude pour adapter les contenus à la diversité des publics à former.

Ouvrir l'École sur l'extérieur : partenariats et coopérations, valorisation par l'école des expériences extrascolaires, associatives ou « jobs d'été ».

L'école et plus largement tout le système de formation ont été impactés. Le numérique a permis une certaine continuité dite pédagogique, Qu'en est-il vraiment ? Quelles limites et quelles améliorations proposées ? Pour cela nous voulons que les outils soient optimisés alors équipons les élèves mais adaptons aussi les structures. Trouvons les fonds pour équiper chaque élève d'une tablette numérique et que chaque endroit (pas forcément l'école) soit équipé d'un Wi-Fi suffisamment puissant pour plusieurs connexions ensemble. Exemple : la fibre sur tout le territoire serait une bonne chose au plus vite.

Pourquoi ne pas imaginer la partition du temps d'étude en 3 tiers.

Un tiers pour les matières fondamentales. Un tiers pour les activités d'ouverture (Sport, Art, Langues, Instruction civique, Numérique...) Un tiers pour les devoirs qui seraient surveillés et/ou accompagnés. Le premier serait réservé à l'enseignant, le deuxième et le troisième à un tiers de confiance. Ainsi comme les activités sportives emmènent à un déplacement dans un stade, piscine, salle de sports, on pourrait dans chaque municipalité (ou arrondissement) affecter une salle équipée d'outils numériques, mais aussi permettant de pratiquer ce qui n'est pas matières fondamentales.

Nous le savons, le numérique est un outil puissant mais ne reste qu'un outil. Demain l'Intelligence Artificielle va certainement apporter de nouvelles contraintes mais aussi de nouvelles opportunités. Les enseignants ont montré que si notre système éducatif n'était pas adapté au confinement ils ont su relever le défi. Peut-on toujours imaginer l'enseignement avec un maître au centre de la classe, quand la mise en place d'un enseignement à distance généralisé a ébranlé ce modèle vertical ?

Donnons-nous les moyens de réussir cette transformation.

Cette partition en 3 tiers permettrait aussi de limiter le nombre d'élèves par classe. Les activités de chaque tiers étant distinctes tant sur le lieu que sur la nature de l'apprentissage. Peut-être est-il aussi temps de mesurer l'efficacité, la pertinence des expériences mais aussi de sortir du centralisme des décisions. Sortons du global pour revenir au local. Ceci pour permettre une réactivité plus grande et efficiente. Bien sûr il faudrait adapter ce mode d'enseigner en fonction de l'âge des enfants. Car l'adaptabilité se doit d'être recherchée, ce qui en temps de crise nous permettra de résister.

Ce que le Numérique permet :

Accéder librement aux savoirs universels, pour tous. Cependant la marchandisation développe la privatisation dans ce domaine :

Assurer la continuité pédagogique à distance (handicap, crise sanitaire, guerre, éloignement), La COVID-19 a vu un développement très important des initiatives pédagogiques ;

Impliquer et responsabiliser les tutelles à chaque niveau (école/maire, collège/conseil départemental, lycée/région, enseignement sup/état) ;

Développer le suivi individualisé et personnalisé des élèves ;

Repérer plus rapidement les « décrocheurs », les « perdus de vue » et mettre en place des dispositifs adaptés qui devront être renforcés ;

Impulser l'accès à la formation continue quel que soit le niveau, le cursus ou l'âge.

Ce que le Numérique ne permet pas :

La transmission des savoir-faire. Les « tutos » ont leur utilité mais ils ne remplaceront jamais la transmission directe de techniques et savoir- faire, acquis et transmis de générations en générations.

La transmission du savoir être. Nombre de nos comportements s'acquièrent au fil du temps par le contact avec nos semblables, nos expériences relationnelles heureuses ou malheureuses qui forgent et déterminent progressivement la personnalité. Les interactions humaines par le truchement du numérique peuvent paradoxalement dans les cas extrêmes, conduire à l'isolement voire à l'incapacité à vivre en société.

La socialisation par la mixité. On constate une nette tendance à se projeter vers ceux qui nous ressemblent physiquement, intellectuellement, spirituellement... Cette attitude peut nuire à la mixité dans la mesure où elle développe « l'entre-soi » au détriment des relations, rencontres et échanges spontanés, mettant à l'écart tout ce qui diffère de son propre champ mental et social.

La dynamique de groupe. L'expérimentation à grande échelle du télétravail pendant la pandémie a démontré si besoin était que l'être humain est un « animal social » Assigné à résidence dans son logis, rivé à son ordinateur, souvent bien plus longtemps que ses horaires de travail habituels, l'Homo-Erectus s'est vu privé soudain des relations humaines, des échanges directs, des débats, qui constituent la vie d'un groupe autour d'un projet commun. Une sérieuse réflexion s'impose donc sur cette nouvelle forme de travail pour mieux en évaluer les avantages et les inconvénients.

Quelles valeurs le Numérique « menace-t-il » ?

L'Égalité d'accès aux savoirs aux connaissances, du fait des inégalités territoriales, d'équipements, d'accès aux réseaux...

L'équité entre individus pour raison financière si l'on ne peut disposer des outils numériques (ordi, tablettes, abonnement).

Le droit d'accès aux « plateformes numériques » en raison de leur coût, contraire au principe de gratuité avec risque d'un enseignement low-cost pour les plus défavorisés.

Le vivre ensemble et la citoyenneté par la création de « plateformes numériques » et d'établissements scolaires communautariste et/ou confessionnels, payants et contraires au principe de laïcité, s'émancipant du contrôle de l'État.

Le contrôle de la scolarité obligatoire jusqu'à 16 ans, d'élèves qui passent sous les « radars » avec l'accord choisi ou tacite de parents qui préfèrent l'école à la maison par confort ou idéologie, source d'isolement social et de non-mixité.

Pour aller plus loin, il faudra être attentif à :

Corriger la fracture numérique les pouvoirs publics (mairie, département, région, Etat) doivent en faire une priorité ;

Doter tous les élèves et leurs enseignants des outils numériques nécessaires ;

Former dès la maternelle à l'usage d'outils numériques adaptés puis progressivement étendre leur maîtrise par le développement de capacités d'analyse, de critique pour concevoir, apprendre à décrypter les informations, les fake news... ;

Recenser, évaluer les initiatives pédagogiques numérique innovantes et les diffuser gratuitement à tous ;

Labéliser « Éducation Nationale » toute plateforme éducative à distance (cf. CNED) pour éviter les dérives et veiller au respect des programmes nationaux quelle que soit la forme d'enseignement sous le contrôle du corps des Inspecteurs de l'EN ;

Créer une réserve pédagogique s'appuyant sur des enseignants motivés, utilisant des méthodes pédagogiques validées, pour un complément d'enseignement et un suivi individualisé à distance, à destination des élèves identifiés comme « fragiles » décrocheurs ou de milieux défavorisés ;

Développer le rôle des délégués départementaux de l'Éducation nationale (DDEN) et des conseillers d'entreprise pour l'école (ETFP) afin de venir en appui aux établissements scolaires en relayant auprès des organismes officiels les priorités recensées sur le terrain ;

Mettre en place à l'échelle nationale un plan d'envergure permettant de réduire dans les meilleurs délais les inégalités et le retard pris dans le domaine du Numérique au sein de l'Enseignement : chèque équipement, passe numérique, dotations municipales renforcées.

L'école du XXIème, dans la continuité des principes instaurés par ses fondateurs doit aujourd'hui permettre à tous les acteurs du système scolaire d'accéder gratuitement et librement aux outils numériques et aux formations adaptées, de l'École à l'Université. "L'école et plus largement tout le système de formation ont été impactés. Le numérique a permis une certaine continuité dite pédagogique. Qu'en est-il vraiment ? Quelles limites et quelles améliorations proposées ?" Les élèves de milieux sociaux « aidant » maitrisant les outils pouvant questionner leurs parents, ayant un cadre de travail calme à leur domicile ont pu continuer d'apprendre à un rythme moindre que celui de la classe mais réel. Les élèves de milieux sociaux plus complexes, eux ont été confrontés à de nombreuses difficultés supplémentaires. Le cadre de travail, le partage de l'outil numérique avec la famille, l'impossibilité d'imprimer certains documents, l'impossibilité de questionner l'enseignant qui faisait son cours en visioconférence de telle heure à telle heure. Ressort ici ce qui fait la fondation de l'école : la présence, l'échange, la mise à disposition d'un cadre commun à tous, une parenthèse dans sa vie familiale pour mieux se construire, un partage de visions différentes. Nous pouvons imaginer que la formation s'améliore avec la technologie, que les pratiques des enseignants vont évoluer, mais regardons vraiment vers où l'on veut amener les élèves tout en regardant d'où ils viennent.

Il semble important de ne plus considérer l'ensemble des élèves comme un tout.

Oui, il faut identifier les élèves fragiles et pouvoir leur apporter une aide particulière. Durant des périodes de confinement il serait donc envisageable d'avoir des enseignements pour un groupe prioritaire en respectant un protocole sanitaire stricte, voire dans un lieu externalisé. Il faut surtout que les familles soient conscientes de cela pour que le confinement arrivant, ils sachent ce qui va se passer pour leurs enfants et leur implication dans le système. Il semble indispensable de doter les équipes pédagogiques d'outils communs et fonctionnels de communications et de diffusions de leurs enseignements. L'état doit proposer des outils numériques ou des partenariats à la mesure de ses engagements. Une cohérence et une certaine uniformisation permettrait une meilleure lisibilité pour les familles. Un site par école, collège, lycée semble une demande raisonnable. Concernant l'engagement de la télévision publique sur des enseignements (collectifs), il semble que cela a été apprécié dans le cadre d'un accompagnement à ce que l'enseignant de l'élève proposait. Mais l'émission aussi bien faite soit-elle ne peut pas remplacer la méthode et la programmation pédagogique de l'enseignant. Dans un monde numérique, il nous semble important d'axer nos efforts sur l'humain et leur considération. Réaliser une séquence d'apprentissage demande des heures à un enseignant quel que soit son niveau, il adapte son vocable et surtout elle est destinée à un public particulier. Concernant les élèves les plus jeunes (maternelles), les couper de la présence physique et du langage non verbal ne semble pas être une solution viable voire contreproductive.

Cette crise passagère a été révélatrice des différences que nous entretenons dans notre pays. Il faudra mettre les moyens humains dans certaines zones plus complexes et cela ne pourra être productif que dans un cadre global. Entretenir des REP (?) avec les moyens de l'école sans une politique de la ville de transformation du territoire est un non-sens.

La gestion du numérique et des outils mis à disposition n'a aucune cohérence ni continuité. Il semble nécessaire de penser un nouveau schéma durable et respectueux des données.

Sur le plan numérique un partenariat solide entre l'état et ses universités semble une voie vers l'indépendance et la gestion des besoins. Les universitaires pourraient développer sur cahier des charges les logiciels et plateforme pour l'éducation aussi bien voire mieux que les entreprises privées tout en étant sur des formats ouverts et partageables.

Une identité numérique des écoles de la maternelle au lycée, un site, un lieu de repère pour toutes les familles qui ne soit pas dépendant d'une volonté unique d'une collectivité territoriale. L'École est le lieu principal de l'apprentissage important de la citoyenneté, un lieu social offrant à tout un chacun la possibilité d'y être considéré en dehors de tout dogme social ou religieux. Le versant socialisant de l'école est un des premiers apprentissages qui n'est pas réservé à l'enseignant mais bien à l'existence même de ce lieu symbolique et du fonctionnement qui y est développé. La richesse de notre école c'est la mixité sociale et culturelle, et nous la perdons de plus en plus chaque jour, cette crise sera-t-elle la prise de conscience des actions à réaliser pour la population ? Nous osons l'espérer...

Le numérique, un simple outil ou un levier pour émanciper les élèves ?

Le numérique peut favoriser l'autonomie l'émancipation des élèves ; c'est un pis-aller ou une réelle opportunité ?

On observe donc une réelle prise en compte de la dimension numérique par les équipes pédagogiques avec une accélération de l'autoformation suite au confinement. L'utilisation technique de ces outils n'est plus une difficulté pour les professionnels de l'éducation. Tous les acteurs n'ont pas les mêmes compétences mais dans l'ensemble, il y a une réelle volonté d'avancer, de progresser et de mettre en œuvre un enseignement qui utilise le numérique. Cependant, une question se pose sur l'autonomie et les possibilités d'émancipation des jeunes avec le numérique. L'école a dans sa « génétique » une dimension descendante de l'apprentissage des savoirs et des compétences, pratique pédagogique qui a plus de deux siècles d'existence. Pendant de nombreuses années, le cours était magistral. Les interactions étaient peu nombreuses et les élèves étaient peu acteurs. Ce schéma est rassurant mais de moins en moins efficace. Suite aux différents travaux et aux résultats de PISA (Programme international pour le suivi des acquis des élèves), une prise de conscience a été nécessaire à tous les niveaux de l'éducation nationale. Depuis le début des années 2000, de nombreux chercheurs travaillent sur la pédagogie : Sylvain Connac sur la coopération entre élèves, André Tricot sur l'innovation pédagogique, etc. Ces travaux et certaines réformes ont permis d'amorcer un changement dans les pratiques de l'enseignement. La mise en place de nouvelles pratiques pédagogiques demande du temps, des échanges, de la formation, des apports de la recherche. Pour ceux qui rentrent dans ce processus, il y a un réel épanouissement professionnel et un réel gain pour les élèves en termes d'autonomie et d'émancipation. Le numérique peut être un outil pour accompagner ce changement. Il ouvre les champs du possible pour les enseignants mais aussi pour les élèves. Nous avons pu voir de nombreux travaux et projets d'élèves via des applications. Il peut développer la créativité et la prise d'initiative de nos jeunes. Pour conclure, il est très clair que nous sommes à un tournant. Le numérique a été fortement mis en avant. Il faut cependant prendre du recul par rapport à cet outil. Il est nécessaire que la formation technique doit être développée mais pour maîtriser ce que l'on fait et ce que l'on cherche avec le numérique, il sera nécessaire de continuer de travailler sur l'esprit critique des jeunes. Pour reprendre une réflexion de Philippe Mérieux, « Faire la classe, c'est articuler le commun et le singulier... ». C'est ce sens de l'enseignement qu'il est nécessaire de ne pas oublier. L'émancipation de nos jeunes passe par les pratiques de l'enseignant. C'est un des acteurs qui accompagne les jeunes dans leur réflexion et qui les amène à être autonome et libre en termes de pensée. De nombreuses expérimentations sont en cours. Le lien avec les universitaires est de plus en plus recherché mais il reste limité car il faut des ressources et des moyens. L'épanouissement professionnel et l'émancipation (et donc la réussite) des élèves sont fortement liés. Il sera important de continuer d'ouvrir les possibilités avec à la fois des dispositifs qui laissent de la liberté en termes de pédagogie mais aussi de la formation pour développer le lâcher prise qui permettra de limiter la verticalité de l'enseignement.

Enfin, pour conclure sur les usages du numérique, une labellisation collégiale (Éducation Nationale / Enseignement supérieur, universitaires, cabinets/entreprises spécialisées) des matériaux/plateformes pédagogiques permettrait à la fois de faciliter leur repérage par le grand public et de renforcer leur accès indépendamment du cadre scolaire. Le but est de favoriser (ne devrait-on pas dire "entériner" ?) l'autonomie des apprenants et une meilleure prise en compte de leur diversité, appétences et capacités cognitives. Il va sans dire que cela s'accompagne nécessairement d'un large travail de production et d'évaluation de ces outils d'enseignement par le corps professoral dans le cadre de sa mission de service public.

Gestion de l'institution

Pour éviter le renouvellement des problèmes subis lors de cette pandémie, il faut renforcer le pacte républicain par une nation apprenante. Pour cela, nous préconisons des améliorations qui entrent directement dans les modalités de gestion de l'institution. En effet, il faudrait :

Revoir le nombre d'élèves par section (15 semble être le plus raisonnable). Cela permettra de faciliter le travail et l'action des enseignants ;

Créditer l'École de tout ce qui lui est nécessaire et indispensable pour l'enseignant comme pour l'apprenant ;

Créer une sous-direction « anticipation de crise » dans l'Éducation nationale capable de prévoir les actions à mener pour préserver une continuité de l'enseignement et d'élaborer des scénarii en mode dégradé ;

Former les enseignants... à l'enseignement : Montessori, méthode de Singapour, etc ;

Rémunérer les enseignants dans la même proportion que l'Allemagne, les Pays-Bas, ...

Permettre aux enseignants « épuisés » et « démotivés » de quitter leur fonction avec des solutions de reconversion ;

Mettre en place un système de primes très incitatives en fonction des établissements et des classes : banlieues, collège, séries professionnelles ;

A partir du CNED ouvrir une banque de ressources (préparation, évaluations) partagée et alimentée par tous les enseignants et supprimer les manuels scolaires ;

Harmoniser le recrutement des enseignants (secondaire, supérieur, professionnel) : connaissances (concours) et motivation (entretien un jury d'enseignants en poste) ;

Supprimer le corps d'inspection : infantilisant et devenu vide de sens et le remplacer par des accompagnants experts ;

Décloisonner le monde de l'enseignement en développant le co-enseignement : professionnels (arts, sports, entreprises...) et enseignant ;

Fusionner les livrets, diplômes, certifications, Parcoursup, Ecandidat dans le CPF qui deviendra un passeport d'employabilité.

Pour une place renforcée des parents à l'école : mettre en place l'École des parents.

Au sein même de l'école, nous proposons de mettre en place une « école des parents » sous forme de structures d'accueil, de conseil, de formation et d'information à destination des parents, pour les aider à mieux s'approprier l'école.

L'école républicaine doit assumer de travailler sur ces différences sociologiques parce qu'il est établi, de longue date, qu'elles handicapent aujourd'hui de trop nombreux enfants mais également leurs parents.

Mettre en place des structures ad-hoc... Il convient de développer les structures d'accueil, de conseil, de formation et d'information susceptibles de mettre ou de remettre les parents dans une position et dans un statut dont les enfants ont besoin pour se construire. Cette structure fera sens par l'unité de lieu que l'on pourrait lui trouver. En effet, et plus spécifiquement pour les parents qui n'ont pas eu de scolarité digne de ce nom, cela leur permettrait de rencontrer d'autres parents et de confronter leurs expériences, d'échanger, de mieux comprendre les attentes des personnels qui encadrent les jeunes mais surtout le vécu scolaire de leurs enfants. En un mot, aidons-les à « s'approprier » l'École.

Cette structure doit être un lieu d'expression, d'accompagnement, d'analyse, de raisonnement et de compréhension. Elle doit permettre aux parents de comprendre les programmes scolaires. Cette proposition, c'est faire le pari de l'intelligence humaine avec la volonté de donner à chacun la possibilité, non pas d'ânonner des règles et des techniques, mais de s'exprimer, d'analyser, de raisonner, de comprendre.

Cette « école des parents » devrait être un lieu de collaboration et de co-construction. Avec le concours des mouvements d'éducation populaire, l'école dans le village ou le quartier, le collège dans la ville peuvent devenir des lieux de vie et d'échanges, des lieux ouverts où les parents peuvent avoir une place sans attendre d'être convoqués, jouer un rôle en tant que personnes, en tant que porteurs de savoirs, en tant que citoyens. Il s'agit là d'un grand projet éducatif cohérent avec un projet de société moderne et démocratique.

Enseignement professionnel

Pour recréer du lien entre les jeunes et la nation, il faut renouer et avoir confiance en l'avenir.

L'enseignement professionnel doit aussi être repensé. Aujourd'hui cette formation accueille des jeunes qui n'ont pas souhaité y entrer et qui sont, pour beaucoup, en échec scolaire. Des pseudos formations qui ne mènent nulle part et qui bercent d'illusions une jeunesse qui peine à avoir confiance en la société. L'après bac est ressenti comme une trahison ! Dès lors, la place de l'apprentissage est primordiale et elle doit constituer un parcours au plus tôt, ainsi qu'un choix.

Pour une France et une jeunesse plus fraternelle, il est essentiel que les mondes se rencontrent. La création d'un service civique obligatoire et repensé doit être appuyée et voir concrètement le jour. Il s'agirait d'une rencontre civique entre les jeunesses d'une même classe d'âge et issues de milieux très différents. Les activités de cohésion tiendraient une place primordiale avec des missions d'intérêts générales perlées sur une année scolaire au sein d'associations ou d'organes et institutions de l'État en contact avec la population. Ce service civique serait encadré par un personnel qualifié issu de milieux sociaux, professionnels et associatifs très différents.

Mais pour créer cette entente, il faut aussi que les jeunes puissent se comprendre. Comment faire quand certains maîtrisent mal le français et ne comprennent pas ce qu'ils lisent ? L'École doit renouer avec ses fondamentaux. Le français doit tenir une place de premier plan avec un apprentissage renforcé de la grammaire, jusqu'en terminale.

Toutes les formes d'intelligence à l'honneur

Au moment où notre carrière venait à son terme, l'objectif inspiré par l'OCDE de 80% d'une classe d'âge au niveau de la classe de Terminale, était inscrit en lettres d'or dans les circulaires de rentrée. Il s'accompagnait de la création accélérée de nouveaux baccalauréats destinés principalement à l'enseignement professionnel fréquenté alors par des élèves dont le niveau scolaire était réputé insuffisant pour accéder aux filières d'enseignement dites plus nobles. Républicain convaincu, nous avons lutté bec et ongle contre cette manière de voir pourtant très répandue. L'accès aux savoirs scientifiques et technologiques ne doit pas être réservé à une élite forgée par la raffinerie scolaire. A contrario, toutes les formes d'intelligence doivent être entourées d'une égale dignité. Il est permis de penser que l'enseignement professionnel et l'enseignement technique peuvent aider les élèves considérés à tort comme les moins bons, à accéder à la pensée abstraite par d'autres voies.

Autrement-dit, nous avons trouvé la première réponse à la question posée. Confrontée à des problèmes d'une grande importance et qui lui sont posées en même temps – préservation de la biosphère, croissance décartonnée, lutte contre les inégalités et les ségrégations de toute nature – la société de demain devra faire appel à toutes les formes d'intelligence pour les résoudre.

S'il convient d'élever la qualification et la durée des formations pour faciliter l'entrée dans l'emploi, en favorisant ainsi les chances d'intégration professionnelle et d'insertion sociale, il importe, en même temps, d'hybrider les formations en associant étroitement la société civile à l'enseignement. Nous avons pu observer à cet égard à quel point les stages en entreprise permettaient à nos élèves d'acquérir une maturité plus grande alors que le confinement scolaire les aurait au contraire appauvri intellectuellement et humainement. Gardons en mémoire les bienfaits de l'apprentissage des années 60 où les moins bien pourvus au niveau scolaire réussissaient leur insertion dans la société par l'acquisition d'un Certificat d'Aptitude Professionnel d'un métier dit « manuel ».

Aujourd'hui, à tous les niveaux, du Brevet d'Enseignement Professionnel au Master, l'alternance devrait porter ses fruits, il en va donc de la responsabilité de l'Enseignement et des Entreprises d'une part, ainsi que celle du citoyen et de la société d'autre part.

Cette observation se veut, elle aussi, riche de sens. Si nous voulons une autre société, ce sera une société de l'agir dans laquelle l'esprit de responsabilité sera à l'honneur. Il convient maintenant de nous interroger sur ce qu'il convient d'entendre par responsabilité.

Que toutes les formes d'intelligence soient d'une égale dignité dans la société et dans l'école de demain.

La formation tout au long de la vie. Un système multipolaire et multidirectionnel

Dans notre monde qui change si vite, au contraire des années précédentes ou un diplôme obtenu servait toute la vie professionnelle, il faut avoir en tête qu'un diplôme va donner un positionnement, mais, seulement pour quelques années. Dans la mesure où les gens risquent de changer de profession, de spécialités, au cours de leur carrière il est nécessaire de prévoir pour chacun une formation permanente qui seule leur permettra de faire face aux évolutions des besoins de la société. On rejoint la nécessité d'un crédit de formation qui suivra le travailleur pendant toute sa carrière et l'intérêt du revenu universel qui permettrait plus facilement à des gens de changer de filière.

Nous devons repenser l'orientation dans une perspective d'ouverture de l'école et de formation tout au long de la vie.

Une rénovation des pratiques d'orientation est nécessaire, pour qu'elles soient davantage centrées sur l'écoute, les intérêts et les compétences des élèves. Il pourrait être opportun, par exemple, d'implanter les conseillers d'orientation dans les lycées mêmes plutôt que de continuer à les sanctuariser dans les CIO. On pourrait aussi s'inspirer des pratiques de l'armée, qui parvient à repérer les capacités et les potentialités des soldats ou aspirants soldats et à leur faire acquérir des savoirs faire que l'école n'a pu ou su leur donner.

GRETA et VAE : Pour renforcer la place de l'école dans la formation tout au long de la vie, et pour mieux reconnaître, dans le même temps, les voies de formation professionnelle, le rôle discret et précieux des GRETA pour les formations de niveau scolaire mériterait d'être davantage reconnu comme répondant à une mission éminente de l'école. De la même manière, les difficultés, les réticences et les obstacles mis à la validation des acquis de l'expérience devraient être levés pour que ses volumes soient moins homéopathiques et pour en faire une voie massive de promotion professionnelle et sociale.

Ouvrir l'école sur l'extérieur : L'école ne peut ni ne doit agir seule. Elle doit s'ouvrir à son environnement, qui est celui des élèves et des étudiants qu'elle accueille, et donner plus de place aux signes de reconnaissance extrascolaire, en articulation avec ses propres valeurs et missions. Les collectivités territoriales, les associations, mais aussi les milieux professionnels, ont un rôle éminent à jouer à cet égard.

La formation permanente pour combattre les exclusions

La mission de l'Éducation nationale doit être étendue à l'accompagnement de la formation des citoyens tout au long de leur vie. Elle inclura donc la formation permanente qui maintient leur employabilité et, plus largement, les nécessaires apprentissages indispensables à l'intégration de tous. Il faut repenser et remettre en cause notre modèle éducatif afin de donner à tous la formation nécessaire pour que chacun s'adapte à un environnement dont les cycles de changement s'accélèrent. Les responsables de nos systèmes de gouvernance veilleront à intégrer l'accompagnement des citoyens lors de la transition des changements qu'ils décident, encouragent ou autorisent.

L'école républicaine, outil de la formation permanente pour combattre toutes les exclusions.

Pour que cette formation est un caractère permanent, il faut repenser les modalités et les contrôles de la formation permanente professionnelle ainsi que la redistribution des responsabilités aujourd'hui déléguées aux partenaires sociaux ; organiser sur le territoire français des centres de support, de formation pour accompagner le déploiement des nouvelles technologies et l'apprentissage de leurs outils ; développer l'approche de la complexité qui n'est pas aujourd'hui ancrée dans la culture française encore très cartésienne.

Formation continue pour une nouvelle citoyenneté

La proposition émise ci-après a pour objectif de transmettre des valeurs et fondamentaux républicains, appropriation du contrat social ; pour cela nous devons :

Renforcer le citoyen dans son rapport aux Institutions, dans la compréhension et l'analyse de son environnement ; faire un citoyen de plus en plus actif en réponse aux exigences d'une démocratie plus interactive ; vivre une expérience collective, régulière, avec un brassage social, toutes générations confondues ; « faire nation » et entretenir la fraternité ; comprendre l'intérêt personnel et l'intérêt général ; développer le sens critique du citoyen.

La proposition est la mise en place d'une formation en continue des citoyens de manière récurrente tous les cinq ans. Cette formation d'une semaine en présentiel sera obligatoire pour tous les citoyens de 20 à 65 ans et sur la base du volontariat par la suite, en incluant les résidents étrangers sur le sol national. Les sujets abordés lors de cette formation seront : la laïcité, les institutions, le pouvoir central régalien et le pouvoir décentralisé, le digital, l'écologie et enfin les droits et devoirs du citoyen. Ces sujets pourront être identiques lors de chaque session ou évoluer selon le contexte. Il sera essentiel que le citoyen soit au cœur de cette formation pour qu'il prenne pleine conscience de ses droits et devoirs et lui donner envie de participer au collectif. Le contenu de la formation pourrait être agréé par le Ministère de l'Éducation Nationale sous couvert de l'Assemblée Nationale. La formation sera prise en charge par l'État pour tous les participants qui devront être libérés par les employeurs pour y assister. Cette formation n'obère pas les autres formations sollicitées par les collaborateurs. Le chef d'orchestre de cette formation reste à définir (Éducation Nationale, Défense Nationale, la police, les collectivités, le CSE ou bien encore une structure interministérielle ad-hoc). Entre deux sessions de formation, les diverses instances territoriales plus locales : communes, départements, régions, seront incitées et soutenues pour organiser des instances de réflexion citoyenne. Les sujets seront multiples et pourront reprendre à des échelles plus locales et concrètes, ceux abordés lors des semaines de formation (fonctionnement des institutions à toutes les échelles, budgets locaux). Une priorité sera donnée aux interrogations, souhaits plus directs, concrets, locaux, exprimés par les citoyens participants.

Cette proposition correspond aux valeurs et objectifs humanistes et progrès social de la Franc-maçonnerie.

Éducation de la santé en milieu scolaire

L'éducation à la santé en milieu scolaire doit être généralisée auprès de toutes les populations dont les plus vulnérables. Elle doit faire partie intégrante des programmes scolaires de l'école primaire jusqu'au lycée. Ses enseignements doivent faire partie des acquisitions obligatoires évaluées périodiquement. Les personnels enseignants recevront une formation adéquate. Les acteurs de la santé seront associés aux actions éducatives. Les familles et les collectivités locales seront parties prenantes des actions éducatives.

Chaque projet d'établissement doit englober une éducation à la nutrition, l'hygiène, la santé, la lutte contre toutes les intoxications (alcool, tabac, drogue ...), la lutte contre les maladies dites « de civilisation » (inactivité physique, pesticides, pollution, malnutrition, ...), une information sur la sexualité...

L'éducation à la santé doit être généralisée et permanente, partie intégrante de tous les programmes scolaires et faire partie des évaluations obligatoires. Les familles, les acteurs de la santé et les collectivités locales seront associés aux actions éducatives.

La recherche au service de l'éducation

Favoriser une recherche qui, dans le domaine des nouvelles formes de transmission du savoir prenne en compte les données sociales, psychologiques, cognitives, pédagogiques, et soit adaptée à de possibles nouvelles crises sanitaires. Nécessité de transmettre aux enseignants ces avancées pédagogiques, une bonne utilisation de l'outil informatique et la façon de mettre en place un enseignement en ligne efficace. Nécessité de s'assurer que les enseignants possèdent un ordinateur fiable : prise en charge financière pour partie ou totalement en fonction de leurs revenus. Leur dégager le temps nécessaire pour qu'ils puissent s'organiser en amont et mettre leurs cours en ligne avant tout confinement. Faire en sorte que les enfants et les enseignants puissent pendant le temps scolaire s'approprier l'outil pédagogique informatique afin qu'ils basculent facilement vers un enseignement à distance en cas de nouveau confinement. Préparer les parents par des réunions parents-professeurs afin d'harmoniser les pratiques, de diminuer le risque de stress des parents et les violences intrafamiliales concernant les devoirs à la maison, constatées pendant le confinement. Dispenser une formation informatique initiale aux parents et une mise à niveau régulière.

Mise en place d'un soutien pédagogique plus important des élèves en difficulté avec mise à disposition de moyens humains et matériels adaptés : possibilité de donner plus de temps et donc facilitation du redoublement ou remise en place des « classes palier » qui permettent à des enfants n'ayant pas acquis l'ensemble des connaissances d'une année scolaire de parfaire celles-ci.

Cibler les aides sur les zones en difficultés et adaptées en fonction de l'âge des enfants : décentraliser la prise de décision, donner plus d'autonomie aux structures les plus proches des élèves, les plus à même de saisir les besoins exacts des enfants, des familles, des enseignants.

Mise en place d'une « réserve pédagogique » en sollicitant les remplaçants du corps enseignant et ceux en cours de formation proches de l'autonomie professionnelle. Cibler les aides sur les familles en incapacité d'assurer l'apprentissage de leurs enfants. Les obstacles concernent l'absence de temps disponible, la barrière de la langue, le moindre niveau scolaire des parents. Faire appel à des professeurs supplémentaires afin de prendre en charge à distance, voire à domicile si possible les enfants en difficulté. Mettre en place des antennes mobiles pouvant entrer en contact avec les enfants décrocheurs : travailleurs sociaux, enseignants, psychologues et médecins scolaires. Établir une aide logistique et financière pour les associations aidant les jeunes dans leur apprentissage : aide aux devoirs, apprentissage de nouvelles méthodes de travail, maintien de la motivation. Favoriser les chaines de transmission de la connaissance entre élèves, un système d'entraide entre les différentes générations d'élèves : exemple de points bonus pour la validation de leur cursus pour les étudiants aidant des plus jeunes. S'appuyer sur des associations qui peuvent récupérer, reconditionner et distribuer des ordinateurs.

Création de structures qui puissent dans un cadre sécurisé maintenir les interactions sociales des plus jeunes qui n'ont pas, comme les adolescents les réseaux sociaux pour entretenir les relations amicales voire affectives. Moyens similaires pour les enfants handicapés ne pouvant se servir des réseaux sociaux et condamnés pendant plusieurs mois à rester isolés dans le milieu familial accentuant ainsi le repli sur soi.

Nécessité d'assurer une prise en charge psychologique de certains enfants : beaucoup d'enfants ont vécu de façon douloureuse avec apparition de syndromes de stress post traumatique, cette situation longue et pesante parfois aggravée par la perte d'un proche (famille, entourage social...).

Organiser l'apprentissage et les stages en entreprise en concertation avec celles-ci. Il y a une grande inégalité concernant l'enseignement professionnel et la difficulté voire l'impossibilité d'assurer certains cours pratiques à distance compte tenu de la particularité du matériel pédagogique tel l'usage de machines ou d'outils. Réorganisation, adaptation accrue à des conditions sanitaires pénalisantes et revalorisation des filières techniques et professionnelles souvent réservées aux élèves exclus de la filière générale.

La Franc-Maçonnerie travaille à l'amélioration intellectuelle de chacun, il est important que le Grand Orient de France demande que des mesures ambitieuses tant en moyens humains que financiers soient prises pour l'éducation de nos enfants afin de pallier les inégalités constatées. Il en va de l'égalité des chances pour chacun de nos jeunes. Il en va du principe de justice sociale ferment d'une meilleure intégration des enfants dans le tissu socio-économique, source d'un épanouissement individuel essentiel, seule possibilité de se sentir plus tard citoyen à part entière.

Une école solidaire pour la Dignité et la Solidarité

La première proposition est de rescolariser très vite les jeunes qui sont éloignés de l'école ou des universités et de donner rapidement les moyens humains, informatiques pour la formation scolaire et professionnelle dans toutes les régions et classes sociales et assurer la transmission des savoirs, et de la culture, la réalisation de soi, en libérant sa créativité tout en assumant les tâches nécessaires à la vie de la cité.

L'enseignement national a un rôle primordial dans la connaissance et la reconnaissance des différentes cultures, croyances. Il doit permettre de favoriser le dialogue entre croyants et non-croyants d'affirmer l'importance fondamentale de la laïcité dans ses principes fondamentaux. La République laïque impose ainsi l'égalité des citoyens face à l'administration et au service public, quelles que soient leurs convictions ou croyances.

La laïcité n'est pas une opinion parmi d'autres mais la liberté d'en avoir une. Elle n'est pas une conviction mais le principe qui les autorise toutes, sous réserve du respect de l'ordre public. Les humanistes devraient aider les enseignants dans leur formation et dans leurs missions pour expliquer la laïcité et aider tous les jeunes à connaître, comparer, tolérer et vivre ensemble fraternellement.

La deuxième proposition est de garantir matériellement à chacun la liberté de son choix de lieu de vie dans la région ou le pays de son affinité, son choix de type de travail (manuel, intellectuel, culturel, individuel, collectif, intergénérationnel et interculturel avec les personnes âgées, les enfants, les migrants…) et du temps qu'il y consacre. Il faut éviter la fin du monde, la montée des totalitarismes et séparatismes et assurer les fins de mois en aspirant à autre chose que d'accumuler des richesses.

La troisième proposition est de financer ces mesures par une fiscalité adaptée aux flux financiers et aux patrimoines. Elles doivent être imposées par l'état et universellement pour protéger les citoyens des dérégulations, des promesses non tenues et des nouvelles formes d'esclavagisme.

La quatrième proposition est de favoriser la Fraternité en organisant des structures permettant l'expression, la rencontre, par exemple par la création de maisons communes dans les quartiers, villages. La solidarité doit être privilégiée dans le partage des moyens de transports, de vie, l'accès au numérique pour favoriser l'éducation, le partage égalitaire des connaissances et l'accès aux soins psychologiques et psychiatriques pour assurer le bien-être de tous et de chacun.

La cinquième proposition est de favoriser l'émergence d'un imaginaire collectif : la découverte de l'autre et de la nature, l'échange, la prise de temps pour apprendre des autres et aux autres. Évaluation du bien-être, de la fluidité des rapports humains, la place relative des biens matériels, la régulation des échanges et du respect de la dignité de chaque citoyen.

La dignité des citoyens impose, pour éviter toute fracture sociale, d'assurer la formation des jeunes égalitairement avec accès au digital pour tous et de leur apprendre le respect des autres, de leurs opinions et croyances, la laïcité. Elle doit permettre matériellement aux citoyens de choisir leur mode et lieux de vie avec des mesures fiscales adaptées et pérennes pour les financer. Elle doit favoriser des structures locales de rencontre, de décision, de soins, de solidarité et accompagner l'émergence d'un imaginaire collectif dans le respect de la nature et des autres.

Non conclusion

L'Éducation ne peut pas être une variable d'ajustement budgétaire ou structurelle. Elle doit être une priorité absolue.

En premier lieu, quelles que soient les crises, tout doit être fait pour maintenir l'ouverture des écoles. Au même titre qu'il faut assurer le maintien de l'ordre, nous ne devons pas interrompre la chaine de l'enseignement et nous devons toujours garder à l'esprit qu'en toute période, il est impératif de donner accès libre aux enfants à la culture et à l'art sous toutes ses formes.

L'éducation ne mérite pas de simples effets de manche politiques ; nous devons nous donner les moyens d'analyser son fonctionnement afin de maintenir sa continuité en toute circonstance, tout en luttant contre les inégalités territoriales et sociales.

La vie des enseignants doit également être totalement réorganisée. Il n'est plus acceptable que les métropoles soient à part du reste du territoire, que la technocratie centralise la vie d'un professeur, que la répartition des budgets génère des inégalités criantes entre les territoires et entre les divers degrés de l'enseignement.

Interrogeons-nous sur la suppression des écoles normales remplacées par des parcours universitaires encore en recherche de modèles et toujours mal adaptés. Pourquoi ne pas créer des écoles de formation sur le modèle des écoles d'ingénieurs. Regardons sans fard la déconsidération des enseignants mal rémunérés, la destruction progressive des RASED (Réseau d'Aides Spécialisées aux Élèves en Difficulté) et que dire des programmes trop chargés et mal calibrés ?

Bien sûr il faut souligner les bienfaits de la scolarisation obligatoire à trois ans, et le dédoublement des effectifs des CP et CE1 dans les zones d'éducation prioritaires. Mais ça ne suffit pas à combler les dégâts des diverses politiques depuis des années. L'objectif doit être en tout lieu et en tout temps de donner la même chance à chaque élève. L'enfant, quelle que soit son origine est un être en devenir, il est l'avenir de l'humanité, pas un détail dans un projet économique et politicien temporel national ou local.

Profitons de cette situation pour réfléchir sur le fond à ce qu'est (et doit être) l'Éducation. Rappelons-nous que jadis l'école a permis d'unifier la langue et les savoirs dans notre pays. Le professeur, l'instituteur était alors respecté car il était l'un des rares à avoir le Savoir Républicain.

Aujourd'hui, il est incontestable que le respect n'est plus de mise et que dès la plus jeune enfance l'hétérogénéité des savoirs et de la culture est très importante d'un enfant à l'autre. Seule l'école laïque peut permettre d'amener un maximum d'élèves à un savoir de plus en plus grand, à une culture de plus en plus riche et à la citoyenneté. Si dans l'histoire la centralisation a pu être un bien, la société a évolué et rien, actuellement ne pourra être amélioré sans rendre encore plus autonome les équipes pédagogiques. Il nous faut imaginer des formes d'apprentissage plus individualisées et plus modulables en fonction des zones du territoire et donc réduire radicalement la technostructure au profit des enseignants et des directeurs d'école dont le métier doit être réellement reconnu et valorisé.

Si l'état doit s'assurer que tous les enfants aient accès à une formation la plus efficace possible, il ne doit plus tout centraliser. C'est l'école, lieu de socialisation par excellence, outil d'union, créateur de lien, qui construit l'avenir.

Répétons-le, nous devons toujours tout faire pour la maintenir ouverte et accessible car rien ne remplacera le présentiel. Sans cela l'ascenseur social ne fonctionnera plus.

On doit envisager l'éducation avec une vision d'avenir et cela passe notamment par une réflexion profonde sur les obligations et le financement des enseignements privés et publics afin que l'égalité pour chaque élève soit un réel objectif politique incontournable.

Élément fondamental de toute réflexion la Laïcité doit être au cœur de notre éducation Publique Laïque et Républicaine, à la base de tout projet la concernant. Mais cette Laïcité ne doit pas être vue comme une pensée molle, consensuelle. Elle ne doit pas être réduite à une forme d'inclusion et on ne doit pas lui demander de s'accommoder avec le religieux quel qu'il soit, et surtout pas avec tous ceux qui mettent la croyance, le dogme, au-dessus, ou pour le moins, à côté du citoyen.

La Laïcité doit rester un combat incessant car c'est elle qui permettra l'ouverture d'esprit des élèves et donc l'enrichissement de notre société.

Écologie

Pour un nouvel ordre économique mondial qui respecte le vivant.

Respectable Loge, Démos, Orient de Nice, Région 2

Respectable Loge, La Vraie Lumière, Orient de Nancy, Région 4

Respectable Loge, Les Compagnons de la Liberté et de la Solidarité, Orient de Chaville-Viroflay, Région 7

Respectable Loge, L'Étoile de Marianne, Orient de Niort, Région 9

Respectable Loge, L'Harmonie, Orient de Nantes, Région 9

Respectable Loge, Triple Union, Orient de Dinan, Région 9

Respectable Loge, Fraternité – Loyauté, Orient de Marseille, Région 15

Respectable Loge, Fraternité 89, Orient de Périgueux, Région 16

Respectable Loge, Aristophane, Orient de Villeneuve sur Lot, Région 16

Respectable Loge, Les Cœurs Réunis, Orient de Toulouse, Région 17

Fiscalité

Une des revendications des « Amis de la terre » est l'extension de la garantie des marchandises à 10 ans, la loi Hamon a déjà permis de l'étendre à 2 ans.

Faire des choix politiques exige d'accroître la connaissance que l'on a de l'activité économique, sans se limiter à ce qui produit de la plus-value financière, et du poids écologique de cette activité et son développement. Ceci nécessite de changer d'indicateurs qui ne se limitent pas au PIB tel qu'il est actuellement, calculer et intégrer des indicateurs de nuisance écologique.

Doit-on continuer à laisser la production avoir pour seul objectif la rentabilité la plus grande, la diminution du nombre d'emplois, l'écartement des niveaux de salaires ?

La réforme des impôts, toujours repoussée, doit être réalisée pour limiter la progression exponentielle des capitaux au détriment des richesses produites par le travail, contenir l'éventail des salaires dans des proportions décentes.

Par ailleurs, il convient de favoriser systématiquement les modes de transports doux, inciter fiscalement et massivement les populations à isoler leur logement et à s'équiper d'un mode de chauffage non dépendant des énergies fossiles en insistant sur les populations les plus pauvres. Les pouvoirs publics et collectivités et tout le monde institutionnel doivent donner 'exemple de l'utilisation des énergies non fossiles.

De plus, il faudrait revoir totalement notre système de rémunération du travail afin de permettre à chacun de vivre dignement.

L'annulation de la dette par la BCE contre la relance de cette crise par la transition écologique est aujourd'hui avancée par de nombreux économistes, qui considèrent que les statuts de la BCE lui permettent ce type d'actions, la gouvernance de la BCE doit retrouver l'audace qui fut celle de M Draghi pour relancer la machine européenne.

D'autres avancées doivent être entreprises telle que le fait de diminuer le temps de travail (28h) en favorisant la diversification professionnelle. Instituer un revenu universel garanti.

Gérer la dette publique, c'est-à-dire inviter les banques centrales (BCE) à racheter cette dette aux états et puis, discrètement ou pas, à l'annuler ; éventuellement en respectant, par exemple, la proportionnalité de l'endettement des uns et des autres autour du critère européen des 60% du PIB.

L'État doit taxer les entreprises qui polluent, et en même temps redistribuer aux entreprises vertueuses. L'État doit favoriser et défendre les entreprises à but d'emploi, qui d'un point de vue économique bénéficie d'un avantage concurrentiel dans la réduction du coût du capital humain, mais qui permet à des chômeurs de longues durées de travailler.

Améliorer l'efficacité du crédit impôt recherche, qui serait versé à un fonds public reversé aux chercheurs selon critères liés aux objectifs de lutte contre les dérèglements, avec contrôle citoyen.

Agriculture et écologie

Avant d'atteindre des catastrophes en chaîne, il serait urgent de créer au niveau mondial un observatoire de la population humaine, animale et végétale pour comprendre et anticiper les évolutions futures lesquelles, pour la plupart, seront dictées par la dégradation climatique.

Les actions nationales devraient être assujetties au respect des critères de Paris sur le climat.

Développer massivement un enseignement technique de maraîchage et instaurer une zone verte autour des villes qui sera mise à disposition des maraîchers et favoriser le commerce de proximité en détaxant tous les produits de première nécessité cultivés localement.

Mettre en place et expérimenter dès à présent des circuits de coopération permettant d'assurer l'autosuffisance alimentaire.

Développer d'urgence les circuits courts et les réseaux d'agriculture bio.

Garantir de façon contractuelle des volumes aux producteurs de l'agriculture périurbaine et urbaine, dans le moyen et long terme

Développer une politique sociale et de santé publique à travers la tarification sociale dans la restauration scolaire.

Affranchir l'agriculture française des pesticides par un plan de sortie accompagnant les agriculteurs

Transformer profondément les systèmes de culture vers un modèle circulaire bas carbone

Répartir plus équitablement la valeur ajoutée entre producteur, transformateur, distributeur en promouvant un contrat de transition agro écologique et alimentaire, garanti par l'État et l'Union européenne

Penser plus globalement l'agriculture urbaine et périurbaine avec de véritables « hubs alimentaires locaux » impliquant les acteurs de l'agriculture, de la production et de la distribution/ restauration

Relocaliser la seconde et troisième transformation.

Instaurer une collecte séparée et la valorisation des restes alimentaires afin d'une part de structurer une filière de compost bio pour du maraîchage bio d'autre part de soutenir l'essor de la filière bio méthanisation, créatrices d'emplois endogènes.

Faire évoluer la PAC afin qu'elle rompe avec son prisme productiviste et se transforme dès 2023 en Politique Agricole et Alimentaire Commune.

Renforcer son ambition environnementale (réduction des quantités d'intrants notamment), à budget inchangé, et la compléter par un système additionnel de bonus autofinancés au niveau national.

Mettre en cohérence ces stratégies nationales avec la PAC, l'agriculture intensive étant l'une des principales causes de l'érosion de la biodiversité.

Modifier les règles européennes de libre concurrence pour, dans les marchés publics, permettre de mettre des critères relatifs la distance d'approvisionnement ou son origine.

Prendre en compte d'une part la participation des travailleurs (UTH) sur les exploitations dans le calcul des aides. Cela implique de redéfinir ce qu'est un paysan, un actif agricole.

Constituer un cercle des pays soumis aux mêmes normes sociales et environnementales.

Permettre uniquement l'importation de denrées agricoles alignées sur les règles de production de l'Union européenne (mêmes normes qualitatives, prix minimaux d'entrée).

Poursuivre l'amélioration des conditions de bien-être animal dans la chaîne de production.

Aider au développement de la productivité agricole des cultures vivrières afin d'assurer la souveraineté alimentaire dans chaque pays et le maintien des paysanneries locales.

Coopérer avec les pays du Sud à la fois dans l'action scientifique (exploiter toutes les opportunités que la biosphère nous offre, en intensifiant tous les processus écologiques) et dans la transposition du droit rural.

Lutter contre toute forme d'accaparement de la propriété intellectuelle des ressources naturelles et des organismes vivants, modifiés ou non.

Produire et consommer

Soutenir la recréation d'une filière réparation, dans la mesure où l'obsolescence programmée devient interdite, cela va dans le sens d'une création d'emploi, d'un réaménagement du territoire en ramenant des emplois dans les provinces.

Le poids des « consom'acteurs » devrait pouvoir orienter les productions vers des circuits courts, inciter à une relocalisation de toutes les productions stratégiques pour l'autonomie et la sécurité de la France. Ceci prône une nouvelle alliance entre producteurs et consommateurs. Relocaliser les productions.

Il faut redonner un sens au travail dans la visée de l'amélioration de la société, de la vie de tous, et de l'épanouissement des capacités de chacun en soutenant l'économie solidaire par exemple.

Développer le télétravail surtout dans les zones ne disposant pas de transports en commun.

Favoriser les transports en commun, s'ils existent, sinon le covoiturage, pourquoi pas fiscalement, en instaurant une vignette covoiturage, et en instaurant un péage automatique aux abords des villes pour les autres véhicules comme dans les pays nordiques (dans toutes les villes de Norvège, la circulation est fluide).

Relocaliser les productions essentielles pour la santé, gérer les produits de base pour ne plus dépendre de la Chine par exemple.

L'Europe se doit de mutualiser les savoir-faire pour ne pas délocaliser Les nouveaux besoins, nous devons assurer cette refondation écologique sur nos territoires, avec nos technologies et nos salariés.

Réviser les modes de transports : développer les déplacements collectifs et partagés accessibles à tous, priorité au ferroviaire notamment aux petites lignes et au fret.

Produire moins de biens (sobriété) et mieux (équilibre humain et environnemental) pour un meilleur partage des richesses (naturelles et financières) au niveau mondial.

Relocalisation maximale de l'activité via un protectionnisme coordonné et coopératif au niveau international.

Favoriser une économie sociale et solidaire avec le développement des structures de type « coopérative » et des entreprises inscrites dans une démarche de responsabilité sociétale des entreprises (RSE) ou de contrats de transition écologique.

Passer d'une économie industrielle libérale archaïque à une économie circulaire. La caractéristique centrale de ce modèle économique est qu'il vise à supprimer l'exploitation des humains et de la nature, parce qu'il cherche à assurer tout à la fois un niveau de vie décent à tout individu et un renouvellement cyclique ordinaire voire un développement de la nature afin de lui permettre de satisfaire sur la durée les besoins physiques de l'humanité sur une terre florissante.

La relance de la rénovation thermique des bâtiments par L'État pourrait s'apparenter à une approche keynésienne. Investissement dans les biomatériaux, la digitalisation par le Building Information Model simulant l'impact environnemental. Investir dans la formation des architectes pour promouvoir les nouvelles architectures prenant en compte l'environnement, comme la biomimétique qui puise son inspiration dans la nature et les organismes vivants. Le tout dans le but d'offrir au plus d'individus possible un logement décent respectant l'environnement.

Le cadre des institutions doit permettre de favoriser le circuit court et toutes les initiatives locales en faveur de l'environnement. Face à la pandémie et en réponse au confinement, les petits producteurs ont démontré leur capacité de mise en réseaux et de développement de circuit court de vente directe. Une autonomie des territoires permettrait de repenser la production alimentaire et le respect de la biodiversité.

Bâtir une Stratégie de Transition énergétique fondée sur la Détox de la croissance, en restreignant les activités incompatibles avec les enjeux écologiques et encourageant des activités compatibles : Interdire la pub des produits incompatibles avec les objectifs de l'accord de Paris, évitement des consos électriques inutiles (extinction des éclairages immeubles, panneau pub LED, vitrines...), moratoire sur la 5G (mesurer l'impact énergie des serveurs et des usages consuméristes qu'elle promet), préparation psychologique des changements de consommation.

Améliorer la politique urbaine sur les plans énergie et climat : les mobilités, l'habitat, les réseaux de communications.

Soutenons le Shift Project, faisons connaitre ses analyses, rapports et recommandations. « The Shift Project » est un Laboratoire d'idées (Think tank) pour la transition vers un monde décarboné. Partant du fait que la réduction des émissions de CO2 sera le résultat de l'addition de milliers de petits efforts réalisés à tous les niveaux par les particuliers, entreprises, gouvernements, administrations, collectivités locales, etc., cette ONG française analyse de façon systémique les processus de vie dans notre société (se nourrir, se loger, se déplacer, se soigner, travailler, comprendre, échanger), imagine des modifications qui concilient réduction des émissions de CO2, sobriété, efficacité énergétique et modification des emplois, puis les soumet aux décideurs économiques.

Participons / contribuons au club des Shifters pour la mise en œuvre des propositions.

Contribuons aux actions qui concrétisent la stratégie bas carbone.

Démographie

Dans la plupart des pays on mise sur l'école et l'amélioration des conditions de vie pour faire évoluer les mentalités.

Dans les États industrialisés l'une des raisons de la surnatalité est la croyance parfois inconsciente que des enfants en surnombre sont nécessaires pour financer les retraites, bien que les partisans des idéologies natalistes admettent enfin que c'est un argument dépassé. Mais dans les pays pauvres le seul moyen de survivre quand on est âgé est d'être pris en charge par ses enfants.

La régulation des naissances implique donc d'éradiquer la mortalité infantile, ainsi il sera inutile d'avoir de nombreux enfants afin que les survivants prennent soin de leurs parents. Il faut aussi faciliter l'accès à la contraception, donner aux bénévoles du planning familial les moyens d'informer, aider les femmes à accéder à l'indépendance financière, imposer par des lois l'égalité homme/femme, établir une protection sociale pour tous afin qu'une assurance maladie/retraite fiable et pérenne garantisse à tous une vieillesse sereine.

Sous l'impulsion des femmes les progrès sont réels presque partout dans le monde mais ils sont très lents.

Voici les propositions pour réguler la démographie explosive mondiale lié aux enjeux écologiques : Enseignement et éducation des plus jeunes sur, la sexualité, l'enjeu démographique, l'écologie... Développement et distribution de moyens contraceptifs gratuits pour tous et en priorité dans les pays à fort taux de fécondité ;

Aide économique aux pays en voie de développement (moins de mortalité infantile et moins de dépendance envers les générations futures).

Éthique

« Il n'est de richesse que d'hommes » écrivait déjà Jean Bodin et nous avons évoqué l'idée selon laquelle l'activité au service des autres était un des fondements de l'estime de soi.

Limiter la taille des villes et maitriser le développement des métropoles en intégrant une agriculture urbaine, la gestion de l'eau, de l'énergie, etc...

Le Revenu Universel et Inconditionnel instaurera une justice sociale indispensable. Il permettra de libérer l'Homme des contraintes matérielles et donnera à chacun la réalité d'une citoyenneté économique. Il appellera l'individu à choisir pleinement sa contribution à la société en le projetant dans un avenir recherché et désiré. Il deviendra la garantie d'accès aux biens et services de première nécessité pour tous et confortera l'accès à la dignité tel que défini dans l'article 25 des Droits de l'Homme et du Citoyen.

Les individus doivent être sensibilisés. A l'instar du nutri-score, les biens et les services doivent mentionner des informations concernant le niveau de pollution, la destruction de la biodiversité et les conditions de travail nécessaire à la production de ce bien ou de ce service. Les fournisseurs d'accès à internet doivent indiquer le coût énergétique de l'utilisation des smartphones. Ainsi, sans interdire aux personnes de consommer, chacun aura l'information et pourra choisir librement un bien ou un service moins polluant.

Non-ratification et amendement du traité CETA à l'UE, en inscrivant le respect des engagements de l'accord de Paris comme objectifs contraignants des accords commerciaux, en supprimant la disposition autorisant les multinationales à attaquer les états dans les tribunaux d'arbitrage privés lorsqu'ils adoptent des mesures de protection de l'environnement et de la santé.

Préserver la politique de la recherche scientifique des dérives consuméristes court-termistes.

Éducation

Prôner la coopération et non la compétition (on co-construit – on valorise et on n'oppose pas – on révèle des potentiels et des compétences).

Équilibrer la formation intellectuelle et manuelle.

Sensibiliser à l'environnement et à l'impact individuel de pollution (de la maternelle à l'âge adulte).

Maitriser de manière raisonnée l'utilisation des outils numériques notamment dans le système éducatif.

Sensibiliser les parents à leur rôle éducatif.

Une refonte du système éducatif, premier vecteur du changement, concourra à encourager l'écriture d'un monde différent. Par de nouvelles pédagogies et apprentissages, commencera l'éducation des jeunes publics appelés à devenir les adultes de demain. La culture des sentiments, l'apprentissage de l'empathie et des valeurs humaines primeront pour développer l'autocritique et la sensibilité aux arts, favorisant ainsi l'idée d'un entre soi apaisé.

L'État se doit de donner les armes à chaque élève et étudiant pour qu'ils aient une pensée critique sur la place du vivant s'intégrant dans le social et l'économie le plus tôt possible. Le contrat social de Rousseau est enseigné, il faudrait y adosser le contrat naturel de Michel Serres. Enseigner également en économie qu'il existe d'autres modèles que celui de Milton Friedman comme celui d'Elinor Ostrom. Chacun pourra se faire une idée et agira en conséquence lorsqu'ils seront aux affaires dans le monde du travail.

Législation

Enfin l'organisation du travail ne peut se faire sans règles. Le code du travail doit être revu afin de protéger et de respecter chacun.

Faire de l'universalisme de nos valeurs une « planéthique » en valorisant l'altruisme et la coopération.

Approcher et encourager publiquement (invitation à des conférences etc.) les écoles, universités qui instaurent des enseignements et recherches afin de lutter contre les dérèglements et pollutions, de même que les institutions financières et d'assurance qui valident la gravité de la situation et engagent des actions correctives concrètes. Il ne s'agit pas là d'un nième label vert, mais d'une reconnaissance publique valorisante, attestant l'engagement séculier de l'Obédience en faisant connaitre nos valeurs humanistes.

Favoriser (juridiquement, financièrement, spatialement) les conditions d'installation des primo-accédants, en mettant à disposition des terres arables à orienter vers la production de légumineuses.

Sanctuariser le foncier dans la loi, bien commun de la Nation.

Garantir son accès aux primo accédants, afin d'assurer la relève générationnelle. Un Livret Vert pourrait constituer un instrument financier.

Préserver le foncier de la spéculation et des accaparements étrangers.

Établir une planification tripartite de l'usage des sols à une échelle infrarégionale, à travers les documents d'orientation et de planification. En accord avec la volonté de souveraineté alimentaire plus importante.

Permettre aux citoyens de s'impliquer davantage dans la vie des exploitations agricoles de leur territoire (coopératives par exemple).

Placer le citoyen (en herbe) au cœur des réflexions sur le système alimentaire tourné vers les consommateurs (éducation alimentaire).

S'interroger, sur un plan éthique, à notre relation alimentaire à la nature et au vivant, et adapter notre mode de consommation – carnée en particulier – en conséquence.

Une économie repensée

Respectable Loge, Fraternité Caraïbe, Orient de Basse-Terre, Trois-Rivières, Région 1

Respectable Loge, Garibaldi, Orient de Nice, Région 2

Respectable Loge, L'Étoile bleue, Orient de Toulon, Région 2

Respectable Loge, Axis Mundi, Orient de Draguignan, Région 2

Respectable Loge, Olbia, Orient de Hyères, Région 2

Respectable Loge, Démos, Orient de Nice, Région 2

Respectable Loge, L'Étoile des Mascareignes, Orient de Saint-Pierre, Ile de La Réunion, Région 3

Respectable Loge, Lumière De Sirius, Orient de Port Louis, Ile Maurice, Région 3

Respectable Loge, La-Ora-na, Orient de Papeete, Région 3

Respectable Loge, Nicolas Koechlin, Orient de Mulhouse, Région 4

Respectable Loge, Amour et Liberté, Orient de Thionville, Région 4

Respectable Loge, Olympe de Gouges, Orient de Strasbourg, Région 4

Respectable Loge, L'Aurore Sociale, Orient de Troyes, Région 4

Respectable Loge, Imagine, Orient de Troyes, Région 4

Respectable Loge, La Vraie Lumière, Orient de Nancy, Région 4

Respectable Loge, Abbé Grégoire, Orient de Lunéville, Région 4

Respectable Loge, Saint Jean au Temple de la Paix, Orient de Metz, Région 4

Respectable Loge, Les Frères de Georges Couthon, Orient de Clermont-Ferrand, Région 5

Respectable Loge, La Société des Dix, Orient de Riom, Région 5

Respectable Loge, Louise Michel, Orient de Limoges, Région 5

Respectable Loge, Le Réveil de l'Yonne, Orient d'Auxerre, Région 5

Respectable Loge, Mosaïque, Orient de Montélimar, Région 6

Respectable Loge, Maillon et Liberté, Orient de Lyon, Région 6

Respectable Loge, Le Cœur et L'Esprit, Orient de Voiron, Région 6

Respectable Loge, La Bonne Foi, Orient de Saint Germain en Laye, Région 7

Respectable Loge, Les Amis Philanthropes et Discrets Réunis, Orient de Versailles, Région 7

Respectable Loge, Architecture, Partage et Progrès, Orient de St Germain en Laye, Région 7

Respectable Loge, La Source Fraternelle, Orient de Livry-Gargan, Région 7

Respectable Loge, Germanor, Orient de Perpignan, Région 8

Respectable Loge, Robespierre et Saint Just, Orient de Montpellier, Région 8

Respectable Loge, L'Émancipation Thouarsaise, Orient de Parthenay-Thouars, Région 9

Respectable Loge, Harmonie – Évolution, Orient de Cholet, Région 9

Respectable Loge, Justice et Raison, Orient de Dreux, Région 9

Respectable Loge, L'Étoile de Marianne, Orient de Niort, Région 9

Respectable Loge, La Triple Unité, Orient de Fécamp, Région 9

Respectable Loge, République Malouine, Orient de Saint Malo, Région 9

Respectable Loge, Le Myosotis de Vorgium, Orient de Treffin-Carhaix, Région 9

Respectable Loge, La Fraternité Normande, Orient d'Évreux, Région 9

Respectable Loge, Moriah, Orient du Mans, Région 9

Respectable Loge, Reconnaissance et Amitié, Orient d'Ancenis, Région 9

Respectable Loge, Triple Union, Orient de Dinan, Région 9

Respectable Loge, La Parfaite Égalité, Orient de Rouen-Canteleu, Région 9

Respectable Loge, Tolérance et Liberté, Orient de Cambrai, Région 10

Respectable Loge, La Lumière du Hainaut, Orient de Maubeuge, Région 10

Respectable Loge, Le Chantier Lumineux, Orient de Paris, Région 11

Respectable Loge, Les Amis Fidèles, Orient de Paris, Région 11

Respectable Loge, Clarté, Orient de Paris, Région 11

Respectable Loge, Demain, Orient de Paris, Région 11

Respectable Loge, La Défense Maçonnique, Orient de Paris, Région 11

Respectable Loge, Charles de Montesquieu, Orient de Paris, Région 11

Respectable Loge, Intersection, Orient de Paris, Région 12

Respectable Loge, Étoile Polaire, Orient de Paris, Région 12

Respectable Loge, Léonard de Vinci, Orient de Paris, Région 13

Respectable Loge, Montmorency-Luxembourg, Orient de Paris, Région 13

Respectable Loge, Le Bonheur Diderot, Orient de Paris, Région 14

Respectable Loge, Spartacus, Orient de Paris, Région 14

Respectable Loge, Les Vrais Experts, Orient de Paris, Région 14

Respectable Loge, Fraternité Méditerranée, Orient de Marseille, Région 15

Respectable Loge, La Parfaite Sincérité, Orient de Marseille, Région 15

Respectable Loge, Voyages, Orient de Marseille, Région 15

Respectable Loge, Les Amis du Travail, Orient de Marseille, Région 15

Respectable Loge, Concorde et Montesquieu, Orient de Bordeaux, Région 16

Respectable Loge, Réveil Maçonnique, Orient de Libourne, Région 16

Respectable Loge, Les Chevaliers de la Fraternité, Orient de Bordeaux, Région 16

Respectable Loge, Gambetta, Orient de Cahors, Région 17

Respectable Loge, La Voie Humaniste, Orient de Castanet-Tolosan, Région 17

Respectable Loge, La Parfaite Amitié, Orient d'Albi, Région 17

Respectable Loge, La Propagation de la Vraie Lumière, Orient de Tarbes, Région 17

Respectable Loge, Les Cœurs Réunis, Orient de Toulouse, Région 17

Lancer un projet volontariste de grands travaux en France et en Europe

Deux grands axes se dessinent :

- bâtir et déployer les infrastructures et industries du XXIe siècle dans un objectif de réduction des pollutions : industries d'électrification des transports, de production d'énergie décartonnée (nucléaire sans déchets long-terme, solaire spatial) ;

- procéder à la réparation des erreurs et au nettoyage des dégâts issus de la précédente phase de l'expansion industrielle, avec des travaux de traitement des pollutions passées (nucléaires et autres), démantèlements et renforcements divers.

Ces deux axes offrent des perspectives d'export, non seulement à visées de débouchés industriels externes, mais aussi dans le but de fournir à nos voisins planétaires une alternative utile pour leur feuille de route de relance économique.

L'organisation interne des entreprises doit être repensée

Cette crise démontre la fragilité des organisations pyramidales classiques et confirme la nécessité d'organisations plus horizontales et plus agiles. Elle devrait promouvoir des tendances émergentes :

- la généralisation d'organisations de travail flexibles qui mêlent présence dans l'entreprise et activité à distance. L'une des conséquences ambiguës de cette évolution sera de gommer encore plus la séparation entre la sphère privée et la sphère professionnelle ;

- la structuration en équipes entrepreneuriales autonomes de petite taille, susceptibles de fonctionner en petites unités résilientes, avec peu de directives venant de la direction centrale en cas de crise majeure. Plusieurs groupes de taille mondiale (Google, Spotify) ont déjà mis en œuvre des organisations de ce type : tribus, squads ou guildes flexibles, avec un fort degré d'autonomie ;

- la diffusion de méthodologies collaboratives pour travailler efficacement dans ces nouvelles organisations autonomes et entrepreneuriales. Ces méthodes fondées sur l'intelligence collective, créées dans les années 1960 et 1970, restent encore marginales dans la plupart des entreprises : design thinking, growth hacking, business agility. Elles sont destinées à devenir la norme ;

- la promotion d'une culture interne favorisant la prise en compte des individus dans leur globalité, professionnellement et personnellement. Les organisations vont être soumises à une injonction paradoxale : prêter beaucoup plus d'attention qu'auparavant aux situations personnelles de leurs collaborateurs, tout en respectant leur droit à la vie privée.

Mettre en place un service universel gratuit d'accès à Internet pour tous reposant sur des outils non marchands (logiciels libres), géré par une autorité indépendante de régulation ; promouvoir au niveau européen une politique coordonnée de juste taxation des GAFAM et de régulation de leurs activités pour préserver les intérêts des citoyens-clients ; lancer une réflexion nationale sur le périmètre souhaité.

Organiser et structurer la formation des chefs d'entreprise, la rendre obligatoire dès leur création.

- répartir autrement de façon obligatoire les résultats de l'entreprise : 30% affectés aux fonds propres, si distribution de dividendes pour la part restant, un montant équivalent pour les salariés.

- organiser et assister le chef d'entreprise pour qu'il détermine ses indicateurs de gestion avec l'assistance des chambres consulaires, et possède pour chaque entreprise un tableau de bord lui permettant de connaître sa situation exacte.

- soutenir et assister les chefs d'entreprise en difficulté via des réseaux d'associations tel l'APESA.

Lutter contre la financiarisation de l'économie et créer des circuits productifs courts

La vraie question aujourd'hui est celle de la régulation des marchés. Bien que le marché mondial soit désorganisé, il reste nécessaire et primordial pour notre économie. S'il n'y a plus de marché, il n'y a plus d'échanges économiques. Il faut redéfinir la notion de marché en relocalisant nos productions industrielles et en remettant en cause le dogme européen de la libre-concurrence non faussée qui fait de nous des otages d'un système complexe, interconnecté et fragile.

L'État doit pouvoir agir sur l'offre et la demande qui ne peuvent se réguler seules et automatiquement dans une économie libérale, sans avoir des conséquences néfastes (le fort survit et le faible disparait). Aujourd'hui on est plus sur la stratégie que sur l'opérationnel. Une des propositions serait de taxer beaucoup plus les mouvements boursiers et les intermédiaires financiers non productifs et de redistribuer les cartes en redonnant 'une bouffée d'air' aux producteurs directs Ces derniers pourraient ainsi distribuer un peu plus à ceux qui sont directement contributeurs de création de richesses, et d'investir plus pour pérenniser l'entreprise.

On peut imaginer également la création d'un circuit de production court par la suppression d'un ou plusieurs niveaux intermédiaires de la chaine de valeur. Il faut bien se poser la question « qui créé la richesse ? » et donc qui mérite le plus ? Dans le principe il faut réajuster le 'curseur' de manière à rééquilibrer la répartition des profits. Ne peut-on pas envisager la création d'un fond économique doté de moyens puissants et très importants qui appartiendrait aux acteurs économiques et serait utilisé pour gérer les crises ? Il faut impérativement que l'économie réelle reprenne la main sur la finance.

Quelle est la bonne échelle pour solutionner les problèmes actuels ? La France seule ne peut rien, l'Europe non plus. Les problèmes sont mondiaux et doivent être réglés à l'échelle mondiale.

Dans ce contexte économique, il ne faut pas oublier que le revenu universel inconditionnel pourrait constitue un vecteur puissant pour un aménagement de notre système économique et pour la mise en place d'un nouveau contrat social. Encore faut-il trouver la solution pour le financer.

Pour un impôt juste et équitable

Simplifier le Code Général des Impôts en limitant la fiscalité à trois impôts :

le prélèvement à la source pour les particuliers avec un taux unique ;

la taxe sur le chiffre d'affaires pour les entreprises avec un taux unique ;

l'impôt sur les grands patrimoines des particuliers et des entreprises (>10 millions d'euros) avec un taux unique ;

Supprimer toutes les « portes dérobées » et passe-droits : exemptions, régimes dérogatoires, intégration fiscale, dégrèvements, crédits et réductions d'impôts sans exception ;

Rassembler toutes les aides de l'État aux familles (dons, à l'emploi d'un salarié à domicile, à des frais de garde d'enfants,) et aux entreprises (gasoil non routier, crédit d'impôt recherche,) sous la forme d'un chèque unique en lieu et place des crédits d'impôts, réduction et déductions. Les aides ne sont plus des droits mais des aides accordées par l'État ;

Publier chaque année la liste des 500 entreprises et contribuables les plus aidées par l'État.

Chaque année les citoyens votent électroniquement le maintien ou la modification des 3 taux de prélèvement sur proposition de l'exécutif (Cf. Suisse)

Égalité homme femme

- Modifier le Code du Travail pour obliger tous les employeurs à afficher les salaires individuels ;

- Cette obligation d'affichage aura également un effet bénéfique sur les discriminations en général (origines, handicap...) ;

- Protections périodiques et contraception doivent être prises en charge intégralement par la Sécurité Sociale (avec obligation de production sur le territoire français).

Relocaliser et privilégier l'Europe

La production des médicaments et principes actifs nécessaires à leurs fabrications doivent être réalisés au sein de l'Union Européenne. Idem pour les matériels comme les respirateurs ainsi que l'ensemble des consommables qui ont cruellement manqué dans les hôpitaux durant cette crise sanitaire. Cela doit permettre de réduire le délai d'approvisionnement lorsque cela devient nécessaire pour le patient et de garantir une fabrication en adéquation avec nos valeurs (qualité des produits, conditions de travail lors de la fabrication…).

Pour ce qui concerne l'agriculture, l'État doit veiller à ce que les produits vendus ne proviennent pas de l'autre bout de la planète. Cela doit permettre d'avoir des produits frais pour les consommateurs, de faire travailler des acteurs locaux (économie locale) et de réduire l'empreinte carbone due à la distance. Il serait envisageable d'informer simplement le consommateur de la distance parcourue par le produit pour lui permettre de juger de la cohérence de son achat.

Par une signalétique similaire à celle de Nutriscore pour la qualité nutritionnelle du produit, pourquoi ne pas envisager une typologie de produits qui permettrait de valoriser les produits proches et pénaliser les produits provenant de plus loin. Le consommateur deviendrait acteur du changement en prenant conscience de ces informations.

Dans les marchés publics sur notre territoire, les provenances des principales fournitures doivent être garanties au sein de l'Union Européenne. Les pouvoirs publics doivent pouvoir privilégier les Entreprises dont les principales fournitures proviennent de l'Union Européenne. Ce critère existe déjà mais il est rarement mis en œuvre et n'est actuellement qu'informatif pour les décisionnaires. Ce critère doit être un indice supérieur au critère de prix dans le jugement des offres avant l'attribution d'un marché. Cela permettra de favoriser des usines de production locales (France ou Europe). Dans le cadre des marchés publics l'État doit limiter contractuellement avec ces prestataires le nombre d'intermédiaires qui interviennent dans la chaîne de fabrication. Cela va permettre de limiter la sous-traitance multiple et permettre de revenir à un fonctionnement plus cohérent du marché du travail avec des acteurs locaux (pas de sous-traitance étrangère).

Certains secteurs stratégiques de nos économies doivent rester sous le contrôle au sein de notre zone économique Européenne pour permettre un meilleur encadrement en cas de crise (production de vaccins, de masques...). Ces entreprises considérées comme stratégiques devront être soumises à certaines obligations en cas de situation de crise ou de pandémie. Nous n'avons toujours pas tiré les leçons des épisodes H5N1, H1N1, SIDA, SRAS... Alors que d'autres pandémies nous guettent... Procédons à l'écriture de plans d'urgence à mettre en œuvre sur le modèle des plans ORSEC. L'État doit retrouver ici son rang de garant de la protection sanitaire de la population.

L'État doit se porter garant voire acteur dans certains secteurs de l'économie stratégiques et indispensables aux Français (exemple des produits de première nécessité : eau, électricité, carburant...). Ceci afin de limiter et mieux encadrer les fluctuations de coûts et donc d'impact financier sur les ménages.

Sur certains secteurs économiques lorsque des Entreprises veulent relocaliser leurs activités, l'État doit pourvoir les aider, pourquoi pas sous forme de garantie bancaire d'État ou de nationalisation limitée dans le temps (exemple : intégration de l'État au capital des Entreprises pour une durée limitée). L'État doit à travers cette aide apportée, permettre le développement de l'activité sur le territoire Français ou Européen, et imposer contractuellement un certain nombre de points : utilisation des énergies renouvelables, véhicules électriques, intéressements des salariés au bénéfices (règle des trois tiers), favoriser les matériaux écologiques, l'emploi de personnels handicapés, favoriser les fournisseurs locaux, interdiction de sous-traiter...

Œuvrer vers une harmonisation Européenne des salaires pour permettre de limiter la concurrence entre les différents États membre et favoriser ainsi une meilleure coopération. Ceci pour éviter de créer des concurrences déloyales au sein de l'Union Européenne, et favoriser les relocalisations industrielles sur notre territoire.

Créer une autorité mondiale avec un pouvoir législatif, exécutif et judiciaire, tous les trois émanent d'une volonté populaire, c'est-à-dire représentatifs.

L'idée à retenir qui paraît la plus importante, la plus difficile à mettre en œuvre compte tenu des résistances éparses, peut-être la plus lointaine, mais qui sait ? C'est la mobilisation de nos gouvernements, de nos diplomaties, économies, justices, pour que se mettent en place cette autorité mondiale chargée de ces problèmes d'épidémies, de pollution et de réchauffement climatique. C'est une utopie bien sûr, mais c'est surtout une nécessité et si la raison des hommes ne peut la mettre en place, alors on peut penser que la violence de la nature et leur propre violence les y contraindront.

Remettre l'économie au service de l'humanité et la finance à sa juste place

L'avenir de l'humanité exige une remise en cause radicale de cette idéologie néo-libérale, à la fois totalitaire, inégalitaire et impitoyable à l'encontre des plus pauvres.

Les gouvernements démocratiquement élus doivent avoir le courage de s'attaquer avec fermeté aux dérives de cette économie pernicieuse. La lutte contre les paradis fiscaux doit être menée sans tolérance aucune, qu'il s'agisse de petites îles des Caraïbes ou de certains états européens. Les entreprises qui tirent bénéfice de ce système doivent être sanctionnées, même si ce sont de grands groupes de droit français. La corruption qui gangrène la vie de nombreux états et qui sévit encore parfois au sein même de nos instances républicaines doit être combattue avec la plus grande fermeté.

Au fil des années, pour financer son fonctionnement, la France a contracté des emprunts importants. Une partie de cette dette alimente des fonds spéculatifs dont on ne connaît même pas la nature exacte et qui, de plus, tirent très certainement une grande partie de leurs bénéfices d'opérations frauduleuses d'optimisation fiscale. Il serait pour le moins normal d'exiger dans ce domaine, une véritable transparence afin que la part des impôts dévolue au remboursement de la dette ne serve pas à financer cette fraude.

Les services publics dont l'importance a été démontrée dans les circonstances troublées actuelles, doivent être renforcés. Leur efficacité doit encore être accrue notamment par une amélioration de leurs moyens et par une meilleure reconnaissance du travail effectué, aussi bien par les fonctionnaires titularisés que par les contractuels.

D'une façon générale, le travail doit être revalorisé, à la fois dans sa rémunération et dans ses conditions d'exercice.

Rien ne justifie le montant astronomique de certains revenus : ni la naissance, ni les compétences, ni les responsabilités. Tout doit être mis en œuvre pour une réduction équitable des écarts de salaires.

Enfin, il paraît essentiel de relocaliser de nombreuses industries dont le caractère stratégique est clairement apparu à l'occasion de la pandémie.

Le système financier, aussi bien les établissements bancaires que les places boursières, doit retrouver son simple rôle d'outil au service du développement et doit perdre sa place de bénéficiaire ultime des circuits économiques.

L'heure est venue, pour préserver l'avenir, de penser et mettre en place une économie solidaire et durable au service de l'humanité : une économie qui tienne compte des impératifs de protection de l'environnement ; une économie qui permette aux hommes et aux femmes de s'épanouir dans leur travail ; une économie qui préserve une véritable égalité des chances dans la société et qui protège les plus faibles.

L'humanité a besoin d'une économie qui mette en action la Liberté, l'Égalité et la Fraternité : d'une économie républicaine et vertueuse.

Créer une catégorie d'entreprise à mission d'intérêt général labellisée et ouvrir à ces entreprises des marchés réservés.

Il s'agirait de compléter la législation de l'entreprise à mission en créant une catégorie d'entreprise qui souhaite contribuer à l'action sociétale, environnementale ou culturelle par des formes qu'il faudra préciser. Ce faisant, ces entreprises pourraient être labellisée ESS au titre de la Loi de 2014. Il convient d'encadrer de façon plus précise cette labellisation pour éviter des vocations purement opportunistes et l'entourer d'incitations fiscales accordées en fonction des efforts fournis par les entreprises pour se structurer en conséquence. Cette labellisation met en hybridation et en coopération des entreprises mues par un intérêt privé et celles issues de l'ESS animées par l'intérêt commun. Elle ouvre un large champ de contribution à la société en démultipliant le nombre d'acteurs concernés au-delà des dispositifs existants (fondations par exemple), les formes de contribution (l'entreprise devra définir ses formes de contribution et les différences entre elles font faire jouer une diversité d'engagements) et permet à l'ESS de changer d'échelle.

Il paraît logique d'inciter les entreprises à mission labellisée ESS d'accéder à des conditions préférentielles aux appels d'offres publics en reconnaissance de leurs efforts en direction d'un « mieux disant sociétal ». La loi de 2014 et la labellisation ESS le permet mais pour des domaines limités. Élargir le nombre de ces domaines nous confronte à la notion de libre concurrence qui avait mis fin au mieux « disant social » (Conseil constitutionnel et législation européenne). Toutefois, la nécessité de mobiliser des moyens supplémentaires au bénéfice de l'intérêt général suite à la crise sanitaire, d'avoir un impact significatif et diversifié sur les transformation sociétales et environnementales, d'encourager la contribution des forces entrepreneuriales à participer à ces transformations, bref à ne négliger aucun moyen ni aucun acteur pour y parvenir justifient certains aménagements à cette liberté.

Le retour du concept d'Autonomie Stratégique dans les nations :

Il est évidemment impossible et éminemment dangereux de voir un repliement de chaque nation sur son économie, sous prétexte de la crise sanitaire ; le Monde bruisse sous les bruits de bottes, un unilatéralisme serait fatal.

Il est temps de conceptualiser un nouveau système économique plus respectueux des personnes et de la Nature, redéfinissant la notion de Travail, de Capital et de partage des richesses créées ; tout d'abord, la priorité devrait être de parvenir à donner une réponse coordonnée des grandes puissances économiques à la Crise, en créant une structure dédiée et innovante. En effet, l'OMC et ses règles libérales a montré ses limites et est en crise, ainsi que l'OMS, principalement du fait des USA. L'ONU, trop politisée et trop lourde à mettre en mouvement, ne peut pas non plus être le réceptacle de cette structure. Ce lieu permettrait la prise en compte des mesures sanitaires et coordonnées, en parallèle à la mise en place de mesures évitant les restrictions aux exportations et la limitation des mesures protectionnistes, ainsi que des réflexions sur la Nouvelle Économie à mettre en œuvre, en lien étroit, cette fois, avec un respect de notre planète.

La vision de Lénine sur la tendance obligée du Capitalisme à l'Impérialisme se voit vérifiée, le Monde étant concrètement divisé en 3 zones d'influence économique : les USA, la Chine et, plus marginalement, l'Union Européenne.

Cette dernière a une occasion unique de montrer sa différence au reste du Monde en créant cette structure innovante et en invitant toutes les nations désireuses d'y apporter leur point de vue.

La puissance économique des USA étant en grande partie basée sur l'hégémonie du dollar et le chantage aux représailles envers les pays n'appliquant pas les mesures dictées par les États-Unis, il serait nécessaire d'obliger chaque pays de l'Union à ne commercer qu'en euro. Tous les pays souhaitant négocier avec l'Union se verraient imposer la même exigence, ce qui ferait mathématiquement baisser la part du dollar dans les échanges internationaux. Si une entreprise de l'Union souhaite commercer avec un pays visé unilatéralement par des sanctions américaines et que cette entreprise se voit sanctionner par les USA afin d'être exclu du Marché Américain, une entreprise américaine de taille identique œuvrant dans le même domaine d'activité et n'ayant pas de structure de production en Europe serait elle-aussi automatiquement exclue du Marché Européen.

En parallèle, la crise de la COVID-19 ayant mis en lumière le degré de dépendance excessif de notre économie au reste du monde, au premier chef la Chine, notamment dans le domaine de la Santé, la nécessité de relocaliser certaines productions se fait impérative. C'est en ce sens que la création d'un Commissariat au Plan décidée par le Gouvernement est un pas en avant, afin de lister les productions nécessaires à l'indépendance économique et sanitaire de notre pays.

Nous devrons passer alors d'une économie libérale à une économie toujours ouverte, mais autonome dans certains secteurs stratégiques, qui sortiront volontairement du cadre marchand pour être nationalisés, s'ils sont purement nationaux, ou avec une participation majoritaire de l'État dans le capital de l'entreprise, si celle-ci travaille pour d'autres pays de l'Union Européenne. Le reste du capital de l'entreprise sera partagé avec les autres pays concernés, avec réciprocité pour les entreprises ayant le même rôle dans leur pays d'origine de l'Union.

Cette nouvelle approche pourra être intégrée conceptuellement par l'Union Européenne avec l'objectif d'une entraide intra-européenne dans certains domaines, en cas de nouvelle crise sanitaire.

Ce concept de secteurs stratégiques nationalisés pourra être inscrit dans la Constitution.

La crise de la COVID-19 est une rupture dramatique de la trame mondiale et une intrusion au plus profond de l'Être national ; il nous appartient d'en tirer un ressort nous permettant d'en sortir grandis, dans un Monde où le produit du Travail des uns n'irait plus enrichir une infime minorité, un Monde avec une économie socialement juste et respectueuse de l'Environnement, un Monde qui ne s'arrêterait pas de tourner quand une écaille de Pangolin en vient bloquer les rouages.

Pour une Europe resserrée et fédérale

Tout d'abord la France a un destin européen. Mais il faudrait que l'Europe évolue en un système fédéral où chaque pays garderait une certaine autonomie, mais avec un gouvernement fédéral politique qui présenterait un front uni par rapport aux autres blocs mondiaux et serait capable de prendre des décisions sur le plan international. Cela impliquerait une mise en commun :

De l'armée (classique et nucléaire) ;

Une diplomatie, européenne ;

Une politique commerciale à front commun.

Suppression du vote à l'unanimité qui est une source de blocage pour l'Europe. L'Europe à 27 est trop disparate, il serait intéressant de recréer un premier cercle de pays autour de l'Allemagne et de la France qui seraient moteur, avec une homogénéisation fiscale, une recherche de la meilleure pratique pour la santé par exemple, pour les normes, etc.

Construire une économie viable pour une Humanité heureuse

Suppose de défendre l'avènement d'une économie répondant aux besoins d'une vie digne pour chacun, refusant des échelles de salaire indécentes, permettant de travailler pour se nourrir, se loger, se vêtir, s'instruire, se cultiver, entretenir sa santé et garantir sa sécurité, sans compromettre la satisfaction de ces mêmes besoins pour les générations à venir. Il faut que l'appareil d'état reprenne les rênes en organisant ou réorganisant les services publics garantissant à tous un accès à l'eau, aux besoins énergétiques primaires, à un environnement sain, aux services de santé, aux transports, etc... Cela signifie que l'économie ne doit pas être laissée aux seules lois du marché. Elle doit être régulée par la puissance publique, expression de la Nation, afin qu'il y ait une répartition équitable garantissant une économie viable, avec pour objectif la justice sociale et remettant en cause le modèle occidental de consommation. Il nous faut favoriser le développement d'une économie circulaire, collaborative et de proximité. Dans cette nouvelle définition de l'économie qui allie équité, respect des individus et de leur cadre de vie, le progrès technique doit être conciliable avec la préservation de l'environnement. L'implication, si elle est nécessairement collective, doit rappeler chacun à ses responsabilités. Une Nation souveraine n'est que la juxtaposition d'intérêts, de droits et de devoirs individuels. Il nous faudra apprendre à mieux partager, à prendre soin de l'autre et de notre environnement.

Les notions de respect et de solidarité, qui ont largement été revendiquées, ne doivent pas être mises en exergue exclusivement dans les moments difficiles ; elles sont le ferment de la vie en société.

Pour une égalité salariale Homme Femme

Comment revaloriser les salaires des professions à prédominance féminine, comme les infirmières ou les caissières ?

45 ans après la première loi pour l'égalité salariale (1972), les écarts de revenus entre les femmes et les hommes perdurent. En moyenne, les hommes perçoivent des revenus 25% plus élevés sur l'ensemble de leur carrière, et 9% à travail égal.

Les métiers exercés et le temps de travail expliquent plus de la moitié des écarts salariaux.

Les écarts de salaire horaire sont variables d'un secteur d'activité à l'autre mais ils sont toujours en défaveur des femmes car elles sont concentrées sur des métiers moins qualifiés et moins rémunérés.

En moyenne, la ségrégation professionnelle, c'est-à-dire la répartition genrée des emplois explique une différence de rémunération horaire de l'ordre de – 6,7%. (Insee, DADS, 2013)

L'exemple québécois :

La Loi sur l'équité salariale (21 novembre 1996) vise à corriger les écarts salariaux causés par la discrimination fondée sur le sexe. Elle oblige les employeurs de 10 employés ou plus à assurer l'équité salariale entre les emplois à prédominance féminine et les emplois à prédominance masculine équivalents.

Pratiquement, gouvernement du Québec et syndicats ont mis au point un questionnaire standardisé permettant d'évaluer les métiers, d'attribuer une note pondérée à chacun d'eux et à note égale, d'aligner les salaires des professions à majorité féminine sur celles à majorité masculine.

Ainsi la profession d'infirmière ayant été notée comme celle des techniciens informatiques, a vu son salaire moyen passer de 33000 à 41000 dollars canadiens (+ 24 %).

En contrepartie de ces revalorisations salariales, les syndicats ont accepté un gel général des salaires pendant 2 ans.

La loi est en passe d'être adoptée dans les autres provinces canadiennes.

Sur le modèle québécois, nous proposons une action publique visant à une évaluation objective des métiers en fonction des compétences requises et à revaloriser les salaires des métiers à prédominance féminine en les alignant sur les métiers à prédominance masculine correspondants.

Il s'agit de se donner les moyens d'appliquer le texte de la loi de décembre 1972 : « Tout employeur assure pour un même travail ou pour un travail de valeur égale, l'égalité de rémunération entre les femmes et les hommes ».

Réduire les inégalités patrimoniales

- Augmenter les taux d'imposition sur les grosses successions.

- Revenir à une vraie progressivité de l'impôt sur le revenu en supprimant les niches fiscales non justifiées.

- Lutter, par des mesures locales appropriées, contre les prix et loyers abusifs dans les grandes villes.

- inciter les entreprises à ne pas distribuer de dividendes lorsqu'elles licencient.

- Inciter les entreprises à suivre la règle minimale des 30%, soit le tiers des profits distribués aux salariés, le tiers aux actionnaires et le reste consacré à l'investissement.

- Taxer les GAFA dans les pays où elles ont leur activité.

- Intensifier la lutte contre la fraude fiscale.

- Poursuivre le combat engagé contre les paradis fiscaux.

- Inciter les entreprises à limiter les rémunérations des dirigeants.

Reconsidérer la valeur ajoutée des biens et services non marchands et permettre à tous de disposer des biens nécessaires pour une vie décente

Biens et services non marchands :

Les concepts fondamentaux de l'économie de marché sont le capital, le travail, l'échange de biens et de services, et la monnaie, outil permettant la quantification des trois premiers concepts et la fluidité des échanges.

S'agissant de l'échange de biens et services, on distingue les biens et services marchands et les biens et services non marchands. Sont marchands ceux qui s'évaluent facilement en termes monétaires (leur prix s'établissant à l'équilibre entre offre et demande), et qui s'échangent donc facilement. Mais les biens et services non marchands ne sont pas pris en compte : Ils sont pourtant indispensables au fonctionnement d'une société : on peut évoquer l'activité des femmes au foyer, le travail des associations bénévoles, les actions de conservation du patrimoine et de l'environnement mais aussi les activités régaliennes de l'État : sécurité intérieure et extérieure, justice, présence diplomatique, éducation, santé publique...

Ne pas prendre en compte ces biens et services non marchands dans la production « officielle » donne une vision distordue de la réalité, comme c'est le cas aujourd'hui. En effet l'économie de marché capitaliste valorise une activité d'autant mieux qu'elle est marchande, facilement quantifiable et monnayable, et susceptible de générer un fort profit. 3.1 – Définir les biens essentiels et nécessaires pour les citoyens, avec pour objectif que les populations puissent vivre dignement. Il est important que « la liste » des biens nécessaires soit adaptée à la population, aux traditions, aux besoins spécifiques et locaux, et aux ressources naturelles disponibles localement.

Ces biens et services indispensables à la société ont un prix. Il est indispensable que leur prix soit établi sur la vraie valeur du bien ; et que le prix soit aussi encadré et réglementé afin d'être accessible à tous (sans fluctuation saisonnière ; sans spéculation en fonction de la demande ; sans spéculation boursière).

Biens nécessaires :

Par ailleurs pour des biens dits « nécessaires » pour assurer une vie décente à chacun : accès à l'eau ; accès suffisant à la nourriture « de base / indispensable » ; accès aux soins ; accès à l'électricité ; accès au logement ; accès au transport ; accès à la communication ; accès à l'éducation et à la culture ; garantie de la sécurité. Il faut assurer leur disponibilité et gérer les ressources en fonction des besoins (Réfléchir à un accès « inconditionnel »).

La gestion doit-elle être assurée par l'état, ou par des « comités d'experts » désignés démocratiquement pour administrer les biens essentiels et les ressources locales ?

Le prix et l'accès aux bien nécessaires doit être défini, régulé et organisé par une gouvernance (comité citoyen / commission élu démocratiquement) à la fois au niveau local / régional, mais aussi de façon globale (au niveau international), pour une vision cohérente.

Le prix des biens nécessaires devrait être encadrés (logement, éducation, santé, transport, nourriture…) pour être accessibles, mais aussi pour ne pas être influencé par la demande, la saisonnalité ou par des négociations purement commerciales.

Repenser notre rapport et la valeur de l'argent

Si nous pensons que l'humain vaut plus que l'argent, alors augmentons les salaires les plus faibles et rémunérons correctement l'utilité sociale. Cela ne choque personne qu'une aide-soignante indispensable à la survie de nos aînées gagne peu et qu'un trader de banque, parfaitement improductif, soit riche à million.

Cela ne se réglera que par une autre répartition des richesses. Elle sera forcément contrainte.

Faut-il qu'une rémunération se fasse au mérite ou selon les besoins de celui ou celle à qui elle est destinée ?

Dans la mesure ou (quand) la solidarité permet d'assurer une relative sécurité à tous et à tous les stades de la vie, d'autres solutions peuvent être appliquées :

La suppression de l'héritage ou sa très forte taxation (sauf pour la transmission d'entreprises) permettra de rétablir l'équilibre entre les « trop riches » et les « trop pauvres ».

L'érosion régulière de l'épargne, comme pour la plupart des monnaies locales qui perdent quelques pour cent par an pour éviter l'accumulation.

La disparition de l'argent liquide et gestion d'un système de paiement numérique par les autorités fiscales.

L'application d'une TVA variable en fonction de la richesse de chacun, comme l'impôt.

La mutuelle comme structure de couverture des risques économiques et sociaux.

Au fil des siècles, la mutualité a joué un rôle prédominant dans le développement des systèmes de protection sociale et de retraite que nous connaissons aujourd'hui. Il s'agit du mouvement social le plus ancien de l'histoire de France, avec une première mention d'une société de secours mutuel répertoriée en l'an 1319. Une mutuelle désigne donc un organisme à but non lucratif, régie par le Code de la Mutualité, qui opère dans les secteurs de la prévoyance et de l'assurance. Son financement est solidaire. La mutuelle se caractérise aussi par sa gestion, qui est réalisée par les employés eux-mêmes sur le principe de l'autogestion. Les décisions sont prises de façon décentralisée le plus souvent possible, et les revenus sont partagés entre les salariés équitablement.

Il ne s'agit donc pas d'une solution pour toutes nos entreprises mais bien un moyen de prévenir la déstabilisation d'entreprises d'intérêt stratégique par une logique de profit immédiat et, dès lors, voir leur activité de fourniture de biens et de services, nécessaire à l'intérêt collectif, entravée. Le recensement des entreprises concernées est laissé à l'appréciation du régulateur et suit la logique de préservation de la souveraineté nationale.

La thèse proposée ici serait donc de généraliser à certains secteurs économiques prescripteurs de « bien public » un modèle économique et de gouvernance protecteur pour la structure comme pour les bénéficiaires et les salariés. A titre d'exemple, le monde de la santé publique (dont l'industrie pharmaceutique et la recherche publique font intrinsèquement partie) se prête particulièrement bien à notre thèse : la mutualité répond à plusieurs des questions soulevées par tant la nécessité de renforcer la souveraineté que favoriser les activités à forte valeur ajouté à partir de fonds limités. Il s'agit à la fois d'améliorer notre système de santé pour le rendre plus robuste et fiable et, en même temps, de configurer un nouveau modèle juridico-financier comme base d'un nouvel ordre commercial mondial. Des entreprises clefs des secteurs stratégiques et de biens ou services de premières nécessités (santé, alimentation, industries de réseaux comme les transports ou l'énergie/environnement, voire le secteur de la culture ou des NTIC) sont susceptibles d'entrer volontairement dans ce dispositif de « protection des marchés financiers ».

Mieux maîtriser les échanges internationaux, favoriser les secteurs stratégiques et relocaliser intelligemment

Relocaliser progressivement une part minimum d'activités stratégiques en France avec un complément mutualisable avec les autres pays Européens, en ne laissant pas la délocalisation nous mettre en danger. L'État, malgré une marge de manœuvre limitée, doit négocier une relocalisation européenne coordonnée des secteurs d'activité, avec l'appui du Parlement Européen, sensibilisé par l'intérêt premier des populations. Éduquer, informer, sensibiliser les consommateurs pour qu'ils portent davantage intérêt aux produits locaux (agro- alimentaire, notamment), nationaux ou européens pour que les entreprises y voient une demande forte. En s'appuyant sur les initiatives locales et les associations pour communiquer, sur le Made in France ou en Europe.

Sensibiliser les entrepreneurs à relocaliser ou à créer des activités stratégiques, faciliter leur implantation géographique, renforcer les liens entre environnement et production localisée et encourager l'engagement des acheteurs (CNA) des grandes entreprises dans leur démarche. Rendre obligatoire la mention du lieu de fabrication supprimée en 1986 (Pays Hors Europe et made in CEE). L'État doit être leader, par la Loi, les mesures incitatives fiscales et sociales, la simplification administrative en faveur des entreprises concernées, en contrôlant les appels d'offre des marchés publics.

Reconsidérer et revaloriser les métiers indispensables à la société

Les emplois dont la crise a fait apparaître le caractère indispensable sont-ils aujourd'hui justement considérés (rémunérés) ? Comment mieux les prendre en considération ?

La crise sanitaire a mis en évidence le rôle « stratégique au quotidien » joué par les acteurs économiques de terrain les plus humbles. Doit s'imposer une revalorisation des emplois qu'on pourrait aussi qualifier de « première nécessité », revalorisation aussi bien sur le plan salarial (négociations inter branches) que, plus largement, sur le plan de la reconnaissance sociale. Cela implique une réelle remise en perspective de la considération de ces métiers (inventaire à établir) avec une part plus importante réservée aux métiers manuels et primairement techniques (chauffeur livreur, par exemple). Les formations et orientations professionnelles relatives à ces « véritables professions » (et non « emplois par défaut ») doivent redonner un sens à ces filières par le développement d'un apprentissage réévalué (s'inspirer de la philosophie du Compagnonnage).

Soutenir l'activité en milieu rural

Dans des dispositions identiques au livret d'épargne consacré à l'investissement immobilier pour des logements à loyer modéré ; création d'un livret "Vert" dont la gestion serait confiée à une branche spécifique de la BPI, apportant ainsi la garantie de l'État.

La mission serait de favoriser la création d'organismes locaux d'investissement dans des terres agricoles, destinées à être louées dans des conditions avantageuses, à des exploitants agricoles bio.

Cette mission pourrait être étendue au soutien de création d'entreprises écoresponsables en milieu rurale.

Taxer l'accumulation du capital et équilibrer la répartition des profits

Mise en place de mesures incitatives à gagner et à dépenser, plutôt qu'à thésauriser, propres à contenir l'avidité, sans décourager d'entreprendre, ni faire aucunement obstacle au gain et au profit, mais en faire vraiment profiter l'économie, par la consommation, le mécénat, l'investissement à risque, peu rémunérateur, innovant et écologique.

Plutôt qu'une augmentation de taxation des hauts revenus, taxation (de 5% à 50%) de l'augmentation des patrimoines d'une année sur l'autre, à partir d'un plancher (2,5 millions par tête) et par pallier.

2,5	10	25	50	100	250	500	1000	2500	5000 & +
5%	10%	15%	20%	25%	30%	35%	40%	45%	50%

Conduire à une modération de la rémunération du capital.

Obliger à un partage équilibré des profits des entreprises, entre investissement capital et travail.

Établir un plafond des dividendes (ex : 7% de la valeur de l'action).

En synthèse, favoriser l'économie par la modération de l'avidité en taxant l'accumulation, qui conduira à une fragmentation du capital pour une moindre taxation, le rendant plus dynamique.

Assurer une meilleure pérennité des entreprises par une part obligatoire des profits vers l'investissement et une plus grande équité dans le partage entre le capital et les salariés.

Instaurer un revenu universel inconditionnel

À commencer par l'Espagne, pendant la période de confinement. Il y a été mis en place un revenu minimum vital fin mai 2020 de l'ordre de 1015 € par foyer (on estime là-bas à 850 000 le nombre de foyers éligibles pour cette nouvelle prestation pour 2,3 millions de personnes). Cette mesure pourrait en fait s'apparenter à notre RSA. En France, le montant de celui-ci est de 564,78€ pour une personne seule, mais peut monter à 1208,74€ pour un parent isolé avec deux enfants (+ 241,74€ par enfant supplémentaire).

Cette idée d'un revenu universel progresse ainsi petit à petit en Europe mais à chaque fois, les gouvernements reculent devant le coût. Ainsi, en Italie, le revenu de base universel est devenu un « revenu de citoyenneté » qui n'est rien d'autre qu'une allocation d'aide aux plus pauvres.

Quant à la Finlande, elle en a fait l'expérimentation dès 2017. À titre expérimental, 2000 chômeurs ont reçu 560€ par mois sans aucune contrepartie, cumulable avec d'autres aides. Mais le gouvernement finlandais n'a pas pérennisé l'initiative, craignant une hausse du déficit en cas de généralisation à toute la population.

Comme on le voit, les tentatives en ce sens sont restées très limitées. Pourtant une étude de l'université d'Oxford montre que 70% des Européens soutiennent ce concept.

Certes, ces aides sont conséquentes, mais elles ne s'adressent qu'aux familles les plus démunies et non aux personnes prises individuellement. Elles ne sont en aucun cas des revenus universels inconditionnels, puisqu'elles ne sont ni universelles ni inconditionnelles.

Le but du revenu universel inconditionnel serait ici, non pas de gérer une urgence, mais de « profiter » de cette crise inédite pour « rebondir » sur une nouvelle vision de la société et définir de nouveaux rapports et accès au travail, à la vie en société, à la culture, à l'éducation....

L'idée n'est pas neuve puisqu'il faut remonter au XVIème siècle et à Thomas More (L'Utopie en 1516) pour en retrouver les fondements : une île où chacun serait assuré des moyens de sa subsistance sans avoir à dépendre d'un travail. Car c'est fondamentalement de cela dont il est question. Au travers des siècles (de Thomas Paine à Milton Friedman, et son impôt négatif, en passant par des philosophes de la décroissance comme André Gorz ou encore Michel Foucault qui cherchait à libérer l'individu du contrôle social étatique), tout le monde y est allé de sa théorie sur le revenu universel. Certains y voyaient un moyen de ne plus verser par ailleurs d'autres prestations sociales, d'autres la possibilité pour tous de peser dans le rapport État (ou employeur) et Individu (ou employé). De la droite à la gauche, des libertariens aux libertaires, chacun avait sa petite chanson sur le sujet.

Dans le contexte de la pandémie, marqueur désormais incontournable de la société, cette proposition prend un nouveau relief.

Conséquences d'un revenu universel inconditionnel.

Nous parlons bien ici d'un revenu automatique qui s'adresse à tous les membres de la société sans condition de ressource ni contrepartie, cumulable avec les autres ressources et pour toute la vie. Un nouveau droit constitutionnel en quelque sorte.

Abordons d'abord le sujet qui fâche en premier. La question du financement. Elle est centrale. Elle est également liée bien évidemment à la question du montant. Si nous partons sur une base de 1500€ net par mois (cumulable, on l'a compris avec les autres aides sociales), il pourrait suffire d'utiliser l'impôt sur le revenu. En effet, on pourrait imaginer que, dès lors que tout le monde est à la même enseigne, chacun paierait des impôts (actuellement, moins de la moitié de la population, 44% des ménages, est imposable). On pourrait rétorquer qu'il s'agirait alors de donner d'une main et reprendre de l'autre. Sauf si l'on considère que le niveau moyen de l'impôt est d'environ un mois de salaire, que les enfants qui ne travaillent pas ne sont pas assujettis à l'impôt, il pourrait être alors possible que l'impôt soit partagé par tous les ménages, sans exception.

Ajoutons à cela une augmentation du nombre des tranches d'impôts pour une imposition plus proche de la réalité des revenus de chacun, une taxation des revenus des actionnaires, une taxe sur les machines remplaçant la main d'œuvre, un impôt sur les GAFAM et autres multinationales et le rétablissement de l'ISF pour une véritable solidarité citoyenne (aujourd'hui, les revenus des 0,1% les plus riches explosent, malgré la pandémie) et le financement pourrait être obtenu.

En contrepartie, ce revenu universel serait la source pour les bénéficiaires de la création d'une nouvelle société plus juste. Il permettrait à chacun de se réapproprier son rapport au travail. Chacun pourrait alors choisir véritablement son travail, comme salaire d'appoint ou comme revenu principal. Finie la peur de perdre son travail. Le salarié peut alors véritablement négocier son contrat sur des bases de rapport d'égalité avec son employeur. Par ailleurs, de nombreux emplois sont remplacés par des machines. Le progrès technique permettrait de soulager véritablement les salariés et de rééquilibrer les rapports de force employeur-employé. Le travail retrouverait alors tout son sens. De vital, il devient alors choisi, consenti, négocié. Il est également envisageable d'engager plusieurs personnes pour le même poste et réduire ainsi drastiquement le problème du chômage.

Chacun pourrait alors devenir plus libre, en commençant par les loisirs. Le besoin d'argent n'étant plus le problème principal de chacun, nous pourrions redécouvrir la joie de vivre, les rencontres, le développement personnel, l'aide à la communauté par le truchement d'associations caritatives, un rapport différent à la culture... Quand la survie n'est plus la condition première, l'accessoire devient indispensable. La création de nouvelles entreprises serait favorisée, la question de l'investissement s'imposant moins aux banques.

Favoriser une production et consommation alimentaires locales et respectueuses de l'environnement

Il n'y a pas eu de pénurie alimentaire en France liée à la pandémie, la France ayant une agriculture exportatrice. Pourtant cette crise nous incite à penser aux échanges commerciaux.

Si la COVID-19 est apparemment née d'une mauvaise maitrise sanitaire du marché de Wuhan (promiscuité humains-animaux vivants-animaux morts, trafic d'animaux protégés, traditions alimentaires...), les experts sont unanimes pour dire que d'autres crises sanitaires nous menacent, qui sont la conséquence d'une surexploitation de notre planète et d'une « production industrielle du vivant ».

Il est donc important de privilégier une consommation plus locale (nous importons encore beaucoup de fruits et légumes qui pourraient être produits en France, plus respectueuse de l'environnement, plus orientée vers la qualité, voire la frugalité. Au logo 'nutri-score' il faut substituer un label plus global incluant l'empreinte carbone et le bien-être animal, et exiger que ce label sanctionne nos importations. Basée la démarche sur une économie cyclique s'appliquant de façon transversale à tous les secteurs industriels.

Cette volonté de consommer différemment s'accompagne nécessairement d'un retour à une 'écoagriculture' à taille humaine, pourvoyeuse d'un million d'emplois en Europe selon les estimations des experts ; ce changement doit être accompagné et soutenu par un plan de reconversion de l'industrie agro-alimentaire qui ne correspond plus à nos aspirations de consommateurs, et permettra un « repaysannement » de nos campagnes.

Organiser un « Grenelle du Télétravail »

Ce « Grenelle » aura pour objectifs de traiter les points suivants :

Gérer les impacts sur le contrat de travail (proportion du télétravail, droit à ne pas télétravailler, attractivité vis-à-vis des nouveaux embauchés, etc.). Gérer le risque de dérive d'ubérisation par une accélération de la délocalisation du travail dans les pays low-cost et une rémunération à la tâche.

S'assurer de l'absence de discrimination que pourrait engendrer ce nouveau mode de travail, à niveau hiérarchique égal, ou à niveau de qualification égal. Ne pas créer de distorsion sociale ou hiérarchique entre ceux qui peuvent télétravailler et ceux qui ne le peuvent pas. Et faire que l'arrêt du télétravail ne soit pas vécu comme une sanction.

Intégrer ce nouveau mode de travail dans le cursus éducatif, ainsi que dans les programmes de formation continue. Et élargir les techniques du télétravail à l'enseignement à distance en mettant en place des moyens pédagogiques adaptés.

Assurer l'intégrité physique et psychologique des télétravailleurs afin d'éviter les risques liés à la solitude ou à la désocialisation partielle. Faire en sorte que vie professionnelle et vie privée soient clairement distinguées.

Garder le sentiment d'appartenance à une entreprise ainsi que la notion de culture d'entreprise. Le télétravail supprime en grande partie les relations informelles et la circulation des informations non explicitement requises, comme lors des pauses café, la cantine, les rencontres fortuites sur le quai du métro ou dans le hall de l'immeuble. Ces moments sont souvent des temps de créativité et d'innovation. Si nous ne trouvons pas les moyens pour que les gens se parlent « par hasard » et non à travers une conférence Zoom/Teams programmée, nous détruirons de la valeur. L'extension du télétravail doit se faire avec une réflexion sur le sens même du travail et des relations interpersonnelles au travail. Le travail sans interaction impromptue n'est que ruine de l'entreprise, du moins telle que nous l'entendons et la pratiquons aujourd'hui.

Le pourcentage entre télétravail et présence sur site doit pouvoir être négocier pour tenir compte de ces valeurs.

Déployer le haut débit pour tous, dans un délai de moins de 5 ans sur tout le territoire.

Développer les outils technologiques adaptés pour répondre à ces nouveaux besoins : partage de données et de projets, sécurité de l'information.

Travailler avec des architectes et des urbanistes pour concevoir les principes des habitats et des quartiers de demain intégrant le télétravail et la continuité d'une vie sociale non isolée.

Diversifier au-delà du PIB les outils de mesure du bien être sur terre

Mesurer les performances des pays à l'aune du PIB nie l'existence même de l'humain et de la nécessité des communs. Pour mettre fin à ce dogme du PIB, des outils existent depuis quelques années déjà, tous les ans, le World Happiness Report (le rapport sur le bonheur mondial) publie un classement des pays fort différent de celui du PIB. Ce programme est soutenu par les Nations unies pour montrer qu'il est possible de mesurer et promouvoir le bonheur humain. Ce dernier recoupe la justice sociale, la santé, la satisfaction des besoins économiques, les connexions sociales et l'opportunité de suivre nos aspirations et centres d'intérêts personnels (https://worldhappiness.report/). La création d'un revenu universel inconditionnel participe à ce changement vital pour la société.

Instaurer une semaine de travail de 4 jours

Le monde du travail évolue grandement, les convergences entre robotisation et intelligence artificielle conduiront à une autre révolution industrielle. Il convient d'anticiper dès à présent les modes et formes de travail.

Partager les activités et les adapter à un rythme propice à l'équilibre vie professionnelle/vie privée paraît une donnée d'avenir indispensable. Pour qu'en résulte aussi une productivité qualitative, pourquoi ne pas s'inspirer d'expériences concrètes de certains pays du nord de l'Europe par exemple, d'autant que de façon encore embryonnaire bien des expérimentations existent en France.

Des études d'opinion attestent de l'attente de nombre de travailleurs souhaitant répartir leurs activités professionnelles sur une base de quatre jours. D'un point de vue écologique, cette mesure, à l'instar du télétravail, réduirait aussi les déplacements.

Une telle mesure serait à adapter en fonction des secteurs de l'économie, sachant que l'équilibre entre la qualité de vie et la productivité dépendra directement de la nature des métiers exercés sur le terrain.

La recherche de nouvelle forme de travail s'est d'ailleurs trouvée accentuée par la pandémie COVID-19. Les organisations recherchent des modes de fonctionnement compatibles avec leurs activités et il s'agit d'une opportunité que d'offrir une telle ressource d'organisation en quatre jours hebdomadaires.

La pratique de la semaine de quatre jours, quoiqu'expérimentale, est probante.

Des expériences probantes existent dans différents pays, majoritairement des pays développés, par des organisations qui privilégient l'innovation comme source de développement. A contrario, de plus en plus d'études continuent de démontrer que la semaine de cinq jours n'est pas aussi efficace que des semaines de travail plus courtes.

Travailler plus intelligemment plutôt que plus longtemps, tel est le point commun de ces mesures. Autant les résultats sont positifs, autant il s'agit d'initiatives de personnalités dirigeantes atypiques et souvent dans les entités à taille humaine. Les secteurs où ces mesures s'appliquent s'avèrent cependant variées.

En France, des entreprises prouvent la pertinence de ce modèle : JMMBB, YPREMA (80% des salariés sont passés à 4 jours toute l'année depuis 1987), LOVE RADIUS, LDLC, etc, ... Que ce soit par Microsoft Japon, Perpetual Guardian en Nouvelle Zélande, ou bien d'autres, la voie est d'ores et déjà entrouverte par des innovateurs en ce domaine.

Un texte de loi doit assumer une telle innovation, avec une ouverture non contraignante mais suffisamment incitative. Le droit du travail sera lui aussi à mettre en relation avec cette mesure, avec des formulations permettant aux salariés eux-mêmes d'être à l'initiative d'une telle évolution.

Créer un Revenu d'Insertion de Fin de Formation et d'Études (RIFFE)

Le Revenu d'Insertion de Fin de Formation et d'Études (RIFFE) est une allocation d'une durée de 12 mois maximum pour soutenir les jeunes diplômés (âgés de 25 ans au plus) sans ressources et inscrits comme demandeurs d'emploi afin de répondre à leur difficulté de trouver un premier emploi.

Attribution pendant 12 mois d'une allocation à tous les jeunes (jusqu'à 25 ans) en recherche d'emploi et ayant terminé leur formation professionnelle ou études supérieures sanctionnées par un diplôme. Une éligibilité obtenue quel que soit le type de formation, à condition que le certificat de fin d'études soit délivré par un établissement (public ou privé) lui-même reconnu par le Ministère de l'Éducation nationale et/ou l'État. Cette allocation, accordée une seule fois, s'interrompt avec la signature d'un CDD ou CDI. Le demandeur inscrit à Pole Emploi pourrait lui-même déterminer le diplôme qui lui en donnera l'accès.

Une telle mesure encourage les jeunes à poursuivre une formation diplômante. Ensuite, lors de sa recherche, le jeune demandeur d'emploi gagne en autonomie et en sérénité grâce à ce soutien financier. Le montant de l'allocation, du RIFFE, doit être supérieur au « RSA jeunes » auquel les bénéficiaires auraient accès, ne serait-ce que pour donner du sens à leurs efforts de formation diplômante.

Instaurer le Revenu Universel d'activité comme étape vers le Revenu Universel Inconditionnel

L'instauration d'un Revenu Universel Inconditionnel fait l'objet de nombre de critiques notamment pour son financement. Il faut donc trouver une stratégie acceptable politiquement, progressive, passant par des étapes intermédiaires comprises par une majorité de citoyens et d'élus.

Par quoi commencer ? Par ce qui existe déjà et ne demande qu'à se développer.

Les 12 propositions du Conseil National de Lutte contre la Pauvreté et l'Exclusion, articulées autour de 3 priorités fortes : soutenir, accompagner, protéger ; permettraient certainement de répondre à l'urgence concernant les plus pauvres de nos concitoyens. Nous ne pouvons qu'encourager le gouvernement à les mettre en place sans attendre, mais il faut aller au-delà...

Le RUA

Parmi les solutions envisagées vient rapidement à l'esprit le Revenu Universel d'Activité annoncé par le Président de la République le 13/09/2018.

Ce projet a fait l'objet d'une consultation nationale produisant 11 000 propositions, fruits de 82 000 votes et plus de 76 000 personnes ont été enregistrés pour cette consultation en ligne dont plus de 30% des contributeurs étaient des bénéficiaires de que l'on appelle les aides sociales. Le calendrier prévoyait un dépôt de loi courant 2020 pour un premier versement en 2022 / 2023 et les partenaires sociaux l'attendent ! A ce jour, le calendrier semble bloqué...

La mécanique du RUA n'a pas été poussée à son terme. Nous savons qu'il était question de rassembler l'ensemble des aides sociales pour ne faire qu'un seul revenu, reconnu comme suffisant pour contribuer à la satisfaction des besoins fondamentaux et éviter ce qui est appelé le « non-recours » c'est à dire le fait que les bénéficiaires ne fassent pas leurs demandes d'aides. Il s'agissait donc de délivrer ce RUA de façon systématique pour les ayants droit.

La question de l'identification des bénéficiaires n'a pas non plus été réglée définitivement bien qu'il s'agisse des personnes éligibles aux différentes aides sociales existantes.

Reste la question des jeunes. Il serait bon de les rendre éligibles à ce RUA « adapté » tant qu'ils sont en formation par exemple. Sinon, quel sens ou quel signe aurait alors cette seule perspective, au moment où le jeune prend sa place comme adulte dans la société ? Ne serait-ce pas prendre pour acquis que l'accès au travail est déjà condamné ? Ce qui renvoie aux différents sujets que sont l'accès à la formation professionnelle, à l'accès à l'emploi durable, et au partage du travail.

Inciter les citoyens à consommer des produits et services en connaissant les pratiques RSE des entreprises.

Augmenter le nombre d'entreprises ayant des activités relatives à la Responsabilité Sociétale et Environnementale.

Inciter d'autres types d'entreprises par exemple : SAS d'au moins 100 salariés.

Augmenter le degré de connaissance des consommateurs concernant les activités sociétales et environnementales de nos entreprises européennes.

Créer le catalogue des entreprises ayant mis leurs rapports RSE à disposition et mettons en avant leurs bonnes pratiques.

Afficher un « RSE-score » ou « Indice de performance RSE » sur les produits pour faciliter le choix des consommateurs. Cet indice de performance serait calculé par des organismes indépendants des entreprises, à l'image des centres de contrôle technique pour les automobiles – Sur la forme, ce « RSE-score » serait à l'image du "Nutri-score".

Favoriser l'émergence d'une Économie Sociale et Solidaire (ESS)

Affichons un « score RSE » sur les produits pour inciter les gens à prendre en compte les critères environnementaux dans leurs critères de choix avant achat et augmentons le nombre d'entreprises s'engageant dans une démarche d'amélioration RSE.

L'économie sociale, née au siècle des Lumières, a pour utopie d'établir un autre rapport au travail. L' ESS ambitionne d'élargir à la sphère économique les valeurs de la République : liberté de gouverner les entreprises à la place des détenteurs des capitaux ; égalité entre les acteurs économiques, salariés ou usagers selon le principe « une personne = une voix » en Assemblée générale des entreprises au lieu du principe qui donne le pouvoir aux plus gros actionnaires ; et fraternité, c'est-à-dire solidarité économique entre les personnes, en particulier par une réduction des écarts de revenus et mise en commun de moyens économiques pour en faciliter l'usage.

Revendiquer que les théories de l'économie sociale et solidaire soient enseignées dans les lycées et à l'université au même titre que l'économie libérale. Que des exemples d'entreprises soient mis en avant dans les livres scolaires et pas à travers seulement les associations charitables.

Instaurer l'éducation populaire dans l'école primaire et les collèges.

Rédiger une nouvelle « Déclaration universelle des droits de l'Homme et de la Terre »

L'objectif est de combiner un développement qui assure une croissance raisonnée et utile à l'Humanité tout en préservant le seul capital dont nous disposons : la Terre.

Aider et former les citoyens à mieux se protéger des utilisations frauduleuses ou commerciales de leurs données personnelles sur le net

Dans notre société de plus en plus connectée, chaque citoyen doit acquérir une culture numérique en faisant attention aux problèmes de collecte de données. Cette culture doit faire partie de l'enseignement de bases pour les élèves.

Chaque citoyen doit être attentif aux sources des informations qu'il reçoit. Il doit également faire attention aux articles validés ou crées par des lobbys.

Concernant la protection des données personnelles :

Les réseaux d'accès à internet sont de plus en plus importants. Ces réseaux n'appartiennent pas aux opérateurs. C'est un bien commun à nous tous. Les fournisseurs d'accès à internet (FAI) collectent de nombreuses données. Cela peut entrainer une diminution de débit. L'existence de FAI coopératif serait utile mais impossible. L'État demande aux FAI de pouvoir enregistrer des données des utilisateurs. Assurer une traçabilité et une protection des données personnelles vis-à-vis de leurs collectes (GAFA). Ces données ne peuvent constituer des biens marchands. Un premier pas a été fait avec l'application du RGDP. Une attention particulière doit être faite concernant le vol ou la cession illicite des données personnelles.

Protection des individus :

L'éducation du public est importante. Le public doit faire attention au paramétrage par défaut lorsqu'on accède la première fois à un site. Il faut aussi faire attention aux informations que l'on donne volontairement. L'augmentation et le développement des caméras en ville couplées à des logiciels (Reconnaissance visuelle) entraine un suivi et donc un possible fichage des citoyens. L'utilisateur est régulièrement espionné lors de son parcours sur internet. Il laisse des informations un peu partout. Le Tracking par le suivi des personnes grâce au smartphone est en contradiction avec les droits constitutionnels. Si un individu n'est pas connecté, il devient aujourd'hui très suspect. La digitalisation de l'économie pose des problèmes aux individus. Une partie de la population est exclue soit pour des questions financières soit pour des questions d'accès et/ou de connaissance de l'informatique.

La protection et la non-divulgation des sources constituent un des prochains enjeux importants. Le cryptage de ses outils de stockage est fondamental pour protéger ses données.

A court terme (6 mois - 1 an), il faut garantir la continuité du RGDP et son application par une traçabilité des collectes des données personnelles. A moyen terme (2-3 ans), il faut garantir la continuité et la mise en place d'une protection au niveau national (et européen) pour les lanceurs d'alerte. A long terme (5 ans et plus), Il faut absolument acter la création de Fournisseur d'accès à internet coopératif.

Réduire les écarts salariaux dans les entreprises et réformer la gouvernance des conseils d'administration

L'écart important des rémunérations s'explique et l'on peut s'en servir dans une politique de redistribution. Néanmoins, les effets dans la société sont très importants. L'incapacité de comprendre et d'accepter ces différences est un dissolvant du vivre ensemble aux répercussions lentes et dangereuses. Cette proposition par son resserrement des écarts de rémunérations contribuera également à redonner la fierté et la motivation pour le travail accompli ou à accomplir, plutôt qu'une fuite en avant pour les biens et revenus qu'on veut en retirer.

2 solutions sont possibles pour apporter une réponse à ce problème : L'outil de la fiscalité en créant une tranche d'imposition à 90% au-delà d'un niveau de salaire/rémunération qui serait 20 à 30 fois (le ratio étant ouvert à discussion) plus important que la rémunération la plus faible de l'entreprise/institution considérée.

Réformer la gouvernance des entreprises en imposant une présence plus civile, plus indépendante dans les conseils de surveillance et de rémunération, et en limitant le cumul des mandats à 2.

Ces 2 dispositifs doivent avoir un champ d'application au moins au niveau européen pour contrer une concurrence entre pays de l'UE et limiter la délocalisation des conseils de surveillance.

1 Tranche fiscale à 90% au niveau européen pour les rémunérations supérieures à 20 ou 30 fois la rémunération la plus faible de l'entreprise ou institution concernées.

2 Réforme de la gouvernance des conseils d'administration au niveau européen.

Pour apprécier la qualité et la performance d'une entreprise responsable, il y a nécessité de combiner notation financière et notation RSE et d'associer les salariés au capital et aux décisions

Notation financière durable :

Pour être plus performante, la notation RSE pourrait être mixée avec la notation financière dont l'objet serait étendu au-delà des conditions d'accès à l'assurance-crédit et s'imposerait au-dessus d'une certaine taille d'entreprise. Parce que l'entreprise agit dans un système, notamment financier, la notation des acteurs financiers eux-mêmes devra intégrer leurs propres politiques RSE et ISR (Investissement Socialement Responsable), ainsi que leurs ratios prudentiels modifiés en conséquence.

Capital humain mieux valorisé :

Le capital humain doit pouvoir figurer plus fortement et nommément dans les actifs d'une entreprise. Une entreprise qui compte des salarié motivés, respectés et associés aux décisions importantes, a une performance économique, sociétale et environnementale plus importante. Cela mérite d'être inclus dans l'Actif Net Comptable, une des mesures de la valeur d'une entreprise. Un actif valorisé est fait pour être développé.

La participation comme règle :

Dans cet esprit, au-delà du développement de l'intéressement, la participation significative des salariés au capital et à l'élaboration des décisions devrait être la règle et la législation fiscale sur la transmission d'actions gratuites à des salariés et managers adaptée. Dans un pays où la redistribution est une des plus élevée au monde, l'actionnariat salarié contribue fortement à l'éducation économique de tous, à la répartition des richesses et du pouvoir, tout en engageant et en sécurisant l'entreprise dans un contexte économique durablement incertain. Pour lever les inquiétudes légitimes des salariés sur le risque de perdre en même temps leurs emplois et leurs économies, des outils spécifiques peuvent être mis en place, notamment pour les PME-ETI (création de fonds diversifiés avec plafonnement à 50% des actions de l'entreprise du salarié ; baisse de la plus-value de la famille vendeuse à ses employés). On peut aussi imaginer une extension aux fonctionnaires de la possibilité d'investir en franchise d'impôts dans ces fonds diversifiés.

Renforcer et soutenir les ONG a-dogmatiques

Il faut renforcer et développer l'œuvre accomplie par ces ONG a-dogmatiques. Elles tiennent à bout de bras l'appui social de nombreuses régions oubliées, quelles que soient les ethnies ou religions, dans le plus grand respect des populations locales, au plus près de leurs besoins.

Elles témoignent aussi des éventuelles exactions de forces armées et, par là même, réduisent les tensions. Ces associations se fournissent localement, font travailler des locaux, les forment et les encadrent. Parfois, elles payent des primes aux fonctionnaires pour qu'ils accomplissent effectivement leur travail: des médecins hospitaliers n'y font que des diagnostiques et ne soignent que dans leurs cabinets privés, certains infirmiers ne viennent à l'hôpital qu'à mi-temps, certains enseignants donnent des cours particuliers aux enfants de «riches» plutôt que d'assurer les cours, certains ingénieurs désertent leur administration pour accomplir des «ménages» dans des entreprises privées, des fonctionnaires s'approprient les aides alimentaires et les revendent...

Elles respectent à la lettre les lois sociales, payent très bien les travailleurs locaux qui eux-mêmes font vivre sur un salaire jusqu'à 30 personnes de la famille.

Une fois formés, ces travailleurs locaux peuvent à leur tour être envoyés dans d'autres pays comme volontaires, ou faire carrière dans des organisations gouvernementales.

Favoriser le développement des TPE / PME

Il faut sortir d'une organisation économique, héritée du Colbertisme, basée sur des champions sectoriels qui drainent des kyrielles de TPE captives, qui lorsqu'elles se développent sont absorbées par le champion sectoriel. Il faut avoir une véritable politique pour les PME, en installant, grâce à une réglementation et des outils pour faciliter des investissements croisés inter-entreprises, une coopétition entre entreprises de taille équivalentes. Cela facilitera des investissements croisés inter-entreprises qui contribueront à accélérer l'émergence d'un plus grand nombre d'entreprises de taille intermédiaire dont manque le tissu économique français.

Favoriser la juste rémunération des producteurs

Création d'une taxe « non-saisonnalité » : Auparavant, nous nous contentions des produits que nous avions à disposition autour de nous et nous vivions au rythme des saisons. Depuis quelques décennies, nous avons pris l'habitude de voir une offre de fruits et légumes frais provenant des quatre coins du monde, parfois par avion, ou alors issus directement de serres chauffées en bafouant totalement l'environnement, sans considération éthique. Afin de pallier les coûts environnementaux et dans le but de favoriser les productions les proches de chez nous, une taxe de « non-saisonnalité » des produits pourrait être récupérée pour ces produits et légumes.

Suppression de la TVA pour les produits locaux : Afin de favoriser la production locale et d'aider les producteurs à écouler leurs productions, nous proposons de supprimer la TVA, voire d'autres charges, pour les produits consommés localement afin d'encourager les consommateurs à s'intéresser et à acquérir en priorité les produits issus des zones de production à proximité.

Transparence sur les risques liés à la consommation d'un produit : Afin de faciliter la transparence et de proposer une grille de lecture unique, nous souhaiterions proposer, de la même manière que l'étiquetage nutritionnel nutriscore, un système similaire pour les produits reconnus nocifs pour l'environnement, la santé du consommateur ou dont le bilan carbone est élevé ainsi que sur les produits finis contenants ces derniers. A titre d'exemple : l'huile de palme, les tomates en hiver, le sucre raffiné importé, le poulet ou le porc élevés en batterie avec du soja d'Amérique latine, les avocats, etc.

Limitation des marges sur les produits bio : Aujourd'hui, de nombreuses enseignes de la grande distribution, pratiquent des marges sur les produits bio plus élevés que ceux des mêmes produits conventionnels. A titre d'exemple, sur une pomme de terre bio, la marge brute des grandes et moyennes surfaces est de 83% plus importante que sur une pomme de terre conventionnelle. Sur une pomme, la différence atteint près de 150% (Source UFC Que Choisir). Afin de défendre un accès à un plus grand nombre, il est nécessaire que les marges des produits bio ne soient pas de manière irraisonnable plus élevées que celles des produits conventionnels. Celle permettra à une partie de population qui est dans des conditions économiques difficiles, de pouvoir accéder à une alimentation de meilleure qualité.

Séparer la banque spéculative de la banque pour les particuliers et le financement de l'économie

Pour éviter que la banque spéculative ne compense d'éventuelles pertes grâce à sa proximité avec la banque des particuliers et du financement de l'économie réelle, il faut la rendre autonome et possiblement la laisser faire faillite pour éviter qu'elle n'affecte pas le reste des activités bancaires utiles et nécessaires au fonctionnement de l'économie.

Ensemble

Respectable Loge, L'Étoile bleue, Orient de Toulon, Région 2

Respectable Loge, Coupo Santo, Orient du Cannet des Maures, Région 2

Respectable Loge, Art et Lumière, Orient de Los Angeles, Région 3

Respectable Loge, Les Amis des Hommes, Orient de Lyon, Région 6

Respectable Loge, Germanor, Orient de Perpignan, Région 8

Respectable Loge, Clarté, Orient de Paris, Région 11

Ensemble, un combat

L'homme libre est un homme combattant. Nous avions la chance inouïe d'être baignés dans des idéaux républicains qui faisaient de la France la patrie du genre humain quand il se pense libre. Nous pouvions encore bousculer les gradés de tout poil, les lourdes babines au garde à vous, nous frayer un passage entre les orages, donner un sens à la vie qui vient, donner un visage à l'avenir pour les générations apeurées qui nous suivent et qui pourront ainsi poursuivre le combat. Mais si nous baissons la garde, que leur laisserons-nous ? Nous devons accepter la vie, avec ses joies, avec ses larmes.... Mais vivre, oui, vivre, sans fard, le regard fier, dans la lumière, c'est notre intelligence et notre combat qui seuls abattront les virus de la haine, qui menacent les hommes de demain. Nous rêvons du jour où, dans un élan où chacun se livre tel qu'en son for intérieur les jours l'ont façonné, nous acceptons de nous transformer pour bâtir le monde qui s'ouvre et stopper le virus de l'impuissance. La vie, c'est se transformer, se transformer pour partager, sous d'autres formes mais sans renier notre âme. Car vivre, ce n'est pas se protéger. Vivre, c'est combattre. Aujourd'hui. Comme demain.

La crise a accéléré la prise de conscience que les critères retenus pour le fonctionnement de nos sociétés nous emmènent à une véritable catastrophe sur les plans humain et environnemental et peuvent nous conduire à l'anéantissement de la vie sur terre.

Pour que l'humanité puisse s'en sortir, il faut que l'« Après » repose sur des critères différents de l'« Avant ». Il doit être basé sur une société reposant sur « la sobriété heureuse », idée chère à Pierre Rabhi. C'est peut-être une utopie ou un rêve, mais comme le disait André Malraux : « Les grands rêves poussent les hommes aux grandes actions ».

Ensemble, construisons une République de la reliance sociale

La République est polymorphe.

« Une République indivisible ». L'unité est une garantie de souveraineté.

« Une République laïque » n'est pas une société athée, elle admet en son sein, de manière égale, la pluralité des croyances à condition qu'elles s'exercent dans la sphère privée exclusivement car les religions sont sources de division. La laïcité est une garantie de préservation de la foi de chacun, de la liberté de conscience et liberté confessionnelle.

« Une République démocratique » est fondée sur le respect des libertés « civiles » et « politiques » figurant parmi les libertés fondamentales. Permettre n'est pas être permissif, les libertés sont définies dans le cadre de règles, c'est la condition sine qua non de la vie en groupe.

« Une République sociale » a pour visée l'égalité de traitement de chacun, pour mieux faire vivre la valeur « Fraternité » et surtout, surtout l'équité et le sentiment corollaire, la justice.

Pour préserver ces quatre principes émanant des valeurs « piliers » sur lesquelles reposent les fondations de la République, il faut en rappeler d'autres, la solidarité, la tolérance mutuelle, le respect des autres et de soi-même et les notions indissociables de devoir, de volonté, d'envie et d'engagement sans lesquelles rien ne peut s'élaborer.

Que rien ne nous divise. La reliance rend possible la résilience. Résister c'est exister. C'est l'engagement du citoyen responsable et actif au cœur de la cité.

Ensemble pour que l'Homme progresse... en humanité

Si l'on souhaite progresser ensemble vers un nouvel horizon possible et vivable, nous devons interroger de façon urgente de multiples facteurs qui surgissent aujourd'hui de façon plus prégnante. En effet il semble que le vivre ensemble s'harmonise mal avec la propriété productiviste qui autorise l'exploitation des ressources jusqu'à épuisement de celles-ci et spolie la nature. Peut-être faudra-t-il passer par la création d'une instance mondiale qui édicte les droits universels de la nature et qui est dotée d'un tribunal international des droits de la nature.

Nous nous permettons de rappeler que l'un des fondateurs de la Société des Nations qui deviendra l'ONU est un frère du Grand Orient de France : Léon Bourgeois. Le vivre ensemble par un solidarisme en action doit aujourd'hui plus que jamais s'appuyer sur une gouvernance mondiale pour le bien de l'humanité.

Ainsi, il convient de soutenir de façon plus ferme les résolutions de l'ONU.

Ensemble, un nouvel imaginaire

Dès lors, nous souscrivons à l'idée de travailler à une idéologie de la création qui s'opposerait à celle de la production car notre besoin d'utopie est extrêmement fort. Cette pensée qui précède l'action s'inscrit forcément dans un temps long ou pour le moins guère compatible avec celui des réseaux sociaux qui favorisent la surproduction des informations et des idéologies en s'appuyant sur le temps immédiat.

Le temps profane n'est pas le temps maçonnique et le monde que l'on qualifie d'ultralibéral n'est pas nécessairement un horizon indépassable. Penser le monde de l'après-crise, c'est ouvrir de nouveaux horizons à l'imaginaire, remettre en cause certains futurs déjà obsolètes, faire confiance à la création plutôt qu'à l'idéologie de la production. C'est être exemplaire jusque dans l'exploration de nouvelles utopies.

Europe

Respectable Loge, L'Étoile bleue, Orient de Toulon, Région 2

Respectable Loge, Science et Solidarité, Orient de Cannes, Région 2

Respectable Loge, Louise Michel, Orient de Limoges, Région 5

Respectable Loge, Les Démophiles, Orient de Tours, Région 5

Respectable Loge, L'Industrie, Orient de Saint-Étienne, Région 6

Respectable Loge, Art & Lumières, Orient de Lyon, Région 6

Respectable Loge, La Parfaite Égalité, Orient de Rouen-Canteleu, Région 9

Respectable Loge, Les Frères du Mont Laonnois, Orient de Laon, Région 10

Respectable Loge, L'Homme et la Société, Orient de Valenciennes, Région 10

Respectable Loge, Demain, Orient de Paris, Région 11

Respectable Loge, Intersection, Orient de Paris, Région 12

Respectable Loge, La Parfaite Réunion, Orient d'Aubagne, Région 15

Respectable Loge, La Parfaite Amitié, Orient de Pignerol, Italie, Région 15

Respectable Loge, La Parfaite Amitié, Orient d'Albi, Région 17

Nous devons, aujourd'hui, répondre à la demande d'une nouvelle société européenne, qui correspond à la maturité civile et morale des citoyens et au développement de l'énergie qui en découle.

Face aux nouveaux défis d'aujourd'hui, le message des « pères fondateurs » continue de nous dire de ne pas fermer, mais de continuer avec un esprit ouvert, créatif et tourné vers l'avenir.

La crise actuelle est peut-être le point le plus bas atteint par une Europe unie, d'un point de vue économique et social, mais aussi, malheureusement, d'un point de vue institutionnel. Un résultat diamétralement opposé par rapport aux ambitions et aux souhaits des pères fondateurs.

L'Europe d'aujourd'hui, devenue fragile, incohérente et querelleuse, s'est malheureusement transformée du fait de la prédominance des intérêts financiers par rapport aux intérêts réels des diverses populations qui composent l'Union européenne.

La crise sanitaire a révélé le désarroi des États et une mise en œuvre incomplète de la construction européenne. La pandémie de Coronavirus a été source de déstabilisation notamment en affichant des services de santé et de protection sociale défaillants. Cette pandémie a révélé une Europe vieillissante et mal préparée, une Europe impuissante à la fermeture des frontières en dépit de son principe fondateur de libre circulation. Cette situation ruine les solidarités si longuement et péniblement établies entre Européens.

Il apparaît nécessaire de réhabiliter l'idée européenne de 512 millions d'habitants. L'idée d'une Europe supranationale avec une direction politique et législative doit être le chemin.

Tout d'abord, il est nécessaire que le projet européen sauvegarde la planète et protège ses habitants. A cet effet, il faut que l'Europe sanitaire ne soit pas qu'un constat, que l'Europe de l'environnement soir promue pour ainsi respecter les ressources et passer à une économie propre et circulaire. Il faut alors s'appuyer sur le Green Deal.

Ainsi, nous formulons des propositions relatives à l'environnement :

- Investir dans des technologies respectueuses de l'environnement
- Soutenir l'innovation dans l'industrie
- Déployer des moyens de transports privés et publics plus propres, abordables et sains
- Développer le réseau transeuropéen de transport ferroviaire

- Décarboner le secteur de l'énergie
- Améliorer l'efficacité énergétique des bâtiments
- Travailler avec des partenaires internationaux pour améliorer les normes environnementales
- Orienter les États membres vers une agriculture responsable de la biodiversité animale et végétale par la PAC et donc favoriser les aides en ce sens afin d'encourager une agriculture plus respectueuse des animaux

De plus, afin d'assurer notre sécurité sanitaire, nous formulons les propositions suivantes :

- Exiger des États membres une politique sanitaire et sociale d'un haut niveau et harmonisé sur le territoire européen
- Mutualiser les plans tests
- Travailler en communauté sur de nouveaux médicaments
- Concerter nos recherches biologiques
- Favoriser nos infrastructures de communications
- Apporter une réponse globale à la crise sanitaire revêtant une dimension globale
- Accorder une nouvelle compétence à l'Union européenne avec un corps européen d'intervention d'urgence sanitaire
- Mettre en place automatiquement prévue d'un comité des ministres européens chargés de la santé dès l'annonce par l'OMS de l'existence d'une épidémie mondiale. Il validerait sur le plan politique les propositions des organes techniques en matière de réponses proposées, définirait les grands axes d'action proposés. En dehors des périodes de crise, il définirait une à deux fois par an les mesures structurelles s'imposant pour répondre à toutes les menaces sanitaires latentes. Il veillerait au maintien, réparti de façon coordonnée sur le territoire européen, de la production des produits sanitaires et des molécules indispensables
- Rendre obligatoire les mobilités européennes dans les cursus des formations aux métiers médicaux et paramédicaux
- Ne pas laisser les continents africain et asiatique fournir seuls les « cobayes humains » de la recherche médicale
- Rapprocher l'agence européenne du médicament du modèle de l'agence spatiale européenne en lui donnant les possibilités financières de pouvoir lancer de grands projets de recherche et de rapprochement industriel
- Enclencher un travail sur une optimisation de l'offre de lits, en particulier pour les urgences et les réanimations, dans les zones transfrontalières
- Mettre enfin en œuvre la Task Force sécurité sanitaire/catastrophes naturelles dont l'idée a germé à la fin des années 90

En outre, l'avenir de l'Europe se trouve également dans le domaine de la recherche scientifique qui participe à la croissance et l'emploi pour les décennies en cours. Elle est vectrice de compétitivité industrielle, de création d'emplois, de productivité du travail et d'utilisation efficace des ressources. La recherche scientifique et l'innovation sont également présentées comme essentielles pour trouver des solutions aux défis sociétaux tels que le réchauffement climatique, la sécurité, le vieillissement actif et en bonne santé. Ces défis ne peuvent être résolus uniquement nationalement, c'est pourquoi leur rayonnement et leurs modes de financement doivent être européens.

Ainsi, nous avons élaborées des propositions à destination de la recherche au plan européen :

- Reprendre modèle sur le CERN pour repenser l'organisation de la recherche européenne ce qui permettrait d'associer le politique et le scientifique dans le processus de décisions
- Ne pas suivre le mauvais exemple des ERIC qui diluent l'élaboration d'une conscience collective de projet et exacerbe les tensions politiques et financières
- Placer un espoir dans le jeune projet-pilote EIC

De plus, alors que le monde se dirige vers une potentielle récession, un autre domaine doit être considéré celui de la défense. L'Europe doit reconsidérer les dépenses militaires et avancer vers son autonomie stratégique.

Nous avons donc formulé des propositions pour une défense européenne indépendante et responsable :

- Définir une vision stratégique européenne, une diplomatie et une politique de défense communes avec de nouveaux partenariats (Afrique enfin post coloniale) au seul service de la paix
- Mutualiser les ressources militaires et technologiques existantes de l'Europe
- Inscrire l'action de l'Europe dans la légitimité : Opération de Maintien de la Paix de l'ONU, CPI, Organisation pour l'Interdiction des Armes chimiques
- Fédérer les industries de défense navales et terrestres pour faire émerger deux géants européens sur le modèle d'Airbus (aéronautique)
- Doter l'Europe d'une programmation européenne pour investir dans les moyens de lutter contre les nouvelles asymétriques comme les guerres électroniques, spatiales ou encore le terrorisme
- Produire les matériels de guerre exclusivement en Europe
- Interdire l'exportation des matériels de guerre depuis l'Europe vers l'étranger (achever les contrats et les engagements de maintenance en cours)
- Sortir de l'OTAN et céder la place de la France au Conseil de Sécurité de l'ONU à l'Europe, signe fort de l'ancrage de la France à l'Europe et vecteur d'une diplomatie européenne
- Fermer les bases américaines en Europe
- Contribuer au développement et économique et démocratique de l'Afrique plutôt que d'intervenir dans des opérations militaires risquées et prolongées
- Octroyer plus de pouvoirs régaliens à l'UE en lui donnant la capacité de coordonner une défense européenne en lieu et place de l'OTAN
- Avoir la présence de l'Europe au Conseil de sécurité de l'ONU (la France pouvant déléguer son siège à un représentant de la diplomatie européenne)

Par ailleurs, il nous apparaît primordial de penser de nouvelles solidarités européennes. La poursuite de la construction européenne devra passer par un plein achèvement des solidarités établies mais aussi par un nouveau souffle solidaire.

Ainsi, nous formulons les propositions suivantes afin de conforter la solidarité :

- Mettre en œuvre les solidarités proclamées
- Faire évoluer la doctrine vers l'objectif du bien-être commun.
- Concevoir un projet politique conciliant l'économie et les aspirations légitimes des populations dans la recherche d'un intérêt commun dans le respect des identités nationales
- Adopter et appliquer de manière généralisée des normes environnementales sans exception territoriale aucune

- Renforcer les outils de solidarité culturelle avec une meilleure communication entre les hommes et le partage des valeurs fondatrices de l'Europe (Droits de l'Homme, Démocratie représentative, Justice)
- Rapprocher les fiscalités au sein de l'Union européenne
- Mettre en place une fiscalité écologique et des politiques budgétaires en matière sociale tendant à réduire les déséquilibres sociaux entre États et en leur sein
- Mettre en œuvre une politique migratoire devant s'inscrire dans les besoins à terme d'un continent vieillissant bientôt en manque de main d'œuvre
- Mettre en œuvre une politique européenne d'accueil digne et solidaire, respectueuse des individus et de leurs droits, qui implique que davantage de moyens soient mobilisés pour accueillir et accompagner toute personne souhaitant s'établir en Europe
- Donner la priorité à la cohésion sociale et à la transition écologique pour dépasser les seules logiques de marché et mettre en œuvre un modèle de société durable et plus égalitaire
- Relocaliser certaines productions vers l'Union européenne contribuant ainsi au développent durable
- Privilégier la culture du stock plutôt que celle des flux afin d'éviter la pénurie de produits et de matériels stratégiques qui pourront être partagés équitablement selon les situations locales
- Mettre en place une harmonisation sociale et fiscale pour éviter les dumpings
- Transposer et appliquer au niveau européen l'idée du revenu universel
- Créer une complémentarité santé « européenne » dans l'ensemble de l'Union européenne

Nous constatons depuis quelques années au travers de l'univers médiatique et politique, un désintérêt croissant des citoyens des pays européens au fonctionnement de l'Union européenne. Nous pensons qu'il convient d'avoir une véritable vision pour le bien-être des peuples dans un monde ouvert sans courir le risque de renfermement des pays sur eux-mêmes. Pour cela, il faut que nous construisions la démocratie du 21ème siècle dans un monde ouvert en s'appuyant sur l'organisation qui a créé la paix entre Européens. Il faut que nous donnions envie d'être citoyen européen par les avantages que chacun retire.

Afin de développer un esprit de citoyenneté européenne, il convient avant tout d'améliorer la visibilité de l'organisation de l'Union européenne et en élever le niveau de lisibilité auprès des citoyens sur différents sujets. Ainsi, nos propositions sont les suivantes :

- Écrire un nouveau contrat social pour donner l'envie d'être citoyen européen
- Faire un rapport annuel de l'application de la Charte des droits fondamentaux de l'Union européenne afin de pointer les institutions publiques et privées européennes dont les actions seraient en contradiction avec le texte fondateur
- Rendre compte annuellement des conséquences de l'adoption des lois sur la vie des Européens par le biais d'une publication
- Rendre compte à chaque changement de présidence du Conseil, des orientations et des actions conduites dans le cadre des politiques économiques, sociales et culturelles de l'Union
- Clarifier le fonctionnement de la Commission, du Parlement et du Conseil
- Inciter les citoyens à s'abonner aux différents services de communication du Parlement, de la Commission et du Conseil européens en publiant une lettre synthétisant l'activité de ces trois institutions
- Atteindre la plus grande transparence sur les actions des lobbies de façon à clarifier les enjeux du vote de certaines lois voire rompre les liens entre les lobbies et les institutions

- Rendre public les débats organisés par l'Eurogroupe
- Proposer l'apprentissage d'une à deux langues d'usage dans la zone euro pour que l'unité européenne y gagne en cohérence
- Améliorer la diffusion de l'apprentissage de la langue anglaise
- Renforcer l'idée d'un service public européen ou plutôt la délimitation de biens publics européens échappant au marché
- Former à la citoyenneté européenne par un enseignement destiné aux élèves mais également aux adultes (Histoire de la naissance de l'Europe et décryptage de son fonctionnement, les textes fondamentaux)
- Financer des projets européens (littérature, peinture, sculpture, cinéma, recherche fondamentale, technologies de l'information)
- Mettre à disposition, a minima, des extraits d'œuvres des grands penseurs et créateurs européens
- Protéger et faire connaître les spécificités culturelles locales
- Élaborer une Constitution européenne pour que les Européens puissent se reposer sur un document fondateur intégrant les volets du social, de l'économique, du culturel, des sciences, de l'institutionnel, de la santé
- Réactiver les corps intermédiaires classiques tels que les syndicats, les corporations de professions ou d'entreprises, les ONGs, les associations déclarés officiellement.
- Interdire les groupes de pression ne représentant qu'une multinationale ou un groupement de sociétés privées
- Proposer un réel statut juridique européen ouvrant des droits civils mais également instituant des devoirs comme par exemple la participation à un service citoyen au profit de la communauté européenne
- Permettre un accès effectif aux droits fondamentaux partout et pour tous, avec l'application concrète des droits sociaux et la mise en place de mécanismes coercitifs à l'égard des États ne respectant pas ces droits
- Instituer une sécurité sociale européenne, un revenu minimum, un droit au logement, au travail etc. Plus globalement initier de grands projets sociaux conçus pour l'intérêt général des citoyens
- Élargir le champ d'action de la Cour de justice de l'Union européenne
- Créer une agence qualifiée pour juger de l'application des lois et évaluer leurs impacts sur les peuples européens
- Identifier tous les scenarii d'évolution de la politique européenne et proposer des orientations recouvrant les besoins de l'économie, du social, du culturel, des sciences, de l'institutionnel, de la santé ... mais également les impératifs en termes d'aménagement des territoires avec comme références, la Constitution européenne et la Convention européenne des droits de l'homme
- Favoriser le financement de projets de communautés transfrontalières et/ou interrégionaux bi ou multinationaux.
- Mettre en œuvre un New Deal européen pour relancer les énergies publiques et privées autour de préoccupations planétaires
- Relancer la participation des salariés dans les entreprises européennes
- Créer des parcs naturels et des zones franches transfrontaliers.

- Élaborer une signalétique européenne (deux langues au moins) identifiant les institutions publiques, les panneaux routiers, les hôtels etc.

- Améliorer les axes routiers, aménager les aéroports... de façon à faciliter les flux

- Développer des médias bi ou multinationaux (à l'image de ARTE).

- Faciliter la réception de toutes les chaînes publiques européennes.

- Mentionner dans tous les lieux publics la devise de l'Europe : « Unis dans la diversité » et afficher dans les lieux les plus opportuns la Constitution et la Convention européenne des droits de l'homme

- Nommer un ministre de l'Europe en remplacement du commissaire pour que celui-ci rende compte à la nation

- Pouvoir voter pour un mouvement ou un parti européen ou établir des listes transnationales aux élections européennes, sur de vrais programmes, et non plus des listes par pays, permettant ainsi de donner plus de pouvoirs au Parlement de l'Union

- Permettre aux Européens de participer à toutes les élections locales de leur pays de résidence (communales, départementales et régionales)

- Transformer le concept de jumelages en partenariats citoyens

- Identifier des mesures concrètes visant à développer chez chaque citoyen une fierté d'être européen au sein du monde

- Vérifier et parachever l'harmonisation totale des diplômes et des statuts

- Créer une certification pour un parcours ERASMUS

- Procéder à des échanges scolaires ou projets communs dans le secondaire confrontant les jeunes à la nécessité d'un dialogue avec leurs homologues européens dans une attitude tolérante pour les impliquer dans ce que sera la construction de leur avenir

- Permettre à tout citoyen de payer un certain pourcentage de son impôt sur le revenu au profit de l'Union européenne pour alimenter un fond destiné aux financements de projets socio-culturels

Enfin, il est indéniable que la crise sanitaire actuelle a révélé des carences au sein de l'Union européenne. Cette dernière doit alors se réformer pour mieux se faire comprendre, pour peser plus fortement sur la scène internationale et ne pas laisser la main à des partis populistes.

Ainsi, nous proposons quelques pistes afin de repenser l'Europe :

- Avoir un fonctionnement plus transparent et plus démocratique avec une meilleure association des citoyens européens aux décisions de l'Union

- Renforcer les liens politiques et juridiques entre les États de l'Union européenne notamment par une révision des règles de votation qui bloquent des avancées en systématisant la majorité qualifiée plutôt que l'unanimité

- Constituer une Fédération européenne regroupant les seuls États qui témoigneraient leur attachement aux valeurs humanistes de l'UE retenues à l'article 2 du Traité de l'Union européenne

- Créer un gouvernement européen qui gère les grands domaines de compétences qui devront être transférés à l'Europe : défense, immigration, économie, lutte contre le terrorisme ou le grand banditisme, transition écologique, positions de politique étrangère ce qui entraînerait de fait la fin des décisions unanimes à 27, ce gouvernement étant élu directement par le Parlement

- Créer un gouvernement européen pour parler d'une seule voie en temps de crise ayant pour but de préparer et d'anticiper les crises à venir d'ordre sanitaire ou sécuritaire

- Faire de la santé une compétence de plus en plus européenne
- Soutenir un nouvel élargissement aux Balkans occidentaux comme une chance après le départ du Royaume-Uni
- Donner plus d'importance au Parlement européen en défendant tous les choix politiques allant dans ce sens
- Participer activement aux futures discussions du Débat sur l'Avenir de l'Europe qui se terminera sous la présidence française en 2022
- Définir une nouvelle gouvernance telle que le fédéralisme qui permet d'aller plus loin avec la mise en place de réelles politiques européennes en y associant une gouvernance démocratique, transparente et citoyenne.
- Définir clairement un nouveau projet d'Union au regard des défis à relever en permettant ainsi aux peuples des différentes des nations de l'Union européenne de s'exprimer sur le type d'Union européenne qu'ils souhaitent (Europe fédérale ou Europe des nations)

Industrie

Respectable Loge, Les Réformateurs Unis, Orient de la Garenne-Colombes, Région 7

Respectable Loge, Olympe de Gouges, Orient de Strasbourg, Région 4

Respectable Loge, Intersection, Orient de Paris, Région 12

Respectable Loge, La Parfaite Amitié, Orient d'Albi, Région 17

Relocaliser la production Industrielle Manufacturière : une exigence stratégique

Nous devons revenir à une production locale et flexible en termes de capacité dans certains domaines classés comme « fondamentaux au bien-être de la nation ». Pour cela il faut affirmer la souveraineté de base indispensable au fonctionnement d'un pays par la mise en place de partenariats concrets qui fidélisent l'entrepreneuriat privé au niveau local. Un cadre fixé par l'État imposerait des règles de productions « made in France », les coûts devenant secondaires au regard de la souveraineté retrouvée. Cette volonté de souveraineté passe par une entente coordonnée et étroite entre l'État et le secteur privé, avec des projets constructifs et des règles permettant d'assurer l'indépendance et la liberté de produire de la recherche scientifique, le développement de technologies et une production industrielle dynamique. Notre pays est bouillonnant de projets scientifiques et technologiques, souvent d'avant-garde. La crise du coronavirus a révélé à tous ce dynamisme. Palliant des manques cruciaux, des moyens de protections ont été conçus et produits par des entreprises et des regroupements de particuliers, à l'aide de la technologie d'impression 3D par exemple.

La sortie de la pandémie entraînera une résurgence des frontières, notamment pour certaines industries dont on voudra sécuriser l'approvisionnement au niveau national. Il en sera probablement ainsi pour l'industrie pharmaceutique ou les composants électroniques. Ces quelques exceptions mises à part, c'est le phénomène de régionalisation des chaînes industrielles qui va s'accélérer. Nous allons entrer dans une nouvelle phase de la mondialisation, où chaque "cluster" régional aura sa chaîne de production localisée. En sortie de crise, les entreprises vont accélérer leurs efforts de régionalisation des flux, dans l'objectif de créer de la redondance dans les chaînes de valeur tout en rapprochant lieux de production et de consommation. Pour cela, il faut :

Augmenter la durée de vie des biens (réemploi, réutilisation)

Développer notre filière de recyclage ;

Rendre économiquement rentable et compétitif les activités de réparation ;

Structurer une véritable filière de l'« après-première vie ». Cette filière doit être intégrée dans une stratégie industrielle nationale claire et quantifiée.

Nous proposons que le gouvernement détermine la liste des besoins vitaux au bon fonctionnement de notre société (en période dite « normale » ainsi qu'en période de crise) et mette en œuvre les moyens nécessaires pour remplir ceux-ci.

Création d'un Comité gouvernemental (la maîtrise d'ouvrage, MOA) qui détermine les besoins "vitaux" au fonctionnement de notre société. Ce Comité devra être constitué d'acteurs de divers horizons (consommateurs, industriels, sociologues, professionnels de la santé, défense, opérateurs des communications, hauts fonctionnaires, etc...).

Ces besoins (services, énergie, communication, produits, logistique, etc...) devront être listés et catégorisés par importance selon des critères pondérés consensuellement (ex : vital, indispensable, important, nécessaire, ...).

Ce Comité devra en outre déterminer des objectifs globaux (ex : Préserver la cohésion sociale, assurer l'approvisionnement des produits de 1ère nécessité à l'ensemble de nos concitoyens, garantir la fourniture de l'énergie et l'eau, etc...).

Pour chaque besoin recensé, déterminer un objectif concret/qualitatif/quantitatif (ex : Logistique des produits de 1ère nécessité assurée par des circuits courts, l'accès à la santé non « marchandisée » et indépendante, accès à l'énergie et à l'eau non soumis à la distribution de dividendes d'actionnaires, souveraineté des fournisseurs des moyens de communication, etc...).

A partir de cette liste, déterminer toutes les interactions entre les besoins (ex : Un besoin non rempli peut en impacter un autre, une action à mettre en œuvre pour l'un des besoins peut aussi garantir un des autres besoins, etc...).

Déterminer les actions à mettre en œuvre pour atteindre les objectifs pour chaque besoin (ex : Santé : Assurer une industrie pharmaceutique souveraine par l'approvisionnement des matières premières, par une industrie localisée, par des distributeurs territoriaux, etc...).

Définir les moyens (infrastructure, industries, entreprises, ressources naturelles et humaines, etc...) nécessaires à la mise en œuvre des actions recensées.

Au regard des moyens nécessaires, la MOA recherche des partenaires (la maîtrise d'œuvre, MOE) qui garantissent la mise en œuvre des actions prévues. Les modalités de partenariat sont à déterminer en consensus.

Parallèlement à cette gestion des besoins/objectifs, il est nécessaire de réaliser une gestion des risques. Pour cela, recenser les risques (crise sanitaire, catastrophe naturelle, conflit armé, conflit civil et social, etc...) et, pour chacun des risques identifiés, déterminer les impacts éventuels.

Plan de continuité d'activité : Pour chaque impact relatif à un risque, il faut définir les leviers à actionner en cas de survenue du risque. Un levier peut être une action à mettre en œuvre (de la liste précédente) ou un ensemble de ces actions.

Comment lutter contre une perte de souveraineté industrielle qui affecte la cohésion sociale ?

Des solutions pour regagner notre souveraineté industrielle :

Un plan de financement massif et ciblé au profit des énergies renouvelables. Ce qui nécessiterait également une prise en compte plus stricte du coût carbone ainsi que de possibles externalités.

Une législation plus « intrusive » et « regardante » concernant les objectifs des entreprises au regard des contraintes écologiques.

Une défense accrue, notamment via la voie législative et réglementaire, à propos des possibles dépeçages et « prises de guerre » d'entreprises concurrentes et/ou d'États.

Une « remontée » au niveau européen, pour organiser une force de frappe et un rapport de force suffisants.

Une hausse des barrières douanières, sélectives pour les secteurs dit stratégiques.

Un contrôle accru par l'État (ou les États au niveau européen) des secteurs stratégiques, en particulier l'énergie et les nouvelles entreprises technologiques.

Le Travail

Respectable Loge, Démos, Orient de Nice, Région 2

Respectable Loge, Garibaldi, Orient de Nice, Région 2

Respectable Loge, Les Amis de la Vertu, Orient de Saint-Tropez, Région 2

Respectable Loge, L'Étoile bleue, Orient de Toulon, Région 2

Respectable Loge, Étoile des Deux Mondes, Orient de Fort Lauderdale, Floride, Région 3

Respectable Loge, L'Amitié, Orient de Saint-Denis de la Réunion, Région 3

Respectable Loge, Les Amis de la vérité, Orient de Metz, Région 4

Respectable Loge, Olympe de Gouges, Orient de Strasbourg, Région 4

Respectable Loge, Les Enfants de Gergovie, Orient de Clermont-Ferrand, Région 5

Respectable Loge, Louise Michel, Orient de Limoges, Région 5

Respectable Loge, Les Vrais Zélés, Orient de Chalon sur Saône, Région 6

Respectable Loge, Bartholdi-Liberté, Orient de Clermont-Ferrand, Région 5

Respectable Loge, Maillon et Liberté, Orient de Lyon, Région 6

Respectable Loge, Les Ecossais Roannais, Orient de Roanne, Région 6

Respectable Loge, Harmonie – Évolution, Orient de Cholet, Région 9

Respectable Loge, Triple Union, Orient de Dinan, Région 9

Respectable Loge, Aménité et Fidélité, Orient du Havre, Région 9

Respectable Loge, Marceau, Orient de Chartres, Région 9

Respectable Loge, La Reconnaissance, Orient du Havre, Région 9

Respectable Loge, L'Étoile de Marianne, Orient de Niort, Région 9

Respectable Loge, Le Myosotis de Vorgium, Orient de Treffin-Carhaix, Région 9

Respectable Loge, Les Frères de Saint Jean, Orient de Lille, Région 10

Respectable Loge, Freedom of Conscience, Orient de Londres, Région 10

Respectable Loge, La Lumière du Hainaut, Orient de Maubeuge, Région 10

Respectable Loge, L'Homme et la Société, Orient de Valenciennes, Région 10

Respectable Loge, Diogène, Orient de Paris, Région 11

Respectable Loge, Droit et Justice École Mutuelle, Orient de Paris, Région 12

Respectable Loge, Étoile Polaire, Orient de Paris, Région 12

Respectable Loge, Les Vrais Experts, Orient de Paris, Région 14

Respectable Loge, Saint Jean - La Flamme de l'Espérance, Orient d'Éguilles, Région 15

Respectable Loge, La Parfaite sincérité, Orient de Marseille, Région 15

Respectable Loge, Le Phare de La Renaissance, Orient de Marseille, Région 15

Respectable Loge, Sagesse Harmonie Lumière, Orient de Marseille, Région 15

Respectable Loge, La Tolérante Amitié, Orient d'Agen-Le Passage, Région 16

Respectable Loge, Akhetaton, Orient d'Angoulême, Région 16

Respectable Loge, Les Chevaliers de la Fraternité, Orient de Bordeaux, Région 16

Respectable Loge, Les Françaises et Neuf Sœurs Réunies, Orient de Bordeaux, Région 16

Respectable Loge, Le Réveil Maçonnique, Orient de Libourne, Région 16

Respectable Loge, Fraternité 89, Orient de Périgueux, Région 16

Respectable Loge, La Foi Maçonnique, Orient de Castres, Région 17

La reconsidération de la notion fondamentale du travail, la nécessité de recréer de l'emploi « autrement », la création de projets d'envergure, la relocalisation territoriale du travail, la réhabilitation d'une société plus égalitaire où l'humain retrouverait sa préséance sur la recherche du profit sont les pistes à envisager :

Retrouver de la dignité en allant travailler, humaniser le travail, ré-enchanter le travail, cela passe par le regard des Hommes eux-mêmes sur certains métiers.

Humaniser le travail en plaçant le travailleur, ses besoins, ses aspirations au cœur du processus de production de biens et de services.

Le travail, sous toutes ses formes, doit retrouver ses notions d'honneur et de dignité. Le travail donne un sens à la vie.

Le travail n'est pas une marchandise comme les autres et ne se résout pas à une volonté économique ou politique.

L'aspiration des travailleurs demande l'accès à un travail qui plaît et à la reconnaissance appropriée et pas seulement en termes de revenus.

Un système bloqué sur la seule dimension budgétaire ou administrative, est bien souvent la cause d'échec dans les propositions d'actions pour améliorer le travail et sa rétribution.

Il aura fallu une crise sanitaire et économique pour se rendre compte de l'importance d'un service de santé efficient et efficace, de la nécessaire répartition des richesses et que la performance d'une entreprise dans un milieu très concurrentiel est la conséquence d'un vrai travail d'équipe ou chaque membre a son importance.

Travail et Télétravail

Tirons les leçons apprises et identifions les opportunités et les bénéfices qu'offre le télétravail ainsi que les contraintes existantes.

Imaginons les réponses pour accroître l'efficacité du télétravail et préparons les solutions pour anticiper et contourner les dérives potentielles qui lui sont associées.

Appliquons à notre réflexion sur le télétravail une approche durable. Le télétravail est un moyen déjà à notre service.

Puisque le télétravail est sur le point de s'imposer dans le contexte d'une situation exceptionnelle, tentons ici de construire les garde-fous des nouvelles pratiques qui seront très certainement mises en place par les entreprises.

Il faudra prévoir les métiers concernés par le télétravail, les modalités d'organisation mais aussi, les possibles retours en arrière en cas de dysfonctionnement.

Le télétravail est un dispositif organisationnel à encourager car c'est un gain de liberté sur l'organisation globale de la vie de l'individu, à encourager mais aussi à réglementer, avec le droit à la déconnexion. Il est constaté que le télétravailleur accumule un volume horaire plus important.

Il est nécessaire de veiller à ce que le travailleur soit bien équipé dans un environnement propice à la concentration tout en gardant aussi des journées de travail au bureau afin de préserver le lien social.

La question du coût et de l'équipement et des conditions de travail hors bureau se pose.

En l'état actuel de la législation, il n'existe aucune obligation pour l'employeur de prendre en charge de manière satisfaisante les coûts du télétravail. Si, jusqu'à présent, les décisions de justice ont donné raison aux salariés en télétravail, de nombreuses incertitudes résident sur l'évolution des indemnités du télétravail, notamment en fonction du lieu de résidence.

Il doit être assuré les mêmes conditions matérielles de travail au bureau et à domicile ou dans un espace partagé, un tiers-lieu. Il semble particulièrement important de trouver un équilibre entre le travail à distance et le travail en communauté physique et locale. Il faudra veiller à encadrer et accompagner le développement de cette pratique du travail.

Le télétravail alternatif à temps partiel peut être une alternative. Le lieu de travail est un élément du vivre ensemble. Il faut concilier temps de vie personnel et temps de travail, sans négliger la reconnaissance au travail.

Imaginer les frontières du travail de demain, relever les défis des nouveaux métiers, des nouvelles méthodes de travail, du travail bien fait.

Poursuivre et amplifier le soutien des initiatives de type tiers-lieu pour tout type de télétravail.

Les tiers-lieux sont des points de rencontre et de travail nomades ou les télétravailleurs peuvent s'y rendre et ainsi côtoyer d'autres télétravailleurs, issus d'horizons complètement différents.

Il s'agit d'espace de travail mutualisé permettant aux télétravailleurs d'accéder à des services professionnels et créant de l'interaction et à l'entreprise de rationaliser ses coûts de structure.

Ces espaces de travail partagés permettent de concilier les avantages du travail à domicile avec le monde proche de l'entreprise en recréant un lieu permettant d'entretenir un lien social avec les autres travailleurs, issus d'horizons différents.

Revenu du travail et revenu universel

Rétablir de la justice sociale où la hausse des plus hautes rémunérations ne pourrait qu'être en fonction de l'évolution des plus basses, sans perdre le lien avec l'efficacité économique de l'entreprise. Réduire l'écart des rémunérations aurait un impact positif sur l'efficacité économique et l'engagement des salariés.

Dissocier le revenu du travail à travers le revenu universel aurait le mérite de permettre la multiplication des activités à vocations sociales.

Le revenu universel pourrait être un tremplin pour les personnes éloignées du marché du travail. Son impact n'est pas seulement économique mais également sociologique, en ce qu'il redonne du sens au travail.

L'intelligence, l'écoute, la compréhension des problèmes financiers et humains sont les principales clés d'une meilleure prise en compte des besoins dans chaque entité économique et sociale.

Cela passe par réindustrialiser notre territoire pour ne plus dépendre d'États lointains dans tous les secteurs qu'ils soient économiques ou sociaux. La question est celle de la place de l'Homme par rapport à l'activité économique.

Législation et réglementation

La règlementation du télétravail doit être abordée de même que la protection sociale de ceux qui sont engagés dans ces nouveaux modes de travail.

Ces nouveaux modes de travail complexifient les rapports entre les travailleurs et les donneurs d'ordres, qui reste encore majoritairement un employeur physique mais de plus en plus souvent, une plate-forme.

Il conviendra de surveiller avec beaucoup d'attention la jurisprudence en matière de conflits liés au travail et particulièrement au télétravail.

Parmi les services les plus concernés, ceux de l'inspection du travail, doivent disposer des capacités d'enquête permettant d'apporter des éléments d'appréciation aux services de l'État et aux instances judiciaires.

Le temps de travail

Un temps d'activité de base doit être accessible à toute personne en possibilité de l'exercer mais pour répondre à ces transformations des formes de travail, les heures de travail devront être réparties autrement et partagées.

Le temps de travail est souvent perçu comme excessif et générateur de souffrance, l'emploi devra être déconnecté de la durée du travail en se basant sur d'autres critères, tels que l'accomplissement de tâches précises ou la réalisation de projet.

Partager davantage le temps de travail pourra permettre davantage de création d'emplois, d'être plus libre et d'exercer des activités plus sociales et plus épanouissantes.

La Migration, une question vive

Respectable Loge, L'Étoile Bleue, Orient de Toulon, Région 2

Respectable Loge, Science et Solidarité, Orient de Cannes, Région 2

Respectable Loge, Art & Lumières, Orient de Lyon, Région 6

Respectable Loge, Le Cœur et L'Esprit, Orient de Voiron, Région 6

Respectable Loge, Thélème, Orient de Paris, Région 14

Vers un traitement humaniste des phénomènes migratoires.

Pour arriver à cela il convient d'inverser les priorités en matière d'accueil des migrants : aider et recueillir tous migrants sur mer ou terre dans la zone UE. Il faut de toute urgence abroger la règle de Dublin sur la responsabilité du pays d'entrée dans la zone UE. Gérer l'accueil selon les droits définis par l'UE est devenu un impératif. Un hébergement et la nourriture doivent être fourni et pris en charge par un budget européen spécifique. Il est important de proposer un accueil ventilé des migrants vers les pays de l'UE selon des règles socio-économiques et humanitaires.

Il faut aujourd'hui des ruptures : Gérer les phénomènes migratoires au niveau non plus de chaque nation frontalière, mais au niveau global européen dans une prise en charge véritablement équitable et humaniste. Supprimer la règle de Dublin, instaurer une gouvernance et un budget européen pour faire face aux défis migratoires qui ne peuvent que s'amplifier et ainsi surmonter l'égoïsme des nations.

Accueil personnalisé, digne et citoyen

Sept lignes de force ressortent globalement :

Le droit à un accueil digne et citoyen de tout migrant ou demandeur d'asile, quel que soit son statut juridique, notamment dans la période d'attente d'instruction des démarches administratives (depuis l'inscription jusqu'à la décision juridique).

Cela concerne le droit à un accompagnement aux démarches administratives, à la prise en charge de la santé, au logement, aux études, à la formation professionnelle, à l'emploi et à la culture.

L'importance du rôle de la Ville dans l'accueil citoyen des migrants.

Ce rôle doit être renforcé par une décentralisation de l'État sur la gestion des migrants vers les Villes et les territoires ruraux des Régions, et par un décloisonnement des circuits financiers. L'objectif est de donner les moyens à la Ville et à la Région de développer une politique d'accueil au plus près des besoins de la Ville et de la Région, en s'appuyant sur les ressources humaines des Associations et ONG, dans le respect de la dignité de chaque migrant.

L'intérêt d'une politique d'accueil concertée, organisée et répartie à l'échelle européenne entre les grandes villes et les régions associées.

La nécessité d'organiser au niveau de la Ville un accueil citoyen et un pilotage personnalisé de chaque migrant et demandeur d'asile.

Il paraît nécessaire de mettre en place un accueil personnalisé avec une approche holistique (démarches administratives - apprentissage de la langue - santé - logement - formation professionnelle - emploi) couplée à un espace d'échange culturel, afin de faciliter l'émancipation, accélérer l'intégration et lutter contre le risque de communautarisme.

Le besoin de définir et d'inscrire dans la loi les droits et devoirs statutaires associés à la reconnaissance du citoyen/hébergeur, du citoyen/employeur et du citoyen/tuteur-référent d'un migrant.

Le besoin de développer dans la Ville des espaces et outils centralisés multilingues de communication et de concertation entre les différents acteurs (données médicales et suivi des démarches administratives, dans le respect de la loi « informatique et libertés » sur les données personnelles), afin d'optimiser les ressources et gagner en efficacité dans la mise en œuvre d'un programme d'accueil personnalisé à chaque migrant, pendant toute la période d'instruction juridique des dossiers.

La nécessité de créer des formations spécialisées d'accueil des populations précaires tant pour la Santé (ethnopsychologie médicale et santé des précarités) que pour la formation professionnelle (formation des Formateurs) et de reconnaître les entreprises formatrices.

Plusieurs spécialistes de la question demandent d'inscrire dans la loi le droit à un accueil personnalisé, digne et citoyen pour tout migrant ou demandeur d'asile, quel que soit son statut juridique (notamment pendant toute la durée d'instruction des démarches administratives et des demandes d'asile), accompagné d'une décentralisation de l'État vers les Villes de la gestion de l'accueil, d'un décloisonnement des circuits financiers et d'une politique d'accueil concertée entre les grandes villes européennes (exemple : Lyon – Turin – Vienne).

Ce droit à un accueil personnalisé et holistique concerne les démarches administratives, la prise en charge de la santé, le logement, les études, la formation professionnelle, l'emploi ainsi que le droit à un espace d'échange culturel afin de faciliter l'émancipation, accélérer l'intégration et lutter contre le risque de communautarisme.

Reconnaissance du citoyen/hébergeur et du citoyen/employeur

Pour favoriser un élan citoyen de solidarité hospitalière vis-à-vis des migrants, les quatre lignes de force suivantes ressortent :

Créer un statut de reconnaissance du citoyen / hébergeur.

Ce statut vise à encadrer et sécuriser la participation active du citoyen et à lui donner des moyens financiers adaptés par des mesures de déduction fiscale ou des aides directes (forfait journalier).

Développer entre l'État, les Villes et les Associations une Charte du Citoyen/Tuteur-Référent bénévole qui accompagne les migrants dans leurs démarches administratives et leur processus d'intégration.

Autoriser tout citoyen à proposer des emplois précaires (aides à domicile, soins, travaux saisonniers agricoles, ...) à des migrants, pendant toute la période d'attente d'instruction de leurs démarches administratives (depuis l'inscription jusqu'à la décision juridique), avec des aides fiscales (chèque emploi, déduction fiscale).

Accorder des garanties régionales pour les bailleurs/citoyens.

Définir et inscrire dans la loi le droit statutaire pour tout citoyen à accueillir à titre individuel des migrants, pendant toute la durée d'instruction de leurs démarches administratives et des demandes d'asile (de l'inscription jusqu'à la décision juridique), et à leur proposer des emplois précaires, avec l'octroi de compensations financières journalières et/ou de déductions fiscales.

Ce statut précisera les droits et devoirs associés à la reconnaissance du citoyen/hébergeur, du citoyen/employeur et du citoyen/tuteur-référent d'un migrant. Il précisera également les garanties accordées aux bailleurs/citoyens.

L'émigration organisée est-elle la nouvelle forme de l'esclavagisme ?

Humanisation et respect des droits.

Une réglementation universelle au même titre que la déclaration des droits doit s'appliquer pour éviter conflits, illusion d'un eldorado, esclavage et haine réciproque de l'autre.

On n'a plus comme auparavant des hordes armées, franchissant tout sur leur passage mais plutôt des gens sans défense, livrés aux aléas des chemins, et que l'on va chercher en catimini. Les maladies et la COVID-19 ne feront que grossir ces masses, rendant bien illusoire des frontières non militarisées. L'occident ne met pas la force en avant, elle colmate comme elle peut et affiche une volonté protectionniste et perverse. Quel que soit le péril, les peuples marcheront dans l'espérance d'un monde meilleur et discrètement pour ne pas attirer l'attention. Les plus faibles resteront les victimes, le cours de l'histoire se poursuivra quel qu'en soit le prix. De ce constat effroyable sur la nature humaine, la Franc-Maçonnerie se doit de porter secours.

Le multilatéralisme, une clef possible

Trois crises à résoudre au niveau mondial au sein des institutions :

La première est une crise sociale, qui existait déjà avant la crise sanitaire actuelle et que celle-ci n'a fait qu'aggraver ou mettre en lumière. Cette crise s'accompagne d'une crise du capitalisme, qui est aujourd'hui devenu financier, volatile, qui ne contribue pratiquement plus à la production réelle tant il est vrai que les investissements vont ailleurs : dans la spéculation, le luxe, les paradis fiscaux, etc.

La deuxième crise est la crise climatique. Les préoccupations écologiques gagnent du terrain et impliquent de réfléchir à une autre façon d'organiser les échanges dans le monde, une autre façon de produire et de vivre. Elle implique également de retrouver l'ambition d'une vision à long terme et de cesser de fonctionner sur le très court terme. Il convient également de souligner que, au niveau international, nous disposons d'accords mais pas d'institution multilatérale spécifiquement consacrée à l'environnement et au climat. Il n'existe pas d'institution phare sur la question, qui serait l'équivalent du FMI ou de l'OMC pour le commerce.

Enfin, la troisième crise est celle entre le Nord et le Sud : il importe de résoudre les inégalités entre les deux hémisphères. Il est important d'inclure définitivement les pays du Sud dans le système multilatéral, et de ne plus en maintenir la plus grande partie à la périphérie. Reste à savoir comment répondre à toutes ces questions... Peut-être que la solution d'ensemble consisterait à mettre l'accent sur une coopération entre les institutions régionales existantes, avec, pour chacune, un représentant élu.

Il existe déjà l'Union européenne et l'Union africaine. En Asie il y a l'ASEAN qui regroupe une grande partie de la région, Chine comprise. Mais l'Inde ne fait partie d'aucune organisation régionale, pas plus que le monde arabe. Quant à l'Amérique du Sud, il en existe plusieurs. Les représentants de ces différentes institutions mettraient en place une gouvernance mondiale fondée sur les régions, et non plus sur les États : l'égalité entre les régions serait essentielle, et les négociations seraient différentes.

C'est une vision utopique. Mais le multilatéralisme a lui aussi commencé ainsi, sur la base d'une utopie. Il est temps en tout cas d'en finir avec ces puissances mondiales et leurs rivalités. C'est le premier pas vers un autre monde.

Vers une gouvernance mondiale

Une clé première et essentielle ouvrant la voie vers une meilleure coopération mondiale réside dans la connaissance et l'éducation des peuples. Pour ce faire, il serait important de valoriser et promouvoir les rapports d'Amnesty International qui dressent un point précis sur le commerce des armes dans le monde. Le Traité sur le Commerce des Armes (TCA) entré en vigueur dans le droit international en décembre 2014 doit être strictement respecté. Il contient un certain nombre de règles qui visent notamment à arrêter la circulation d'armes à destination de pays où l'on sait qu'elles serviraient à commettre ou à faciliter un génocide, des crimes contre l'humanité, ou d'autres atteintes graves aux droits humains. Mais Il doit avant tout être signé et ratifié par TOUS les pays producteurs d'armes.

Un membre permanent qui s'exclut de la juridiction de la Cour pénale internationale ne pourrait également plus conserver son siège. Enfin nous pensons qu'un seul membre ne doit plus être en mesure de bloquer toute l'institution pendant des décennies.

Certains pays souffrent d'un déficit de représentativité au sein des organisations mondiales malgré leur importance. Au regard du monde actuel, nous pensons donc qu'il serait primordial d'équilibrer la représentativité des États en modifiant les organisations internationales de manière plus équitable selon la règle : 1 pays = 1 voix.

Il conviendrait également de développer lorsque cela est nécessaire, le droit et l'action d'ingérence internationale au sein des pays en conflit pour préserver une paix civile durable.

Dans chaque institution internationale les femmes et les hommes en responsabilité ne devraient pas être des politiques sous l'influence potentielle de milieux économiques ou militaires mais des « sages » ou des spécialistes reconnus par la communauté internationale pour leurs engagements et leur probité. Le principe un homme ou une femme, un seul mandat de 5 ans devrait également s'imposer.

L'ONU devrait également clarifier ses ambitions et garantir à tous les hommes de manière égale la dignité dans la paix par l'accès à l'eau potable, à l'assainissement, aux semences, aux médicaments, à l'électricité propre et écologique, à internet avec une plateforme mondiale de ressources éducatives et culturelles gratuites, à la justice avec la création d'une Cour Internationale des Droits de l'Homme sur le modèle Européen. En matière écologique enfin, une Organisation Mondiale de l'Écologie devrait permettre d'inventorier toutes les activités les plus nuisibles pour la planète telles que la déforestation de l'Amazonie, l'extraction des gaz de schistes. Cela ayant pour but principal d'assigner les responsables devant la CPI dont les prérogatives devraient être étendues aux crimes écologiques. Et si l'ONU n'est pas capable d'effectuer sa mue pour relever les défis, alors il faudra créer une instance nouvelle à la hauteur de l'enjeu !

Pour un droit à la mobilité durable inconditionnelle

Respectable Loge, La Parfaite Union, Orient de Rennes, Région 9

Respectable Loge, Clarté, Orient de Paris, Région 11

Avant l'apparition de la COVID-19 nous étions dans une transformation, une évolution « douce » de nos comportements concernant la mobilité. Il s'agissait plus ou moins de réfléchir au moyen de transport le mieux adapté selon des restrictions imposées, liées principalement à des épisodes atmosphériques de pollution de l'air. Les Pouvoirs Publics profitent de la crise de la COVID-19 que nous traversons pour pousser les aménagements en faveur des modes alternatifs. Le fleurissement de pistes cyclables expérimentales dans les villes qui deviendront pérennes en est un bon exemple.

Il est vrai que nous touchons là au droit de chaque citoyen à la mobilité choisie, à la liberté de se déplacer ou non quelques soit les circonstances. L'état et les collectivités agissent plus en diminuant certains modes de déplacements au détriment du droit à la mobilité choisie. Le vocable « évolution des modes de déplacement » peut aussi s'interpréter comme restriction des modes de déplacement polluant pour des modes de déplacement plus doux.

Nos déplacements : quotidiens, professionnels, touristiques

Les déplacements quotidiens sont en grande partie liés à notre organisation sociale et urbanistique : il s'agit surtout d'aller/revenir du travail, s'approvisionner, se cultiver et entretenir nos liens sociaux. L'un des chemins pour réduire ces déplacements consiste à interroger notre organisation spatiale sur le territoire : ne plus densifier et spécialiser les lieux mais faire de la mixité fonctionnelle et mieux la répartir sur le territoire (rapprocher le travailleur du travail et le consommateur du magasin !). Pour le reste il faut s'interroger sur les moyens de locomotion mobilisés ainsi que sur leur mutualisation.
Pour les déplacements professionnels, chaque organisation doit repenser son fonctionnement. Le télétravail doit devenir une modalité ordinaire d'exercice professionnel. Ensuite il convient à chaque fois d'évaluer la nécessité de se déplacer et son coût réel.
En ce qui concerne les déplacements touristiques il faut interroger cette frénésie de « découvrir le monde » qui consiste le plus souvent à le parcourir en constatant sa beauté tout en contribuant allègrement à le détruire. Il faut aussi appliquer le principe de « la vérité des coûts », y compris les « externalités négatives » ainsi que celui de pollueur/payeur. Un travail culturel s'impose sur ce que veut dire rencontrer l'autre et exister socialement, quel marqueur social pertinent pour afficher une « réussite », une « ouverture », une certaine « culture » ? De plus, il est nécessaire d'analyser le type de développement induit par le tourisme de masse. Si les sommes colossales investies dans les infrastructures touristiques étaient orientées vers le développement endogène des pays concernés, les populations locales y gagneraient en autonomie, en qualité de vie et en capacité à faire face aux aléas de la vie (autrement dit : en capacité de résilience…).

Lieux de production, flux de marchandises

Pour des raisons d'emploi et de non-dépendance à l'égard de pays étrangers, notamment les moins démocratiques et/ou les plus égoïstes, la pandémie du Coronavirus nous enseigne de relocaliser la production de tout ce qui est indispensable à la vie quotidienne de la population et du pays.

En premier lieu il convient de rendre notre agriculture plus locale (ne dépendant pas d'importations massives de soja ou maïs transgéniques américains), moins intensive et revitalisante pour nos campagnes. Cela doit s'accompagner d'une lutte contre le développement des monocultures imposées dans les pays tiers au dépend des productions vivrières locales.

En matière de production industrielle il est maintenant établi que le concept de pays « ateliers du monde » (de quel monde ?) n'est plus pertinent. L'assemblage de biens en un lieu à partir de multiples pièces produites aux quatre coins de monde « au meilleur coût » est un modèle obsolète car coûteux, si on intègre les « externalités négatives » y compris sociales et environnementales, et fragile car il suffit qu'un des producteurs soit défaillant pour que l'ensemble du processus soit mis à mal.

La conséquence des deux propositions ci-dessus est une plus grande sécurité d'approvisionnement, une création d'emplois locaux et une baisse considérable des flux de marchandises.

La Proximité… c'est une conclusion !

- Initier un grand débat national sur les valeurs de notre société et leurs modes d'expression
- Mener un débat sur la pertinence de notre organisation spatiale sur le territoire et ses conséquences
- Interroger la pertinence, les modalités et la finalité de l'ensemble de nos déplacements
- Faire du circuit court un principe général, le circuit long (2 intermédiaires ou plus) devenant l'exception

Le numérique

Respectable Loge, Espace Fraternité, Orient de Kourou, Guyane, Région 1

Respectable Loge, L'Étoile bleue, Orient de Toulon, Région 2

Respectable Loge, La-Ora-na, Orient de Papeete, Région 3

Respectable Loge, Les Enfants de Gergovie, Orient de Clermont-Ferrand, Région 5

Respectable Loge, Les Amis des Hommes, Orient de Lyon, Région 6

Respectable Loge, Le Cœur et L'Esprit, Orient de Voiron, Région 6

Respectable Loge, Aménité et Fidélité, Orient du Havre, Région 9

Respectable Loge, Charles de Montesquieu, Orient de Paris, Région 11

Respectable Loge, Intersection, Orient de Paris, Région 12

Respectable Loge, La Parfaite Sincérité, Orient de Marseille, Région 15

Respectable Loge, Concorde et Montesquieu, Orient de Bordeaux, Région 16

Respectable Loge, Les Cœurs Réunis, Orient de Toulouse, Région 17

Respectable Loge, Fraternité, Orient de Toulouse, Région 17

Le numérique dans la relation humaine

La formation aux techniques, l'appropriation des processus de formation à distance deviennent des priorités. La vigilance et le contrôle doivent pouvoir s'exercer sur plusieurs points sensibles :

La notion de dépendance au numérique, tout comme son contraire, l'exclusion du numérique qui vaut maintenant exclusion de pans entiers de la vie sociale, éducative ou professionnelle.

Le droit du travail et les dérives liées au manque de frontières entre vie privée et vie professionnelle particulièrement en termes de durée.

La protection de la vie privée et le respect des droits des citoyens dans un contexte où la situation de crise et d'urgence sanitaire parait justifier que des mesures soient prises sans concertations et au détriment des libertés élémentaires.

La réactivation de toutes les instances de débat ; elles permettent pondération, prise de recul et modération et sont constitutives d'une société démocratique.

Il apparait désormais que se constitue un droit au numérique, qui serait équivalent au droit à l'alimentation en eau et en électricité.

Comment assurer l'égalité d'accès au numérique ?

Donner un coup d'accélérateur à l'inclusion numérique.

Tous les constats ont déjà été faits sur ce qui provoque l'exclusion numérique et sur les orientations qu'il conviendrait de suivre pour y remédier. La question est maintenant de donner un coup d'accélérateur à ces mesures et d'agir davantage. C'est pourquoi, au-delà de ce qui existe, nous préconisons quatre mesures complémentaires visant à intensifier la lutte pour l'inclusion numérique :

- la première est de rendre le coût d'accès à l'internet gratuit pour ceux qui ne peuvent pas s'y connecter pour des raisons financières : les fournisseurs d'accès doivent pouvoir proposer à leurs clients une formule gratuite, modulée en fonction de la composition du foyer, par exemple pour une connexion de l'ordre de 10 heures par semaine et par personne. Cette offre serait proposée sous conditions de ressources. Par ailleurs, des programmes de recyclage d'anciens postes de travail d'entreprise et d'anciens smart phones, qui pourraient venir doter gratuitement des personnes sans ressources, devront être rendus obligatoires et contrôlés ;

- la deuxième est de créer dans chaque mairie un lieu de formation élémentaire au numérique, qui serait doté du matériel nécessaire pour accueillir des petits groupes afin de les former aux gestes élémentaires leur permettant notamment d'accéder aux services publics en ligne ;

- la troisième serait de créer et de promouvoir, à l'image de la réserve citoyenne de l'Éducation Nationale ou de la réserve citoyenne en cyberdéfense, une réserve citoyenne dédiée au numérique, chargée d'encadrer des aidants bénévoles. Ceux-ci seraient ensuite répartis sur tout le territoire national pour apporter les formations élémentaires que nous avons évoquées au point précédent.

Enfin, prolonger l'initiative « Hubs France Connectée », et solliciter les acteurs privés pour doter le fonds de moyens beaucoup plus conséquents. Ces hubs territoriaux permettraient un approfondissement de l'aide élémentaire apportée dans les mairies.

Assurer une égalité numérique

Nous pensons qu'une des pistes d'évolution au niveau de notre Pays serait de réduire les inégalités de fond en créant des « Maisons départementales de la Cité » regroupant un ensemble de services publics gratuits permettant aux citoyens d'accéder aux outils informatiques, à internet et aux sites gouvernementaux plus simplement. Cet espace ouvert à tous les citoyens mettrait à disposition du matériel informatique et du personnel ayant les compétences pour répondre aux différents besoins des utilisateurs sur des problématiques de formation et d'intégration civique au sens large.

Pour lutter durablement contre « l'illectronisme » nous pensons nécessaire de développer, dès le plus jeune âge, des cours d'informatique à différents cycles scolaire, pour permettre aux plus jeunes de découvrir l'histoire de l'informatique, les outils numériques et les différentes solutions logicielles existantes sur le marché. Nous pensons qu'un meilleur apprentissage du numérique et de l'outil informatique passe par une meilleure connaissance du monde numérique.

Nous pensons également qu'il serait primordial pour permettre l'égalité de chaque jeune citoyen qui sort de l'école, qu'il puisse disposer des notions élémentaires de bases en informatique. Il faudrait pour cela assurer une graduation de l'enseignement du numérique dès le primaire jusqu'au baccalauréat et même l'université. L'appropriation des technologies du numérique, mais surtout le positionnement de l'enfant, puis de l'adolescent utilisateur du numérique sont des sujets qui deviennent désormais une nécessité au vu de l'importance de l'outil numérique dans notre vie quotidienne. L'enseignement de ces notions, permettrait d'aborder plus clairement les sujets d'identité numérique, de sécurité numérique, du rôle et de l'éthique des réseaux sociaux et autres outils de diffusion de l'information. Il serait également intéressant de créer un module complémentaire aux épreuves du brevet des collèges et du baccalauréat sur le thème du numérique.

Grace aux différentes mesures mises en œuvre, les métiers du numérique vont se développer et vont ainsi permettre de voir émerger de nouveaux besoins sur le marché de l'emploi. Dans l'objectif d'augmenter notre souveraineté Européenne, il faudrait anticiper ces besoins dès maintenant pour ne pas créer de manquements dans les années à venir sur le marché de l'emploi. Il convient donc de sensibiliser les collégiens aux opportunités du numérique dans le cadre de l'accompagnement à l'orientation prévu dès la 4éme et mettre en place une journée de sensibilisation Européenne autour des métiers du numérique pour renforcer l'accompagnement du choix de l'orientation. Former les prescripteurs (Pôle Emploi, Cap Emploi, Missions locales...) aux compétences et aux métiers du numérique est également un enjeu très important.

Le numérique par définition, n'a pas de frontière. C'est donc selon nous un puissant levier d'insertion et un outil nouveau qui doit permettre de réduire les inégalités pour les chômeurs, les travailleurs handicapés, les migrants... Nous pensons qu'une formation Européenne au numérique devrait être dispensée aux personnes éloignées du numérique afin d'éviter toute marginalisation. Nous sommes convaincus que le numérique peut rétablir une forme d'égalité entre les Hommes. En effet, une formation au numérique pourrait donner des compétences communes aux actifs, et aux personnes en recherche d'emploi, permettant une certaine homogénéité.

Afin de permettre l'utilisation des logiciels de base en informatique (traitement de texte, messagerie et tableur) par le plus grand nombre de nos concitoyens, il faudrait faciliter en Europe à travers nos institutions le modèle « logiciels libres ». Pour cela au niveau des administrations publiques et des entreprises privées il faudrait généraliser leurs emplois en les incitants à utiliser des logiciels libres par le biais de réductions fiscales. Pour financer ce modèle, il faudrait également imposer plus justement les monopoles numériques existants au niveau Européen.

Comme la plupart des démarches administratives doivent être réalisés en ligne désormais, nous proposons que dans chaque institution, chaque Mairie, chaque universités ou lieu public, un ordinateur, une imprimante et un scanner soient mis à disposition gratuitement pour permettre à n'importe quel citoyen de les utiliser librement.

Nous devons également travailler sur notre souveraineté numérique. La France, ou plutôt l'Europe doit se doter d'un niveau de souveraineté de ses grandes infrastructures numériques et logicielles pour être en accord avec ses lois sur l'accès, la diffusion des contenus et la protection des données personnelles. Nous devons nous libérer de toutes les puissances économiques étrangères et développer nos propres outils. Nous devons ainsi mieux soutenir l'industrie Européenne des logiciels et favoriser l'usage de technologies « libres » quand celles-ci existent. Nous devons amorcer une consolidation des financements publics et privés de l'innovation car c'est une des clés de notre indépendance technique, culturelle et économique. Une transition des savoirs et de notre économie participative doit s'opérer pour déconstruire les monopoles existants et réduire significativement les inégalités inhérentes au monde actuel.

Il apparaît également selon nous que l'enjeu d'égalité professionnelle mérite d'être intégré pleinement aux projets de transformation numérique Européen. Cela a pour objectif premier de permettre une égalité d'accès à des conditions de travail de qualité pour toutes et tous. En effet, le numérique, c'est aussi une culture, des démarches et des outils qui peuvent faire progresser l'égalité professionnelle.

Nous pensons qu'un accès universel et gratuit au savoir et à sa production permettrait un équilibre plus juste face au numérique. A l'identique du vivant, le numérique immatériel (par exemple le logiciel) ne devrait pas se « breveter » ou le rester après une période d'amortissement (la réplication du numérique ne coûte presque rien à la différence d'un bien matériel). Nous pourrions tout à fait imaginer la notion de domaine publique comme pour les livres, mais avec une période beaucoup plus courte liée à la rapidité d'évolution du domaine. Les règles de l'économie actuelle ne sont pas adaptées dans ce domaine. Nous pensons en effet, que la rente perpétuelle de certaines entreprises, par le mécanisme de licence, sur des logiciels largement amortis, ne devrait pas exister.

Comment assurer l'égalité d'accès au numérique ?

Lutter contre l'isolement

Durant cette crise, malgré l'isolement sanitaire impérieux, s'est rajouté l'isolement psychologique des plus âgés, mais aussi de ceux et celles déjà isolés avant la crise sanitaire. Cela soulève la question sur l'intérêt que nous portons à nos parents, nos grands-parents dans notre société. Allons-nous poursuivre en les considérant comme des individus devenus « inutiles » à la société ? Ou saurons-nous les maintenir actif « autrement » pour leur intérêt individuel et collectif, afin que leur vie humaine ne se résume pas à leur vie professionnelle passée.

Maintenir l'égrégore intergénérationnel

Certains d'entre nous l'ont connu durant leur carrière professionnelle, en ressentant le fossé culturel et individuel face aux nouvelles technologies, s'imposant dans nos vies. D'où la nécessité impérieuse de se former tout au long de la vie, en utilisant les nouvelles technologies numériques.

L'accès au numérique pour tous : vecteur de continuité pédagogique

Il est indéniable que le Ministère de l'Éducation Nationale et sa déclinaison au plan local, le rectorat de Guyane, au travers de l'engagement des équipes pédagogiques, a assumé ses responsabilités, pourtant le nombre d'élèves décrocheurs n'a cessé de croitre semaine après semaine de confinement.

La raison première est liée à la perte de contact avec l'élève, d'abord physique puis numérique. La fracture n'est plus seulement sociale, elle est aussi numérique dans ce territoire immense recouvert de forêt, dans lequel la route ne relie pas encore toutes les communes et tous les hameaux. Le désenclavement passera donc aussi par la voie numérique, c'est pourquoi la formation aux outils numériques et aux usages numériques des populations, au 1er rang desquelles notre jeunesse, doit être, à l'avenir, un enjeu majeur.

La Guyane est elle-même un territoire enclavé, un bout de France et d'Europe sur un continent Sud-Américain qui doit être connecté au reste du monde.

Un plan Marshall du Numérique doit être mis en œuvre dans l'entièreté de notre territoire, et se décliner :

Par un volet infrastructure : rendant accessible à internet la totalité des foyers du territoire, par la fibre, le satellite ou la 4/5 G ou toute autre technologie. L'accès Internet doit devenir un incontournable, au même titre que l'accès à l'eau potable ou à l'énergie.

Par un volet formation : l'ensemble de la population doit être en capacité d'utiliser les outils numériques de base pour se connecter aux administrations en ligne, pour télé travailler pour communiquer...etc.

Par un volet ressources : tous les élèves doivent être dotés d'outils numériques le long de leur période scolaire pour accéder à des ressources pédagogiques complémentaires, pour s'ouvrir plus largement sur le monde.

Cet outil numérique n'est pas une fin en soi, mais un accessoire devenu indispensable à l'émancipation de personnes qui ne souhaitent pas vivre au sein de métropoles connectées ou Smart cities, qui peuvent à tout moment devenir des foyers de contamination, en raison de leur forte densité de population. Le numérique doit devenir au sens de la loi un bien commun.

Il appartiendra toutefois à chacun d'entre nous de ne pas oublier que le partage, le contact physique et les relations humaines, même s'ils sont temporairement proscrits pour des raisons sanitaires, restent les éléments fondateurs de notre civilisation, de notre vivre ensemble.

Anonymat et identité numérique

Nous proposons donc d'appliquer cette règle aux réseaux sociaux car il ne saurait y avoir deux poids deux mesures pour des moyens qui, in fine, touchent un nombre équivalent de lecteurs. Il est profondément injuste qu'un vecteur d'information se voit imposer des règles que d'autres vecteurs n'ont pas à suivre.

Chaque compte public devrait, lors de son ouverture, confirmer l'identité de son détenteur. C'est d'ailleurs déjà vrai pour l'essentiel où la majorité des comptes Facebook, Instagram, tweeter...sont ouverts sous l'identité réelle de leurs auteurs. Elle est déjà également vraie pour tous les utilisateurs de comptes marchands tels Amazon. Dans le cas d'un compte ouvert pour un groupe de personnes, la règle des associations s'applique à savoir : l'identité du responsable légal.

Dès lors, l'application concrète de cette mesure passerait par la fourniture d'un justificatif d'identité valide, lors de la création d'un compte utilisateur. La mise en place de ce justificatif d'identité est déjà effectif lors de la connexion aux sites des services publics tels que : impôt.gouv. L'utilisation de ce moyen d'identification pourrait sans difficulté être adaptée aux plateformes de réseaux sociaux.

Un message posté sous le nom et le prénom de l'utilisateur s'en trouverait responsabilisé, et l'identité physique, numérique ainsi que l'adresse postale du messager serait immédiatement connue des services de l'état, ainsi que des modérateurs de la plateforme privée.

Ne nous méprenons pas, sous réserve que cette mesure soit nécessairement partagée par tous les pays utilisateurs, il s'agirait là d'une vraie révolution planétaire dans l'ère numérique. Elle sera lourde de conséquences. Certains utilisateurs viendraient nécessairement à quitter les grandes plateformes traditionnelles et l'on observera l'apparition de plateformes cryptées, qui existent déjà et qui échappent de par leurs spécificités techniques à tout contrôle.

La suppression de l'anonymat, à défaut de supprimer les discours séditieux, aura le mérite de les déplacer vers des plateformes plus difficilement accessibles. Ainsi en mettant l'utilisateur directement devant la responsabilité morale et pénale de son propos, elle devrait avoir pour effet de nettoyer les plateformes traditionnelles de ces propos toxiques.

Cela étant, la perte de l'anonymat, en remettant la responsabilité du citoyen au centre des débats peut cependant avoir quelques effets pernicieux indésirables.

Elle pourrait par exemple freiner celui ou celle qui, craignant des pressions ou des représailles hésiterait à dénoncer des violences, des harcèlements ou des comportements inappropriés. On peut citer par exemple les violences faites aux enfants, les violences faites aux femmes, les harcèlements dans l'entreprise ou à l'école... Des voies qui permettent de dénoncer de tels comportements existent déjà. On peut citer certains numéros de téléphone mis en place par le gouvernement ou l'accueil par certaines associations. A l'évidence, ces canaux sont utiles mais pas assez connus ni développés.

Il conviendra donc que, simultanément à la suppression de l'anonymat pour les comptes publics, le législateur développe tant au sein de l'espace public que des entreprises ces réseaux d'alerte, qui protègent celui qui y fait appel.

L'Europe se targue d'être un espace démocratique de liberté. Voilà un projet concret, facile à mettre en œuvre qui pourrait aisément être une suite au RGPD que tant de citoyens libres d'autres pays voudraient voir appliquer chez eux.

Contre « l'en-vol » des données, il conviendrait de créer un Code européen, incluant un droit à la protection des données.

Le réseau

Une ambition globale forte.

La logique passée « 1 Opérateur = 1 Réseau » conduit à éparpiller les moyens humains et financiers et cela freine les déploiements. De plus, du point de vue économie durable, l'empilement des composants (batteries, électroniques, câbles…) ne fait pas grand sens. Il faut pousser une mutualisation de toutes les infrastructures réseaux, qu'elles soient mobiles et fixes. De plus, demain, les réseaux fixes et mobiles convergeront certainement et cette rationalisation permettra l'accélération technologique. La construction et l'exploitation des réseaux mobile et fixe Hauts Débits, doivent être confiées à un Opérateur de Réseaux. Le cas échéant un EPIC pourrait être créé (Établissement Public à Caractère Industriel et Commercial) dont la gouvernance serait assurée par les Pouvoir Publics. Cet opérateur se verrait en charge de l'aménagement numérique du territoire afin de rendre possible un service universel Internet Très Haut Débit fixe et mobile qui n'existe pas aujourd'hui. Dans cette logique, les opérateurs de services commerciaux utiliseraient des ressources réseaux qui leur seraient ainsi louées pour diffuser leurs services à leurs clients. Un ou plusieurs de ces opérateurs commerciaux pourraient se voir en charge d'un service universel Haut Débit accessible à tous, tant du point de vue technique qu'économique : Mutualiser les réseaux fixes et mobiles, Confier l'exploitation de ces réseaux à un seul opérateur, Créer un service universel du Haut Débit fixe et mobile.

La souveraineté numérique

La première proposition porterait sur la création d'un consortium technologique Européen à l'image de ce qu'Airbus peut représenter pour l'aéronautique mondiale, à la condition que sa feuille de route soit claire et que son périmètre d'activité soit précisément défini. Les champs d'application technologiques étant infini. Le quantique, la cyber sécurité et la décarbonation pourraient en être la dorsale. L'idée étant de garantir une synergie des investissements plutôt qu'une politique de subventions diluées.

La seconde proposition porterait sur une politique de retour des cerveaux. La pertinence et les avancées technologiques sont toujours le fruit d'une recherche forte et structurée. La question de la souveraineté numérique place plus que jamais nos chercheurs au cœur des nouveaux enjeux sociétaux. En complément des nécessaires investissements sur les infrastructures de recherche, un régime fiscal privilégié ne peut-il pas être repensé sur ces métiers ?

La troisième proposition porterait sur l'éducation des populations et en particulier des plus jeunes, sur l'importance des données personnelles et l'impact que leur exploitation par un tiers peut avoir sur leur liberté et leurs agissements. Tout au long du parcours scolaire, renforcer l'enseignement autour du développement informatique tout autant que sur ses usages. Que vaut mon clic ? en quoi m'engage-t-il lorsque nous téléchargeons une application ?...

Pour cela, il faut fixer plusieurs priorités

Compte tenu du contexte, nous pensons que nous devons nous fixer quelques priorités, parce que nous ne pouvons pas imaginer combler à court terme notre retard à l'égard des grands pays du numérique comme les États-Unis et la Chine. Nous pouvons donc nous appuyer sur nos points forts pour regagner quelques marges de manœuvre. Il s'agira de procéder simultanément aux évolutions suivantes :

- lancer une vaste communication pour promouvoir le Socle Interministériel de Logiciels Libres ;

- faire évoluer les règles de la commande publique et celles qui sont imposées aux secteurs de l'eau, de l'énergie, des transports, des services postaux par la Directive 2014-25 pour pouvoir étendre le recours aux contrats d'achat en gré à gré aux secteurs que nous entendons renforcer et promouvoir, par exemple le secteur de la cyber sécurité ;

- lancer, après un appel d'offre pour sélectionner quelques industriels français du secteur, la construction d'un cloud de confiance sectoriel (l'investissement à consentir pour élaborer un cloud de confiance complètement outillé concurrent de ceux d'Amazon ou de Microsoft semble hors de portée aujourd'hui, pour la France comme pour l'Europe) ; il s'agira de proposer, sur des machines mises hors de contrôle d'États tiers et sécurisées sur le plan cyber, des solutions d'hébergement des suites collaboratives des grands éditeurs et des solutions de stockage de données ;

- mettre en place rapidement une solution performante de vidéo conférence, éventuellement sur une base de logiciel libre, développée par une entreprise de service numérique française, à l'usage des entreprises et des administrations ;

- soutenir, éventuellement par une montée au capital par l'État, des entreprises nous permettant d'assurer notre maîtrise de certaines activités et informations critiques, et qui apportent des solutions comme des microprocesseurs spécialisés, des diodes, etc. les entreprises dont nous disposons, et qui sont souvent des « spin off » de grands acteurs proches du monde de la défense ou de secteurs d'importance vitale, s'apparentant à des pépites qu'il est indispensable de préserver.

Nous proposons de lancer la construction d'un cloud de confiance sectoriel pour offrir une solution d'hébergement des suites collaboratives de grands éditeurs et une solution de stockage de données.

Les technologies numériques au service du progrès et de la démocratie. Restaurer la confiance à l'aide du numérique

Nous faisons un pari, peut être utopique, celui de chercher à consolider le Centre de l'Union en dépassant les frontières nationales, et en imaginant une chambre parlementaire du futur, s'appuyant sur la science et les technologies big data, qui aura la charge de piloter ce projet géopolitique. Cet organisme nouveau serait constitué pour partie de personnes - philosophe, scientifique, expert en Intelligence Artificielle - indépendantes et animées des meilleures intentions pour l'ensemble de l'humanité. Ces personnes s'appuieraient sur une base de connaissance reflétant l'état de notre monde dans tous les domaines (social, économique, environnemental), et de technologies numériques d'analyse de données. Cette instance serait donc un laboratoire et un lieu d'échange et de collaboration entre l'Homme et la machine. L'ensemble serait constitué de manière décentralisée et participative, sur le modèle de la coopération scientifique. Précisons que notre proposition ne consiste nullement à créer une énième agence administrative (il en existe déjà près de 1200 en France) produisant des rapports qui resteront lettre morte, mais d'envisager la mise en place de façon progressive et incrémentale d'un nouvel écosystème incluant la formation, la recherche publique, le développement technologique et l'industrie, et reposant sur trois piliers : une chambre parlementaire, la puissance du numérique, et le débat démocratique.

Dans un premier temps il faudra définir puis constituer l'immense jeu de données nécessaires, à partir desquelles établir les indicateurs du bien-être de l'humanité, en s'inspirant de ce qui existe déjà : indice de précarité énergétique et alimentaire, Indice de Développement Humain, préservation des ressources naturelles et paramètres de la mutation écologique... Leur définition s'accompagnera de débats démocratiques permettant une réflexion sur le monde dans lequel nous voulons vivre. Cette première étape, s'appuyant sur les données, vise à élaborer les outils de mesure de l'œuvre accomplie afin d'en vérifier la rectitude. Il sera ainsi possible de publier un palmarès mondial mettant en valeur les pays les plus vertueux au regard de ces indicateurs, avec un effet d'émulation et de prescription (voir l'effet du classement de Shanghai sur le système éducatif supérieur). En s'appliquant aux entreprises, responsables en grande partie de l'exploitation effrénée des ressources, certains indicateurs pourraient aussi servir à leur fixer de nouvelles normes au service du bien commun, avant de leur permettre de d'accéder aux marchés publics. Loin d'être purement technique, cette étape vise donc à établir et prioriser des principes éthiques résultants d'une réflexion politique, et les traduire en indicateurs mesurables, thématiques et composites.

Dans un second temps, le nouveau parlement pourra être sollicité sur divers sujets mettant en jeu le bien- être humain et de la planète afin d'élaborer des propositions, par exemple pour les mesures à prendre face à une épidémie, ou la mise en place d'un revenu universel. Plusieurs propositions seront faites sur chaque sujet, qui seront ensuite choisies par les citoyens, en respectant l'éventail des sensibilités politiques, mais aussi d'éventuelles particularités locales. Pour chacune des options seraient exposés les avantages espérés et les inconvénients attendus, à l'aide d'algorithmes de prédiction de l'évolution des indicateurs de progrès définis précédemment.

Un suivi sur le long terme des résultats obtenus permettra de valider le mécanisme de prédiction et de l'améliorer au fur et à mesure. La transparence permettra de restaurer la confiance.

Nous sommes conscients que cette proposition ne résoudra pas tout, et devra faire face à de nombreux obstacles, et des craintes légitimes : la crainte de la perte de contrôle de l'humain face à la machine, et de ce qui fait sa richesse. Le risque du creusement d'un fossé entre les experts capables de comprendre les enjeux et fonctionnement de ce système et le reste de la population, le risque de créer une structure administrative et bureaucratique supplémentaire. Et quelles règles permettront de garantir le bon fonctionnement de cette institution et comment en nommer les membres ? Aucun de ces aspects ne devra être ignoré, dans un esprit humaniste, plaçant l'humain au centre en laissant sa place à l'intuition et l'imagination. Gardons-nous de passer du gouvernement par les Lois à la gouvernance par les nombres, ou de tomber dans la dystopie du « règne de la quantité » et du scientisme. Il s'agit au contraire de mettre ces nouveaux outils au service du bien commun.

La mise en place de cette institution se ferait graduellement, en impliquant en permanence les citoyens, et en commençant par exemple par quelques pays européens tentés par l'expérience. De manière scientifique et transparente, les résultats obtenus (évolution des indicateurs) seront comparés aux prévisions afin d'améliorer le modèle. L'adhésion se fera de façon volontaire à travers des consultations démocratiques, qui seront autant d'occasions de faire de la pédagogie, d'exposer les enjeux et de susciter des débats. Ces consultations pourront se dérouler en amont dans le choix des projets à étudier, puis en aval dans le choix des propositions à mettre en œuvre.

L'institution mettra à disposition de manière transparente ses données, ses algorithmes et une partie de ses ressources de calculs. Des applications permettront à chaque citoyen d'accéder aux indicateurs de mesures, aux prévisions et aux résultats obtenus : pour chaque proposition, affichage de l'indicateur composite de plus haut niveau, et accès aux indicateurs de plus en plus détaillés. Des bourses d'études et de recherche, ainsi que des partenariats avec le système éducatif pourront également être mis en place.

Cette nouvelle institution, collaborative à l'instar de Wikipédia et fondée sur la constitution d'une base de connaissance reflétant le réel, sera ainsi un levier permettant de stimuler la recherche, développer la coopération, organiser le débat démocratique, construire une vision du progrès et participer à sa mise en œuvre. Son utilisation se fera dans la transparence, accessible à tous, et permettra la mesure des indicateurs de progrès et de leur évolution.

Pour aller plus loin

Le droit comme arme d'intelligence économique pour retrouver notre souveraineté numérique.

Nos préoccupations dépassent donc la caricature d'un d'arbitrage entre amish et geeks. Dans un environnement économique où quelques-uns se sont approprié le marché numérique, nous souhaitons redonner à nos systèmes de gouvernance les moyens de décider en conscience de la politique influençant notre futur quant à ce domaine désormais indispensable à notre quotidien.

Défendre nos valeurs par le droit afin de redonner l'initiative à nos gouvernances démocratiques en refusant l'urgence qu'impose l'accélération de cycles d'innovations applicatives des technologies numériques qui sont guidés par l'intérêt immédiat de décideurs particuliers.

Mettre en place une structure citoyenne de veille critique sur les actions de l'Union européenne visant à encadrer juridiquement le marché numérique.

Participer au débat. Promouvoir et supporter activement les initiatives renforçant nos valeurs.

Combattre les décisions internes ou externes à l'UE qui contredisent ces valeurs.

L'Intelligence Artificielle au secours de la survie sanitaire des humains

L'utilisation de l'IA dans la gestion d'une crise sanitaire doit être interrogée sur 3 points :

En considérant les aspects techniques de la conception de l'application Stop-Covid (Bluetooth, ancienneté des appareils) et sachant que cette application ne sera pas téléchargée par l'ensemble des citoyens, la fiabilité des résultats et l'efficacité même d'une telle solution doit être davantage prouvée.

En considérant la problématique de stockage, d'anonymisation et de valorisation des données ainsi captées, des gages de protection des libertés individuelles doivent être davantage fournis.

En considérant les effets d'infantilisation et de dépendance dans son usage, une application de type Stop-Covid va à l'encontre du besoin de responsabiliser chacun dans son comportement individuel et en société.

La République

La République et une crise de confiance : Pourquoi ? Comment faire ? Que faire ?

Respectable Loge, L'Étoile Bleue, Orient de Toulon, Région 2

Respectable Loge, Pacifica, Orient de San Francisco, Région 3

Respectable Loge, Émancipation 90, Orient de Saint-Flour, Région 5

Respectable Loge, L'Industrie, Orient de Saint-Étienne, Région 6

Respectable Loge, Amitié et Progrès, Orient de Pontarlier, Région 6

Respectable Loge, Le Réveil Charolais, Orient de Paray-le-Monial, Région 6

Respectable Loge, Discrétion et Tolérance, Orient de Puteaux, Région 7

Respectable Loge, L'Eau Vive, Orient de Bussy-Saint-Georges, Région 7

Respectable Loge, Équinoxes, Orient de Saint-Mandé, Région 7

Respectable Loge, Tolérance et Liberté, Orient de Cambrai, Région 10

Respectable Loge, Demain, Orient de Paris, Région 11

Respectable Loge, Étoile Polaire, Orient de Paris, Région 12

Respectable Loge, Intersection, Orient de Paris, Région 12

Respectable Loge, La Parfaite Égalité, Orient de Rouen-Canteleu, Région 9

Respectable Loge, Le Progrès, Orient de Paris, Région 13

Respectable Loge, Thélème, Orient de Paris, Région 14

Respectable Loge, L'Étoile d'Orient, Orient de Vitrolles, Région 15

Respectable Loge, Fraternité 89, Orient de Périgueux, Région 16

Respectable Loge, Concorde et Montesquieu, Orient de Bordeaux, Région 16

Respectable Loge, Humanisme et Condorcet, Orient de Dax, Région 16

Respectable Loge, Athanor Charentais, Orient d'Angoulême, Région 16

Respectable Loge, Akhenaton, Orient d'Angoulême, Région 16

Respectable Loge, Union et Bienfaisance, Orient de Mérignac, Région 16

Respectable Loge, La Foi Maçonnique, Orient de Castres, Région 17

Une crise des institutions préexistante que la COVID-19 « révèle ».

Un monde et un pays déjà en crise

Avant la pandémie, il existait déjà une crise des institutions à laquelle la société française était confrontée, tenant à des facteurs structurels, nationaux et internationaux. Une superposition de crises : sociale, économique, sécuritaire et morale.

La problématique qui en résultait était de savoir si la République assurait correctement ses droits et devoirs régaliens, notamment au regard des quatre principes cardinaux inscrits dans sa constitution : indivisible, laïque, démocratique et sociale. Aux yeux de certains, il apparaît ainsi un « État sans autonomie », confronté aux crises sans visibilité ni boussole, tout simplement parce que la société elle-même est dans l'incertitude.

Ainsi, des crises du Politique se sont installées, depuis les « Gilets jaunes » jusqu'aux aux assignations identitaires, fruits d'une « archipélisation » devenue « séparatisme », ou, au mieux, indifférence à la démocratie et à ses mécanismes.

Ce qui remet en cause les institutions et pose la question de la fabrique du collectif comme de la responsabilité individuelle des citoyens. De cette désaffiliation, fruit d'un sentiment d'isolement ou d'abandon, émerge une désaffection à l'égard du processus démocratique et, souvent, la montée en puissance d'idéologies extrémistes au sein d'un électorat de plus en plus marginalisé.

Il en résulte une situation sévèrement jugée : une défiance envers un État incapable de rétablir la confiance.

Le COVID-19-révélateur : les principes de la République à l'aune de la pandémie

La période de confinement, tout en permettant à chacun de prendre un peu de recul, a agi comme une loupe sur les dysfonctionnements antérieurs en mettant à l'épreuve la capacité de faire et la résilience de l'État, qui ont montré leurs limites.

Cette épidémie a certes posé la question de l'équilibre entre liberté et sécurité, mais a surtout interrogé l'État sous deux aspects : la souveraineté économique, par la dépendance à l'égard de la fabrication des produits de santé à l'étranger, notamment en Chine, ainsi que la république sociale, en faisant apparaître la place insuffisante accordée en temps normal aux « premiers de corvée », qui ont dû remplacer les « premiers de cordée ».

Les Francs-Maçons se questionnent : comment agir ?

Les Francs-Maçons du Grand-Orient font leur « examen de conscience » et pensent qu'ils se sont parfois assoupis, installés dans le confort de leurs temples et de l'entre-soi, en se faisant commentateurs plutôt que force de proposition ou acteurs.

Dans cette période inédite, ils ont pu mesurer la nécessité pour eux de casser la dynamique d'anomie qui s'installe dans notre société et de produire de nouveau une pensée qui pourra se transformer en action, utile à tous et intégrant leurs principes et valeurs, qui sont fondés sur la laïcité et le triptyque républicain, liberté, égalité, fraternité.

En œuvrant dans leurs temples à cultiver leurs valeurs fondatrices, à les faire mieux entendre dans la Nation et en plaçant ces valeurs dans le cadre de la devise républicaine, il est de leur devoir d'interpeler le pouvoir sur sa conformité à cette devise.

Comme autrefois, en servant de motivation et d'inspiration pour le citoyen et les politiques, le Grand Orient de France doit prendre part à la réactualisation des valeurs républicaines mais aussi à l'émergence de concepts en alternative à la pensée unique et ouvrant des perspectives où l'humain est au cœur du modèle.

Que faire ? La « réorientation » et la « reconquête »

L'approche générale :

L'objectif visé tourne autour de la revalorisation de la citoyenneté, par la réorientation des politiques publiques, appuyée par une reconquête idéologique. C'est cela qui permettra, en rassurant les citoyens sur la finalité de l'action des institutions publiques, la restauration de la confiance à leur égard.

Les moyens prônés reposent, pour une large majorité, sur deux idées généralement reprises :

Le retour du « régalien » : la République doit assumer ses pouvoirs sans complexe car elle doit avoir la capacité de faire, et devenir un État stratège.

La construction d'un désir de commun est l'objectif à rechercher. On en appelle ainsi à un réveil du peuple pour entreprendre une réflexion sur ses valeurs et ce qui fait qu'il constitue une Nation. Le corollaire est une politique de solidarité afin de construire un avenir durable pour une humanité apaisée.

Un objectif moral primordial : la reconquête idéologique de la République.

La réaffirmation des principes républicains, dont l'application est méconnue ou abandonnée, apparait comme le navire amiral des orientations qui sont proposées.

L'éducation : on ne nait pas citoyen, on le devient.

L'école est le lieu cardinal de cette démarche. Ainsi, dès la maternelle et tout au long du cursus scolaire, on devrait expliquer la valeur de l'idéal républicain, et sanctionner l'apprentissage des matières correspondantes en les incluant dans les examens diplômants, voire délivrer un « livret de la citoyenneté et des principes de la République ». Ce qui signifie une mobilisation nationale en vue d'enseigner la morale laïque et l'éducation civique, dans le but de faire comprendre à tous notre conception du « vivre ensemble ».

Cela pourrait concerner les étrangers désirant s'installer en France, auxquels serait imposé un stage républicain sanctionné par un diplôme.

Les préoccupations sociales ne sont pas absentes : l'enseignement doit concourir à la revalorisation des filières techniques par la promotion de l'apprentissage.

L'instauration d'un service civil national universel pour tous les sexes, de 4 à 6 mois, dès l'âge de la majorité électorale.

Outre des missions d'intérêt général et l'apprentissage du civisme, il remplirait sa fonction de brassage social et pourrait aussi servir à des formations, pour par exemple remédier à la fracture numérique.

Enfin, face à la misère symbolique, ressentie comme une humiliation par une partie de la population, il est proposé de réhabiliter l'utilité sociale des artistes, au travers d'une politique de développement culturel d'ampleur, notamment en généralisant le statut des intermittents du spectacle à tous les artistes et en passant avec eux un contrat d'intérêt public impliquant leur action de médiation et de création auprès des publics les plus éloignés de l'offre culturelle et du savoir, cela dans les « quartiers » comme en milieu rural, en utilisant largement le numérique dans le processus de création pour en changer l'image.

L'amélioration du fonctionnement de la démocratie représentative

Réhabiliter la confiance se manifestera par le fait que tous les citoyens retrouveront le chemin des urnes et de l'engagement dans le politique. Pour cela, une série de propositions pour faire de l'ensemble de la population un groupe de citoyens responsables, en inscrivant la politique dans le long terme tout en le détachant des aventures personnelles. Cela passe par une relation plus claire et plus interactive des citoyens avec la gouvernance sur tout le territoire et dans l'écoute réciproque.

Ainsi, sont proposées diverses mesures, par exemple : le découplage de l'élection du Président de celle du Parlement, avec un mandat présidentiel non renouvelable de 7 ans ; un personnel politique comprenant plus de personnes issues du privé, ce qui suppose un statut de l'élu, lequel pourrait inclure une formation aux responsabilités ; la limitation de la durée et du nombre dans le temps des mandats électifs ; le vote obligatoire ; l'accès direct des citoyens à la prise de décision, cela par la participation de personnes tirées au sort, des conventions citoyennes ou des référendum à choix multiple.

La souveraineté économique pour un développement durable

Le constat est largement partagé de la dépendance des peuples envers un système économique qui saccage le monde et affaiblit la capacité de s'opposer aux injustices sociales. Ainsi, il paraît nécessaire, là encore, d'assurer la souveraineté, cette fois économique, de l'État dans les domaines stratégiques pour la population, ce que l'épidémie a fait apparaître pour les produits de santé. L'État ne peut se poser seulement comme régulateur, il doit permettre de réintégrer sur le territoire ces productions stratégiques, ce qui lui permettra de mettre en œuvre les objectifs de développement durable.

Pour favoriser une consommation raisonnée, il faut qu'il assure une information claire et transparente sur la traçabilité de la fabrication des produits et services ainsi que des ressources mises en œuvre jusqu'à la mise à la vente au dernier acheteur.

Cela se couple à des mesures sociales : un SMIC européen, le revenu universel, la justice fiscale.

La dimension internationale de la question est posée. La mondialisation débridée et financiarisée est un obstacle ; les traités internationaux ratifiés par la France doivent être revus, afin que l'État conserve la maîtrise de sa production et de ses échanges, notamment concernant les biens d'intérêt public.

L'Union européenne a été jugée défaillante pendant l'épidémie, et il lui est demandé de contribuer aussi à la souveraineté économique ; on propose un nouveau traité tenant compte de ces nouvelles exigences et une « Europe des États fédérés » qui bénéficierait d'une capacité d'action accrue.

Si la difficile conciliation entre cette demande et le renforcement des pouvoirs régaliens de l'État national n'est pas envisagée, il n'en demeure pas moins que tout concourt à une demande de maîtrise accrue de ce qui fait le bien-être des peuples dans le contexte d'une mondialisation à revoir.

La revalorisation de la notion de « public » : ce que l'État doit à ses citoyens ; le service public et la politique sociale.

La pandémie a changé la perspective dans laquelle l'opinion dominante voyait les services publics ; elle se réduisait à des coûts qu'il fallait diminuer.

La préoccupation a concerné en premier lieu les services de santé publique, à gestion publique ou privée.

On demande que la République reste sociale, comme il est prévu par la constitution, pour assurer la défense des droits sociaux et les besoins collectifs de la population, ainsi que la réduction de la fracture sociale.

On retrouve, là encore, le souhait de renforcer les fonctions régaliennes, ne serait-ce que pour assurer l'absence de collusion avec des intérêts privés – ce qui serait source de défiance – et l'équité dans l'accès aux services publics.

Il est proposé d'asseoir la priorité donnée aux services publics sur une politique de l'offre qui leur serait appliquée, impliquant des financements et une volonté politique forte.

Toutes mesures destinées à renforcer la cohésion sociale et renouveler le lien de confiance qui doit être renoué entre les institutions publiques et les citoyens.

La Santé

Respectable Loge, L'Étoile bleue, Orient de Toulon, Région 2

Respectable Loge, Science et Solidarité, Orient de Cannes, Région 2

Respectable Loge, Concordia, Orient de Six Fours les Plages, Région 2

Respectable Loge, Les Éternels Apprentis, Orient de La Possession, Ile de la Réunion, Région 3

Respectable Loge, Art et Lumière, Orient de Los Angeles, Région 3

Respectable Loge, La Triple Espérance, Orient de Port Louis, Région 3

Respectable Loge, La Triple Union, Orient de Reims, Région 4

Respectable Loge, La Vraie Lumière, Orient de Nancy, Région 4

Respectable Loge, Projet, Orient de Reims, Région 4

Respectable Loge, Valmy Fraternité, Orient de Reims, Région 4

Respectable Loge, Franchise et Solidarité, Orient de Neufchâteau, Région 4

Respectable Loge, Louise Michel, Orient de Limoges, Région 5

Respectable Loge, Les Enfants de Gergovie, Orient de Clermont-Ferrand, Région 5

Respectable Loge, L'Humanité Rassemblée, Orient de Poitiers, Région 5

Respectable Loge, Émancipation 90, Orient de Saint-Flour, Région 5

Respectable Loge, Saint-Jean de Tours, Orient de Tours, Région 5

Respectable Loge, Art & Lumières, Orient de Lyon, Région 6

Respectable Loge, Maillon et Liberté, Orient de Lyon, Région 6

Respectable Loge, Discrétion et Tolérance, Orient de Puteaux, Région 7

Respectable Loge, Athanor, Orient de Montfort l'Amaury, Région 7

Respectable Loge, Le Silence des Étoiles, Orient de Tremblay en France, Région 7

Respectable Loge, La Source Fraternelle, Orient de Livry-Gargan, Région 7

Respectable Loge, Les Chemins de la Tolérance, Orient de Nîmes, Région 8

Respectable Loge, Planète Bleue, Orient de Vénéjan, Région 8

Respectable Loge, La Fraternité, Orient de Narbonne, Région 8

Respectable Loge, Les 2 Terres, Orient de Cabestany, Région 8

Respectable Loge, L'Unité d'Uzès, Orient d'Uzès, Région 8

Respectable Loge, Marceau, Orient de Chartres, Région 9

Respectable Loge, L'Étoile de Marianne, Orient de Niort, Région 9

Respectable Loge, La Persévérance, Orient de Saumur, Région 9

Respectable Loge, L'Harmonie, Orient de Nantes, Région 9

Respectable Loge, Tradition et Progrès, Orient de Rennes, Région 9

Respectable Loge, Triple Union, Orient de Dinan, Région 9

Respectable Loge, Convergence et Progrès, Orient de Nantes, Région 9

Respectable Loge, Tolérance et Liberté, Orient de Cambrai, Région 10

Respectable Loge, Les Philadelphes, Orient de Lille, Région 10

Respectable Loge, Amitié, Orient de Paris, Région 11

Respectable Loge, Demain, Orient de Paris, Région 11

Respectable Loge, Charles de Montesquieu, Orient de Paris, Région 11

Respectable Loge, Les Amis Fidèles, Orient de Paris, Région 11

Respectable Loge, Intersection, Orient de Paris, Région 12

Respectable Loge, France Maçonnique et Union Fraternelle, Orient de Paris, Région 12

Respectable Loge, La Justice, Orient de Paris, Région 12

Respectable Loge, Étoile Polaire, Orient de Paris, Région 12

Respectable Loge, Nouveau Siècle des Lumières, Orient de Paris, Région 12

Respectable Loge, Locarno 28, Orient de Paris, Région 13

Respectable Loge, Union et France, Orient de Paris, Région 14

Respectable Loge, Thélème, Orient de Paris, Région 14

Respectable Loge, La Lumière du Sud, Orient de La Ciotat, Région 15

Respectable Loge, Les Amis du Travail, Orient de Marseille, Région 15

Respectable Loge, Article 1er, Orient d'Aix en Provence, Région 15

Respectable Loge, Fraternité 89, Orient de Périgueux, Région 16

Respectable Loge, La Ruche des Patriotes, Orient de Ribérac, Région 16

Respectable Loge, Saint Exupéry – Terre des Hommes, Orient d'Andernos les bains, Région 16

Respectable Loge, Les Pionniers du Progrès, Orient de Montendre, Région 16

Respectable Loge, Humanisme et Condorcet, Orient de Dax, Région 16

Respectable Loge, Les Chevaliers de la Fraternité, Orient de Bordeaux, Région 16

Respectable Loge, La Parfaite Amitié, Orient d'Albi, Région 17

Respectable Loge, Le Réveil du Béarn, Orient de Pau, Région 17

Définition de la santé : « état de complet bien-être physique, mentale et social ».

Définition de la santé publique : « discipline qui promeut, protège, améliore, rétablit la santé de personnes, de groupes ou d'une population entière ». Elle développe une approche populationnelle et non individuelle. Elle met en place des politiques de santé publique. Elle décrit et analyse les déterminants de santé et met en place des actions pour résoudre les problèmes de santé.

Le droit à la Santé

Il est défini dans la Déclaration des Droits de l'Homme : « toute personne a droit à un niveau de vie suffisant pour assurer sa santé, son bien-être et ceux de sa famille, notamment pour l'alimentation, l'habillement, le logement, les soins médicaux ainsi que les services sociaux nécessaires… ».

Le système de santé de la France apparait encore de nos jours comme étant un des plus performants et aux valeurs d'humanistes en permettant à toute personne sur le territoire national de pouvoir se soigner.

Sa qualité est due aux professionnels de santé médicaux, paramédicaux et médico-sociaux du fait de leur professionnalisme et leur sens de l'intérêt général et aux infrastructures déployées sur l'ensemble du territoire en lien avec les politiques des gouvernements en place.

Ces dernières décennies ont vu plusieurs réformes qui ont parfois orientées des choix dans un esprit plus gestionnaire qu'en lien avec les besoins de la population souvent exprimés par les représentations des professions concernées.

L'Accès aux soins : un concept à défendre

L'accès aux soins doit être assuré à chacun où qu'il soit sur le territoire nécessitant un maillage territorial des infrastructures, une répartition homogène des professionnels de santé pour délivrer des soins de qualité. De grandes difficultés se sont faits jour avec la fermeture de structures de soins et le sensible abandon de la profession médicale pour sa mission d'intérêt général auprès des populations rurales et aussi urbaines.

Le droit à l'accès aux soins et à la santé se renforce en ces moments de pandémie pour qu'il soit préservé pour tous sans critère de ressources et de situations spécifiques.

La prévention

Parmi les missions de la Santé Publique, la Prévention tient une place prépondérante et dans ce domaine aussi un accès pour tous à la prévention doit s'instaurer à la fois de manière scientifique et en corrélation avec les citoyens pour éviter le développement des maladies et pour que la prévention soit appréhendée et adoptée par la population.

L'épisode grave sanitaire qui sévit de nos jours est une pandémie due à un virus méconnu et particulièrement agressif. Cette situation sanitaire a permis de mettre à jour de nombreuses carences voire de lacunes et de nombreuses conséquences sur la santé.

La sous-estimation de la probabilité d'une pandémie au XXI siècle misant sur une médecine à toute épreuve, capable de maitriser ou contrôler tout problème de santé.

Par voie de conséquence, cette négligence éloigne réflexion, anticipation et préparation logistique (concevoir au plus vite un plan « pandémie » intégrant service public et privé).

L'absence d'infrastructures d'accueil d'urgence adaptées aux pandémies pour un afflux d'un grand nombre de personnes.

Le manque de formation d'un personnel destiné à ce type de situation ce qui nécessite d'acquérir en urgence de nouvelles compétences et de concevoir une sorte de polyvalence professionnelle (création du métier « agents de pandémie »).

L'absence d'une structure sous contrôle de l'État et des Citoyens pour la gestion de cette pandémie pour prendre des décisions en s'appuyant sur des données scientifiques et pour inciter la population à suivre les conseils de prévention.

L'absence d'un inventaire de professionnel ou de personnes bénévoles de « réserve » pour agir sur le terrain au moment voulu.

Une gestion de stocks de produits de protection sanitaire inadaptée...

Le déclenchement d'une épidémie de grande ampleur celle de la « solitude » aux graves conséquences.

Sur le plan humain, les effets de ces insuffisances et incohérences ont été nombreuses tout particulièrement pendant les mesures de confinement. La détresse, le stress ou la difficulté au « télétravail » ont généré des pathologies parfois préoccupantes sur le plan psychologique et le report de soins essentiels a été préjudiciable à beaucoup de malades de même que le retard de grand nombre de diagnostics.

Une démocratie sanitaire active

Le citoyen a toute sa place pour mener une réflexion sur le risque sanitaire et pour diffuser les mesures sanitaires. Le partage des informations et des décisions serait un atout d'efficacité face à ces mesures.

La défense de l'accès aux soins mais aussi l'accès aux actions de santé publique doivent s'inscrire dans des prérogatives citoyennes ; il s'agit de prendre conscience de l'importance de l'avis de chacun et de son rôle à remplir dans la société.

Le rendu social des mesures prises pour endiguer les pathologies doit être évalué par toutes les parties prenantes pour en tirer le maximum d'information et pour améliorer la réactivité face à de nouvelles problématiques de santé et pour s'assurer de l'impact de ces situations sur l'écosystème.

Il doit se mettre en place une réflexion citoyenne pour moraliser le commerce des produits sanitaires de première nécessité justifiant une législation et un contrôle.

Le citoyen veille à définir et à défendre une « éthique » du médicament en contrôlant la concurrence sur ces produits, en s'assurant qu'il n'y est pas de rétention de produits, que leur coût soit abordable et leur redistribution efficace et à destination de tous.

Des études indépendantes sur l'état de santé des français peuvent être diligentées par des organismes sous la responsabilité des citoyens pouvant être regroupés en associations, pour mettre en place des actions ou des évaluations des risques.

Les citoyens ont perçu les mesures sanitaires comme étant de nature privative des libertés ; la représentation citoyenne peut s'emparer d'une mission de vigilance pour que soient respectées ou préservées les libertés et/ou pour accompagner les mesures sanitaires conçues comme nécessaires afin de mieux les faire adopter et d'atténuer les effets néfastes sur la qualité de vie des personnes :

- être attentif aux pertes ou restrictions des libertés
- avoir un droit de regard sur les modifications des codes sociaux
- définir un rituel des confinements (gestes barrière…)
- avoir en permanence le respect du choix de fin de vie
- sortir le système hospitalier de la loi des marchés et du principe de rentabilité
- porter une assistance aux victimes de la pandémie
- lancer des programmes de recherche sur le champ sanitaire
- tirer les enseignements sur des situations sanitaires pour plus d'humanité
- concevoir la création de nouveaux professionnels aux missions de Santé Publique
- développer une conscience sanitaire dans les domaines de la prévention et du soin
- développer une intelligence collective face à ces catastrophes sanitaires
- inciter les assurances et mutuelles à être acteur de protection et de soutien dans ce domaine de la santé

peuvent être des pistes d'un travail citoyen de grande ampleur.

Un droit de regard des citoyens sur l'efficacité du système de santé s'impose et sur les décisions à prendre pour l'améliorer.

L'accès aux soins pourrait s'ériger en principe constitutionnel.

L'Apport des nouvelles technologies : « La santé connectée et/ou l'E-Santé »

La pandémie a mis en relief l'intérêt de nouvelles technologies, internet et ses dérivés de communication ont au tout début compensé les effets du confinement. Au départ ce moyen de substitution a modifié bon nombre de nos habitudes dans notre rapport au travail et du fait de la durée des périodes de confinements il s'est imposé en mode plus pérenne dans un vide juridique ne protégeant pas contre les abus.

Paradoxalement dans le cadre de la santé au travail, des nouvelles pathologies sont apparues et peinent à trouver des traitements appropriés.

Les téléconsultation ou consultations téléphoniques se sont installées dans la pratique médicale, modifiant ainsi les principes du « colloque singulier » qu'est le contenu d'une consultation au cabinet des praticiens.

Visio consultations, webinaires, Visio conférences ont pallié un temps mais ont vite trouvé leurs limites et ont fait apprécier le lien physique.

La « santé connectée » a dans de nombreuses circonstances permis un progrès technique considérable comme pour les interventions à distance et le partage de consensus dans l'intérêt des patients.

La pensée humaniste se doit de travailler sur des analyses déontologiques face à ces techniques qui induisent de nouvelles pratiques et construisent une société du « sans contact physique ».

Un secteur médico-social en pleine turbulence

C'est toute la question du respect du choix de vie et de la fin de vie qu'il convient d'appréhender.

Force est constater que, comme pendant la canicule, les comportements adoptés et les décisions prises ont révélé de nombreuses insuffisances et de nombreux comportements inhumains.

Une fois de plus, la vie de nos ainés et des personnes vulnérables dans le secteur médico-social a attiré toute notre attention.

Discriminer les personnes âgées et les personnes en situation handicap à l'entrée des services de soins d'urgence. Ne pas donner les soins nécessaires dans des structures équipées et faire comme si la structure médico-sociale était en mesure de prendre en charge les malades de la pandémie dans les maisons de retraite ou centres spécialisés ; c'est l'accès aux soins qui est en cause :

Imposer un isolement strict à des personnes dont les seuls moyens de communiquer sont le toucher (premier mode de contact avec le monde et les humains) la perception de la présence des autres et l'échange de gestes affectueux ;
Faire croire à la pertinence pour le plus grand nombre de l'effet suffisant d'une « Visio » pour satisfaire les besoins d'affection ;
Mourir seul, être enterré dans l'anonymat, rendre difficile voire impossible le travail de deuil des proches ;

doivent faire réfléchir à ce que, au nom de principe de précaution, une société est capable de mettre en place et interrogent notre niveau d'humanité.

Quelle idée notre société se fait-elle du respect des personnes ?

Une situation même complexe ne doit en aucun cas négliger le rapport à l'autre et se doit de trouver des alternatives pour respecter nos codes sociétaux les plus élémentaires.

Une Europe de la santé et une citoyenneté européenne

Dans l'espace européen, doit se définir une citoyenneté de dimension nouvelle attachée à une solidarité entre les états et entre les peuples. Un début de prise en compte a vu le jour avec la décision d'octroyer des fonds de solidarité aux états et pour l'achat groupé de vaccins. Une prise de conscience s'est manifestée et l'Union Européenne doit progresser dans cette voie et concevoir une réelle politique européenne de Santé Publique.

La diversité des choix des mesures de protection a éclairé les citoyens sur l'intérêt d'un travail coordonné. C'est l'émergence d'une citoyenneté européenne qui se fait jour dont les axes pourraient être :

Participer aux réflexions, aux actions et aux contrôles ;
Déployer l'accès aux soins dans l'Europe ;
Assurer une autonomie sanitaire ;
Assurer une production de produits de première nécessite sanitaire en Europe ;
Développer une Europe de la recherche en matière sanitaire ;
Concevoir des plans d'actions en lien avec les situations sanitaires dangereuses.

La COVID-19 est une pandémie en rapport avec notre mode de vie

Une prise de conscience s'est réalisée de l'état de santé de nos concitoyens.

Ces longs mois de confinement a permis de faire des analyses et des approches approfondies du mode de vie de la société occidentale, et d'y porter des réponses ou tout au moins de faire des propositions.

Ce travail prospectif est dense définissant un besoin de l'implication des citoyens dans ce grand chantier du XXIème siècle pour une thématique qui est largement partagée celle de la santé de chacun et le monde de la santé a commencé à y prendre part.

Que risque-t-il de rester de cette crise si on reste inactif ?

L'émergence d'une société numérique ? L'apparition de nouveaux codes sociaux ? Une société sans contact ? Une fraternité mise à mal ? Des restrictions de libertés ? Une jeunesse emprunte de mal être ?

Et bien d'autres écueils...

La science en débat

Respectable Loge, Axis Mundi, Orient de Draguignan, Région 2

Respectable Loge, Bartholdi-Liberté, Orient de Clermont-Ferrand, Région 5

Respectable Loge, Les 2 Terres, Orient de Cabestany, Région 8

Respectable Loge, L'Égalité 6015, Orient de Perpignan, Région 8

Respectable Loge, La Parfaite Union, Orient de Rennes, Région 9

Respectable Loge, Intersection, Orient de Paris, Région 12

Respectable Loge, Étoile Polaire, Orient de Paris, Région 12

Respectable Loge, Montmorency-Luxembourg, Orient de Paris, Région 13

Respectable Loge, Univers, Orient de Paris, Région 14

Respectable Loge, Les Chevaliers de la Fraternité, Orient de Bordeaux, Région 16

Respectable Loge, Concorde et Montesquieu, Orient de Bordeaux, Région 16

Respectable Loge, Les Cœurs Réunis, Orient de Toulouse, Région 17

Respectable Loge, Utopia Soleil Noir, Orient de Toulouse, Région 17

Respectable Loge, Réveil du Béarn, Orient de Pau, Région 17

En préambule

Les nombreuses failles auxquelles veulent remédier les présentes propositions sont la conséquence d'une politique déshumanisée, imprégnée de néolibéralisme, qui privilégie les résultats financiers à court terme et s'avère incompatible avec notre démarche humaniste.

Faut-il croire en la science ?

Contrat de confiance

Quand plusieurs théories scientifiques sont en concurrence ; laquelle dit la vérité ? Comment s'y retrouver ? Quand on est démuni de connaissances scientifiques, adhérer à une théorie plutôt qu'à une autre peut relever d'une croyance. Qui « croire » ? En effet, penser que telle théorie dit la « vérité » peut relever de l'autorité de celui qui l'énonce. Dans ce cas la science suit la même voie dogmatique que la religion, c'est-à-dire sans faire appel à la raison ou trop peu. On peut parler alors de scientisme.

Le juste milieu est le contrat de confiance, et l'essentiel repose sur la démarche scientifique plus que sur le résultat. On peut sans être spécialiste comprendre la démarche scientifique, expérimentale mise en œuvre pour valider tel ou tel résultat. En effet, si on ne peut accéder à la complète compréhension d'une théorie, on peut, fusse de manière superficielle, comprendre les démarches qui ont permis la construction de tel savoir. On peut aussi se dire que si l'on dispose du temps nécessaire, de la motivation et des capacités intellectuelles requises on peut accéder à un savoir dans un domaine donné précis, à un niveau suffisamment approfondi. Mais dans bien des cas, c'est de confiance qu'il est question. La légitimité d'un groupe de scientifiques, les travaux, les publications, le niveau d'expertise dans un domaine précis sont autant de garanties. Cependant, certains spécialistes reconnus dans un domaine, à l'instar de prix Nobel, qui profitant de cette notoriété ou « légitimité », s'expriment dans des domaines plus ou moins proches pour lequel ils ne sont pas vraiment experts, et ne sont pas à l'abri d'énoncer quelques contre-vérités.

Science et laïcité

La science est intrinsèquement laïque. La science est un espace de neutralité laïque : elle ne s'occupe pas de Dieu, elle n'a à démontrer ni l'existence ni la non-existence de Dieu. La science n'est ni pour ni contre Dieu : elle est indifférente à l'idée de Dieu. Les sciences par leur caractère universel unissent les hommes sans remettre en cause la liberté individuelle d'opter pour une métaphysique de leur choix.

Ainsi, par leur neutralité vis-à-vis des options spirituelles et par leur universalisme, les sciences sont intrinsèquement laïques. Comme la laïcité, les sciences s'inscrivent dans l'espace public. La laïcité en France repose pour l'essentiel sur la loi de séparation de 1905. Il est à remarquer que l'École a été séparée des Églises par les lois de Jules Ferry quelques décennies avant l'État. Quant à la science, elle a commencé à s'émanciper au XVIIe avec Le discours de la méthode de Descartes, la démarche expérimentale de Galilée ... Ce qui caractérise le plus cette époque d'émancipation de la science est l'anti-aristotélisme. Rappelons que lors du concile de Trente de 1545 à 1563, l'Église catholique romaine a fait d'Aristote sa référence universelle : ce qu'avait pu avancer Aristote deux millénaires auparavant devenait la vérité absolue. Galilée, Descartes et en général les savants de cette époque qui ont fait avancer la science, étaient tous anti-aristotéliques.

Nous vivons une période où la science s'élabore au jour le jour prise dans une course contre la montre. Elle s'extrait des laboratoires de recherche et envahit l'espace médiatique. Or la recherche scientifique a besoin de sérénité et de temps. Certes le temps presse, mais il est important de ne pas se départir, pour répondre dans l'urgence et de manière précipitée, de la démarche scientifique. La science n'est pas un réservoir de vérités absolues. Contrairement à la religion, ses théories sont biodégradables sous l'effet de découvertes nouvelles ; le temps est une variable qui permet de séparer les connaissances et les croyances : les croyances évoluent peu au cours du temps, alors que les connaissances évoluent sans cesse. La mise en doute raisonnée et les controverses sont des moteurs nécessaires à l'avancement de la science.

Peut-on avoir confiance en la science comme nouvel outil du citoyen ?

Redonner confiance, combattre l'ignorance. La circulation virale de rumeurs et de fausses informations est telle qu'elle a été judicieusement qualifiée d'« infodémie » par le Dr Sylvie Briand de l'OMS.

Entre décideurs et experts, chercheurs et profanes; l'ignorance face à la pandémie n'est pas de la même nature. L'ignorance rend, peut-on dire malheureusement, possible une nouvelle forme d'échange entre science et opinion. Dans l'Antiquité, les Anciens reconnaissaient à la doxa une forme de connaissance pragmatique.

La vulgarisation, l'animation culturelle scientifique, les débats publics sont autant d'outils qui permettraient de combattre l'ignorance du citoyen adulte pour lequel la formation de base scolaire n'est pas toujours suffisante faute de temps et de priorités.

Se comporter en citoyen, donc y compris le politique, c'est nécessairement posséder un degré minimal de savoirs scientifiques, d'alphabétisation scientifique. Cela passe aussi pour tous par le devoir :

de se procurer et d'étudier les informations scientifiques ;

de s'engager dans une réflexion sur les sciences ;

de participer aux dialogues scientifiques pour passer d'une démocratie représentative à une « démocratie dialogique » ;

de participer aux choix de politique technoscientifique.

La biopolitique est sur le devant de la scène (quarantaine, attestations de déplacement, traçage des individus...) et les dernières mesures gouvernementales ne font qu'alimenter et ancrer une société de contrôle, très au point dans les régimes totalitaires.

De nouvelles pratiques sont déjà utilisées dans le traitement de la crise du changement climatique : les courbes et les variables stratégiques sont accessibles au public ; les citoyens ont été conviés à participer à la discussion de certaines hypothèses durant l'organisation de la conférence sur le climat.

La modélisation et les courbes sont les éléments clé. Ils permettent de déterminer les comportements à avoir afin de lisser la courbe c'est-à-dire pour la maladie COVID-19 ne pas concentrer dans le temps et l'espace les contaminations et ne pas saturer le système hospitalier.

Dans un monde où tous les humains morts et vivants, malades ou pas, deviennent de fait des objets d'expérience, de tests ou d'essais cliniques, des données statistiques, la pratique de la recherche doit devenir collective et globale. Il ne faut pas ignorer les problèmes qui peuvent être générés tels que : l'autonomie des personnes, les dispositifs de contrôle et de surveillance de la vie privée par les big data, les préoccupations sanitaires, la coordination des différentes manières de pratiquer la recherche y compris par la pluridisciplinarité.

Pour pouvoir avoir confiance en la science, à côté de la systématisation, de la méthode, de la vulgarisation, l'utilisation de nouvelles pratiques à la disposition de tous citoyens sont à encourager et développer, car la science est aussi la « somme de connaissances qu'un individu possède ou peut acquérir par l'étude, la réflexion ou l'expérience. » Mais tout cela ne se fait pas dans l'urgence et le temps court. Donner du temps, se donner du temps fait aussi partie de la réponse.

Place de l'expertise dans nos sociétés modernes

Nous proposons d'encourager la prise de parole publique d'une expertise légitime, libre, transparente, éthique et indépendante.

Cette prise de parole pourrait être favorisée par des actions concrètes :

Identifier les meilleurs experts dans chaque discipline selon des critères transparents (production scientifique, reconnaissance par les pairs, ou même par tirage au sort au sein d'un panel avec renouvellement régulier) et les encourager à communiquer dans les médias modernes (télévision et digital) dans une forme destinée à un auditoire large ;

Ces experts doivent être libres de parole et se rendre disponibles pour communiquer avec tout forum citoyen (éventuellement réuni lors de concertations comme celle récente sur le climat) et les médias grand publics ;

Les experts doivent être formés à la communication (média training obligatoire et dès l'école pour les jeunes générations) ;

La liste de ces experts pour chaque période sera publiée sur un site dédié et géré par une autorité indépendante (une autorité existante de préférence), le procédé de sélection des experts sera également présenté en toute transparence ;

Sollicitation publique d'experts par le politique sur des critères clairs et transparents avec un cahier des charges rendu public. Les experts retenus, notamment pour conseiller la décision politique, doivent pouvoir communiquer les résultats de leurs réflexions et de leurs travaux publiquement ;

Déclarer de façon transparente d'éventuels conflits d'intérêt, qui peuvent apparaître dans la construction de la connaissance scientifique. Ils ne doivent pas empêcher une personne de s'exprimer ou de travailler pour la collectivité et la décision publique ;

Inscrire dans les objectifs des agences publiques et privées expertes celui de communiquer au grand public comme le font déjà certaines agences comme la Haute Autorité de Santé.

Déterminer la place des experts dans les procédures de gestion de crise.

Nos relations à la science, à la technique et à la production de biens ont une nouvelle fois été interrogées. Entre pensée magique, capacité infinie et limitation, quels enseignements en tirer ?

La sérendipité est de mise, il faut ouvrir la science en action à la survenue de ces hasards heureux qui émergent sans crier gare. Il faut protéger les scientifiques et tous celles et ceux qui rendent leur activité de recherche possible, en leur offrant la sérénité de salaires attractifs, de conditions de travail stimulantes, de liberté dans le développement de leurs actions. Qu'ils aient à rendre compte de leur activité, cela va de soi. Que ce compte-rendu soit à effectuer a priori, voilà qui va à l'encontre même de la démarche. A cet égard, les financements portés par le European Research Council (ERC) sont un exemple à suivre et à développer plus largement. Un appel à projets certes, mais sans aucune autre orientation que la recherche de l'excellence. Une sélection qui conduit à un financement de cinq ans suffisant pour constituer une véritable équipe et s'attaquer sereinement à des sujets ambitieux.

L'existence d'un conseiller scientifique auprès du chef de l'État permettrait d'incarner cette nécessaire place de premier rang de la recherche dans notre société. Sur le modèle du « scientifique en chef » du Québec, dont le rôle est de conseiller l'exécutif sur des sujets de recherche et d'innovation, mais également de promouvoir les carrières scientifiques. Un conseiller scientifique doit être en mesure de mobiliser les bonnes communautés en fonction des sujets et porter cette parole scientifique auprès de nos concitoyens.

Un renforcement de l'enseignement de l'épistémologie au collège et au lycée. L'école et l'université doivent bien sûr tenir un rôle prépondérant de liant entre la fonction de production des connaissances et la fonction de transmission, par la formation, ou la diffusion des connaissances par les médias. Cela pourrait passer par exemple par un renforcement de l'enseignement de l'épistémologie au collège et au lycée afin que les fondamentaux de la recherche scientifique soient connus de tous et afin de donner aux citoyens les moyens de disposer d'un regard éclairé sur les prises de paroles scientifiques.

Création d'un poste de conseiller scientifique auprès du chef de l'État.

Crise sanitaire et statut de la science

Organiser un débat de fond sur l'autonomie de la décision politique par rapport au débat scientifique. In fine, il semble que la pandémie de coronavirus constitue une opportunité pour organiser un débat de fond sur la politique de santé publique en France et le rôle respectif des scientifiques et des politiques. Il serait intéressant de réaffirmer l'autonomie de la décision politique par rapport au débat scientifique. La première doit accepter de s'imposer en situation d'incertitude et le second doit reconnaitre sa nature incertaine, provisoire et conflictuelle. La lutte contre une pandémie est soumise à beaucoup d'autres paramètres que les connaissances scientifiques et médicales : considérations politiques, économiques, sociales notamment. Le confinement est, à cet égard, un cas d'école.

En ce qui concerne la question proprement scientifique, il serait utile de travailler à l'élévation du niveau de connaissance des conditions de production de la science par nos concitoyens. Cela pourrait notamment passer par un renforcement de l'enseignement de l'épistémologie au collège et au lycée. Une épistémologie pratique, qui pourrait s'appuyer sur des exemples concrets comme l'épidémie coronavirus pour faire réfléchir les élèves et augmenter le sens critique et leur capacité de compréhension de ces enjeux. Pour tous publics, y compris les adultes, il serait possible de développer des vidéos pédagogiques sur le sujet à diffuser sur les plateformes – la crise ayant montré le succès de ces formats.

La science qui évolue sans cesse doit nous permettre de trouver de nouvelles solutions pour résoudre les problèmes dans tous les domaines. Dans le domaine de la santé avec des progrès extraordinaires qui permettront de traiter les maladies bien avant qu'elles ne commencent à dégrader le corps. On commence à intervenir sur le fœtus. La régénération d'organes grâce aux cellules souches avance rapidement. Dans le domaine des nouvelles énergies : la fusion nucléaire la maîtrise industrielle de l'hydrogène mais d'une manière non polluante etc... prendront le relais du pétrole. Dans le domaine de l'agriculture enfin ou de nouvelles formes de production permettront de nourrir la population mondiale.

Depuis quelques années, le numérique et l'intelligence artificielle dont le développement est explosif, sont en train d'amener une vraie révolution qui bouleversera en profondeur notre société. N'oublions pas que dans l'évolution des civilisations les sauts technologiques se sont faits à coup de découvertes qui ont bouleversé à chaque fois la société, mais qui se sont traduits globalement par de vrais progrès et généralement du travail pour de nouvelles couches de travailleurs.

Les décisions politiques sont parfois appuyées sur des expertises scientifiques qui peuvent avoir l'apparence de la confusion notamment en matière de santé publique. Comment s'y retrouver ?

La confiance repose sur 3 piliers :

Pour s'y retrouver en matière de santé il faut donc se donner du temps, se garder du sensationnalisme, de ce qui est rapide, immédiat ou « préliminaire ». Il faut comprendre que les médias de masse ont pour objectif de ne pas rater une « actualité », d'aller le plus vite possible au risque de déraper. Enfin il faut prendre le temps d'aller aux sources, d'une part suivre et protéger les lanceurs d'alerte afin de pouvoir éventuellement anticiper et/ou suivre les recommandations de l'OMS ; mais aussi se diriger vers les publications de référence. Fille de la science La vulgarisation est une nécessité qui demande longue patience, humilité, et recul. La confiance doit également être de mise dans un Conseil Scientifique « indépendant » des conflits d'intérêts bien trop souvent à la solde des laboratoires pharmaceutiques, ou l'on doit privilégier l'intérêt général et mettre de côté la notoriété et les intérêts personnels. La confusion peut naitre de ce manque de transparence sur les choix et prises de décisions apportées. La recherche, la clarté des sources, des données et le temps sont évidemment nécessaires à la science ; mais dans ce sens nos valeurs humanistes vont à l'encontre d'étude par placebo en urgence sanitaire, ou la vie ne doit pas être question de loterie !

Le temps « perdu » de la recherche, le silence qui l'accompagne, la vérification des sources sont les trois piliers de la confiance.

Vers un progrès maitrisé et universel

Pour réorienter le progrès au service de l'Humanité, des propositions concrètes concernant les brevets :

Le brevet déposé serait étudié par une commission internationale et recevrait un coefficient déterminé par son utilité publique. Plus le brevet serait au service de l'Humanité, plus son coefficient serait faible.

Pour pouvoir exploiter le brevet, y compris pour l'entreprise qui le dépose, il faudrait payer une somme forfaitaire à laquelle serait appliquée ledit coefficient. Une réduction serait évidemment appliquée à l'entité ayant financé et réalisé les recherches.

Les brevets ayant les coefficients les plus faibles (seuil à déterminer) se verraient offerts pour une exploitation publique uniquement à tous les états membres.

Les autres brevets seraient mis sur le marché avec un prix de vente déterminé par l'entité créatrice, majoré par le coefficient.

L'objectif étant d'inciter les scientifiques, chercheurs, ingénieurs ou entreprises à privilégier en priorité l'intérêt de l'Humanité dans leur projet de recherche et développement tout en utilisant la valeur courante actuelle, à savoir la finance.

La maitrise et la gestion des progrès scientifiques et techniques passeraient par un contrôle et un suivi de l'utilisation des découvertes par un organisme indépendant qui aurait pour objectif premier l'augmentation du bonheur de l'Humanité du vivant et de la planète. Cet organisme serait le garant, de la protection et de la distribution Universelle sans distinction, des biens communs à toute l'Humanité.

Pour cela des mesures clefs semblent indispensables :

Nécessité d'une recherche fondamentale publique, totalement indépendante, doté d'un financement uniquement public et important. Prévenir la fuite des cerveaux par des salaires décents et en donnant des moyens aux jeunes chercheurs qui prennent des risques.

Nécessité d'une coopération internationale libre des chercheurs.

Répartir et financer des centres de recherche de très haut niveau dans toute l'Europe.

Pour toute recherche, publication de l'intégralité des résultats en libre-accès, uniquement dans des revues à comité de lecture expert. Pas de communication aux médias avant acceptation de l'article dans un journal scientifique.

Réintégrer la recherche appliquée dans l'entreprise, notamment en conditionnant l'attribution du Crédit Impôt Recherche à sa réelle utilisation pour la recherche.

Enseignement : formation à l'esprit critique dès le primaire, corriger le déficit de formation scientifique des enseignants du primaire et renforcer la mathématisation des sciences pour les élèves du secondaire.

Favoriser la recherche participative associant des citoyens et des laboratoires de recherche.

Formation scientifique des journalistes et des politiques, présence d'experts à tout débat scientifique dans les médias.

Négationnisme scientifique : reconnaitre comme crime contre l'humanité les décisions des dirigeants politiques prises à l'encontre du consensus scientifique et ayant porté atteinte à la santé ou la vie dans une population. Adoption d'un crime d'écocide au plan national et européen.

Science et technique quelle souveraineté scientifique ?

Un nécessaire repositionnement après crise :

Face à la crise, la population s'est organisée hors des structures administratives officielles ; elle a déployé des solidarités ; les petites mains ont produit des masques ; des distillateurs ont distribué de l'alcool pour confectionner des gels hydro alcooliques ; des regroupements spontanés ont été effectués pour les déplacements ; les producteurs de produits frais ont distribué sur place ; les familles ont hébergé leurs parents situés dans des zones à risques etc... L'ingéniosité, l'adaptabilité, les savoir-faire ont pu pallier les déficiences diverses et variées.

Cette crise a montré combien notre pays est vulnérable pour des produits de sécurité sanitaire et de première nécessité. Ces produits stratégiques que notre pays a la capacité technologique de produire devraient être sortis de la convoitise avide de groupes financiers internationaux, et rapatriés en Europe.

Ce constat fait, on s'aperçoit que les rapports entre chacun apparaissent très tendus et ne permettent pas à la société de faire corps car l'heure n'est plus à l'écoute mais à la parole omniprésente, aux débats contradictoires incessants demandant plus souvent d'être de l'avis de l'un ou de l'autre plutôt que de construire une réponse commune à travers les prises de paroles de chacun. L'explication, le raisonnement logique et rationnel devient l'exception ou est noyé dans un flot d'informations que l'individu ne prend plus le temps de déchiffrer.

Comment organise-t-on un dialogue et la compréhension entre ceux qui « subissent » et ceux qui « créent » ? Comment faire pour que chacun puisse gérer l'évolution technologique sans la subir ?

Qu'est-ce qu'être citoyen sur un débat public sur la technologie ?

Comment le débat public doit être organisé pour que ceux qui soit proposé, soit accepté par tous ?

Énergies fossiles et fissiles

Réduire l'utilisation jusqu'à cesser d'utiliser les énergies fossiles et fissiles est un objectif pour une société responsable. C'est un fait : le pétrole (et dans une moindre mesure le gaz) est une énergie phénoménale. Une faible quantité vous transporte sur des centaines de kilomètres. Quant au nucléaire, il fournit une quantité astronomique d'électricité à des centaines de milliers de foyers décarbonée à partir d'un seul site. Cependant, le changement climatique, l'indépendance énergétique et la gestion des déchets nucléaires rendent indispensable cette transition.

Celle-ci est loin d'être simple. Elle s'articule, comme l'a théorisée l'association Négawatt, autour de trois étapes :

La sobriété énergétique : éliminer toutes les consommations inutiles. C'est par exemple abandonner les panneaux publicitaires à LED, l'éclairage nocturne des zones industrielles, le sur chauffage des logements... ;

L'efficacité énergétique : améliorer l'usage de l'énergie afin d'atteindre les mêmes objectifs avec moins d'énergie. Cela implique de rendre les appareils le moins gourmands possible (les appareils électroniques toujours en veille par exemple), d'isoler correctement les logements, de privilégier les véhicules plus légers en ville (citadines au lieu de SUV, par exemple) ;

Les énergies renouvelables : enfin, développer toutes les sources d'énergie renouvelables pour satisfaire des besoins qui auront donc été réduits au minimum. Cela passe par des installations hydrauliques optimisées et des implantations de panneaux solaires thermiques (un potentiel important encore), d'éoliennes et des panneaux photovoltaïques si leur fabrication est relocalisée en Europe, le développement de la production d'hydrogène à partir de sources renouvelables...

Cette transition, comme toute révolution, va nécessiter des efforts de chacun, de la part de l'individu jusqu'à l'État en passant évidemment par toutes les entités socio-économiques (entreprises, services publics, associations).

Des changements de comportement individuel inéluctables qui risquent d'entraîner des tensions sociales si elles ne sont pas expliquées et surtout si elles ne sont pas accompagnées de solutions de substitution raisonnables. Des changements de paradigmes au niveau des entreprises : faire des bénéfices, oui, mais pas au détriment de l'environnement et surtout des êtres humains qui y travaillent. Des changements dans les politiques menées trop souvent à court terme, pour des ambitions électorales. Les programmes de développement des énergies renouvelables ne doivent plus être jaugés à l'orée d'un rendement immédiat et surtout croissant.

Les énergies fossiles et fissiles ont été une manne au XXème pour les progrès humains. Mais le tribut qu'elles font aujourd'hui peser sur l'environnement et donc sur nos espaces vitaux est désormais insoutenable. La transition est incontournable.

La transition énergétique, comme toute révolution, va nécessiter des efforts de chacun, de la part de l'individu jusqu'à l'État en passant évidemment par toutes les entités socio-économiques (entreprises, services publics, associations) au travers de 3 étapes : la sobriété énergétique, l'efficacité énergétique, les énergies renouvelables.

Penser les sciences et les techniques

L'esprit scientifique doit être fait de qualités morales : amour du vrai, de la recherche, de la curiosité, de tolérance vis-à-vis d'autrui et de modestie vis-à-vis de soi-même. En effet, il n'est pas inné et se construit en se réformant ; cette réforme donne accès à un humanisme de plus en plus large. La science et la technique permettent à la nature de s'éclairer de significations intellectuelles donc humaines. La réussite de la science et de la technique est la preuve que l'effort dans la recherche de la connaissance n'est pas vain.

L'écueil serait de ne pas voir que la science et la technique qui en découle n'entre pas en contradiction avec d'autres exigences : ainsi se poseraient des problèmes moraux. Une double erreur serait de penser aussi que sciences et techniques pourraient donner une réponse à tous les problèmes ou de les accuser de générer d'effroyables problèmes que ses applications pourraient générer.

Sciences et techniques doivent donc déboucher sur un humanisme authentique Cet univers d'humanisme et de fraternité trouve sa résonance dans l'école des arts et métiers crée au 18ème siècle par De Liancourt.

Mais cela implique un changement radical de paradigmes et de schéma de société. Y sommes-nous prêts ?

Il semble que les réglementations et interdits ne sont globalement tolérés qu'en cas de menace immédiate, ou ressentie comme telle (pandémie, guerre, famine…). Aussitôt la menace écartée (même de façon éphémère), les anciennes habitudes reprennent le pas. La métanoïa ne s'opère pas car elle ne s'origine pas dans une prise de conscience intérieure et les règle de sécurité sont ressenties comme une entrave à la liberté individuelle.

Cette conclusion peut sembler pessimiste, mais il est avéré que les questions soulevées lors du confinement, et traitées dans ce Livre Blanc, sont presque exactement les mêmes que celles apparues après la première crise pétrolière de 1973, mettant fin aux trente Glorieuses, il y a donc presque un demi-siècle : dépendance pétrolière, dangers du libéralisme, pollution, villes surpeuplées, voiture reine, pas de politique de transition écologique, etc.

La mise en place de réelles solutions économiques et sociales ne semble donc pouvoir être mises en place que dans un cadre politique (au sens premier) opératif fondé sur d'authentiques valeurs humanistes. Les Francs-Maçons ont certainement un rôle à jouer, à condition d'être écoutés et, surtout, entendus.

Les Services Publics

Les services publics : liens vitaux et indispensables sur tout le territoire

Respectable Loge, Coupo Santo, Orient du Cannet des Maures, Région 2

Respectable Loge, Garibaldi, Orient de Nice, Région 2

Respectable Loge, Franchise et Solidarité, Orient de Neufchâteau, Région 4

Respectable Loge, Nicolas Koechlin, Orient de Mulhouse, Région 4

Respectable Loge, L'Aurore Sociale, Orient de Troyes, Région 4

Respectable Loge, Étienne Dolet, Orient d'Orléans, Région 5

Respectable Loge, L'Industrie, Orient de Saint-Étienne, Région 6

Respectable Loge, Art & Lumières, Orient de Lyon, Région 6

Respectable Loge, Triple Union, Orient de Dinan, Région 9

Respectable Loge, La Maison d'Horus, Orient de Tergnier Chauny, Région 10

Respectable Loge, Clarté, Orient de Paris, Région 11

Respectable Loge, La Justice, Orient de Paris, Région 12

Respectable Loge, Intersection, Orient de Paris, Région 12

Respectable Loge, Pythagore, Orient de Paris, Région 13

Respectable Loge, Locarno 28, Orient de Paris, Région 13

Respectable Loge, Union et France, Orient de Paris, Région 14

Respectable Loge, Freedom of Conscience, Orient de Londres, Région 10

Construire le « Bien public », la charpente de la République

Sur la notion de « bien commun » et de « vivre ensemble ».

Dans ce contexte, la notion de « bien commun », souvent mise en avant pour la réflexion sociétale, est-elle la seule pertinente ? Nous sommes en « République », qui est une construction de la « chose publique ». La notion de « bien commun » n'est-elle pas la simple prise en compte du constat de ce qui existe ? Elle ne conduit pas à des choix politiques. Le « commun » se pose comme préexistant au politique, qui est, lui, un « projet ». D'une certaine manière, le concept de bien commun disqualifie le politique, c'est-à-dire l'idée de construction de la société qui est sous-tendue par la politique. Et nous, en tant que Maçons, qui visons à « construire une société meilleure et plus éclairée » devons dépasser ce simple constat : tailler la pierre brute et bâtir l'édifice. C'est bien là où le symbolique rejoint le sociétal, et, incidemment rend vaine l'opposition entre les deux dans notre approche maçonnique. De la même manière, on peut considérer la notion de « vivre ensemble » comme particulièrement ambiguë : le maître et son esclave « vivent ensemble ». Ce constat ne peut nous détourner de la volonté de construire un projet d'égalité ! C'est pourquoi, il parait primordial d'abandonner ce vocabulaire pour employer le mot « public », qui entre tellement mieux en résonnance avec la construction de la République. Les mots véhiculent des concepts, et ne sont pas neutres. C'est ainsi que nous n'avons ni « hôpital commun », ni « école commune », mais bien un « hôpital public » et une « école publique ». Ce n'est pas seulement « une question de mots ». Cette notion de « bien commun » relève de la philosophie politique et ne doit pas être confondue avec celle de « biens communs » au pluriel. Au pluriel, c'est une notion économique, qui sert aussi à la politique environnementale et il n'est pas question de cela pour nous. Nous nous attachons au concept politique. Et, au demeurant, on peut tout à fait concevoir une « politique publique des biens communs », et c'est bien là une des bases de la politique environnementale. La notion de « public », qui est à la base de la construction de la « res publica », la République, doit être remise au milieu de l'action politique et sociale.

Le bien public est-il une dimension existentielle de notre futur ?

Si le partage doit dépendre uniquement d'une gouvernance mondiale, alors il est nécessaire de trouver des alternatives au pouvoir des acteurs privés ou des États dominants. Il s'agit de changer les rapports de force. Une perspective peut être celle de l'action de la société civile, par des associations, ONG, etc. Chaque jour qui passe voit naître de nouveaux projets, privés, publics, associatifs, individuels qui témoignent d'une volonté de changement pour un équilibre dans le partage des ressources vitales et leur préservation. Revenons à la pandémie qui touche le monde en 2020 : au-delà des difficultés et des risques qu'elle engendre, elle constitue aussi une opportunité. Car elle s'accompagne de prises de conscience nouvelles et en accélère d'autres, existantes. Délocalisation de la production de médicaments de première nécessité, dépendance de chaînes d'approvisionnement devenues trop complexes pour être totalement maîtrisées, dé corrélation des systèmes financiers au regard des réalités économiques, modes de consommation et de production qui épuisent les ressources naturelles, etc. La liste des dysfonctionnements systémiques révélés ou amplifiés dans le contexte actuel est longue. Elle appelle à une réflexion sur nos modes de vie actuels et sur le projet de société que nous, citoyens, souhaitons léguer aux générations futures.

Il y a urgence à penser un contrat social mettant le bien public au centre des préoccupations des acteurs publics, privés et de la société civile, pour assurer l'existence et la survie de l'humanité et du vivant.

La poursuite de la croissance et de la rentabilité comme modèle de société et fondement de notre bien-être depuis la moitié du XXème suscite toujours plus d'interrogations. Elle apparaît même contre-productive, y compris auprès des institutions qui en ont fait l'apologie pendant des décennies. Ainsi, lors de la dernière édition du World Economic Forum de Davos, son président fondateur K. Schwab, faisait un appel en faveur « d'un capitalisme des parties prenantes » (stakeholder capitalism) auprès des principaux décideurs économiques et politiques mondiaux. L'idée d'un système qui bénéficie à tous, de façon équilibrée, et qui prenne en compte les enjeux sociaux, sociétaux et environnementaux fait son chemin. En ce sens, un nouveau contrat social pourrait lier acteurs publics, acteurs privés et société civile pour convenir d'un partage équitable des richesses sans leur épuisement, ainsi que de leur régénération.

Une action vraiment publique

Nous préconisons l'arrêt des privatisations qui génèrent un profit à court terme pour l'État, mais des dépenses, des pertes d'emploi et de revenus d'exploitation, importantes sur le long terme. Une renationalisation totale ou partielle (+ de 50% pour que l'état reste décisionnaire) des secteurs publics agissant par délégation privée et dégageant des profits pourrait être envisagée. Il faut sortir la Santé Publique et l'Éducation d'une logique purement économique pour la ramener dans le champ du service rendu au citoyen, mettre en œuvre les moyens tant humains que financiers nécessaires à la qualité de ce service. L'État, lorsqu'il délègue la gestion au milieu associatif, se doit d'assurer la continuité de ce service en octroyant les moyens nécessaires à son fonctionnement. (ex : EHPAD)

Si les services publics sont partie prenante du marché, le citoyen ne devient-il pas un client de la République ?

Pour une réforme républicaine de l'État.

Ce sont à travers ces questions-là et les réponses à y apporter que notre République restera ce qu'elle a toujours été et ce qu'elle doit continuer à être : le cadre dans lequel l'avancée des droits individuels et donc l'émancipation de chacune et de chacun reste cohérente avec l'existence de droits collectifs.

Dès lors, on voit bien que la permanence de nos services publics doit se fonder sur deux dimensions, deux principes qui pourront inspirer nos propositions :

les services publics doivent répondre aux besoins collectifs. C'est la fourniture des biens et des services qui sont plus rentables à offrir collectivement qu'individuellement. C'est typiquement le cas des services de sécurité et de santé ;

les services publics et principalement ceux qui relèvent de l'éducation, de la formation et du soutien à l'emploi doivent se donner pour objectif principal l'émancipation des individus et leur permettre d'être autonome économiquement. Cela pose notamment la question de notre école et doit confronter ce qu'elle est à ce qu'elle devrait être : elle doit être une école qui ne fait pas qu'encadrer mais qui donne confiance, notamment en la capacité créative de chacune et de chacun.

C'est pour cela qu'il faut refuser les faux débats sur l'économie de marché. Il faut également les refuser pour l'État et son devenir. Car en réalité, il n'est donc pas question de moins d'État car celui-ci est appelé à intervenir beaucoup plus structurellement qu'il ne le fait. Organiser l'émancipation des individus et garantir les droits collectifs ce n'est pas un recul mais c'est au contraire une avancée pour l'État et son organisation. C'est au fond, le défi de notre temps et c'est ce que nous devons opposer à celles et ceux qui envisagent une réforme autoritaire et censitaire de l'État et donc un affaiblissement de notre République.

Maillage territorial

Nous le savons tous, il faut aujourd'hui, sortir d'une logique de désertification (transports écologiques, courriers, éducation...) des territoires ruraux en abandonnant la logique de concurrence entre territoires et instaurer une coopération librement décidée. Pour améliorer les dispositifs en place, il faut éradiquer, dans les métropoles, la séparation entre ghettos de riches et quartiers en déshérence par la suppression de ces derniers au travers d'une politique audacieuse de création d'emplois utiles et de maintien des services publics.

Toute ceci ne pourra se faire qu'en créant et maintenant de grands services publics associés à des structures locales et affranchis des logiques de marché ainsi qu'en instaurant un principe de subsidiarité entre le niveau national et local, entre les intercommunalités et les communes.

L'organisation territoriale de la France, l'État jacobin, la décentralisation

La France est le seul pays européen dans lequel l'État n'a pas tiré toutes les leçons de la décentralisation et où subsiste, à côté de véritables transferts de compétences, des secteurs de cogestion neutralisant la prise de décision finale.

Se pose alors la question de la pertinence de ce maillage.

Les actions concrètes pour rééquilibrer les relations entre les territoires et réduire les inégalités socio-territoriales à la faveur de la sortie de crise :

« Mieux d'État » et une décentralisation rationalisée. La crise sanitaire que nous avons traversée peut-être l'occasion de réinterroger la place de l'État dans notre pays. Il semble dès lors urgent de renforcer et recentrer l'action de l'État sur ses fonctions essentielles, notamment régaliennes. Si toute tentation fédéraliste semble être en profonde contradiction avec l'histoire et les aspirations de la République, la revitalisation d'un « État stratège » passera par une redéfinition des modalités de la décentralisation et des responsabilités de chacun des acteurs, afin d'éviter les doublons de compétences entre les différents échelons. Si le rôle primordial pour les citoyens du bloc communal doit être reconnu, une remise en question de la clause de compétence générale des départements et régions pourrait être salutaire, tout en promouvant la possibilité d'une différenciation territoriale sur cette question.

Profiter de l'acte 3 du quinquennat pour resserrer le réseau des services publics.

L'initiative France Services, excellente réponse à l'enjeu d'accessibilité des services dans les zones rurales et les quartiers difficiles, doit être pérennisée. Il pourrait en outre être décidé d'interrompre sur tout le territoire national la suppression de toute implantation locale d'un service public, tant que le parachèvement des réseaux de substitution et la résorption de la fracture numérique ne seront pas acquis. Il pourrait également être inscrit dans la loi le principe selon lequel les fermetures d'écoles rurales ne sauraient être guidées par d'autres intérêts que l'amélioration de l'accès à l'Éducation.

Approfondir la solidarité interterritoriale. Le 1 % métropole, proposé en 2017 par l'Association des petites villes de France, consisterait à reverser un centième des produits fiscaux des métropoles au profit de leurs territoires périphériques pour financer des projets structurants et accélérer ainsi la convergence des bassins de vie. Dans la même approche, les contrats de réciprocité, qui peuvent exister çà et là, devraient être généralisés.

Saisir l'opportunité…

Elle est offerte par le contexte actuel d'investir pleinement la question environnementale dans les territoires, avec comme boussole l'idée de résilience territoriale, en s'appuyant sur la forte aspiration des citoyens à une participation plus directe dans le processus démocratique, indissociable d'une responsabilité accrue. Les nouveaux outils numériques y aideront.

Une nouvelle forme de développement avec les territoires ruraux ?

Mieux gérer l'avenir

Même si la nomination de François Bayrou comme Haut-Commissaire au Plan, est un jeu d'alliances politiques, il est permis de penser que cette idée du « Monde d'Avant » va dans le bon sens, car « gouverner c'est prévoir » donc penser à long terme et non plus être dans l'immédiateté. Nous avons besoin de nous projeter, de construire des bases et cela demande du temps. C'est une façon de mobiliser le citoyen pour lui (re)donner espoir.

Le développement des territoires ruraux doit passer par une volonté politique nationale car, sur ce point, nombre de décisions ne dépendent pas de l'UE mais de choix de politiques intérieures.

En ce sens le Grand Orient de France a son rôle à jouer. Mais depuis sa création, le monde a changé. Et nous parlons d'une nouvelle organisation de notre pays, voire mondiale.

Aussi, à l'image des « influenceurs », il conviendrait de pouvoir communiquer d'une façon différente. Ne plus apparaître comme une secte secrète mais comme une force de pensées, réactive aux problèmes, à l'avenir de notre société, de l'évolution de l'avenir de l'humanité.

Nous proposons que la puissance publique agisse :

- Dans le domaine agricole, aide des petites exploitations voulant respecter une « éthique » de production. Qu'elle facilite et encourage fiscalement les filières Bio (légumes, céréales, viandes) afin de redonner vie aux sols détruits par les produits chimiques, ainsi que les circuits « courts »

- Avec une politique plus ambitieuse de décentralisation pour relocaliser les services publics et créer des emplois (sur ce point, il convient de ne pas oublier l'ONF pour la gestion des forêts). Les régions, les départements, les communes doivent avoir un pouvoir de décision pour encourager le développement des nœuds de vie ruraux

- Avec une fiscalité attractive pour les résidences principales (exonération totale du foncier et taxe habitation), et pour les petits exploitants (< 20 personnes, petites surfaces bio en permaculture), en supprimant toutes les subventions aux entreprises de +50 salariés afin de faciliter les développements primaires, secondaires et tertiaires des petites structures à taille plus humaine.

- Que les Référendum d'Initiative Partagée soient plus présents dans le quotidien du citoyen pour lui donner plus de poids, l'inciter à prendre une part plus active dans la vie démocratique.

Au-delà de la conscience que le développement de la France ne peut se réaliser sans celui des territoires ruraux, prendre des mesures rapides, fortes et cohérentes favorisant l'agriculture locale et la vie à la campagne.

Comment adapter les services publics aux problèmes révélés par la situation de crise sanitaire ?

Quelques actions concrètes pour améliorer la réponse de l'État à une crise sanitaire, en lien avec les différents acteurs semblent se dessiner :

Rénover les dispositifs de gestion de crise sanitaire de l'État. Au niveau central, une organisation claire de gestion de crise sanitaire devrait être mise en place en amont d'une éventuelle prochaine crise. Les responsabilités doivent être mieux définies, les circuits d'information plus transparents et robustes, la chaîne décisionnelle rationalisée et les modalités de la prise de décision politique finale mieux décrites.

Au niveau déconcentré, l'autorité des préfets sur les directeurs d'ARS doit être permise en situation de gestion de crise.

Plus largement, la question des ARS pose celle de « l'agenciarisation » de l'action publique dans notre pays. Cette gouvernance éclatée rend très difficile une réponse coordonnée de l'État en cas de crise, notamment sanitaire.

Associer les territoires dans la gestion de l'après-crise. Les collectivités territoriales de tous échelons, les acteurs du secteur sanitaire, ainsi que les acteurs économiques ou associatifs ont parfois été écartés pendant la gestion de la phase aiguë de la crise sanitaire. Dès lors la gestion de l'après-crise, qui pose des défis majeurs, gagnerait à être faite de façon réellement concertée.

Lutter contre les inégalités en matière de santé dans notre pays. L'adaptation de notre maillage territorial à la lumière des défaillances constatées dans notre réponse à l'épidémie de coronavirus devra passer également par un renforcement de l'offre sanitaire dans les territoires périphériques. Il est en effet certain que le coronavirus aurait pu frapper plus durement les territoires les plus fragilisés en matière sanitaire.

Le maintien d'un réseau de médecins généralistes en zone rurale, notamment dans les maisons de santé pluridisciplinaires, dépend largement de l'existence des centres hospitaliers publics locaux (accueil d'urgence, soins de suite, gériatrie). Dans cette optique, il pourrait être envisagé de mettre en place une prise en charge intégrale par l'État des pertes de recettes des hôpitaux locaux sur la part T2A (Tarification des Actes) en cas de baisse d'activité. Afin d'agir contre le fléau de la désertification médicale, il est également proposé de mettre en place, par exemple dès la troisième année d'études de médecine, quatre stages obligatoires en médecine générale de ville, dont la moitié au moins en zone rurale, afin de sensibiliser le corps médical à l'exercice en ruralité. Enfin, l'épidémie de coronavirus a entraîné une hausse historique de la téléconsultation. Il convient de pérenniser cette pratique qui est une solution complémentaire à l'insuffisante accessibilité des services publics de santé dans certains territoires.

Renforcer l'offre sanitaire dans les territoires périphériques.

Renforcer la légitimité et l'efficacité de nos services publics

Pour redonner aux services publics leur efficacité, il faut en alléger la charge de gestion administrative en leur permettant de consacrer l'essentiel de leurs ressources, et les meilleures, à leur première finalité. Il serait sans doute très théorique d'édicter ex abrupto de nouvelles normes à ce stade de la réflexion, mais ce serait l'un des objectifs à assigner à la MAP de déterminer pour chaque administration ou service public le taux de ressources utile à affecter prioritairement à sa finalité : le service au public. L'exemple du service public hospitalier, et de la comparaison avec l'Allemagne, montre qu'on pourrait, sans préjudice de sa qualité sanitaire ou administrative, en réaffecter plus de 10% aux soins. Dans ce but, une revue critique des méthodes, démarches et outils évoqués plus haut devrait être engagée pour supprimer tous ceux qui n'ont de sens que pour eux-mêmes (les tableaux alimentant des tableaux...). Elle permettrait aussi de remettre des ressources aujourd'hui affectés à des emplois souvent onéreux mais à faible valeur ajoutée (les fameux bullshit jobs dénoncés par David Graeber), sur des fonctions à l'utilité sociale et économique plus forte. Pour ce faire, il serait alors opportun de mobiliser l'extraordinaire intelligence de la haute administration française, et de ses corps de contrôle, non plus pour obliger les services publics français à se justifier de ce qu'ils ne parviennent plus à faire, mais au contraire, pour les rendre plus efficaces, en leur permettant de se consacrer de façon essentielle à leurs missions au service du public. Et ceci en mettant en exergue que c'est aux citoyens que les services publics doivent rendre des comptes, et non pas au gouvernement ou à l'État. Le changement de paradigme culturel serait probablement conséquent dans un pays hautement centralisé qui a érigé le contrôle en dogme, renforcé opportunément par la modernisation des démarches managériales publiques, dont il n'a assimilé que ce qui pouvait ainsi l'arranger. Confier à la Cour des Comptes et aux corps de contrôle de l'administration et des services publics, une revue critique de toutes les démarches, méthodes et des outils de gestion, mis en œuvre depuis les années 2000, afin de supprimer de façon déterminée tous ceux qui ne présentent pas d'autres avantages que de financer les cabinets de consultants, et diffuser les bonnes pratiques identifiées, afin de permettre à nos services publics de recentrer l'essentiel de leurs ressources aux services aux usagers.

De l'Avant à l'Après

Dans ces conditions inopinées, nous devons nous remettre en question, sur ce que nous sommes, sur nos modes de vie et notre façon de vivre, sur nos rapports aux autres et, sur nos priorités. Des crises, nous en avons traversées, atteignant souvent nos coffres forts mais jamais, de notre vivant, notre santé. Cette crise sanitaire est un réel avertissement pour nous recentrer sur l'essentiel, la préservation de notre humanité et nos sollicitudes sociales en combattant les individualismes exacerbés.

Le numérique doit améliorer l'organisation urbaine en requalifiant son environnement avec des édifices plus intelligents et moins énergivores, des transports rationalisés et moyens de communication plus efficients vers des territoires durables portés par l'humain dans sa capacité à repenser son espace de vie.

Selon Michel Serres, la digitalisation de la société constitue la troisième révolution majeure après celle de l'écriture puis de l'imprimerie parce que « la digitalisation, c'est donner la capacité technologique de diffuser, consulter, composer, enregistrer, transformer, partager, twitter à l'échelle de la planète et de manière instantanée de l'information ». Inciter à une civilité numérique, favoriser la formation et mettre au cœur de cette nouvelle ère, l'esprit de citoyenneté, de collaboration vers une société inclusive solidaire pour garantir l'égalité de traitement quels que soient les lieux et les conditions sociales, sont semble-t-il les actions prioritaires à conduire.

Développement des structures d'accueil collectif et individuel, favorisation du tissu socioculturel et éducatif avec la nécessaire réduction de la fracture numérique.

La fin de l'intérêt général, ou l'abandon du peuple

Pour conclure le service public est mort politiquement à cause du libéralisme et de sa logique du tout économique. Vivant dans l'esprit des agents qui le font au quotidien parfois contre leur hiérarchie et leur techno structure. Mais surtout le service public est attendu par les plus faibles comme les gilets jaunes qui l'ont réclamé à cor et à cris leur de leurs manifestations.

Le retour du service public serait le signe du retour de l'état. Or celui-ci est désormais trop affaibli dans l'Europe libérale et des traités de libre échange économique.

Mais quelle forme peut prendre cet État pour faire face aux besoins publics doit-il être plus décentralisé ?

Lors de la crise de la COVID-19 le rôle des collectivités s'est affirmé. Ainsi les maires ont pleinement rempli leurs missions de proximité. Les présidents des grandes régions et des départements ont aussi pris des décisions pour protéger leur population.

Comme le disait Louis Napoléon Bonaparte « On peut gouverner de loin, mais qu'on administre bien que de près. »

Une solution d'avenir est peut-être de continuer cette décentralisation. D'ailleurs les grandes régions souhaitent récupérer des compétences des ARS.

La question du niveau du service public se pose proche local ou éloigné dans une capitale. Faut-il passer du jacobinisme au girondisme ?

L'usager demande, lui, de la proximité pour ne pas se sentir abandonné.

Quels pouvoirs publics pour une société latérale ?

Affirmer la nécessité de plus de transparence.

Les propositions que nous pouvons faire reposent donc sur plusieurs principes : la subordination réelle des administrations au politique légitimement élu ; la mise en place d'instances de décisions proches des citoyens et réactives ; des institutions transparentes dont les membres sont totalement responsables de leur action ; une ouverture réelle de l'accès aux fonctions de direction pour des profils dont la compétence n'est pas aujourd'hui reconnue. Il appartiendra à ceux qui sont engagés dans le débat politique de formuler des propositions concrètes. Les Francs-Maçons pourront les évaluer à partir de la volonté qu'elles traduiront de mettre fin (ou d'atténuer) les dysfonctions constatées et surtout à partir de leur volonté de faire émerger de nouvelles formes de liens sociaux, adaptés à une société traversée par des flux d'informations hétérogènes.

Toutes les décisions devront tendre à la restauration d'un vrai dialogue républicain et à la reconnaissance de la qualité de citoyen capable de décider à toute personne quelle que soit son origine et sa position sociale. L'école doit plus que jamais développer l'esprit critique pour éviter que l'ignorance vaniteuse ne soit mise sur le même plan que les vraies compétences. Le débat est ouvert...

Réorganiser les pouvoirs publics vers davantage de clarté pour les citoyens et les adapter à une société qui se latéralise sous l'impact des réseaux, en maintenant les valeurs de la république et en combattant l'ignorance vaniteuse et donc le populisme.

Un service public fort et bien organisé est une réponse à l'injustice sociale.

Quel soutien public pour les entreprises en difficulté dans le contexte de la crise économique présente et à venir ?

Pour un contrôle de la mise en œuvre opportune des dispositifs publics de soutien et un prolongement de l'accompagnement du tissu entrepreneurial.
Un nécessaire contrôle a posteriori des refus d'octroi de prêts garantis par l'État et une mobilisation accentuée de l'épargne des ménages au profit du tissu entrepreneurial.

Toutefois, cet ensemble de mesures financières mériterait d'être approfondi afin d'éviter des biais d'application et des écueils aisément identifiables :

procéder au contrôle a posteriori des conditions d'octroi et surtout les refus de prêts garantis par l'État par les établissements de crédit, au-delà du dispositif actuel de la Médiation du crédit : à ce jour, 115,5 milliards d'euros de prêts garantis par l'État ont été octroyés à plus de 560 000 entreprises, dont 89 % de TPE ; néanmoins, dans le cadre de la supervision bancaire, force est de constater que les établissements de crédit peuvent avoir une appréciation erronée du niveau de risque de leur client professionnel par la prépondérance donnée à la dimension commerciale dans leur prise de décision :

Soit en privilégiant une relation commerciale établie avec une entreprise, en tentant de justifier l'octroi de lignes court terme rémunératrices à des clients historiques dont ils savent pourtant qu'elles les exposent ainsi à un risque accentué de surendettement et de défaut bancaire ;

Soit en refusant l'octroi de facilités à certains prospects et clients moins rentables à court terme et qui ne présentent pourtant pas un niveau de risque élevé, pour des motifs dont la communication est floue, si ce n'est inexistante, alors même que l'établissement de crédit se prémunit du risque de crédit par la garantie de l'État ; accentuer la mobilisation de l'épargne des ménages français : elle ne doit pas se limiter aux seuls livrets d'épargne réglementés mais elle doit concerner l'ensemble des supports de thésaurisation ; de plus, elle ne doit en aucun cas se limiter à des projets spécifiques, mais elle doit bénéficier à l'ensemble du tissu entrepreneurial français, sans aucune distinction de projet : bon nombre d'entreprises en difficulté n'auront jamais le temps ni les moyens de se structurer et de concentrer leur faible activité autour des seuls projets visés pour l'instant par le dispositif gouvernemental.

Un indispensable accompagnement sur le long terme des chefs d'entreprises

Enfin, le soutien public aux entreprises en difficulté doit impérativement intégrer l'accompagnement sur le long terme des chefs d'entreprises, afin :

D'améliorer leur connaissance des nombreux dispositifs de soutien mis en œuvre, par le biais d'une communication écrite directe, simple et régulière, mais également radiotélévisée des Directions régionales des entreprises, de la concurrence, de la consommation, du travail et de l'emploi (Direccte) à leur attention (par exemple, nombre de chefs d'entreprises s'interrogent toujours sur la prise en compte ou non des heures supplémentaires dans le cadre de leur déclaration d'activité partielle) ;

D'approfondir leurs connaissances en matière de gestion comptable et financière, eux qui n'ont pas toujours les ressources humaines nécessaires et le temps de s'y consacrer ; pour ce faire, la Banque de France doit amplifier cette action initiée dans le cadre de ses Correspondants départements TPE/PME.

La crise du coronavirus et ses répercussions économiques dévastatrices nécessitent une nouvelle forme de soutien public à destination du tissu entrepreneurial français, combinant des mesures de soutien financier et d'adaptation du rythme de travail à court terme. Néanmoins, au-delà des dispositifs publics en vigueur et à venir, un contrôle de leur mise en œuvre opportune s'avère nécessaire dès à présent, tout autant qu'un prolongement de leurs effets bénéfiques par une plus grande mobilisation de l'épargne des ménages au profit du tissu entrepreneurial et par un dispositif d'accompagnement sur le long terme des chefs d'entreprises.

Citadelles et dérive urbaine

Un grand nombre d'initiatives vise déjà à enrichir les localités de province, par exemple par l'organisation de festivals culinaires, littéraires, culturels, etc. De telles initiatives alimentent les industries locales et pourraient redonner de l'élan à cette renaissance. Il faudrait aussi combler le vide entre la "haute culture", souvent l'apanage des grandes villes, et la "culture du terroir" par le biais d'une culture d'entreprise ravivée. Un festival littéraire pourrait viser à rassembler non seulement des écrivains locaux mais également embrigader les grandes et petites entreprises dans un projet commun. Cette tâche pourrait être menée par trois piliers travaillant en étroite collaboration : les municipalités, les universités, et le secteur privé. En ce qui concerne notre système de soins de santé, la pandémie a démontré l'insuffisance d'un modèle commercial centralisé s'il n'est pas épaulé par un mécanisme de distribution égale des soins sur l'ensemble du territoire. L'économie de marché ne portent ses fruits que dans la transparence. Le philosophe et universitaire Luciano Floridi préconise une union entre les technologies numériques et un environnement durable. Les citoyens veulent profiter de services de qualité, mais ils veulent également vivre dans un environnement vivable où les opportunités sont également distribuées. Nous voulons tous vivre dans une société juste, ordonnée et équitable. Ne laissons pas cette initiative aux populistes !

Redonnons leur importance et du dynamisme aux activités économiques, commerciales et culturelles des provinces. La pandémie nous oblige à reconfigurer notre manière de vivre, d'interagir et de travailler en exploitant les outils de communication numériques et d'interaction à distance. Ces moyens ouvrent de nouvelles possibilités pour recadrer cette évolution au profit des citoyens plutôt que des purs intérêts commerciaux. Lançons des initiatives, créons de nouveaux projets commerciaux et sociétaux en dehors des grands centres traditionnels. Trouvons les moyens d'en tirer profit pour le bien commun et pour le bénéfice de tous. Évitons de nous résigner à nouveau au monopole des citadelles.

Quel avenir pour nos villes ?

Quel avenir pour nos villes et en particulier pour nos centres villes ?

- L'incertitude : une chose qui est certaine : c'est l'incertitude ! La connaissance de ce virus, jusqu'à présent, est limitée : des nouveaux symptômes ne cessent d'apparaître ; l'OMS (Organisation Mondiale de la Santé) nage aussi dans l'incertitude et reste incapable de prédire la fin de la pandémie.

- Un centre-ville dévitalisé : si la situation actuelle se prolonge, le centre-ville risque de perdre une bonne partie de son attractivité qui sera bien difficile à récupérer. L'activité commerciale serait remplacée par la vente online, la majorité de la restauration risque de disparaitre au profit des commandes en ligne et livraisons ; le travail au bureau céderait la place au télétravail ; tout cela dévitalisant graduellement le centre-ville.

Ce serait alors la perte d'un savoir-faire, d'une histoire, d'une identité urbaine et la disparition de décennies d'efforts pour construire un espace commun et attrayant. L'exode urbain se poursuivrait et l'étalement urbain s'accentuerait au prix de l'environnement. Bref, petit à petit le numérique en arriverait à modifier nos façons d'interagir, et imperceptiblement notre société. Mais sera-t-elle vraiment « intelligente » cette société ? Et nous, que deviendrons-nous ? Qui serons-nous ? L'humanisme aura-t-il sa place ?

Ce scénario de dévitalisation du centre-ville est peut-être la plus négative des hypothèses sur son avenir. Mais dans le contexte actuel, aucune étude sérieuse n'est faisable pour connaitre les effets à long terme des perturbations que nous vivons sur le milieu urbain et particulièrement sur le centre-ville.

Est-ce qu'un retour au travail en équipe serait possible ? une vie associative à nouveau valorisée ? Sera-t-il alors possible de bâtir un projet humaniste dans une société éparpillée et installée dans son confort pavillonnaire ?

Si, comme le dit très justement Edgar Morin, « L'incertitude contient en elle le danger et aussi l'espoir », nous retiendrons en conclusion, cette autre citation du philosophe : « Le virus (Coronavirus) nous rappelle à notre humanité et à notre condition d'êtres profondément sociaux, inséparables les uns des autres. »

Pour un audiovisuel public au centre de l'Union

Quel modèle opposer à ces machines de guerre qui mettent à mal nos esprits critiques en nous prenant si bien par les émotions ?

Il nous semble que l'audiovisuel public a aujourd'hui un rôle vital à jouer. Entre les chaînes à péages dévorantes d'un côté et les chaînes gratuites conçues pour « offrir du temps de cerveau disponible », il doit imposer une troisième voie dédiée à la culture, au savoir et aussi à la culture populaire, rassembleuse, et à l'information fiable et libre de tout engagement publicitaire et mercantile.

Nous avons de la chance : notre Audiovisuel Public, s'il n'est pas parfait, a des qualités et un potentiel qui s'est révélé lors de cette crise sanitaire. Il a su venir en soutien du service public de l'Éducation quand les cours en classe n'étaient plus possibles (« Nation apprenante »), il a su mettre en avant la culture populaire, ciment d'une société, par la diffusion de films de notre répertoire ou en se faisant le relais de la Comédie Française (France 4, France 5, Arte...). Il a su développer la réflexion des citoyens afin de les éclairer sur les enjeux de cette si lourde actualité (France 5, France Culture, France Inter...), il a su faire la chasse aux fausses informations (France Info, France 5, Arte...).

Nous demandons à présent l'établissement d'une mission claire de l'Audiovisuel Public, éthique et responsable, assurée par la séparation du pouvoir politique et par la suppression totale de la publicité.

Avant la crise, le gouvernement préparait une réforme du financement du cinéma qui passait par la taxation des plateformes de VOD, sur le modèle des contrats passés avec les chaînes historiques en perte de vitesse.

Pour un service public audio-visuel fort garant de la fiabilité de l'information dans sa diversité, vitrine de la culture populaire, ciment d'une société, et centré sur la formation de futurs citoyens plutôt que de futurs consommateurs.

Un bilan public de la crise est nécessaire

La nécessité d'un bilan objectif exhaustif des modalités de déroulement de la crise sanitaire en cours s'impose, de façon partagée avec l'ensemble des acteurs et de manière publique, en mobilisant les media à cet effet. Il pourrait s'effectuer à partir des conclusions des commissions d'enquête parlementaires en cours et leur donnerait ainsi l'écho et la diffusion qu'elles risquent de ne pas avoir.

De cet inventaire sans concession pourra être tentée une priorisation des réformes à mettre en œuvre, toujours annoncées jusque-là et jamais mises en œuvre ...

Une analyse poussée des réponses apportées lors de la crise suscitée par la COVID-19 s'impose en France, plus qu'ailleurs, en raison des résultats défavorables obtenus. Ce bilan doit associer toutes les parties prenantes et aboutir à des conclusions publiques, destinées à servir de base à des mesures rapides afin de remédier aux dysfonctionnements constatés. Cette démarche ne peut être uniquement nationale et doit être conduite en lien avec les autres pays de l'Union européenne, afin de bénéficier d'une réflexion collective pouvant tirer parti des points forts et réponses pertinentes mises en œuvre ailleurs en Europe. Elle doit porter prioritairement sur une évolution de nos institutions, pour les rendre démocratiques et subsidiaires.

Solidarité

Respectable Loge, Démos, Orient de Nice, Région 2

Respectable Loge, Les Trois Globes, Orient de Berlin, Région 4

Respectable Loge, Abbé Grégoire, Orient de Lunéville, Région 4

Respectable Loge, Étienne Dolet, Orient d'Orléans, Région 5

Respectable Loge, Art & Lumières, Orient de Lyon, Région 6

Respectable Loge, La Sagesse, Orient de Valence, Région 6

Respectable Loge, La Bonne Foi, Orient de Saint Germain en Laye, Région 7

Respectable Loge, Picardie, Orient d'Amiens, Région 10

Respectable Loge, Demain, Orient de Paris, Région 11

Respectable Loge, La Défense Laïque, Orient de Paris, Région 11

Respectable Loge, Frédéric Desmons Laïcité, Orient de Paris, Région 13

Respectable Loge, Thélème, Orient de Paris, Région 14

Respectable Loge, L'Étoile de la République, Orient de Marseille, Région 15

Respectable Loge, Aurore, Orient d'Aix en Provence, Région 15

Respectable Loge, L'Étoile d'Orient, Orient de Vitrolles, Région 15

La solidarité est l'un des principes fondamentaux de la Franc-maçonnerie depuis 1717. Par conséquent, le Grand Orient de France s'est naturellement construit sur cet héritage éthique et moral. Ainsi Léon Bourgeois a décrit la solidarité comme une « théorie d'ensemble des droits et des devoirs de l'homme dans la société ». Il précisait également qu'une « république démocratique, c'est un État social fondé sur la liberté de chacun et la solidarité de tous ».

Rappeler l'enjeu du principe de solidarité est toujours une bonne chose. Rappeler l'attachement intrinsèque de la franc-maçonnerie au principe de solidarité est également toujours une bonne chose. Mais rappeler cela au cœur de la pandémie de coronavirus que nous vivons n'est pas seulement une bonne chose, c'est une nécessité. C'est en tous cas le point de vue adopté par ces loges contributrices, écrire noir sur blanc pourquoi et comment la solidarité est un enjeu central tout en étant aussi une partie de la solution.

En effet, l'exercice de solidarité n'est pas une option en temps de crise sanitaire mondiale comme celle que nous traversons, mais bien une nécessité indispensable à la sauvegarde des nations et des peuples. D'une part, la solidarité est un enjeu essentiel pour faire face aux maux qui malmènent l'humanité. La solidarité s'érige sans doute comme l'un des axes forts qui peuvent dessiner une solution à aux problèmes de l'humanité. D'autre part, au-delà du principe de solidarité, il est possible de dégager une multiplicité de déclinaisons de la solidarité, formant un ensemble de propositions, très diverses, mais toutes basées sur ce principe.

La crise du coronavirus a tout d'abord fait ressurgir de manière dramatique les fragilités et les travers de nos sociétés en ce premier quart du XXIe siècle. Comme la énième crise de ce début de siècle faisant suite à la crise terroriste, financière ou politique, la crise du coronavirus vient les souligner toutes, exacerbant chacune de leurs conséquences néfastes qu'elles produisent sur nos sociétés.

La première des fragilités accentuée par la crise à propos de laquelle les loges attirent notre attention est le néolibéralisme et surtout les dégâts qui lui sont imputables. La répartition des richesses à travers le monde est désastreuse et la crise du coronavirus, loin de la réduire, semble au contraire l'avoir accrue de manière non négligeable. La pauvreté a augmenté, allant croissant aussi bien dans les pays riches que dans les pays pauvres. Quant à l'accumulation de richesses, elle semble ne connaître aucune limite, même si sa base diminue. La dichotomie entre riches et pauvres tend à un paroxysme vertigineux qui paraît totalement inacceptable aux yeux des Francs-maçons.

L'égoïsme de nos sociétés, érigé en valeur quasiment positive, apparaît aujourd'hui, à l'aulne de cette crise sanitaire unique, comme dérisoire et ridicule devant l'absolue nécessité de faire corps, de faire solidaire pour faire face à la pandémie.

De même, le repli sur soi décliné ici en un régime populiste, ou là en régime nationaliste est une autre expression de cet égoïsme généralisé et est devenu pendant la pandémie un véritable non-sens tant il est patent de voir combien la solidarité entre états ou entre individus s'avère comme une voie salutaire indispensable. Si cette crise ne devait avoir fait émerger qu'une chose, c'est bien la nécessité de la solidarité.

La solidarité, déclinée selon les multiples voies de son exercice, apparaît comme la seule solution répondant à la fois aux exigences humanistes et concrètes. D'un côté, la solidarité est indispensable pour corriger les inégalités factuelles que nous pouvons observées, mais d'un autre côté, la solidarité correspond aussi un impératif éthique et philosophique, notamment dessiné selon les principes humanistes. Plusieurs pistes doivent pouvoir nous ouvrir la voie d'une mise en œuvre effective de ce principe philosophique.

Le premier acteur majeur devant mettre en application le principe de solidarité est l'État, notamment l'État démocratique et républicain qui porte en lui les principes qui doivent ou devraient mécaniquement le conduire à garantir la solidarité. Cette exigence sur le rôle que l'État doit jouer est à n'en pas douter l'un des enseignements phares de la pandémie. Que ce soit en Europe, en Amériques ou en Asie, selon des modalités différentes, l'État a été ou s'est replacé au cœur de l'action politique et solidaire. Il s'est même avéré qu'il est bien le seul acteur étant capable de faire valoir la prééminence de l'intérêt général sur l'intérêt particulier en imposant, comme c'est le cas pendant cette crise sanitaire, l'exercice de solidarité comme utile, nécessaire et indispensable. Les plans de relance nationaux ou européens en sont des exemples majeurs. La dimension européenne de cette politique est à souligner, elle apparaît comme une chance à saisir pour cette Europe qui juste avant la crise sanitaire ne faisait que se débattre avec la crise entraînée par le Brexit.

Le second axe permettant la promotion et la mise en pratique de la solidarité est le développement de la citoyenneté. Pas seulement au sens du développement du statut de citoyen, objectif et objet politique répandu dans une majorité de pays, mais aussi la citoyenneté comme appropriation individuelle offrant à chacun la compréhension, l'envie et le besoin de vivre pleinement ce statut de citoyen en exerçant par exemple le principe de solidarité. La citoyenneté rend solidaire, la citoyenneté fait de nous des humains solidaires.

Troisième pilier de l'exercice de solidarité dans nos sociétés, l'école et les médias. La transmission est en effet au cœur de la diffusion du besoin de solidarité. Si on ne naît pas solidaire, on le devient. La crise du coronavirus a, de ce point de vue-là, été un révélateur pour une grande partie de la population. Sans la solidarité, chacun a pu s'en rendre compte, la situation serait bien plus catastrophique. L'école et les médias sont à ce sujet de puissants vecteurs de transmission aux jeunes et aux moins jeunes du principe de solidarité. Le pragmatisme est de mise. L'angélisme doctrinal qui refuserait de prêter quelques crédits que ce soit aux médias ou à l'école de ce point de vue-là n'apparaît pas comme responsable.

A travers ces pistes ainsi définies, certaines loges y voient la définition de nouvelles solidarités. Nous pourrions peut-être y voir plutôt l'expression de nouvelles mises en pratique du principe de solidarité. La solidarité est au cœur de l'humanisme, elle ne peut donc qu'être au cœur du monde d'après. Si avant, nous le savions, aujourd'hui nous le sentons, espérons que demain, nous le fassions.

Afrique

Le Temps et l'Horizon du Continent Africain à l'ère de la COVID-19

Respectable Loge, L'Étoile Bleue, Orient de Toulon, Région 2

Respectable Loge, L'Étoile Occidentale, Orient de Dakar, Région 3

Respectable Loge, Lumière du Mandé, Orient de Bamako, Mali, Région 3

L'Après COVID-19 est une formidable opportunité pour la Renaissance Africaine, Afrique résiliente jadis considérée comme le dernier wagon du train de la mondialisation, alors qu'elle est la source de tout et recèle des trésors d'humanité et d'humanisme.

Après en Afrique

Si les décès dus à la COVID-19 sont relativement moins importants dans les pays africains, ces pays ne sont pas pour autant épargnés par les effets collatéraux de la pandémie, notamment les impacts sociaux, politiques et économiques qui sont les conséquences directes des mesures de riposte prises par les gouvernants. Ces conséquences se manifestent surtout au niveau de l'activité économique qui connaît un ralentissement sans précédent et un impact négatif sur la vie au quotidien des citoyens. L'appareil productif des pays est affecté avec comme corollaire la baisse du taux de croissance prévu et une menace sur les emplois. Le secteur sanitaire n'est pas épargné.

Cette situation pourrait s'empirer avec d'une part, le reconfinement annoncé dans certains pays et d'autre part, avec une possible deuxième vague de contamination. En d'autres termes il est trop tôt de clamer que les pays africains « sont sortis du tunnel ». D'où la nécessité de maintenir la garde et d'être plus rigoureux dans l'application des mesures de riposte.

Les effets collatéraux de la pandémie sont inévitables du fait du caractère extraverti des systèmes économiques et particulièrement des appareils de production. Les économies des pays africains dépendent énormément des économies de l'extérieur (Europe, États-Unis d'Amérique, Chine, Inde etc.).

Si nos économies étaient assez développées et moins dépendantes de l'extérieur et s'il y avait plus de coopération entre pays africains, l'impact économique dû à la crise sanitaire serait moindre.

De ce constat, la leçon fondamentale à tirer de cette crise sanitaire en Afrique est, sur le court terme, faire la politique de ses moyens, c'est -à-dire, faire éclore les potentialités endogènes, encourager les productions locales et développer l'entraide et la solidarité. Il s'agit d'éviter de vivre au-dessus de ses moyens. Ceci est aussi valable au niveau étatique qu'individuel. Le cas de Madagascar dans l'utilisation des produits à base de plantes pour guérir les malades atteints du coronavirus est assez éloquent. Les pays africains regorgent de potentialités intellectuelles, humaines qu'il faut valoriser afin de réduire leur dépendance vis-à-vis de l'extérieur.

Des dons à mobiliser plus que des prêts à contracter. Il faut rompre avec le réflexe qui conduit à chaque coup à monter des projets qui mettront les pays africains encore dans des dettes.

Très souvent les dons sont des dons liés avec obligation d'achat des biens et services dans le pays donateurs. Dans les négociations pour l'utilisation des fonds alloués à travers les dons, il faudra veiller à ce que, au moins 60% des montants des dons soient utilisés pour les résultats pour lesquels les dons sont octroyés.

Il faut réinventer les économies africaines :

Réinventer les économies africaines est un véritable défi à relever après la COVID-19. On en parle de tous les temps. Il est temps pour passer à l'acte. En effet les clichés ou les modèles économiques empruntés de l'extérieur ne correspondent pas aux réalités des pays africains. Il suffit de jeter un coup d'œil rapide sur nos populations pour savoir que nous sommes nombreux, pauvres, mal nourris, mal logés, sans éducation adéquate, sans infrastructures sanitaires appropriées et réduits au chômage. Ce sont, sans être exhaustif, des caractéristiques qui marquent nos populations et qui doivent être le point de départ, le fondement de toute recherche de politique économique en Afrique.

Réinventer l'économie dans nos pays, c'est revenir à la source du concept, privilégier les besoins sociaux et non la productivité au profit des monopoles ; c'est chercher à mettre fin aux pénuries sociales nées de la rareté des biens essentiels à la survie de chaque homme et de chaque femme.

Remédier à une situation sociale préoccupante, exige fondamentalement un développement endogène. Comme évoquer plus haut, réinventer les économies africaines consistera en tout premier lieu à les rendre moins extraverties d'une part et, d'autre part, à promouvoir et intensifier les échanges entre pays africains. Cela n'exclut pas l'ouverture de nos pays vers l'extérieur, mais elle doit constituer un complément planifié, c'est-à-dire maîtrisé, à la stratégie de développement endogène.

Réviser les termes des échanges :

Le commerce avec l'extérieur se fera mais dans un nouveau cadre caractérisé par le rejet des lois de l'échange inégal, notamment la détérioration des termes de l'échange, l'extraversion de la production, la faible valorisation sur place des matières premières, etc. Dans le même ordre d'idées les accords économiques autrefois signés et qui n'avantagent pas nos pays devront être revus.

Quand on sait combien une telle stratégie sera confrontée aux grands courants économiques mondiaux, on comprend mieux, sans doute, la nécessité d'établir de nouvelles relations internationales et d'instaurer une collaboration plus étroite entre pays africains et intensifier la coopération Sud-Sud.

Création de grands ensembles de production en place et lieu de multiples petites entreprises produisant les mêmes articles pour la même zone économique

La réinvention des économies africaines passera également par la création de grands ensembles de production en place et lieu de multiples petites entreprises produisant les mêmes articles d'un pays à un autre. Les Unions économiques et monétaires existantes doivent servir de tremplin pour ces grands ensembles de production. Les pays africains, dans cette optique, doivent abandonner les orgueils nationaux qui les poussent à se doter chacun de microentreprise qui fabriquent les mêmes produits pour les mêmes consommateurs.

Par ailleurs, le continent africain est riche sur tous les plans et plus particulièrement en ressources matérielles dont sont friandes les grandes puissances. Pour le fonctionnement de leurs industries elles recourent aux matières premières du sous-sol africain. Les nouvelles technologies de l'information et de la communication ont besoin des ressources qu'on ne trouve qu'en Afrique (le cobalt par exemple). La course effrénée aux armements suscite une demande de plus en plus accrue de matières premières diverses : bauxite, cuivre, fer, plomb, manganèse, pétrole, minerais rares qui proviennent pour la plupart de l'Afrique. Les pays qui tirent leurs ressources de cette situation ont naturellement intérêt à ce qu'elle perdure.

En dehors des matières premières, les grandes puissances investissent également dans l'acquisition des terres en Afrique.

Malgré toutes ces transactions qui doivent procurer des ressources financières aux pays africains, ceux-ci continuent de garder leurs statuts de pays pauvres et endettés. C'est paradoxal ! Avec les différentes ventes opérées et ajoutées à d'autres transactions, les pays africains ne doivent pas traîner des dettes. Il n'y a pas de doute que les dettes que traînent les pays africains sont dues à la détérioration des termes des échanges. La révision des termes des échanges, des accords commerciaux et d'extraction des ressources du sous-sol en faveur des pays africains contribuera à coup sûr à alléger la dette de l'Afrique.

Réforme des systèmes de santé en Afrique :

La COVID-19 a mis à nu la faiblesse des systèmes de santé en Afrique, caractérisée, entre autres, par un déficit de personnel médical et paramédical, un plateau technique peu moderne et l'insuffisance des budgets nationaux consacrés à la santé.

Quelles mesures ou réformes, convient-il d'initier pour renforcer le personnel et moderniser le plateau technique, pour rendre plus résilients les systèmes de santé, en Afrique ?

L'avènement de la COVID-19, avec les ruptures des chaînes mondiales d'approvisionnement en produits pharmaceutiques et en masques de protection, impose à l'Afrique de réduire sa dépendance vis-à-vis de l'extérieur et de prendre en charge la santé de sa population.

Le Continent a beaucoup d'atouts pour bâtir des systèmes de santé résilients, inclusifs et orientés sur les résultats, parmi lesquels on peut citer :

Les ressources humaines : le rapport de l'institut de la Banque africaine de développement (BAD) indique que l'Afrique a exporté plus de 70.000 professionnels de santé ; que, d'après une enquête auprès de cette diaspora, plus de 60% sont disposés à revenir travailler en Afrique ; et que le reste est prêt à contribuer à partir de leurs lieux de résidence ;

La pharmacopée africaine : le Continent pourrait tirer parti de sa riche biodiversité pour la découverte de vaccins et le développement de produits pharmaceutiques ;

Les nouvelles technologies : le numérique et l'intelligence artificielle, adossés à des systèmes de données ouvertes, constitue une opportunité pour les systèmes de santé en Afrique. Avec la forte pénétration de la téléphonie mobile, des solutions efficaces et peu chères à travers des applications peuvent être développées pour lutter contre les disparités d'accès aux soins médicaux.

Par ailleurs, il sera important de développer des politiques de santé orientées vers les résultats et promouvoir les principes de transparence, de reddition des comptes, d'efficacité et d'équité qui permettent d'assurer que les dépenses de santé arrivent effectivement aux destinataires finaux et contribuent à améliorer leurs vies. A cet effet, des partenariats pourront être établis avec les instituions de développement et les acteurs dans le secteur de la santé pour une résilience économique et sanitaire de l'Afrique post-COVID-19.

Pour que la jeunesse africaine ait un avenir en Afrique

Des propositions radicales et aujourd'hui plus que nécessaires :

Ne plus verser de nouveaux prêts ou aides publiques directement à des gouvernements africains

Interdire toutes les exportations d'armes vers le continent africain

Investir directement dans les infrastructures clés :

Déployer un réseau d'eau potable et d'assainissement dans les métropoles africaines

Organiser une gestion responsable des déchets

Électrifier l'Afrique grâce à l'énergie hydraulique et photovoltaïque (Cf. plan Borloo)

Construire un réseau de routes et une infrastructure ferroviaire pérenne

Construire des hôpitaux, des cités scolaires et universités dans chaque province pour donner une éducation à toute la jeunesse africaine

Déployer internet sur le continent pour favoriser connaissance, démocratisation et développement

Procéder aux transferts de technologies et de matériels nécessaires entre l'Europe et l'Union Africaine pour créer trois filières africaines d'excellence :

Agro-écologique (des semences aux produits finis consommés sur le continent) en s'appuyant notamment sur les laboratoires européens (INRA) et les écoles d'ingénieurs agronomes

Usines pharmaceutiques pour produire des génériques sur le continent

Photovoltaïques (en revitalisant les deux filières françaises et allemandes sinistrées par la concurrence chinoise)

Véhicules électriques adaptés aux besoins des africains

Former les techniciens africains en créant un programme Comenius Afrique pour former massivement les professeurs africains des filières professionnelles (CAP, BEP et Bacs professionnels) et accompagner un vaste programme d'apprentissage

Créer Euro Campus (sur le modèle de Campus France) pour organiser à partir des ambassades européennes en Afrique un programme de bourse pour les meilleurs bacheliers du continent et former ainsi une élite compétente et éthique

Créer une agence Europe Développement en s'appuyant sur le réseau de l'Agence Française de Développement (AFD) pour organiser l'octroi massif de micro-crédits pour accompagner les micro-entrepreneurs africains artisans et commerçants

Créer l'Institut du Monde Africain à Paris pour protéger l'art contemporain africain du pillage et investir dans la production culturelle africaine

Soutenir et appliquer avec diligence les décisions de la Cour Pénale Internationale tout particulièrement envers les dictateurs africains : mandats d'arrêts internationaux, saisie des comptes et biens à l'étranger pour les réinvestir sur le continent.

Annuler la servitude moderne que constitue la dette que supporte l'Afrique vis-à-vis des pays européens

Ce programme créera de l'activité et de l'emploi sur les deux continents, réduira considérablement les flux migratoires et favorisera la démocratisation de l'Afrique et crèvera l'abcès de la colonisation et de l'esclavage.

L'individu et la société

Nous proposons dans cette partie de faire une sorte d'introspection des individus. L'hyper individualisme et la confrontation à la cœrcition commune engage un rapport à soi qui est diffèrent. Moi avec moi et avec l'autre. Le confinement a agi comme un révélateur de la nature humaine. La résilience peut-elle faire œuvre et permettre la reconstruction ? Qu'apprenons-nous du passé ?

Il conviendra dans ce chapitre de proposer des analyses des comportements des individus en tant que participants à un collectif. La « sur relation » que nous avons découverte entre des personnes absolument inconnues les unes des autres pose également question. Mon frère en humanité m'a transmis quelque chose qui m'a mortellement atteint... Nous le pensions, éloigné et à distance raisonnée ou imposée. Il m'a rappelé qu'il était de la même substance et d'une proximité immédiate confondante. C'est ce que nous avions peut-être oublié ...

Ce chapitre permet de penser l'autre. Non pas une négation de son « Moi », mais la prise en considération de l'état de l'autre pour en faire un partage. La prise en compte de l'autre pour fabriquer un commun vivable et respectable, pour faire Nation et République.

Le bien public est envisagé comme une dimension existentielle primordiale de notre futur. Cela impose un partage cohérent des espaces et des richesses qui ne sont pas ou plus uniquement matérielles.

Nous devons participer à rendre le monde complexe lisible et vivable.

L'Individu et la Société

Respectable Loge, Les Vrais Amis, Orient du Luc en Provence, Région 2

Respectable Loge, Coupo Santo, Orient du Cannet des Maures, Région 2

Respectable Loge, L'Étoile des Mascareignes, Orient de Saint-Pierre, Ile de La Réunion, Région 3

Respectable Loge, La Triple Union, Orient de Reims, Région 4

Respectable Loge, L'Étoile de Marianne, Orient de Niort, Région 9

Respectable Loge, Travail et Perfection et Tendre Accueil Réunies, Orient d'Angers, Région 9

Respectable Loge, Amitié, Orient de Paris, Région 11

Respectable Loge, Étoile Polaire, Orient de Paris, Région 12

Respectable Loge, François Rabelais, Orient de Paris, Région 12

Respectable Loge, L'Étoile de la République, Orient de Marseille, Région 15

Respectable Loge, La Foi Maçonnique, Orient de Castres, Région 17

Respectable Loge, Luz Atlantica, Orient de Las Palmas de Gran Canaria, Région 17

Avant

Ce n'est qu'après la seconde guerre mondiale, que les changements sociaux sont apparus. D'abord lors du gouvernement provisoire, instaurant les règles, lois sociales telles que la sécurité sociale, les lois sur le travail. Ces premiers changements furent les premiers piliers d'une nouvelle société voulant mettre en avant la solidarité qui s'était révélée au travers de la résistance contre un ennemi commun et qui avait soudé les français entre eux malgré des divergences d'opinions politiques.

Le monde tournait même si les inégalités augmentaient, les délocalisations se poursuivaient, le chômage s'aggravait, la mondialisation allait bon train soi-disant pour le meilleur de tous. Des crises sociales ou financières éclataient de temps à autre sans qu'on en tire des leçons. Les hommes et femmes des pays développés ou en voie de développement avaient la sensation de vivre fluidement, innocemment voire naïvement.

Peu de temps après, les scissions sont apparues et les « guerres » politiciennes ont repris le dessus laissant la place libre aux grands groupes financiers qui se sont appropriés l'espace commun en créant le consumérisme à outrance. Celui-ci développait chez chaque citoyen l'envie de posséder pour mieux vivre mais par la même occasion a commencé à favoriser l'individualisme et le chacun pour soi. Ce schéma a progressé sans cesse jusqu'à nos jours devenant une nouvelle religion jusqu'à l'arrivée de la COVID-19

La prise de conscience est survenue, chacun s'est attaché à respecter l'autre en prenant les mesures barrières. Puis à saluer vivement les héros du quotidien, les résistants de la première heure, tous ceux qui sur le front se démenaient pour vaincre ce virus tueur. Un signal fort qui encouragea d'autres à se lancer dans le combat et partout du nord au sud, d'est en ouest, des villes aux campagnes, chacun voulu participer à l'effort national de luttes. Même au niveau politique, les querelles furent, au moins partiellement, oubliées pour faire front commun.

L'accroissement des inégalités économiques n'est plus ignoré par personne, par contre l'intensité de la situation est minorée jusqu'à la caricature où certains voudraient que le ruissellement de ceux qui gagnent permettent d'endiguer ces inégalités économiques. L'histoire récente nous a appris que la période des trente glorieuses a permis l'émergence d'une classe moyenne, c'est elle qui a consolidé la démocratie et la vitalité des corps intermédiaires.

Le constat de cette défaillance démocratique est de fait, celui de nombreux citoyens de plus en plus nombreux à refuser de voter. Pourquoi participer à un vote puisque votre candidat, ou les idées que vous défendez ne peuvent être présentes dans les instances élues. Lors de la pandémie, les élections municipales ont connu un record d'abstention abyssal, certes la peur du virus était présente, mais s'est on interrogé sur le fait que les citoyens votent pour un maire dont les pouvoirs ont été transférés à une

« agglo » non élue au suffrage universel quand ce n'est pas le préfet qui arbitrairement décide au gré des besoins de l'État.

Le monde de l'entreprise s'est trouvé confronté à une situation inédite où des pans entiers de l'économie ont dû fermer laissant sur les carreaux des millions de personnes.

Pour celles qui ont eu la chance de pouvoir exercer il a fallu mettre en œuvre de nouveaux dispositifs de sécurité pour les salariés dans le but de maintenir l'activité économique.

La résilience, qui est l'expression d'un comportement né face à des difficultés a permis de réfléchir différemment en se posant diverses questions : comment faire, exister, aider, soutenir les personnes, ses collègues, sauver son entreprise, comment faire et exister dans ce nouveau cadre contraint ?

Comment continuer à travailler quand beaucoup d'entreprises sont fermées et que nous dépendons de leurs fournitures et matières premières, nécessaires à la création de la richesse de notre entreprise.

L'économie a pris toute sa dimension sociale car on s'est aperçu que sans entreprises ouvertes des millions de personnes étaient sans emploi et que seul un traitement social avec la prise en charge du chômage partiel par l'état a empêché nombreux de nos concitoyens de tomber dans la misère.

Un des objectifs doit être de retrouver de la confiance car sans cela rien n'est possible. Le doute, le manque de visibilité et de confiance dans l'avenir nous éloignent et nous opposent les uns aux autres et ouvrent la porte à toutes les formes de violences verbales et physiques.

Nous sommes au XXIe siècle, nous vivons dans des pays de la communauté européenne qui sont dits, ouverts et sans frontières. Dans notre société, que l'on dit très encline à la libre circulation, nous voyageons pour des raisons touristiques, professionnelles, de regroupement familial.

Pendant

On parlait d'ennemi invisible, d'invasion, d'attaques, de létalité terrible, vocabulaire de propagande à connotation belliciste inquiétante repris à l'envi par tous les journaux, les radios et télévisions. Seulement les combattants n'avaient point d'armes.

Les gouvernements de chaque pays apportèrent des réponses différentes à cette pandémie, la gérèrent plus ou moins bien mais la plupart optèrent pour le confinement total ou partiel. Tous aux abris !

A partir de là, de multiples activités furent proches de zéro, hommes et femmes réduits à l'inactivité, privés de la liberté de se mouvoir. Sauf bien entendu la production d'un sauf-conduit ou « ausweis » pour approvisionnement, activité de promenade ou visite aux proches. Beaucoup ont vécu cette période comme un emprisonnement aux conséquences non négligeables : recrudescence des violences conjugales, perturbations psychologiques, difficultés à vivre en vase clos surtout dans les cités, distanciation sociale mal supportés. Villes, villages quasiment déserts, commerces et entreprises fermés offraient un paysage de désolation.

Autre répercussion du confinement, on a enregistré pléthore de divorces, et également d'entrées en hôpitaux psychiatriques.

Les individus ont ainsi expérimenté l'allégorie de la caverne de Platon. Le monde vu à travers l'écran, les hommes et femmes ont été réduits au rôle de spectateur soumis au bon vouloir des dirigeants. Leur activité s'est bornée au télé-achat, au télétravail, au télé-enseignement, à la télé auscultation, etc. donnant un aperçu de ce que pourrait être, selon les prophètes du progrès technologique à tout crin, un monde numérique global. Les sociétés sont alors faites d'individus cloisonnés, repliés sur eux-mêmes. Cette vie de séquestration, cette vie cachée a fait prendre conscience que la famille avec ses forces et ses faiblesses reste un socle solide dans la constitution de toute société.

L'isolement a mis un frein au processus d'individuation nécessaire au développement humain. De ce fait, les échanges oraux, les confrontations d'idées, les frictions en direct, face à face se sont arrêtés même si un certain nombre de personnes les pratiquaient par l'intermédiaire d'internet.

La réclusion forcée face au coronavirus a fait de manière accrue prendre conscience à l'homme de sa finitude, de son horizon indépassable qu'est la mort souvent oubliée dans ce mythe entretenu de l'immortalité et de l'ego surdimensionné.

Quand bien même, la létalité du coronavirus reste faible (estimée entre 0,3 et 0,6 %) une peur panique entretenue par les médias et un concert d'informations contradictoires de ministres, de spécialistes médicaux plus ou moins experts s'est installée durablement et profondément.

Elle s'ajoute à celle ressentie après les attentats et le terrorisme islamiste.

Ces peurs modifient nos façons de penser vers un axe émotionnel plutôt que rationnel. La peur est toujours mauvaise conseillère.

Dans ce genre de situation, le chacun pour soi est exacerbé aggravant un individualisme décevant moralement. Les nations sont également touchées par ce syndrome face aux difficultés à résoudre la crise. On a vu chez certaines que le principe marchand était prioritaire face au principe de santé de la population.

A contrario, ces quelques semaines de confinement peuvent sembler donner un coup d'arrêt à la routine et faire entrevoir toute la saveur de la vie.

Il va nous falloir progresser dans certains domaines, et faire machine arrière dans d'autres. Bref, trouver un équilibre subtil.

Refaire société est une urgence, le confinement ou le couvre-feu peuvent paradoxalement y participer, car nous sommes tous (ou presque) sur le même bateau.

Cette vulnérabilité face aux évènements rapproche les gens, et modifie les comportements. La santé et la solidarité redeviennent prioritaires, la société de consommation perd beaucoup de son intérêt, il y a un éloignement des villes et un goût plus prononcé pour la nature, aidé par une autre prise de conscience, écologique celle-là, qui pourrait avoir les mêmes effets bénéfiques.

La compétition est le moteur de notre société. La coopération est considérée comme relevant de l'idéologie ou de la morale. Nous savons maintenant que notre société construite sur le libéralisme conduit dans une impasse.

Une fraction d'individus se partage les richesses mondiales au détriment des autres et de la planète. Avec la destruction de l'environnement, l'humanité signe, à terme, son propre arrêt de mort après avoir détruit nombre d'espèces vivantes et pillé les ressources non renouvelables de la Terre.

Il a fallu une pandémie pour qu'il y ait un début de prise de conscience de l'importance de la collectivité, des services publics, et de la solidarité.

Les pouvoirs publics n'ont clairement pas été à la hauteur de l'évènement, même si on ne peut décemment pas mettre tout sur le dos de l'exécutif, voire du législatif.

De même les médias, en concurrence permanente de sensationnel, ont participé à la confusion générale, déclenchant chez beaucoup de citoyens des peurs ou des comportements irrationnels.

A contrario, on a pu constater de grands élans de solidarité dans la population, preuve que tout n'est pas perdu, loin de là...

Nous ne sommes pas égaux face à la maladie, ainsi les plus vulnérables ont été les plus durement touchés par cette épidémie.

La crise sanitaire, comme toute crise a creusé les inégalités et augmenté les difficultés pour certaines familles. Les conditions de confinement ont été contrastées : certains étaient isolés dans une chambre d'étudiant ou en famille dans une petite surface quand d'autres disposaient de beaucoup plus d'espace, voire d'un jardin ; certains ont souffert d'être privé des solutions de restauration économiques (restaurants d'entreprise, cantines des écoles), quand d'autres avaient des ressources suffisantes pour traverser cette période confortablement ; la vie du confinement en ville a été bien différente de celle vécue en milieu rural.

Enfin, le télétravail a été possible pour certains tandis que d'autres se sont retrouvés sans activité ou ont été obligés de se rendre sur leur lieu de travail malgré les risques de contamination et les difficultés dans les transports.

Le rôle de l'État doit probablement être renforcé avec la création d'un socle d'équité pour répondre à cette problématique. Certes, les mesures de chômage partiel ont permis à de nombreuses personnes de bénéficier d'une continuité de revenus. Si cette mesure a été utile, l'État devrait également mettre en place et développer un certain nombre de services gratuits pour tous : cantine ou au moins un repas par jour livré à domicile pour ceux qui le souhaitent, service de transport permettant de se déplacer pour le travail dans de bonnes conditions, service de courses à domicile pour assurer le ravitaillement de chacun sans ruée, distribution de masques.

Enfin, l'État doit progresser dans la réalisation des tests de dépistage et envisager une campagne de vaccination gratuite pour ceux qui le souhaitent.

De manière plus globale, cette crise pose la question des services minimaux dont devrait bénéficier tout citoyen indépendamment de ses revenus.

Les mesures de protection des populations décidées tant en France que dans le monde entier, se sont traduites par de fortes restrictions des déplacements, un ralentissement généralisé des échanges commerciaux et des activités productives.

Au niveau mondial, -8% des émissions de CO2 ont été enregistrées. Pour la première fois depuis des années, le jour du dépassement a reculé de trois semaines.

La COVID-19 a eu un effet bénéfique vis-à-vis du réchauffement climatique, du fait du ralentissement des activités humaines. Mais ce bénéfice est conjoncturel. Cette crise donne une idée de l'ampleur des "actions" à mener pour arriver aux objectifs de la COP21.

Disruption

Rupture créatrice pour faire renaître l'idéal démocratique.

La démocratie ne peut être que parlementaire pour complaire à l'idée de gouvernement du peuple. Les révolutions anglaise et française ont commencé par supprimer le pouvoir de l'homme seul pour instaurer une pluralité au sein d'un parlement, c'est cette notion de pluralité qui importe, car elle suppose l'échange des arguments, la recherche des forces communes, mais n'exonère pas les joutes contradictoires.

Sur le plan institutionnel, cela signifie qu'il faut abandonner le principe de l'élection présidentielle au suffrage universel, qui ressemble aujourd'hui à une joute moyenâgeuse de gladiateurs ripolinés par le pouvoir médiatique. Revenir à une élection d'un parlement qui doit assurer dans sa totalité le pouvoir législatif, nulle disposition d'exception ne doit entraver le pouvoir du parlement. La composition du parlement doit permettre la création d'un exécutif en fonction des tendances politiques qui le composent, la tête de l'exécutif revient à la personne qui représente la synthèse et assume la responsabilité de l'exécutif, ce gouvernement étant naturellement approuvé par un vote du parlement. Au-dessus, pour organiser ce principe institutionnel, un Président de la République est élu par le parlement, ce dernier n'ayant aucun pouvoir sauf celui d'organiser les principes démocratiques.

Si l'on dit rupture, elle doit trouver sa source dans une véritable représentativité des choix politiques des citoyens au sein d'un parlement. On connaît en France la rudesse du scrutin uninominal à deux tours qui élimine et donne de ce fait mécaniquement des majorités peu représentatives. A l'opposé, le scrutin à la proportionnelle intégrale est le reflet mathématique des votes des citoyens.

La crise de la COVID-19 a montré que l'État central ignorait d'une manière toute jacobine les « territoires », cette attitude a été et demeure contre-productive. Aujourd'hui le principe de l'unité de la nation est acquis, c'est donc le moment d'amender l'attitude jacobine et de donner un sens au pouvoir local.

Après

A l'instar du Conseil Nationale de la Résistance d'après la Seconde Guerre Mondiale, certains imaginaient mettre sur pied une modification des institutions, une révolution du système politique et économique pour un renouveau de nos existences améliorées.

Autre frémissement lié à cette crise sanitaire, économique et politique c'est une confiance perdue.

Si la vie politique l'avait déjà bien entamée, le monde médical et pharmaceutique a jeté un voile opaque sur ses pratiques, sa neutralité, son honnêteté.

Diverses prises de paroles et de positions ont montré que l'intérêt financier importe plus que la sante publique. L'intérêt privé, de plus en plus, passe avant l'intérêt général.

Que penser de l'état des établissements hospitaliers publics affaiblis par les politiques de gestion ? « Gouverner c'est prévoir » car des chercheurs sont formels d'autres pandémies comparables à la COVID-19 vont se produire, et peut-être avec plus d'acuité.

Faire en sorte que la contradiction Santé-Capital soit dépassée. Ne plus gérer les hôpitaux comme des entreprises, leur laisser une indépendance vis-à-vis de l'État et ne pas considérer que la maladie est une marchandise.

Pourquoi ne pas faire confiance à l'être humain, s'appuyer sur ses penchants naturels tournés vers la recherche du bien pour ériger une société meilleure ?

L'Homme sait qu'il vaut mieux être que posséder et que la recherche du profit n'est pas une fin en soi puisqu'elle le rend insatiable et le conduit à sa perte.

La solidarité repose sur quatre piliers :

Un état providence garant de la protection sociale,

Le développement de l'altruisme, de l'entraide et de la solidarité passe par l'éducation.

Éducation : Il faut réformer les programmes d'enseignement théorique pour les orienter vers les valeurs universelles, républicaines et démocratiques.

Ré-introduire l'enseignement de la morale dès l'école primaire. Penser et mettre en œuvre des pratiques qui dès le plus jeune âge, à travers des ateliers d'activités vont développer des comportements sociaux solidaires et respectueux du vivant.

Une véritable éducation citoyenne doit être mise en œuvre afin que les citoyens de demain et d'aujourd'hui prennent conscience de leurs intérêts communs, s'approprient la pensée solidariste.

Culture : L'expérience du confinement lié à la COVID-19 pendant deux mois a mis en lumière l'importance des activités artistiques et culturelles comme des nourritures spirituelles indispensables dans la vie en société.

Des politiques ambitieuses favorisant l'accès des plus démunis aux activités artistiques et culturelles, développant le partage et la mixité sociale dans la participation directe à ces activités sont à inventer.

Devons-nous viser la révolte ou la révolution ? Peut-être bien que la réponse dépend des circonstances. Notre objectif n'est ni la révolte ni la révolution, notions toujours limitées au système auquel on s'attaque. Nous visons un objectif autrement plus ambitieux : la transformation de l'homme et par conséquent de toutes les structures rapidement obsolètes qu'il construit.

Alors que la société tend à aborder la relation entre les individus dans un système où il est question de devoirs, l'individu aborde son intégration au sein de cette même société en réclamant ses droits.

C'est ainsi, que là encore, le mode de fonctionnement est double nous sommes bien à poser la question des droits et des devoirs ; peut-être dans la quête d'un équilibre nécessaire pour tous.

Société et individu, ne peuvent faire qu'un.

La société fait bouclier à l'exclusion. Lorsque les individus sont en instinct de survie, c'est donc que la société ne joue plus son rôle. Néanmoins, ce qui fait société fait de chacun de nous des individus.

Le confinement après l'explosion des rencontres de masse, a mis en cause une forme de démocratie qui n'est pas en phase avec l'évolution d'une société mondiale débordée par les flots d'images et de communication diverses.

Jamais le monde n'a connu un tel bouleversement. On peut aussi espérer que l'espèce humaine, ou certains de ses représentants, s'interroge sur le sens réel de cette menace planétaire : Opportunité de retour sur soi et sur l'essentiel, révélation de l'existence de personnes jusque-là invisibles, Émergence d'une conscience de groupe, des effets d'appartenance inattendus, l'espérance d'un réel changement, avec des actions de groupe étonnantes. Mais attention : la possibilité de réfléchir, et les

Diverses prises de paroles et de positions ont montré que l'intérêt financier importe plus que la sante publique. L'intérêt privé, de plus en plus, passe avant l'intérêt général.

Que penser de l'état des établissements hospitaliers publics affaiblis par les politiques de gestion ? « Gouverner c'est prévoir » car des chercheurs sont formels d'autres pandémies comparables à la COVID-19 vont se produire, et peut-être avec plus d'acuité.

Faire en sorte que la contradiction Santé-Capital soit dépassée. Ne plus gérer les hôpitaux comme des entreprises, leur laisser une indépendance vis-à-vis de l'État et ne pas considérer que la maladie est une marchandise.

Pourquoi ne pas faire confiance à l'être humain, s'appuyer sur ses penchants naturels tournés vers la recherche du bien pour ériger une société meilleure ?

L'Homme sait qu'il vaut mieux être que posséder et que la recherche du profit n'est pas une fin en soi puisqu'elle le rend insatiable et le conduit à sa perte.

La solidarité repose sur quatre piliers :

Un état providence garant de la protection sociale,

Le développement de l'altruisme, de l'entraide et de la solidarité passe par l'éducation.

Éducation : Il faut réformer les programmes d'enseignement théorique pour les orienter vers les valeurs universelles, républicaines et démocratiques.

Ré-introduire l'enseignement de la morale dès l'école primaire. Penser et mettre en œuvre des pratiques qui dès le plus jeune âge, à travers des ateliers d'activités vont développer des comportements sociaux solidaires et respectueux du vivant.

Une véritable éducation citoyenne doit être mise en œuvre afin que les citoyens de demain et d'aujourd'hui prennent conscience de leurs intérêts communs, s'approprient la pensée solidariste.

Culture : L'expérience du confinement lié à la COVID-19 pendant deux mois a mis en lumière l'importance des activités artistiques et culturelles comme des nourritures spirituelles indispensables dans la vie en société.

Des politiques ambitieuses favorisant l'accès des plus démunis aux activités artistiques et culturelles, développant le partage et la mixité sociale dans la participation directe à ces activités sont à inventer.

Devons-nous viser la révolte ou la révolution ? Peut-être bien que la réponse dépend des circonstances. Notre objectif n'est ni la révolte ni la révolution, notions toujours limitées au système auquel on s'attaque. Nous visons un objectif autrement plus ambitieux : la transformation de l'homme et par conséquent de toutes les structures rapidement obsolètes qu'il construit.

Alors que la société tend à aborder la relation entre les individus dans un système où il est question de devoirs, l'individu aborde son intégration au sein de cette même société en réclamant ses droits.

C'est ainsi, que là encore, le mode de fonctionnement est double nous sommes bien à poser la question des droits et des devoirs ; peut-être dans la quête d'un équilibre nécessaire pour tous.

Société et individu, ne peuvent faire qu'un.

La société fait bouclier à l'exclusion. Lorsque les individus sont en instinct de survie, c'est donc que la société ne joue plus son rôle. Néanmoins, ce qui fait société fait de chacun de nous des individus.

Le confinement après l'explosion des rencontres de masse, a mis en cause une forme de démocratie qui n'est pas en phase avec l'évolution d'une société mondiale débordée par les flots d'images et de communication diverses.

Jamais le monde n'a connu un tel bouleversement. On peut aussi espérer que l'espèce humaine, ou certains de ses représentants, s'interroge sur le sens réel de cette menace planétaire : Opportunité de retour sur soi et sur l'essentiel, révélation de l'existence de personnes jusque-là invisibles, Émergence d'une conscience de groupe, des effets d'appartenance inattendus, l'espérance d'un réel changement, avec des actions de groupe étonnantes. Mais attention : la possibilité de réfléchir, et les prises de conscience, varient aussi selon les moyens matériels, les conditions d'habitat, les conditions de vie, et l'activité de chacun.

Propositions

- Apprendre de la crise, Apprendre par la crise, Apprendre avec la crise
- Soit, nous restons comme actuellement « avec des rustines » soit nous tentons de réviser la démocratie pour la rendre participative avec implication de l'individu.
- Rappeler aux journalistes leurs obligations : s'informer correctement lorsqu'ils veulent donner à la population des informations
- La publicité doit désormais être sérieusement encadré. L'interdiction des publicités, mettant en jeu l'environnement, la santé, le respect de l'autre, ... doit être mise en place. Utiliser la publicité comme moyen de rééduquer chacun à une consommation raisonnée en développant la solidarité
- Revaloriser les métiers des « premiers de corvée » (pas uniquement financièrement), ainsi que tous les actes de solidarité.
- Reconstruire le service public au service des citoyens, Lui redonner toute sa noblesse.
- Encourager les initiatives altruistes, celles protégeant les êtres et la nature
- Décourager celles qui sont polluantes, nocives, ou purement lucratives.
- Relocalisation des circuits économiques, productions locales
- Engager des actions à la mesure de la question climatique
- Réformer les institutions de la Ve République
- Réformer l'Éducation Nationale, pour former des citoyens
- Revoir toute la fiscalité (directe et indirecte) pour permettre une redistribution plus juste.
- Formation tout au long de la vie aux valeurs fondamentales de la République Française
- Soutenir l'OMS comme organisme compétent en gestion d'épidémie.
- Création d'un socle d'équité : dispositif universel social et de solidarité avec la gratuité totale d'un repas par jour, des transports et des frais de santé.
- Allocation en volume/quantité pour l'énergie et l'eau pour couvrir les besoins minimaux en matière d'alimentation, d'hygiène, de chauffage
- Pas de changement radical ni de Révolution
- Les initiatives de démocratie participative et de co-construction des décisions politiques
- Révision profonde de nos mondes de production et de consommation
- Mondialiser la gouvernance
- Dé mondialiser les pratiques de production
- Repenser la ville et les processus de ségrégation sociale, pour des villes plus « inclusives » et les expériences « de bonne gouvernance »
- L'anticipation de la disparition / mutation du travail tel que nous le connaissons
- L'autonomisation et l'émancipation des individus
- Un droit à l'existence / la dignité (revenu universel)
- Donner des visages et des miroirs aux évolutions de la société
- Instaurer une obligation de « don » de quelques heures à quelques jours de chaque citoyen à la rencontre de l'autre (i.e. un service civique tout au long de la vie, de quelques heures à quelques jours /an). « Fabriquer la République c'est bien, fabriquer des républicains c'est mieux. »
- L'évolution de nos instances politiques pour la production d'une plus grande légitimité, l'intérêt général et une meilleure représentation
- La prise de conscience de la complexité du monde, des sociétés et de l'individu dans l'économie et de la considération et prise en compte de la « qualité de l'immatériel » (ex. révision du PIB)
- Faire en sorte que l'aléa, l'incertitude, l'absence de certitudes (en médecine par ex.), la mort (sel de la vie), continuent d'être des composantes acceptées de nos destins individuels et collectifs
- Lutter contre les dogmes, et notamment les idéologies, oppositions et exclusives des modèles sociaux, écologiques et économiques.

2

L'autre, le partage, la solidarité

Respectable Loge, Coupo Santo, Orient du Cannet des Maures, Région 2

Respectable Loge, L'Étoile des Mascareignes, Orient de Saint-Pierre, Ile de La Réunion, Région 3

Respectable Loge, Olympe de Gouges, Orient de Strasbourg, Région 4

Respectable Loge, Les Ecossais Roannais, Orient de Roanne, Région 6

Respectable Loge, Maillon et Liberté, Orient de Lyon, Région 6

Respectable Loge, La Parfaite Égalité Retrouvée, Orient de Morlaix, Région 9

Respectable Loge, Intersection, Orient de Paris, Région 12

Respectable Loge, Locarno Fraternité, Orient de Paris, Région 13

Respectable Loge, L'Aimable Sagesse, Orient de Marseille, Région 15

Respectable Loge, Pyramidion, Orient de Bordeaux-Cenon, Région 16

Respectable Loge, Aristophane, Orient de Villeneuve sur Lot, Région 16

Respectable Loge, L'Auguste Amitié, Orient de Condom, Région 17

Partant d'une situation de rupture, de crise, de solitudes extrêmes, de violence, de désarroi, à l'image de nos peurs et de notre précarité à la surface de la planète qui réduit la vie individuelle au strict minimum, nous parvenons à dégager des propositions concrètes. On y voit la possibilité d'une disruption, une façon de sortir de l'état d'urgence permanent qui nous a précipités dans la crise. Il s'agira de reconstruire différemment, de reconstruire ensemble et pour le bien de tous, de reconstruire plus doux et bienveillant, plus harmonieux, sur un temps long, ce qu'on le temps retrouvé. Partage et Solidarité sont au cœur de cette construction.

Cette crise sanitaire, dont nul ne peut s'extraire, est parfois perçue comme une chance. Prise de conscience individuelle, car cette crise touche tout le monde. Prise de conscience globale, car aucun rouage de la société n'est épargné. Le monde, géant aux pieds d'argile, à force de cécité, se réveille fragile, désorganisé, apeuré.

Les conditions du Partage et de la Solidarité sont largement décrites et analysées ici : il n'y a pas de partage ni de solidarité sans l'autre. Qui est l'autre ? Celui qu'on ignore, celui qu'on connaît, celui qu'on respecte ? Nous suggérons des pistes au travers du prisme de quelques auteurs : « Je est un autre » (Rimbaud), « La plupart des gens sont quelqu'un d'autre » (Oscar Wilde), quand Édouard Glissant en appelle au « nécessaire respect de l'opacité de l'autre ».

Il n'y a pas non plus de Partage ni de Solidarité sans biens à partager, sans biens à transmettre.

Biens immatériels, biens matériels.

Ces biens sont de toutes les attentions. D'ordre spéculatif, ils s'attachent à imaginer un monde nouveau, peut-être, mais surtout différent où la question « qu'est-ce qu'on garde, qu'est-ce qu'on jette ? » revient sans cesse, sans réponse simple. D'ordre matériel, ces biens recouvrent avant tout « la terre, lieu et acteur de nos vies », notre maison, nos ressources.

Parmi les biens spéculatifs ou immatériels, la parole et la pensée ont une place à part. Ils sont des véhicules en mouvement et en évolution permanentes. Laisser une place majeure à la parole, c'est une nécessité de penser ou de repenser le monde de demain, repenser un nouveau vivre ensemble. Paroles et pensées, où les débats et confrontations sont indissociables de la transmission vers le plus grand nombre et vers les générations futures.

La transmission commence sur un tableau noir ... L'école est au cœur des enjeux pour viser l'égalité, l'harmonie, le partage dans un espace éthique et philosophique. Parmi ces biens spéculatifs, à préserver et à transmettre, sont le plus souvent cités les valeurs citoyennes, la culture, la liberté, la fraternité, la démocratie. Parmi les biens matériels, la terre qui nous nourrit est ici omniprésente. Vivre dans l'harmonie de la nature et le respect environnemental, social et citoyen répond en écho.

- S’accorder sur ce qui doit croitre et ce qui doit décroitre. Assimilation et non une séparation de ces deux notions.
- Constitutionnaliser le temps long, pour lutter contre la faiblesse de la planification,
- Arrêter les errements, et injustice, créés par le besoin de profit.
- Faire prendre conscience à tous que le TROP n’est pas nécessaire à une vie normale.
- Développer la protection de l’environnement, de permettre à la planète de respirer car c'est notre maison.
- Mettre fin à une mondialisation, qui ne permet que des profits énormes pour une minorité, et qui asservit des peuples entiers.
- Développer l’économe locale au travers des circuits courts, qui sauvegarderont la planète et qui créeront de l’emploi.
- Dissocier des valeurs données à l’argent.
- Revaloriser le travail manuel.
- Aider les individus à s’épanouir dans leur voie, en respectant leurs envies, leur aspiration.
- Revalorisation des salaires minimum.
- Relocaliser avec nuance certaines entreprises afin de garder une dose de souveraineté européenne
- Ralentir la mondialisation en freinant ces traités gigantesques intercontinentaux qui déstabilisent la vie économique de certains pays.
- Montrer plus de solidarité entre les êtres et entre les États soumis à la concurrence qui n’est qu’une continuation sans fusil ni canon de la guerre militaire.
- Rassembler plutôt que séparer.
- Ne pas reporter la transition écologique aux calandres grecques.

Limiter et apporter des solutions à une mobilité continuelle et exponentielle

Respectable Loge, Louise Michel, Orient de Limoges, Région 5

Respectable Loge, Les Enfants de Gergovie, Orient de Clermont-Ferrand, Région 5

Respectable Loge, L'Allobrogie, Orient d'Annecy, Région 6

Respectable Loge, Fraternité Cévenole, Orient de Bédarieux, Région 8

Respectable Loge, Triple Union, Orient de Dinan, Région 9

Respectable Loge, L'Émancipation Brayonne, Orient de Rouen, Région 9

Respectable Loge, La Fraternité Normande, Orient d'Évreux, Région 9

Respectable Loge, République Malouine, Orient de Saint Malo, Région 9

Respectable Loge, La Parfaite Égalité, Orient de Rouen-Canteleu, Région 9

Respectable Loge, Charles de Montesquieu, Orient de Paris, Région 11

Respectable Loge, Harmonie, Orient de Paris, Région 12

Respectable Loge, Gabriel Narutowicz, Orient de Cracovie Pologne, Région 14

Respectable Loge, Union et France, Orient de Paris, Région 14

Respectable Loge, Parfaite Rectitude, Orient de Marseille, Région 15

Respectable Loge, Foi et Espérance, Orient d'Angoulême, Région 16

Respectable Loge, La Paix, Orient de Tarbes, Région 17

Respectable Loge, Humanisme et Condorcet, Orient de Dax, Région 16

Souverain Chapitre Daniel Michotte - Vallée de Guyane - Amazonie

Après, L'individu et la société

Nous n'avons plus conscience, ou ne voulons pas avoir conscience que nous détériorons la terre sur laquelle poussait un arbre magnifique, que cet arbre possédait de belles et solides branches, que nous étions assis sur l'une d'elles, et que nous sommes en train de la scier ou de la laisser scier avec un regard d'impuissance... Triste et douloureux constat... !

D'un autre côté, en étant objectif, le confinement nous a fait prendre conscience de la dangerosité de la perte de nos valeurs.

Beaucoup commencent à consommer moins et acheter ce qui est produit au plus proche, français ou européen, certains se reconvertissent dans de nouvelles entreprises. On a vu, ne fusse que pour les masques, le retour des soi-disant petites mains dont le monde robotisé disait ne plus avoir besoin.

Le confinement a également démontré l'élan de solidarité qui subsiste au fond de tous.

Cette prise de conscience nous conduira espérons-le vers un nouvel environnement de travail où chacun sera reconnu comme indispensable à l'ensemble de la société.

Évidemment, ce sera un peu plus onéreux pour chacun, mais la qualité du travail rendu sera meilleure, le chômage moindre, la pollution diminuée, la relocalisation entraînant moins de cheminement des marchandises.

Nous ne pouvons empêcher les multinationales de poursuivre dans l'idéal de capitalisation, mais par un choix commun de vie plus saine, sciemment consenti, nous pourrions peut-être changer radicalement les choses.

Adopter le civisme comme maître achat, se responsabiliser individuellement et collectivement pourrions-nous le faire, Francs-Maçons ou pour le moins cesser de ne pas le faire.

Individualisme et collectivité

La pédagogie : La pédagogie est affaire de politique, car ce n'est rien d'autre que l'art de traduire en pratique notre existence collective.

Évidemment, la « recette » n'est pas nouvelle. Mais c'est dans la manière que les composantes de l'État et de toute force démocratique disponible agissent.

Nous sommes à l'ère des storytelling et des réseaux sociaux à partir d'Internet. Nous devons les utiliser.

Former à l'école ne suffit plus. Informer par les médias (souvent sensationnalistes et parcellaires) ne suffit plus.

Nous devons raconter l'histoire et la collectivité au travers de supports et moyens regardés par tous. Devenons scénaristes de notre Histoire, de la République française et de ses apports citoyens, sociaux.

Nous n'aimons pas la locution « vivre ensemble » parce qu'elle peut être comprise comme « à côté les uns des autres ». Parlons plus de citoyens d'un même pays, quelle que soit leur histoire et leur origine.

De l'incivisme à la responsabilité

Face aux risques de ruptures culturelles ou communautaires, les moyens et le temps de l'intégration dans nos sociétés appellent de nouvelles réponses, au-delà de l'école publique, du travail et de la laïcité qui furent les vecteurs d'intégrations successifs au XXème siècle. Ces réponses doivent s'inscrire dans le contexte de tensions géo politiques et religieuses actuelles.

Ainsi, les étrangers voulant obtenir la nationalité devraient étudier l'histoire du pays, intégrer ses valeurs, principes et son fonctionnement. En addition d'un service civique pour tous, il pourrait être judicieux d'intégrer plus facilement des personnes de cultures différentes à notre pays par ce biais.

Un socle commun de valeurs et de connaissances renforcerait notre collectif, éviterait des incompréhensions ou des replis communautaristes.

Afin d'obtenir un titre de séjour, de travail ou la naturalisation, les impétrants resteraient soumis à un parcours de formation, mais un examen validerait la connaissance des principes fondamentaux de la République française, des droits et des devoirs du citoyen, la connaissance de l'Histoire et de la langue française. Au travers de ces précautions, nous pourrions favoriser l'intégration des nouveaux arrivants, sans oublier la naturalisation d'office de tous ceux qui le méritent de droit.

Il faut mettre en place un service civique, favoriser le vote des citoyens par des mesures innovantes et créer un parcours de formation au civisme à l'attention des migrants.

Place et rôle des femmes dans le monde d'après

Représentativité en politique

Nos responsables politiques, en majorité des hommes, doivent donner une véritable place aux femmes dans les instances politiques et dirigeantes. Mais c'est aussi aux femmes de prendre leur destin en main et de ne plus être passive face à la difficulté d'intégrer les instances dirigeantes.

Si nous voulons réellement changer le monde afin qu'il ne ressemble pas à celui d'avant crise, l'obédience doit œuvrer pour que la société donne aux femmes la considération et la place qui leurs sont dues. C'est un grand chantier qui s'ouvre à nous car il est difficile de changer des siècles de domination masculine.

Un engagement citoyen à renouveler : un défi démocratique

Définir des missions d'intérêt général

Il s'agirait donc de réfléchir à des missions d'intérêt général dans des villages ou des quartiers en regardant leur impact, les plus-values, les limites, les nouveaux services à proposer, tout en considérant que les communes ou communautés de communes ou agglomérations pourraient proposer par territoire, les missions d'intérêt général ad hoc. Créer un fond d'engagement citoyen financé par l'État, les collectivités, les entreprises pour identifier, soutenir et conduire des projets d'intérêt général. Ce fond viendra participer aux financements des initiatives locales d'intérêt général. Création d'une plate-forme informatique nationale qui recense et comptabilise les missions d'intérêt général au niveau local. Mise en place d'une animation d'intérêt général pilotée par les mairies et les communes/communautés de commune qui coordonnent localement le dispositif et ses nouveaux bénévoles.

La création d'une nouvelle politique publique visant à amplifier un engagement citoyen de proximité.

Après cette crise, le citoyen doit-il repenser son éthique personnelle, à savoir : la combinaison subtile de ce qu'il peut faire, ce qu'il doit faire, ce qu'il veut faire ?

Comment refonder les communs ?

Agir par l'éducation des jeunes encore scolarisés. Agir par l'information du plus grand nombre, par la discussion et l'échange. Agir par l'engagement de chacun (volontaire ou obligatoire) dans la contribution à la communauté. La « formation » ou plus exactement la transmission de nos valeurs communes est la première des démarches à renforcer. Elle permet une compréhension éclairée des choses et du monde qui n'est pas spontanément accessible à chacun. Elle favorise l'adhésion puis la contribution. Pour ceux qui refuseraient ce partage de valeurs, il est indispensable de ne pas laisser filer mais de faire remarquer, réexpliquer, puis de « sanctionner » de façon juste et pédagogique. Les communs ne peuvent pas être respectés par une seule partie des acteurs et détériorés par les autres impunément. Les non respectueux impunis renvoient un sentiment d'injustice flagrante pour ceux qui jouent le jeu, et ils sont nombreux. Le sentiment d''injustice est un des éléments du délitement de la citoyenneté.

Sans doute la citoyenneté du XXIème siècle doit être revisitée et adaptée. Mais comme les précédentes, elle ne s'exonèrera ni des droits ni des devoirs qui sont les deux plateaux d'équilibre du vivre ensemble. Observons les pays qui réussissent et adaptons ce que nous voyons. L'Islande, la Nouvelle Zélande, les pays d'Europe du Nord peuvent nous éclairer.

La globalisation du monde est une évidence car l'humanité est une et indivisible. Ce n'est donc pas le concept de globalisation qu'il nous faut questionner mais bien comment nous l'avons interprété jusqu'ici. Nous devons accompagner chacun à se sentir citoyen (droits et devoirs) du pays, de l'Europe et du monde, un citoyen éclairé porteur d'une éthique forte, soucieux des équilibres et contributeur constructif à leurs nécessaire évolution.

L'individu et la société

Il apparaît nécessaire de renforcer la démocratie participative et le sentiment d'appartenance à un même corps social et de citoyenneté. Cela peut se faire par exemple par la comptabilisation des votes blancs et par l'obligation d'aller voter, mais aussi par des référendums nationaux ou locaux.

Il apparait nécessaire de restaurer l'autorité du corps enseignant auprès des enfants et d'initier les enfants beaucoup plus tôt à la philosophie pour leur permettre de découvrir le monde des idées et leur apprendre à penser par eux-mêmes, loin de toute affirmation dogmatique qu'ils pourraient subir, notamment dans le cercle familial.

Il apparaît impératif de remettre l'intérêt général, au sens du droit public, « au centre du village » et par exemple de promouvoir à cet effet un service national civique citoyen qui soit un moment de rencontre et de partage des valeurs républicaines de Liberté – Égalité - Fraternité.

Faire progresser l'individu dans une société collective

Comment aller plus loin et renforcer un esprit collectif ?

La première solution serait de réduire toujours et encore les inégalités par des aides du Collectif, de l'État. Mais dans une société meurtrie par des semaines de confinement où l'économie a basculé dans des pertes soudaines, où la dette de l'État s'alourdit, ou le Collectif est malmené, ne devrait-on pas trouver des solutions dans chaque individu et revaloriser le citoyen en tant que tel ?

Une solution pourrait être que chaque citoyen ait la possibilité de participer à la vie d'une association d'aide à la personne de son choix. Les seniors au même titre que les actifs et les jeunes pourraient donner de leur temps pour aider. Pour cela, il pourrait être envisagé une réduction d'impôt, un crédit d'impôt ou un aménagement de leur temps de travail facilitant la prise de participation. Les personnes en rechercher d'emploi ou en reconversion pourraient également réaliser des stages en entreprise mais également dans le milieu associatif.

Un parcours civique intégré dans le cursus scolaire pourrait être créer dès le plus jeune âge pour comprendre et apprendre de notre collectivité. Les enfants sont les prochains acteurs de la société, avec leur famille, ils sont la base de l'amélioration de la société.

Bien sûr, l'économie de certains s'en verrait modifiée, mais chaque bouleversement fait naître de nouveaux marchés et en perd d'autres. A ce jour, l'individu surconsomme, les industriels en profitent et les capitalistes se gonflent les poches. Ne conviendrait-il pas de limiter le versement des dividendes, d'abolir certains parachutes dorés ? De fiscaliser les transactions financières ? Ne devrait-on pas revenir à des valeurs plus saines et plus coopératives ?

En intégrant une partie d'une économie de partage et collaborative avec la création de jardins partagés qui valorise l'espace vert et permet aux citoyens de consommer local.

En tant que Francs-Maçons, nous avons aussi notre part de responsabilité pour améliorer la Société collective en mettant en œuvre, par nos actions, les valeurs humaines telles que le partage, la solidarité en étant exemplaire aux yeux des profanes comme entre nous. Le travail n'est pas fini...

Dans le monde d'après, comment appréhender la dimension sociale de l'individu ?

L'émergence de l'insécurité sociale et civile comme problèmes sociaux et politiques

D'anciennes et de nouvelles formes de solidarité surgissent. Nous assistons à la décomposition des anciennes formes de solidarité. A quelles conceptions et à quelles politiques donnent lieu les nouvelles formes de solidarité ? Les enjeux posés par la question sociale apparaissent d'autant plus inquiétants et complexe qu'elle s'adresse à une société qui a perdu la plupart de ses repères traditionnels et qui peine à s'orienter et à trouver une issue à ses difficultés : accroissement de la misère, précarité du monde ouvrier, cynisme d'un certain libéralisme, réactions violentes des anarchistes qui paraît d'autant plus redoutable qu'elle inquiète et déstabilise les élites et l'opinion publique. Pour revenir à notre situation actuelle et répondre à cette crise démocratique, climatique et autre, il nous faut trouver un futur nouveau ; l'économie de marché débridée est toujours là. Avant la crise, le consommateur avait écrasé le citoyen ; il faut abandonner le profit de la vie d'avant ; nous devons accepter d'autres réflexes pour plus de justice sociale car nous nous acheminons vers une catastrophe économique mondiale sans précédent. Un deuxième acte sera d'abord économique puis un troisième acte sera politique et social. Agissons avant qu'il ne soit trop tard !

L 'Individu acteur dans la société

Différentes expériences démontrent que l'individu au sein d'un collectif amène à une réflexion significative, ce, grâce à la richesse des différences, des échanges productifs et l'émergence de propositions pragmatiques.

Des mesures peuvent être prises rapidement pour lutter contre le dérèglement climatique en agissant sur la pollution tout en mettant le citoyen au cœur du dispositif décisionnel.

Pour se faire il est proposé de :

Revenir à la production locale massive moins polluante en développant des partenariats avec les agriculteurs, Illustrant ainsi le propos de Jean-Michel Jancovici « raccourcir les distances entre le champ et l'assiette ».

En obligeant les supermarchés, hypermarchés.... à placer en tête de gondole les produits locaux et proposer ainsi la vente de produits issus de la production locale, actuellement plus chers, mais qui à moyen terme devraient entraîner une réduction du coût pour le fabricant et le consommateur.

En obligeant le recrutement au niveau local quand les compétences dans le domaine spécifique existent. Ceci pourrait générer des emplois et pourquoi pas des vocations par l'octroi de subvention de l'état aux nouvelles exploitations, artisans et/ou entreprises dont les activités sont liées aux énergies renouvelables ou limitant l'émission de gaz à effet de serre.

Cette enveloppe serait alimentée par le versement d'une partie de la taxe carbone et du reversement d'un euro symbolique prélevé sur le paiement des factures énergétiques autre que les énergies renouvelables.

En obligeant les personnes en fin de droit ou au chômage d'œuvrer au niveau local selon leurs possibilités et capacités (Rémunération par allocations ou indemnités de l'état moindre en fonction de la rémunération de leur main d'œuvre effective).

Réduire l'émission de gaz à effet de serre afin de limiter la pollution.

En Obligeant les communes selon un seuil de nombre d'habitants déterminé (période estivale incluse) de mettre à disposition de leurs administrés des vélos et des pistes cyclables

En instaurant une journée nationale par an sans voiture.

En refixant les priorités budgétaires de l'état sur l'énergie. Au lieu de rénover les installations obsolètes, financement des constructions alimentées par les énergies renouvelables. Mise en place d'un organe de contrôle sur le territoire national indépendant à l'instar du comité de régulation à l'énergie nommé par le gouvernement... en changeant le mode de désignation et en y incluant une représentation syndicale, associative, et citoyenne.

Cet organe ayant pour but la vérification des fonds alloués, l'engagement tenu par l'état en matière énergétique et environnementale.

Remettre le citoyen au cœur du collectif et du pouvoir décisionnel

En payant un euro symbolique d'impôt par chaque foyer, participant ainsi à la production de la richesse nationale.

En développant le système de votation comme en suisse hors missions régaliennes ...

En généralisant les conseils citoyens avec représentations aux conseils municipaux

En développant les référendums locaux (or missions régaliennes)

En plaçant des urnes à idées, scellées, dans les mairies, ouvertes lors de conseils municipaux et débattus lors des prochains conseils.

Remettre le citoyen au cœur du collectif et du pouvoir décisionnel.

Revenir à une production locale massive moins polluante en incluant une participation active de la population locale.

L'existence individuelle et l'existence sociale

L'individu dans la démocratie et dans la dictature

Pareillement au cas de l'individu, la question de la liberté et de la souveraineté de groupes liés au niveau culturel, aussi bien que de nations en entier, reste aussi importante. C'est plus qu'un problème moderne, il est aussi tourné vers l'avenir. Un bon exemple reste l'avenir de l'Europe Unie. Il en existe deux tendances opposées – l'une c'est de rester dans l'Europe commune avec un gouvernement pour tous et même une seule armée. Et dans ce cas, le problème de la particularité ou de l'indépendance économique et culturelle, aussi bien que l'identité nationale et patriotique, reste la question exigeant le consensus en dehors des idéologies. En somme – l'union de l'individu et de la société c'est l'indépendance et la corrélation. Cette question peut être illustrée par l'exemple du ruban de Möbius, connu de la science. Il est simple et a deux faces, c'est-à-dire qu'il a deux plans, qui sont « les deux faces de médaille ». Si nous supposons que l'un des plans est un individu et l'autre est la société, (ou l'un c'est la nation et l'autre c'est la communauté des nations, c'est-à-dire des cultures), ces deux parties resteront séparées pour toujours. Cependant, si on tourne les pointes à 180 degrés, on obtient un seul plan qui est commun aux deux, où il n'y a pas de contradictions.

La question consiste à trouver la méthode pour unir ces deux pointes pour qu'elles deviennent une unité infinie, en gardant ses droits et ses propriétés. La réponse est probablement dans la reconnaissance mutuelle, la compréhension et la tolérance, mais aussi dans une responsabilité unique et collective pour nous-mêmes et pour les autres.

Comment améliorer la prise de conscience de la dimension citoyenne de chaque individu dans une dimension plus globale pour construire une humanité plus juste et plus éclairée ?

Comment développer la fraternité universelle ?

Comment entretenir et renforcer notre sentiment d'appartenance à la même société, comment des individus accèdent-ils à la citoyenneté ?

Il semble indispensable de repenser le jour d'Après, avec une organisation qui permet de (re)construire du lien entre les individus et ainsi faire société. Dès l'enfance, il est important de favoriser les rencontres et les échanges de milieux divers pour développer la connaissance de l'autre, la tolérance, le respect mutuel, la bienveillance... La citoyenneté s'acquiert dès le plus jeune âge, et se cultive tout au long de la vie : "C'est le temps que tu as perdu pour ta rose qui fait ta rose si importante."

Du petit prince à Aragon, "Rien n'est jamais acquis à l'Homme". La citoyenneté se décline en actes, de telle sorte que les actions individuelles s'intègrent dans une dynamique collective qui favorise la cohésion sociale.

Finalement, c'est la somme de tous les actes quotidiens qui donne du sens à l'esprit de fraternité qui doit animer chaque citoyen. Renforcer la citoyenneté, c'est permettre d'accéder au sentiment de reconnaissance et d'appartenance à la République.

L'individu devient citoyen en inscrivant ses propres actions dans une démarche collective. Pour garantir la cohésion sociale, cet engagement doit être encouragé et reconnu tout au long de la vie. Stage citoyen, obligations citoyennes, devoir citoyen : à tout âge, il faut cultiver la fraternité.

Une humanité plus riche et plus éclairée

La recherche d'une humanité plus juste et plus éclairée nous est chère, et est souvent mise à mal par des individus, plaçant leur individualisme personnel au-dessus de l'importance de la citoyenneté et de l'intérêt collectif. Si nous voulons améliorer la prise de conscience citoyenne avec des actions concrètes et applicables sans trop d'impact, il nous semble que l'amélioration de l'éducation, au travers notamment de l'apprentissage pratique de la solidarité, la participation volontaire ou aidée du citoyen en cas de crise, ainsi que la mise en place de sanctions utiles et solidaires seraient des actions qui amèneraient des résultats probants à court terme.

Dans le respect de la Constitution qui exprime en son article premier l'égalité totale entre les hommes, donner véritablement la parole aux citoyens en élaborant une structure légale qui soit contraignante pour l'exécutif. Cette Assemblée Citoyenne du Futur serait le réceptacle des propositions des citoyens qui mènerait à la conception de plans de relance justes, durables et écologiques.

Améliorer la prise de conscience citoyenne

L'enseignement et la fraternité au service de la conscience citoyenne

La prise de conscience citoyenne doit passer par le questionnement de soi depuis le plus jeune âge. Le « si j'étais l'autre » devrait nous pousser à agir mieux, pour tous, et par extension pour la planète et l'humanité. Nous défendons des causes qui semblent « universelles » à certains d'entre nous, mais d'autres se demandent si elles le sont vraiment.

Il faudrait réapprendre la morale de la République aux plus jeunes et rappeler tout au long de la vie des phrases centenaires qui peuvent paraitre ridicules et désuètes comme des maximes ou des règles de morale. Certains considèrent que l'enseignement de la religion pouvait contribuer à assoir la morale. Mais d'autres pensent que les religions ont surtout travaillé à asservir les esprits et à justifier des massacres et des tortures. Et que la morale républicaine devrait prévaloir sur les prescriptions religieuses.

Jadis, le professeur lisait et expliquait chaque jour une maxime, un proverbe ou une leçon de morale. Ce serait un bon moyen de bénéficier des sages paroles que nous ont transmises nos prédécesseurs, ceux qui ont déjà réfléchi aux mêmes problèmes que nous et qui ont essayé de nous transmettre une part de vérité, comme les philosophes. Par exemple : Ne fais pas à autrui ce que tu ne voudrais pas qu'on te fît. Tu aimeras ton prochain comme toi-même. Il n'y a pas d'autre commandement plus grand que ceux-là. Et enfin tout est résumé dans la maxime : Aimez-vous les uns les autres.

Citoyenneté, démocratie, populisme

Élections législatives à mi-mandat des élections présidentielles, instauration d'un nouveau droit de pétition national et local, instauration d'un référendum local d'initiative citoyenne

Des élections législatives à mi-mandat des présidentielles permettant aux citoyens de conforter la politique mise en œuvre par le président ou de lui lancer un avertissement, voir même de le sanctionner en lui imposant le cas échéant un changement de majorité ; un tel système dont nous avons déjà l'expérience, en ce compris les cohabitations, permettrait de réaffirmer une réalité démocratique, de rendre à l'assemblée nationale la plénitude de sa fonction et aux citoyens de participer effectivement à la vie politique au cours du mandat présidentiel.

Un véritable droit de pétition au plan local et national avec des conditions de recevabilité simplifiées, ouvert à tous les citoyens âgés de plus de 15 ans, la pétition devant être alors, de plein droit, mise en ligne sur un site dédié et devant recueillir un nombre de signatures de 5 % des électeurs inscrits au cours d'une période de l'ordre de 3 mois,(en ce compris les citoyens âgés de 15 à 18 ans ne disposant pas du droit de vote) ; la pétition devrait alors automatiquement faire l'objet d'un examen public par l'assemblée délibérante concernée, en présence d'au moins 10 auteurs de la pétition.

Un référendum local d'initiative citoyenne décisionnel dès lors qu'une pétition recueille la signature de 20 % des électeurs inscrits et un taux de participation qui pourrait être de 35 % pour qu'il soit décisif.

Citoyenneté : pour une République décentralisée

Des régions fortes pour une République ré enchantée

Une piste actuellement proposée par plusieurs Présidents de régions est celle d'une Assemblée régionale unique, qui remplacerait conseil régional et conseils départementaux. A terme, les départements pourraient être appelés à disparaitre, en revanche, un échelon qui pourrait être celui du « pays » serait utile entre les communes et les régions

L'essentiel reste bien de donner aux régions – ou du moins à celles qui le souhaitent - un vrai pouvoir normatif et administratif. Ainsi, une large partie des directions régionales ou départementales actuellement sous l'autorité du préfet, représentant de l'État, devraient être transférées aux régions, avec les moyens financiers afférents.

Le principe de subsidiarité sera pleinement appliqué : si les fonctions régaliennes – police, justice, défense, diplomatie…- restent les prérogatives du pouvoir central, et doivent être maintenues voire renforcées en excluant tout transfert de compétence au secteur privé, les autres fonctions relèvent de la compétence des régions, ce qui implique la faculté qui leur est alors reconnue de lever l'impôt. En résumé, l'échelon régional est reconnu avec ses fonctions de plein exercice et sa fiscalité autonome. Un système de péréquation devra toutefois permettre de corriger les inégalités entre des régions aux niveaux de ressources différents.

Cette indispensable réforme régionale contribuerait à rétablir la confiance entre les citoyens et leurs élus, et au-delà à ré enchanter l'espérance républicaine, en assumant les notions de diversité, de pluralité, de multiculturalisme.

La dimension culturelle doit évidemment être au cœur de cette réforme régionale : faut-il rappeler par exemple que la France reste la seule -avec la Turquie ! - à ne pas avoir signé la Charte européenne des langues dites minoritaires ?

Et l'on ne fera pas l'économie d'engager un vaste débat sur les statuts des « départements » et « territoires » d'Outre-mer, où la question de la décentralisation, de l'autonomie, du fédéralisme, se conjugue avec celle du droit des peuples à disposer d'eux-mêmes.

Face à la globalisation, à la mondialisation, aux nationalismes, à la hiérarchisation des cultures, aux identités exclusives et de rejet, l'enjeu est de construire une République enfin moderne, humanisme, fraternelle, qui reconnaisse dans leur universalité les principes de la diversité et des identités plurielles et additives.

Faire de l'échelon régional celui d'une autorité de plein droit sur les fonctions autres que régaliennes, et lui accorder la capacité à lever l'impôt correspondant

Individu versus société ou Citoyen versus République ?

Les comportements solidaires individuels ne peuvent être durablement stimulés qu'au sein d'une société elle-même solidaire : l'injustice sociale et les discriminations de tous ordres sont des réalités contre-productives incompatibles avec notre triptyque républicain. Les questions posées à notre société par la COVID-19 n'ont pas changé, Les chantiers que doivent porter les Francs-Maçons non plus : Défendre et promouvoir les êtres humains comme fin et non seulement comme moyen. La réponse de la société dans son ensemble à la crise de la COVID-19, est une opportunité, parmi d'autres pour pousser plus loin les utopies qui sont les nôtres.

Les Francs-Maçons ont le devoir de porter un regard et un discours d'espérance ; subissons, gémissons, mais, in fine, toujours espérons. Les changements profonds de l'Homme et de la société qu'exigent nos utopies se font au niveau des idées et nécessitent de la progressivité donc du temps. Notre société a elle encore du temps pour cela ?

La crise de la COVID-19 actualise s'il en était besoin, l'exigence d'œuvrer à une société meilleure, c'est-à-dire civiquement plus solidaire ; citoyenneté et civisme sont les fondements de l'universalisme républicain défendu par les Francs-Maçons. Ceux-ci ont le devoir de poursuivre l'œuvre entreprise, qui exige de se connaitre toujours mieux soi-même, et de participer au débat citoyen afin de porter au dehors ce qu'ils ont appris.

République et institutions – Solution de la société post COVID-19

Le besoin de relance économique post COVID-19, ne pourra masquer durablement l'aspiration des citoyens à une démocratie plus attentive et plus participative. Rien cependant qui ne soit impossible dans le cadre institutionnel tel que le définit actuellement la Constitution, qui permet toutes les audaces sous réserve de validation démocratique. La « démocratie » d'opinion, telle qu'imposée par le fonctionnement toxique des réseaux sociaux et l'anonymat, devra laisser la place à une culture de la responsabilité, de l'engagement et de l'exigence.

L'idée républicaine ne pourra vivre et se perpétuer que portée par l'élan irrépressible de citoyens éclairés.

Sur le plan social notre République permet de donner une marge de manœuvre territoriale sachant que chaque région ne s'expose pas aux mêmes risques. Donnons cette possibilité d'organisation territoriale.

Une décentralisation du pouvoir avec des domaines de compétences plus important doit être donnée aux collectivités. Avec des rôles clairement définit au risque d'une sclérose des capacités de réactivité en cas de crise majeure.

Sur le plan démocratique il est essentiel de faire respecter les résultats du suffrage universel direct. Les contestations doivent être saines et constructives mais les représentants élus par le peuple doivent pouvoir gouverner comme ils l'ont annoncé dans leur programme. Le principe de l'élection démocratique est vital à la survie et au maintien de notre République.

Bref, Un projet fondamentalement maçonnique, pour l'homme et la société

Le maintien de l'État de droit par le gouvernement et l'ensemble des élus de la République. La décentralisation des pouvoirs pour une réactivité territoriale adaptée à la société. Le respect des résultats démocratiques pour le fonctionnement de notre société. Enfin, il est primordial de continuer à nous battre pour les principes Républicains afin de les défendre contre les ennemis de la République.

Libertés

Respectable Loge, Les Éternels Apprentis, Orient de La Possession, Ile de la Réunion, Région 3

Respectable Loge, Maillon et Liberté, Orient de Lyon, Région 6

Respectable Loge, Germanor, Orient de Perpignan, Région 8

Respectable Loge, Harmonie, Orient de Paris, Région 12

Respectable Loge, Garumna, Orient de Bordeaux, Région 16

Respectable Loge, Les Françaises et Neuf Sœurs Réunies, Orient de Bordeaux, Région 16

Beaucoup proposent des solutions, il nous revient cependant de nous méfier des mots qui ne sont jamais neutres : distanciation sociale n'est pas distanciation physique.

Quelques thèmes nus permettront en les approfondissant de mettre plus en avant le respect des autres et de soi-même :

Égalité immédiate des salaires des hommes et des femmes

Relocalisation de productions au sein de l'Europe, le fédéralisme ne serait-il pas mieux approprié pour répondre aux enjeux de demain ?

L'école a besoin de plus de moyens pour former des républicains, des citoyens aussi éclairés et acteurs que possible, car l'Homme ne nait pas citoyen, il le devient.

Dans notre monde, tout emploi est méritoire. Nos loges ont déjà travaillé sur un revenu minimum, nous pourrions envisager un système de compensation, « d'impôt négatif » pour ceux qui vivent mal (le mot est faible).

Il nous faut affecter des moyens supplémentaires à l'école, à l'hôpital, à l'université, à la recherche...

Respectons-nous les uns les autres, c'est ambitieux et idéal.

L'état libéral n'est pas le maître des citoyens mais leur délégué, son rôle est un double projet :

Permettre à l'individu d'utiliser pleinement ses facultés dans un régime de liberté garantie, tant pour les libertés individuelles que pour les libertés collectives.

Remplir, exceptionnellement, les tâches qui lui sont confiées par les citoyens avec plus de perfection qu'ils ne le feraient individuellement.

Il n'est pas de système politique parfait ni de système économique sans défaut. L'essentiel est de vivre dans un régime adapté au temps présent et à la nature profonde de la nation.

Alors, comment doit s'organiser la société dans un contexte d'exception, de libertés restreintes ?

Pour les pouvoirs publics, la communication vise à informer ainsi qu'à atténuer les craintes et l'anxiété de la population, et à éviter les rumeurs et la déstabilisation qui conduiraient à l'ingérable.

Paul Valéry écrit que « la liberté est un de ces détestables mots qui ont plus de valeur que de sens, qui chantent plus qu'ils ne parlent ». L'État, en démocratie, agit en organe de régulation de la société, il en émane des règles qui ménagent à chacun sa part de libre arbitre, et le système fonctionne jusqu'à ce qu'un virus menace le fragile équilibre sociétal.

Il est vrai qu'il peut paraître utopique de prétendre changer une société en six mois toutefois, se changer est possible si nous changeons l'ordre de nos désirs plutôt que l'ordre du monde. Libérons-nous de l'illusion de nous croire libres et transformons une contrainte en obligation. L'agrégation de nos volontés individuelles pourrait permettre d'envisager la vraie libération : rendre plus justes nos nouvelles obligations par des actions non contraintes.

Il nous faut penser une autre société en nous servant des outils positifs de l'ancienne et retrouver une cohésion populaire forte derrière des valeurs humaines.

Il faut privilégier l'éducation scolaire laïque et donner les meilleurs moyens à l'École de la République, en cultivant l'obligation de solidarité et la participation à l'ouvrage du bien commun.

Essayons de penser autrement, avoir le droit et la possibilité de penser, de cultiver son libre arbitre doit être une priorité.

Le changement peut advenir par une mesure forte qui engendrera une réaction en chaîne. Le revenu universel pourrait-être une de ces mesures et nous pourrions en faire l'un de nos combats.

Ce qui nous interpelle, c'est ce rapport à notre liberté qui nous a été imposé. La liberté d'expression est particulièrement mise à mal ; exigence de se plier à des éléments de langage, en prenant bien soin de ne pas aborder de sujets sensibles tels que le communautarisme voire aujourd'hui le séparatisme. Ainsi, seules les femmes pourraient parler au nom des femmes, les musulmans au nom des musulmans, les homosexuels au nom des homosexuels... Au lieu de nous réunir dans une société une et indivisible, nous semblons nous diriger vers une société morcelée. De ces communautés se dégage une « pensée » qu'il faudrait respecter au nom de la liberté d'expression et critiquer cette « pensée » fait passer son auteur pour un horrible réactionnaire, au mieux.

La liberté d'expression est bien mise à mal, comme l'est la liberté de croire ou de ne pas croire qui nous est si chère, pervertie par ceux qui s'y opposent, arguant qu'elle constitue une atteinte aux libertés religieuses.

La Solidarité à l'épreuve de l'individu

Respectable Loge, Coupo Santo, Orient du Cannet des Maures, Région 2

Respectable Loge, Pacifica, Orient de San Francisco, Région 3

Respectable Loge, La Parfaite Harmonie, Orient de Mulhouse, Région 4

Respectable Loge, Valmy Fraternité, Orient de Reims, Région 4

Respectable Loge, Les Enfants de Gergovie, Orient de Clermont-Ferrand, Région 5

Respectable Loge, La Triple Équerre, Orient d'Annecy, Région 6

Respectable Loge, L'Espérance Savoisienne, Orient de Chambéry, Région 6

Respectable Loge, Les Piliers de la Fraternité, Orient de Montereau Saint Germain Laval, Région 7

Respectable Loge, Ténacité et Solidarité, Orient d'Yerres, Région 7

Respectable Loge, L'Étoile de Marianne, Orient de Niort, Région 9

Respectable Loge, Archipel, Orient de Paris, Région 11

Respectable Loge, Fédération Universelle - Georges Couthon, Orient de Paris, Région 12

Respectable Loge, Parole et Création, Orient de Paris, Région 12

Respectable Loge, Intersection, Orient de Paris, Région 12

Respectable Loge, Rénovation, Orient de Paris, Région 13

Respectable Loge, Fraternité – Loyauté, Orient de Marseille, Région 15

Respectable Loge, Arc-En-Ciel, Orient d'Aix-en-Provence, Région 15

Respectable Loge, Les Françaises et Neuf Sœurs Réunies, Orient de Bordeaux, Région 16

Un individu, tel que nous l'imaginons doit s'interroger en permanence sur la finalité de ses choix, doit définir les fins avant les moyens, doit passer sans cesse au tamis de sa conscience ses propres décisions, doit mettre d'accord science et conscience, doit refuser de dévoyer le sens des mots « économie » et « progrès » et passer de la compétition à la coopération, de la prédation à la protection. Seule une réflexion philosophique et philanthropique, un nouveau contrat social basé sur le bien-être de tous, une mise en perspective de l'homme et de la société dans la biosphère pourront ouvrir la voie d'un changement, le Revenu Universel Inconditionnel pouvant être un outil incontournable. La notion de biodiversité doit apparaitre dans l'article premier de notre constitution.

Il est urgent de repenser son éthique personnelle, mettre en harmonie l'individu, le travailleur et le citoyen, ce que l'on veut faire, ce que l'on doit faire et ce que l'on peut faire. L'individu, maitre réel de notre personne, doit être raisonné dans ses interventions dans l'état de travailleur et dans celui de citoyen. Pour le citoyen, sa part d'individu doit accepter la délégation de la gestion de quelques-unes de ses libertés tel que prévu dans le contrat social et accepter parfois temporairement, qu'elles soient un peu plus restreintes. Il faut avoir assez de recul, de sagesse pour savoir à quel moment l'un des états (individu - travailleur - citoyen) doit primer sur les autres.

Comprendre que l'homme n'a pas un état unique c'est déjà repenser son positionnement dans chacun des pans principaux de sa vie. Il devient alors clair que le caractère d'une personne dans chaque état peut différer mais tout en conservant une ligne de conduite commune.

Pendant que certains construisent des murs, d'autres érigent des ponts

Pour les sans-emplois et les sans-revenus : le revenu universel inconditionnel

Le revenu d'une personne ou d'un agent économique désigne « l'ensemble des droits sur les ressources disponibles qui lui sont attribués au cours d'une période donnée sans prélèvement sur son patrimoine ». Conceptuellement mais aussi concrètement, le revenu est central dans l'étude et l'appréciation de notions comme : le niveau de vie, le genre de vie, le pouvoir d'achat. Depuis le XVIIIe siècle, les économistes, considèrent et analysent le revenu comme l'une des trois composantes majeures d'un circuit économique, vu comme un système cohérent et intégré dans lequel la production engendre le revenu, qui, à son tour, génère la dépense, qui, finalement, est censée acheter la production initiale. L'évolution du travail rémunéré, présente et à venir, laisse entrevoir des trajectoires professionnelles très différentes de celles que nous avons connues. Les emplois se précarisent, les carrières sont hachées avec des périodes de chômage, la formation se doit d'être continue, la robotisation et l'intelligence artificielle vont probablement réduire le besoin d'employés. L'ensemble de ces paramètres ont peu d'influence sur la richesse du pays, le PIB continue d'augmenter ce qui interroge sur la pertinence de cet indicateur. Il faut, par conséquent, prendre en compte l'accompagnement des citoyens subissant ces changements par un partage des richesses et un partage du travail.

La spécialisation des emplois a imposé une spécialisation des individus en appauvrissant les capacités de chacun. L'homme est multiple, c'est une erreur profonde de le réduire à une fonction unique. Il faut donner la liberté à tous de développer ses propres richesses intellectuelles, artistiques, artisanales entre autres. Cette vraie richesse, dont le fondement n'est pas exclusivement financier, bénéficie réellement à l'ensemble de la société. C'est le don de chacun pour contribuer au bonheur de tous. Permettre de mettre en place le partage du travail et le partage du temps pour que chacun puisse choisir la part que le travail rémunéré doit prendre dans sa vie auquel, selon son souhait, il pourra ajouter une part de travail non rémunéré ou de loisir. L'enrichissement personnel de l'individu étant un moteur pour l'enrichissement du groupe. Les femmes acquièrent, de fait, une liberté économique supplémentaire. La libération du temps par son partage doit aussi favoriser le partage du travail domestique.

Par ailleurs, le rapport de force est inversé dans sa confrontation au travail puisqu'il donne la liberté de choisir. Cette inversion appelle une juste rémunération des emplois au risque de ne pas trouver preneur. Il lutte, de fait, contre les emplois payés à la tâche autrement appelés « ubérisation des emplois » nous ramenant au 18ème siècle. Il apparait évident que dans ce contexte, les emplois des invisibles dont l'utilité vitale est apparue au cours de la crise sanitaire de la COVID-19, doivent être négociés en tenant compte de leur importance réelle. En conclusion, bien des fléaux se sont abattus sur les hommes, beaucoup de malheurs engendrés par eux-mêmes sont venus diminuer l'impact de leurs intelligences. Des humanistes convaincus ont toujours su se mêler à la libre circulation des idées pour améliorer le sort de millions d'êtres humains, sur le chemin de leurs libertés. Une réponse Européenne n'est plus suffisante, il faut que nous, dorénavant, Francs-Maçons, faisions prendre connaissance et conscience à la planète entière, de la nécessaire liberté de l'homme migrant face à son destin, de la liberté de l'homme face au travail ; Telles sont les deux idées émancipatrices. Tous ces projets s'inscrivent dans un temps long, capables d'assurer à chacun une existence conforme à la dignité humaine. Le temps d'une « pauvreté normale » est révolu, la pandémie nous a montré combien la volonté politique a su définir les besoins et trouver l'argent nécessaire à les satisfaire.

« La vraie générosité envers l'avenir consiste à tout donner au présent » Albert Camus

L'actualité et la vitalité retrouvées des valeurs fondamentales d'un comportement maçonnique

Les actions concrètes pourront prendre diverses formes, se déployer dans différents domaines et selon différentes modalités. Quelles qu'elles soient, elles devront répondre à des principes directeurs communs, qui serviront de guide pour leur évaluation.

Les valeurs d'humanisme et d'égal respect de tous les individus qui composent nos sociétés doivent inspirer les politiques publiques et contrebalancer les réflexes d'économisme et le tropisme vers la maîtrise de la dépense et de l'emploi publics qui guident trop souvent seuls les arbitrages rendus. Le débat politique et médiatique doit aider, dans une démocratie, les gouvernants à s'en souvenir – et, en la matière, chaque citoyen, dans son action individuelle comme dans ses engagements collectifs, a un rôle à jouer.

Une réinvention radicale des modes de management public, reposant sur la responsabilité et les initiatives des agents publics qui ont montré qu'ils savaient s'en emparer et les assumer, apparaît indispensable pour retrouver les valeurs et le sens des services publics. Il ne s'agit de rien moins que d'inverser la tendance de ces dernières décennies qui a consisté à transposer dans les services publics, sous couvert de modernité, les modes de management des entreprises. Une gestion publique inspirée par les valeurs de partage, d'hospitalité, de solidarité, d'altruisme, reposant sur la responsabilité et les initiatives de ses agents, pourrait servir d'inspiration, sinon de modèle, à la gestion des entreprises, des associations et des structures collectives.

Quelle société souhaitons-nous pour demain ?

Il n'a échappé à personne que parmi les solutions les plus efficaces en tant de crise, figuraient celles prises à l'échelon local (comme par exemple, la confection puis la distribution de masques en tissu, par la mairie et/ou les particuliers eux-mêmes ; ou encore les multiples initiatives d'associations et d'individus, proposés notamment via les réseaux sociaux, qui ici ont permis de rassembler ce qui était physiquement était éparse). Mûris de cette réflexion, il apparaît évident que les solutions à préconiser passent par un véritable acte de décentralisation de notre « viel État jacobin », en donnant davantage de marges de manœuvre politiques et financières aux dits « corps intermédiaires » (maires, conseillers départementaux... voire pourquoi pas les conseils régionaux ?!). Ainsi, pourquoi ne pas imaginer un « acte 3 » de décentralisation ambitieux, où notre État omnipotent qui a fait si cruellement défaut, conclurait un contrat de gouvernance équilibré entre les différentes parties prenantes, en bonne intelligence et complémentarité. De là, renaîtrait la confiance entre ce que l'on appelle la « France d'en-haut », et celle dite « d'en-bas ».

En outre, meurtris de notre inquiétante dépendance en « matières premières » venant des pays étrangers, il est de toute urgence question de « relocaliser » nos actifs stratégiques, notamment pharmaceutiques mais également alimentaires, d'énergie, de défense et de sécurité, là où nous aurions perdus une part de notre « souveraineté » au profit de parts de marché. Sachant nos intérêts convergents avec les pays composant l'Union Européenne, concrétisons le projet de « barrière écologique » mais également économique et sanitaire, à l'endroit de ceux qui ne respectent pas nos critères environnementaux, sociaux et commerciaux. S'il fût possible d'établir les conditions d'un plan d'envergure de relance économique à l'échelle européen, nul doute que nous puissions faire de même sur ces si fondamentales problématiques. Les conditions, historiques, nous permettent l'énergie nécessaire pour fédérer autour de ce profond changement structurel, pourtant impensable en temps normal.

Enfin, il faut qu'un plan de relance initié ne perde de vue ce qui fait la force de notre devise républicaine : la « Fraternité ». Si elle s'est aussi bien illustrée au cours de la crise, il est peut-être opportun de l'amplifier, en relançant un projet cher aux francs-maçons, à savoir le « Revenu Universel » (inconditionnel). Et il ne s'agirait pas là de promouvoir un artifice voué à rassembler toutes les aides déjà existantes, mais plutôt de refonder en profondeur le « contrat social » qui lie les citoyens les uns aux autres. Car sans humanisme, la fraternité ne s'apparenterait qu'à de la vile charité et sans cela, point de dignité possible. Il nous appartient donc de redéfinir collectivement, par quelles modalités nous souhaitons retisser ce lien social : cela pourrait faire l'objet par exemple, d'un grand débat public, comme il en a été question avec la précédente crise des « gilets jaunes ». Car il ne faut pas tout attendre « d'en-haut » et pour reprendre une célèbre citation d'un président défunt, pourtant chantre de l'État Providence : « Ne vous demandez pas ce que votre pays peut faire pour vous, mais demandez-vous ce que vous pouvez faire pour votre pays. ». En somme, décider souverainement de notre destin commun, comme condition sine qua non de l'émancipation réelle de l'Homme telle que nous, francs-maçons, la conceptualisons et y aspirons, philosophiquement et matériellement parlant.

Il est impératif de redonner également du sens aux corps intermédiaires qui ont été plus que malmenés ces dernières années et qui sont le relai essentiel entre le peuple et les instances dirigeantes à la fois locales et plus éloignées. La préservation et le renforcement de la démocratie passent par une reprise en main du peuple par la voie du vote démocratique et non de la rue. Il ne s'agit pas de remettre en cause la construction supranationale telle que l'Europe, mais de leur donner un élan et une maîtrise plus proche du peuple et davantage soumis à ses attentes, ses espoirs et son discernement.

Enfin, il est de la responsabilité de chacun de s'intéresser beaucoup plus que l'on avait parfois l'habitude de le faire (par habitude, par manque de temps ou par ignorance), à ces personnes que l'on avait l'occasion de croiser sans plus les voir, au fonctionnement de nos instances démocratiques, à la construction d'un modèle de société plus juste et partagé.

La nécessité de retrouver notre essor et notre dynamisme, là encore individuel et collectif, est désormais conditionnée à l'engagement de chacun à se relever.

- Nous devons reconsidérer nos convictions et comportements antérieurs pour en sortir sinon plus grands et plus forts en tant qu'individu mais peut être plus utile collectivement afin d'avancer vers une croissance plus inclusive et durable, afin de respecter la planète pour les générations futures.

- Cette crise pourrait initier un changement de modèle, de paradigme, permettant d'AGIR LOCAL pour AGIR GLOBAL : Il nous faudra forger de nouvelles pratiques sociales, des organisations pour transformer nos façons de consommer, pour amorcer une relocalisation de nos activités.

- Le moment est venu que les grandes économies de la planète mènent une action coordonnée, décisive et innovante, en pensant particulièrement aux personnes les plus vulnérables et pays les plus pauvres. Nous devrons faire preuve de créativité et de solidarité internationales.

- Nous devons veiller à ce que la crise actuelle marque un tournant dans l'anticipation des urgences sanitaires et humaines, avec un système de santé doté de moyens supplémentaires, ainsi que pour l'investissement dans les services publics essentiels au niveau national et mondial.

Obtenir l'adhésion de tous sera indispensable pour une économie non dogmatique et vertueuse au service de la société sans être au détriment de l'individu de ses libertés et de ses droits !

L'engagement

En tout premier lieu se pose la question de l'engagement de tous les citoyens envers la société. Penser, comme certains nostalgiques du passé l'affirment, que de nos jours « les gens ne s'engagent plus » est une illusion. Ce sont seulement les formes que prend l'engagement aujourd'hui qui se modifient et que nous pouvons ne plus reconnaitre.

On se bat moins pour « un lendemain meilleur » que « pour que demain ne soit pas pire ». Le rapport de l'individu au collectif se réalise dans une logique de "réseaux", à distance et sans support organisationnel.

Nous voulons qu'une solidarité active soit au cœur de l'action publique, et donc en nous opposant au côté bureaucratique, inhumain et lointain de l'application des dispositifs de cohésion sociale.

Pour une société inclusive

Mettre en place un véritable accompagnement social. Il s'agit de raisonner en termes d'investissement et de consacrer des moyens comparables à ceux mobilisés par les pays du nord de l'Europe pour lutter contre la délinquance des jeunes, le décrochage scolaire et les étendre, aux difficultés d'accès à l'emploi des jeunes et moins jeunes et permettre à toute forme de public l'accès à la formation. De nombreux dispositifs existent mais ils ne sont pas coordonnés, mutualisés et personnalisés. A l'échelle d'un territoire peuvent être développés des programmes zéro chômeur, zéro décrocheur. Mais il convient de mobiliser pour cela tous les opérateurs techniques et les citoyens par le biais associatif.

Relancer les emplois aidés. Les secteurs publics et associatifs sont susceptibles de procurer de véritables sas de retour à l'activité par des systèmes qualifiants et professionnalisants. Un contrôle plus poussé de la part de la DIRECCTE ou des Missions locales aurait été nécessaire. A ces conditions, ils deviennent de véritables passerelles pour un retour vers l'emploi classique car ils procurent une revalorisation des personnes concernées tout en apportant une plus-value sociale.

Accroître les moyens consacrés à l'insertion par l'économique. Les parcours d'insertion par l'économique montrent une efficacité certaine. Il convient de faciliter le développement des entreprises et associations d'insertion. Celles-ci se livrent à la recherche d'activités porteuses mais manquent de financements d'amorçage. Il faut les aider financièrement. Une partie de leurs activités concerne la transition écologique, une raison de plus pour les identifier et leur conférer un rôle plus significatif. Il est à noter également leur rôle dans le travail intérimaire.

Réinsérer par la participation à la vie associative. Être privé d'emploi ne doit pas se traduire par l'amoindrissement de sa citoyenneté. S'impliquer dans le monde associatif revient à exercer une activité qui, si elle n'est pas professionnelle (elle mobilise néanmoins des compétences), confère un statut et entretient la socialisation. Il s'agirait d'impliquer des personnes en situation de chômage ou d'exclusion (le retour à l'emploi reste la priorité) dans le fonctionnement et les activités associatives. Pour ce faire et sur la base d'appels à projets des subventions spécifiques serait accordées sur le critère de l'inclusion des privés d'emplois. Il est à noter que des clubs de sports reçoivent déjà des subventions sur le critère de pratiques inclusives (insertion des personnes handicapées par exemple).

Mobiliser les ressorts de l'Éducation populaire pour une éducation inclusive. Il ne s'agit pas de faire du neuf avec du vieux mais les organisations de l'Éducation populaire ont tenté de renouveler leurs pratiques et disposent encore d'un maillage utile du territoire. Elles peuvent agir en proximité et associent des approches collectives et personnalisées qui confortent les acquis éducatifs et citoyens. Elles ont pour caractéristique d'associer des professionnels et des bénévoles. Mais le financement de ces structures a fortement souffert ces dernières années.

Le grand âge : organiser notre maintien à domicile

Parce que le maintien à domicile est une des dimensions de la solidarité transgénérationnelle, il nous est apparu comme un point très important à évoquer. Dans le cadre de notre réflexion sur le maintien à domicile, il s'est avéré indispensable d'assurer des liens de coordination entre les différents professionnels de santé amenés à intervenir auprès des personnes de la résidence ayant adhéré au projet. Une notion de médecin coordonnateur a été définie par le décret 2011-10 47 du 2 septembre 2011 pour les médecins exerçant cette fonction au sein des EHPAD.

Dans ce cadre, le médecin « coordonnateur » intervient en liaisons avec le « coordonnateur médico-social » qui assure l'interface entre les professionnels de santé exerçant en libéral et les partenaires dont l'activité se situe dans le domaine de l'aide et des soins à domicile.

Le maintien à domicile suppose qu'un certain nombre de services, à la personne souhaitant rester à son domicile, viennent compléter les actions médicales et paramédicales mises en place à titre libéral. Pour ce faire il faut trouver des partenaires qui soient proches de la résidence qui constitue l'aire d'intervention de cette solidarité. Le but de ce projet vise à faciliter le maintien à domicile des personnes âgées afin qu'elles puissent conserver leur liberté, continuer à gérer et à organiser leur temps personnel tout en maintenant les relations qu'elles ont développées dans leur quartier.

Le bénévole : un individu au service d'une solidarité collective

Sans refonte pérenne du système de santé, une proportion d'êtres vulnérables, âgés ou du grand âge, ne pourra pas bénéficier des améliorations en soins et confort. En revanche, notre société compte des êtres qui partagent nos valeurs de solidarité : des bénévoles prêts à concéder une part de leur liberté pour plus d'égalité et de fraternité. Comment ? Par les chemins de l'entraide, du partage et de l'échange équitable. Sans aliénation, des hommes et des femmes, (voire des enfants), viennent en aide spontanément à des anonymes en péril. Un étudiant(e) pourrait gratuitement, en échange d'une chambre au domicile de la personne âgée, rendre quelques menus services.

Nous insistons pour attribuer des récompenses aux bénévoles par l'attribution de « degrés d'humanitude » pour prendre en compte plusieurs savoir-faire acquis. Il est possible de délivrer des Open-badges valorisant leurs investissements.

Au sein d'un établissement de santé : encouragements des dits « visiteurs » dont les actions en théâtre, écriture, musique, chant, danse, informatique, dessin, diététique etc. contribuent à la lutte contre l'exclusion des résidents précaires. De surcroît, les dons de sang ou de moelle osseuse restent des preuves irréfutables de sincérité.

Entrée sur le terrain d'un médiateur bénévole (sans statut juridique), pour faciliter des relais simples entre résident, famille, médecins et personnels à défaut de famille éclairée, d'assistante sociale ou de psychologue.

Le bénévolat permet de s'ouvrir à l'altérité par exemple en s'investissant dans la vie associative. Le bénévolat caritatif s'essouffle car il s'appuie essentiellement sur des retraités, fragilisé par la crise récente, il risque de ne plus faire face à des tâches que l'État ne peut pas totalement assumer.

Développer des contrats RSA-bénévolat afin de renforcer le lien entre l'individu « démuni » et la Société.

Co-constitution des politiques écologiquement sobres et socialement généreuses. A l'image de ce qui est en train de se faire sur le Climat, il faut engager des conventions civiques sur la Santé, l'Éducation et la Culture et bien sûr réduire le mille-feuilles administratif, afin de rapprocher le citoyen des institutions.

En conclusion, comment penser et se donner les moyens d'une solidarité citoyenne ?

On ne peut forcer quiconque à devenir solidaire. Néanmoins, on pourrait imaginer un système permettant, et même incitant, l'expression d'une solidarité citoyenne, tout en reconnaissant et en valorisant cette action positive envers la société. À partir des diverses contributions proposées, nous essayons donc de définir un cadre en nous posant les questions suivantes : qui devrait être concerné et pour quels types d'actions citoyennes de solidarité, quels sont les objectifs visés, au travers de quels moyens et sous quelle autorité organisationnelle ?

Qui est concerné ?

Si nous souhaitons « institutionnaliser » la pratique citoyenne de la solidarité, les actions de solidarité devraient concerner toute personne adulte jusqu'au moment de sa retraite (donc à partir de 18 ans). Rien n'empêchera le nouveau retraité de poursuivre son action s'il le souhaite et que son parcours de vie lui permet de rendre un peu de ce que la société lui a donné. Ces actions de solidarité doivent permettre, entre autres choses, de lisser les inégalités présentes dans notre société ; elles viseront donc en premier lieu les personnes les plus vulnérables (en fonction du restant à vivre, de l'âge, d'une situation de handicap, etc.). Des critères d'éligibilité à percevoir ces actions de solidarité devront donc être définis. Elles peuvent couvrir des besoins aussi variés que le soutien scolaire, l'aide administrative ou juridique, des consultations médicales gratuites, l'enseignement sous toutes ses formes, etc. Dans l'absolu, des compétences mises à disposition de manière solidaire par les citoyens bénéficiant d'une situation « privilégiée » pour les citoyens dans une situation précaire.

Quels sont les objectifs visés ?

Comme évoqué précédemment, il est nécessaire de réunir ce qui est épars et de recréer du lien social entre les différents pans de notre société. Il est important que nos anciens puissent renouer avec nos plus jeunes, afin que le reflet de notre passé et l'éclat de notre futur s'éclairent mutuellement. Il est primordial que la mixité sociale devienne la norme, que chaque citoyen, quel que soit son parcours, ses origines et ses particularismes, puisse mettre ses compétences au service de la société, afin que des opportunités naissent, que des idées germent à la confrontation des mondes, que des aprioris s'estompent, que la valeur du travail prenne tout son sens au travers de la relation humaine et que chacun se sente digne et valorisé par son action de solidarité. Depuis la fin du service militaire, il n'existe plus d'obligation citoyenne favorisant cette mixité sociale. Or, chaque citoyen doit pouvoir se sentir acteur d'un système ayant pour objectif le bien commun et le recul des inégalités sociales. L'union des différences doit nous rendre plus forts et des réseaux doivent s'étendre au travers de l'archipel français, afin de lancer cette dynamique globale dont la nation aura tant besoin pour affronter les conséquences économiques qui découleront de cette crise sanitaire. « Tout ce que je ne connais pas me fait peur » : ce n'est pas vrai pour la plupart d'entre nous, mais il est évident que certains de nos concitoyens, bien que vertueux par ailleurs, ne sont pas à l'aise avec l'inconnu. Cette défiance, voire méfiance vis-à-vis de l'autre, constitue le terreau du morcellement que nous constatons actuellement dans notre société, et de ses corollaires que sont les nationalismes et les populismes que nous voyons surgir aux quatre coins de l'Europe. Forçons la main au destin, repoussons les frontières en provoquant des rencontres, misons sur l'humanité et l'intelligence des citoyens, qui ne pourront que s'enrichir mutuellement à la rencontre de l'autre.

Au travers de quels moyens ?

Comme nous l'avons évoqué, la première nécessité pour permettre la pratique de cette action citoyenne de solidarité serait de libérer le temps nécessaire au citoyen, surtout si ce dernier est un actif. Il faut donc que l'état mette en place un système contraignant vis-à-vis des employeurs afin que ceux-ci libèrent quelques heures par semaine – par exemple une demi-journée – à l'employé tout en lui maintenant son salaire. Il n'est pas question en effet que le salarié preste des heures de solidarité au-delà de ses heures de travail ou avec une perte de salaire. Pour limiter le coût pour l'employeur, on pourrait suggérer une exonération des charges patronales relatives à ces heures de solidarité. Au contraire, les sociétés ne mettant pas en place ce système pourraient se voir dans l'obligation de payer un nombre équivalent d'heures, au taux majoré de 100% - comme pour les heures supplémentaires dominicales – et ne pourraient prétendre à l'exonération des charges patronales. L'annualisation de ces heures pourrait être envisagée selon les circonstances. Les entreprises misant énormément sur leur image, il ne serait pas étonnant qu'elles puissent voir dans ce système un moyen de promouvoir leur notoriété. On pourrait d'ailleurs mettre en place un label « Entreprise Solidaire Responsable ». Dans le cas contraire, cela ne soustrairait pas pour autant le citoyen à son obligation de prester ces heures de solidarité citoyenne et une compensation fiscale pourra être mise en place, sous forme de crédit d'impôt ou de réduction de charges sociales par exemple. Pour les chômeurs, ce système pourrait leur permettre de mettre également en valeur leurs compétences en contrepartie d'une majoration ou prolongation de leurs droits. Pour compléter cette prise de conscience que la solidarité est un pilier indispensable de justice sociale, cette notion pourrait être développée au sein du parcours scolaire dès l'enfance.

Sous quelle autorité organisationnelle ?

L'objectif d'un système de solidarité citoyenne est de retisser du lien social pour « mieux vivre tous ensemble » ; il semble donc pertinent que cette solidarité puisse être gérée au niveau local, à l'échelle de la ville par exemple. Les besoins en actions de solidarité, leurs attributions aux citoyens et la mise en relation de ces derniers, seraient régis par le conseil municipal, en coopération avec les associations déjà présentes sur le terrain. Ces rencontres se feraient soit dans des lieux publics aménagés à cet effet et mis à disposition par la municipalité, soit au domicile des citoyens lorsque cela s'avère nécessaire ou approprié. Des adaptations seront bien évidemment nécessaires (gratuité des transports pour réaliser ces actions par exemple) et un cahier des charges détaillé reste à définir ainsi que le mode d'évaluation d'un tel système.

Shimon Peres nous parle d'un chemin possible : « La démocratie ne consiste plus à s'engager à ce que tous soient égaux, mais à ce que chacun puisse être différent, tout en étant traité également. Elle n'est plus la revendication de la libre expression, mais de l'auto-expression pour ne pas sombrer dans le trou noir de la globalité. Nous devons le comprendre et laisser la jeunesse bâtir un monde différent. »

Éthique

Respectable Loge, Les Éternels Apprentis, Orient de La Possession, Ile de la Réunion, Région 3

Respectable Loge, La Bienfaisance, Orient de Nîmes, Région 8

Respectable Loge, L'Étoile de Marianne, Orient de Niort, Région 9

Respectable Loge, Stella, Orient de Niort, Région 9

Respectable Loge, La Parfaite Union, Orient de Rennes, Région 9

Respectable Loge, Indépendance et Progrès, Orient de Calais, Région 10

Respectable Loge, Aurore, Orient d'Aix en Provence, Région 15

Respectable Loge, L'Esprit Critique, Orient d'Avignon, Région 15

Respectable Loge, La Fraternité Provençale, Orient de Digne-Les-Bains, Région 15

Respectable Loge, Pyramidion, Orient de Bordeaux-Cenon, Région 16

Respectable Loge, Émile Combes, Orient de Pons, Région 16

Respectable Loge, Luz Atlantica, Orient de Las Palmas de Gran Canaria, Région 17

La crise interroge et enseigne

Que vaut l'éthique de la société actuelle face à la pandémie ?

Dans quel état se trouvait la pensée éthique des citoyens ?

Une pandémie se développe avec un agent pathogène inconnu et sur une population avec une prédilection pour les plus faibles et se combat avec des armes appropriées dont devraient disposer les responsables politiques et sanitaires en lien avec leur connaissance de ces fléaux et les mesures thérapeutiques qu'ils jugent efficaces.

Les pandémies apparaissent de nos jours comme des modèles de pathologies surannées et peu probables.

L'efficacité de la réponse à cette pandémie dépend de la capacité de réaction d'abord puis d'adaptation du monde de la santé et de la capacité de la population à admettre et à mettre en place les mesures sanitaires

Les raisons de cette situation définie par certain comme calamiteuse sur le plan humain sont de nature collective et individuelle

Tout s'est imposé d'un coup mettant en lumière le niveau de connaissance du problème sanitaire pour un système de santé qui n'a jamais fait face à ce type de pathologie (donc insuffisamment préparé), le constat de l'ampleur de la pauvreté d'un pays, la découverte de facteurs de vulnérabilité de la population, et l'importance de la nécessaire qualité humaniste du lien social

Cette lutte est un exercice grandeur nature d'un phénomène à risque majeur et qui éclairera d'humanité pour longtemps

L'histoire enseigne mais l'exercice est tout autre au point qu'il puisse d'être perçu par un grand nombre de citoyen comme avoir été hésitant voire inapproprié

D'une autre manière, la crise et le nécessaire effort de combativité révèlent la capacité de résilience, d'adaptation et d'inventivité de toute personne en droit d'agir

La réponse organisée pour cette lutte, a mis en lumière l'intérêt de nouvelles technologies pour pallier l'arrêt de pratiques humaines traditionnelles. Ces outils nouveaux de communication ont été vécus en premier lieu comme des moyens de substitution et pourraient devenir pour certaines situations des solutions pérennes dans un futur très proche, une fois que ces techniques auront fait l'objet d'une analyse déontologique

Les techniques modernes de soins hospitaliers utilisées pour traiter les conséquences sur la santé des malades de cette pathologie, n'ont pas freiné la propagation ni même diminué la virulence de l'agent pathogène et seul le vaccin apparait être un moyen moderne de lutte efficace

Reconsidérer voire réinventer l'éthique

La crise a déclenché, voire imposé, par ses contraintes et conséquences humaines et sociales un véritable besoin d'introspection individuelle et collective

Trop souvent l'émotionnel guide les choix des responsables. Faut-il, à chaque fois, être surpris de l'existence de problèmes humains pour agir ?

L'anticipation ne joue pas suffisamment la fonction d'alerte et d'orientation des choix pour une plus grande protection de la population

La crise interroge le sens de la vie et la qualité humaine

Le citoyen est devenu un être qui se protège de tout et ne voit plus sa part de risque à prendre pour exercer ses libertés

La maladie et ses effets morbides ont déclenché des réactions parfois xénophobes et peu respectueuses de l'humain et en certains cas peu philosophiques

La peur ambiante née de la méconnaissance de cette pathologie engendre des stigmatisations dévastatrices sur le plan humain et des mesures inhumaines imposées au prétexte de protection des publics exposés

Isolé, sans moyen de communiquer, sans contact physique, sans activité ayant du sens pour un humain, enfermé, réduit contre leur gré à une vie d'abandon, des enterrements sans proches réactivent les réflexions sur le choix de son mode de vie

La notion d'humanisation des lieux de vie collectifs se repose urgemment et impose de redéfinir les nécessaires obligations des uns envers les autres, surtout en direction de personnes âgées posant aujourd'hui la question d'une approche humaniste

L'ampleur des effets de la pandémie interroge par voie de conséquence, aussi et à nouveau, le choix de «sa fin de vie »

Réinventer une civilisation du vivre ensemble

L'éthique par sa fonction civilisatrice et la philosophie par son travail réflexif doivent accompagner les raisonnements du citoyen et s'assurer de l'intérêt de la révolution technologique moderne pour apporter plus d'humanité

La ritualisation de ces propositions pourrait les rendre durables

La fraternité visible par les actions de solidarité a été pour partie, face à la grande difficulté de l'homme devant la souffrance, manifeste et permet d'alimenter l'espoir d'améliorer l'harmonie précieuse pour la préservation de la planète

Reconsidérer la solidarité et la justice sociale

Outre la répartition des richesses nécessaire pour une cohésion sociale, la valorisation de l'acte solidaire est indispensable à concrétiser, tout particulièrement sur le champ de la proximité

La création d'indicateurs de solidarité, la mise en place d'un service civique de solidarité et de l'humanitaire vaudront l'acquisition de nouveaux droits

Accroitre l'encrage de la solidarité dans l'école républicaine et mettre en place des moyens de jauger son impact sociétal

La remise en question de la hiérarchie sociale actuelle, la création d'une finance solidaire, la pratique d'une société de l'empathie atténueraient l'impact des catastrophes que vivent les citoyens

Formation des citoyens et ses outils civilisateurs

L'outil éducatif

L'école républicaine, lieu de socialisation et de réduction des différences, a révélé par sa difficulté à fonctionner toute son importance pour lutter contre les inégalités

Cette école à l'esprit laïque se doit d'être consolidée et soutenue

Renforcer ces missions, enseigner la valeur de fraternité et la rendre opérationnelle, éclairer les esprits, inscrire des actions de solidarité dans ses programmes éducatifs

Ouvrir l'esprit et la conscience de chaque personne sur les usages des nouveaux outils de communication

L'outil démocratique

L'impact du vote sur les orientations de notre société ne joue plus son rôle de proposition, de contre-pouvoir et d'implication du citoyen dans la cité. L'idée et l'adhésion du « faire nation » ne sont plus partagées

La baisse des exigences morales, intellectuelles et comportementales d'une société en plein risque d'implosion, une communication médiatique sans retenue et des partages de principes contraires à des valeurs humanistes font prendre un grand risque à la cohésion sociale et peuvent créer de troubles majeurs et durables

La réforme de la représentation nationale et le contrôle de ses missions imposent des évolutions juridiques pour que chaque citoyen s'approprie la destinée du pays

L'outil participatif et la fonction sociale du citoyen

Reconsidérer la place du travail et ses modalités

L'expression « d'activité sociale » pourrait remplacer celle de « travail » aux références actuelles de performance et de profit, sources de conflit

L'éthique du « CARE » ou de la « sollicitude » renseigne sur l'importance des missions de très nombreuses personnes actifs sur le plan social, médicosocial et des services. La sous-estimation du rôle de ces acteurs dans la société, du fait d'une insuffisance de transmission de ces valeurs, ne fait pas apparaitre son intérêt et empêche sa reconnaissance

De nouveaux indicateurs, plus en rapport avec l'impact sur le bien-être social, doivent être inventés en s'appuyant sur la proximité en termes de liens sociales et de comportements écoresponsables

La valeur du travail ne s'apprécierait pas au niveau du revenu mais à ses effets sur l'humain !

Réinventer une civilisation

La mise en place une d'une économie sociale et solidaire, le partage de la valeur de la fraternité, l'apprentissage civique dans des domaines œuvrant pour la solidarité en particulier pendant le temps scolaire, la reconnaissance de la fonction de chaque individu, la lutte contre l'obscurantisme, la définition d'un bien commun national et international, le respect du vivant, l'adoption de comportements nouveaux pour préserver la planète sont des pistes de travail pour construire une civilisation encrée dans l'humanisme

S'opposer à la toute-puissance de l'argent, vecteur d'inégalité, qui hiérarchise trop souvent la place de chacun dans la société

Une société de l'empathie, de la solidarité donc plus humaniste est plus que nécessaire et s'inscrirait dans une pratique pérenne de la fraternité

Sortir meilleurs de la crise, tant elle a été révélatrice de faiblesses mais aussi des forces de la société et des individus qui la composent

Le travail maçonnique se doit être salvateur pour repenser notre commun

La réflexion maçonnique sur les concepts du lien entre l'individu et la société a mise en évidence une volonté de définir une dimension particulière de l'éthique celle de la solidarité.

L'aspiration de tous est de réussir sa vie au travers de principes d'émancipation et de solidarité

Un nouvel horizon

« Utopie d'aujourd'hui, chair et os demain » Victor Hugo

Ce chapitre laisse libre cours à ce que nous aimons beaucoup en maçonnerie ; à savoir : l'utopie constructive. La maçonnerie sera ici vue comme un laboratoire expérimental dans un monde partagé et fertile pour tous.

Le temps des utopies réalistes est peut-être venu. Cet espace se veut prospectif.

Utopie pour un demain proche ...

Respectable Loge, L'Étoile des Mascareignes, Orient de Saint-Pierre, Ile de La Réunion, Région 3

Respectable Loge, Pacifica, Orient de San Francisco, Région 3

Respectable Loge, La Triple Union, Orient de Reims, Région 4

Respectable Loge, Les Trois Globes, Orient de Berlin, Région 4

Respectable Loge, Jules Ferry, Orient de Saint Dié des Vosges, Région 4

Respectable Loge, Les Frères de Georges Couthon, Orient de Clermont-Ferrand, Région 5

Respectable Loge, Le Réveil Charolais, Orient de Paray-le-Monial, Région 6

Respectable Loge, Les Vrais Zélés, Orient de Chalon sur Saône, Région 6

Respectable Loge, Lumières et Laïcité, Orient de Grenoble, Région 6

Respectable Loge, La Source Fraternelle, Orient de Livry-Gargan, Région 7

Respectable Loge, Les Piliers de la Fraternité, Orient de Montereau Saint Germain Laval, Région 7

Respectable Loge, L'Écho du Grand Orient, Orient de Nîmes, Région 8

Respectable Loge, Les 2 Terres, Orient de Cabestany, Région 8

Respectable Loge, L'Étoile de Marianne, Orient de Niort, Région 9

Respectable Loge, La Reconnaissance, Orient du Havre, Région 9

Respectable Loge, Travail et Perfection et Tendre Accueil Réunies, Orient d'Angers, Région 9

Respectable Loge, L'Arbre à Pierres, Orient d'Arras, Région 10

Respectable Loge, Action, Orient de Paris, Région 11

Respectable Loge, Les Amis Fidèles, Orient de Paris, Région 11

Respectable Loge, La Défense Laïque, Orient de Paris, Région 11

Respectable Loge, Les Clefs de l'Amitié - Les copains d'abord, Orient de Paris, Région 11

Respectable Loge, Intersection, Orient de Paris, Région 12

Respectable Loge, Parole et création, Orient de Paris, Région 12

Respectable Loge, France Maçonnique et Union Fraternelle, Orient de Paris, Région 12

Respectable Loge, Harmonie, Orient de Paris, Région 12

Respectable Loge, Étoile Polaire, Orient de Paris, Région 12

Respectable Loge, Fédération Universelle - Georges Couthon, Orient de Paris, Région 12

Respectable Loge, Promotion de l'Homme, Orient de Paris, Région 13

Respectable Loge, Aurore, Orient d'Aix en Provence, Région 15

Respectable Loge, La Fraternité Provençale, Orient de Digne-Les-Bains, Région 15

Respectable Loge, L'Étoile de la République, Orient de Marseille, Région 15

Respectable Loge, Article 1er, Orient d'Aix en Provence, Région 15

Respectable Loge, Saint Exupéry – Terre des Hommes, Orient d'Andernos les bains, Région 16

Respectable Loge, Le Réveil Maçonnique, Orient de Libourne, Région 16

Respectable Loge, Luz Atlantica, Orient de Las Palmas de Gran Canaria, Région 17

Respectable Loge, L'Auguste Amitié, Orient de Condom, Région 17

Se réinventer

Les utopies chez les francs-maçons sont multiples et diverses. Ils ont ceci de particulier, c'est qu'ils s'autorisent à émettre des idées qui parfois sont aussi impossibles que poétiques qu'irréalistes. Mais ces utopies ont un fond commun. Elles permettent de faire germer des graines dans les esprits. Et même si certaines sont encore en émergence et qu'elles ne sont pas encore complètement affinées, on sent bien, vous le découvrirez dans la suite du document que les Francs-maçons du Grand Orient de France nous proposent un chemin avec de multiples bifurcations. Se perdre permet parfois de mieux se concentrer sur une idée commune : la réalisation d'une humanité plus juste et plus éclairée.

Les contributions montreront comment nous souhaitons engager une gouvernance mondiale nouvelle basée sur une économie sobre et solidaire, au service de tous entrainant la fin des inégalités et injustices. Est-ce vraiment une utopie ? Nous savons que pour y arriver, l'instruction pour : revoir, refaire, repenser ou réapprendre le civisme en général sera indispensable pour fonder l'avenir sur une sobriété heureuse, solidarité épanouissante et une équité universelle.

Des chantiers divers et variés sont à ouvrir :

Un réengagement de l'éthique personnelle, individuelle et collective semble un a priori indispensable. En effet, de nombreuses contributions ont montré que c'est peut-être un des points cruciaux des changements qui se profilent et qui sont souhaités. Dans tous les domaines et tous les champs de la vie sociétale : L'éducation, la formation, les finances, l'économie, la santé, la politique, la démocratie, les sciences, la technique, la recherche, les institutions. En bref, nous demandons un réengagement de l'éthique comme préalable à toutes décisions ou comportement. Cela reste une vaste question mais elle est non seulement intéressante, elle est capitale pour refaire société. Alors certainement qu'un nouvel âge d'or de la société humaine telle que les francs-maçons l'a toujours imaginé pourra apparaître et faire le bonheur pas forcément de tous mais soulagé au moins quelques peines. Pour nous le Progrès s'inscrit dans une démarche volontariste induite par la notion de travail. Cet élan vers le mieux est une Éthique.

Un autre élan à donner, serait de substituer le bonheur au plaisir.

Ensuite viendra le temps du partage, de la collégialité, de la transversalité et d'organisation de nos structures sur un mode horizontal.

C'est cela l'utopie réaliste des Francs-maçons.

Vers une dimension structurante : L'émancipation de ...

Conformément à nos valeurs universalistes, au-delà de nos devoirs particuliers à l'égard de la patrie et de la famille, nous œuvrons en faveur de l'émancipation, de la cohésion, de la solidarité et de la prospérité de tous les habitants de la planète (quel que soit le sexe, la race ou la nationalité).

Par l'émancipation, encore et toujours. L'émancipation est, dans une acception strictement laïque, une finalité et un moyen de la vie humaine. Elle vise l'épanouissement personnel, en permettant à chacun de réaliser de manière éthique ses potentialités. La libération individuelle, condition de la véritable liberté individuelle, passe notamment par l'éducation et la culture (sortir de l'enfermement social et de l'assignation à résidence sociale, s'affranchir des déterminismes sociaux, sortir des préjugés et des conformismes familiaux et sociaux, apprentissage de l'usage de la raison) et aussi par l'amélioration des conditions sociales (l'un allant rarement sans l'autre).

L'émancipation des individus passe aussi par le « culte » souvent oublié que la République porte à la vérité et à la raison ainsi que la diffusion du progrès passe aussi par les sciences (contre les obscurantismes, les préjugés). Il s'agit de se donner les moyens de lutter contre les « fakes news », le complotisme, le conditionnement via les réseaux sociaux et de réévaluer les bienfaits du culte devenu commun du « transgressif » banalisé en « disruptif » et finissant par légitimer toute conduite « nihiliste ».

L'émancipation repose non seulement sur des citoyens éclairés mais également vertueux, nécessaires au bon fonctionnement de la Démocratie et de la République (Montesquieu en faisait le principe de celle-ci).

Nous construisons notre utopie en empruntant un chemin qui va :

Vers la cohésion, la Paix au-dehors et la Paix au-dedans :

Par la coopération internationale (multilatéralisme, Europe, organisations internationales) face à une montée des menaces : Chine, Russie, Turquie, intégrisme musulman ...) ; la paix en portant enfin attention aux évolutions démographiques mondiales et en luttant contre le déni du problème ;

Par la solidarité, la justice, la sécurité, la laïcité ; « paix » menacée par les inégalités sociales, spatiales et culturelles, l'intégrisme, le racialisme et le communautarisme qui alimentent le racisme, appel à la nécessaire constitution d'une mémoire partagée (esclavage, colonialisme, racisme).

Par un renforcement des liens de paix entre européens nous participerons à la promotion de celle-ci au niveau mondial en demandant sa formalisation dans toutes les constitutions.

Vers l'indispensable solidarité sociale et la revitalisation des rapports humains :

L'égalité républicaine ne vise plus que les droits, elle vise aussi l'égalité des chances et l'égalité réelle.

La France bénéficie d'un édifice social fruit de longues et dures luttes sociales, des avancées politiques du Front Populaire et du programme du Conseil National de la Résistance, acté par le gouvernement du général de Gaulle ; cet héritage peut être amélioré mais son esprit ne peut qu'être conservé ; il nous est envié ! Avec la remise en cause de l'État Providence par le néo-libéralisme, les inégalités sociales ont explosé partout ; aujourd'hui, la protection des salariés passe par un commerce international rééquilibré (intégrant dans le prix des produits les coûts sociaux et écologiques...) et une relocalisation des entreprises... ;

La crise sanitaire du coronavirus nous rappelle les vraies valeurs ; les rémunérations des financiers, des dirigeants des grandes entreprises, des actionnaires mais aussi celle des footballeurs deviennent obscènes et nuisibles ;

Un Logement décent, confortable et adapté devient un nécessaire priorité par une redéfinition de la politique du logement social. Il conviendra de favoriser l'avènement d'une architecture repensée, à dimension humaine ainsi que de végétaliser les bâtiments.

C'est également la gestion de l'espace public qui entrainera la remise en question des espaces collectifs pour bâtir une société plus solidaire. La création de forum au sein de la cité améliorera, le pensons-nous la communication factuelle et rationnelle.

Vers la prospérité dans le cadre d'un « humanisme écologique » et un nouveau modèle économique :

La question de la production des biens et services nécessaires, de leur croissance, de la répartition de leur contrepartie monétaire entre salariés et non-salariés, n'est plus le seul paradigme économique. Nous savons aujourd'hui que les ressources naturelles sont limitées, que nous sommes entrés dans une nouvelle ère, celle de l'anthropocène et qu'il nous faut changer notre modèle économique mondial.

Pour cela, nous devons :

Prendre au sérieux, mais avec prudence, le débat croissance/décroissance ;

Promouvoir un « nouvel humanisme écologique » : lutte pour le climat, pour réaliser la transition énergétique, pour le maintien de la biodiversité et le développement de la protection des espaces naturels ;

Promouvoir un nouveau modèle économique avec le retour à une certaine souveraineté économique, écologiquement responsable, respectueux des peuples et des nations, un commerce international vraiment équitable ;

Promouvoir un nouveau modèle de consommation sobre et écologiquement responsable.

Engager des actions de reprise économique environnementalo-compatibles (transports, énergie, tourisme par une accélération de la transition écologique, un plan de rénovation énergétique. Le Green Deal Européen doit être placé au cœur des plans de relance

Repenser la consommation, acheter local, produire au niveau national et relocaliser, promouvoir le jardinage, aider les communes dans la mise en œuvre de jardins partagés, autant d'actions concrètes sans grands investissements peuvent voir le jour rapidement.

Vers une valeur travail réinventée

Le RUI

Le revenu universel s'avère une source d'émancipation, il permet de libérer les énergies, d'expérimenter. Les citoyens, fort de leurs compétences peuvent contribuer à la collectivité sans craindre la précarité. Le travail au sens large, le plus souvent invisible, pourrait alors entrer dans l'équation d'une nouvelle économie, contributive et solidaire au service de l'intérêt général.

Il faudra s'interroger sur la place de la finance et le profit au service d'un partage, d'une solidarité par l'instauration d'une Fiscalité redistributive

Des axes majeurs apparaissent :

Le développement du télétravail, téléformation, téléconsultation

La revalorisation des métiers de protection fondamentale

Ceci doit engager une réflexion sur l'appartenance de l'entreprise : répartition des rôles, des choix vitaux de l'entreprise, de la création de richesse. Peut-être faut-il envisager une législation plus encadrée à ce sujet ?

Des projets pilotes d'entreprises/laboratoires proposant de nouvelles organisations, soutenus par l'état de manière attractive, dont l'évolution seraient étudiée par des chercheurs, pourraient voir le jour. Quoi qu'il en soit, il est temps de repenser la catégorisation de salarié, de patron, d'indépendant, de fonctionnaires, de retraités.

Vers des relations humaines redessinées

Nous proposons plusieurs pistes permettant d'améliorer sensiblement ce qui nous semble être en mauvais état aujourd'hui :

Faire disparaître l'anonymat sur les réseaux sociaux en prévoyant des outils de protection.

Instaurer l'apprentissage de l'esprit critique et du discernement à l'école dès le plus jeune âge

Mettre en œuvre une nouvelle démocratie européenne dont l'instance décisionnaire serait tirée au sort

Aider les pays en voie de développement à produire, à accéder à l'autosuffisance

Les évolutions sociétales humanistes sont désormais indispensables et constitueront un rempart efficace contre la barbarie.

Pourquoi ne pas mettre en œuvre via une plateforme « géante » intelligente-collaborative-dématérialisée-citoyenne ?

Ce pourrait bien être un projet utopiste mais qui porte en lui une grande ambition maçonnique :

Création simultanée d'une plateforme dématérialisée mondiale et de ses embranchements locaux (pays, régions, départements, communes), avec 2 branches pour les besoins et les potentiels.

Aide-retour prioritaire pour les personnes démunies qui participeraient à résoudre des besoins.

1ere branche de la plateforme : recensement continuel des besoins, définis par la cause humanitaire seule en dehors de toute politique et de tout intérêt économique

Condition : de ne pas porter préjudice à l'intégrité morale et physique d'autrui.

2eme branche de la plateforme : création de « la banque mondiale des bonnes volontés »

Participation non obligatoire, aide-retour pour ceux qui sont dans la difficulté.

3eme branche de la plateforme : création d'un espace de déploiement des vocations

Où chacun trouve sa légitimité à être et qu'un "terrain" lui soit donné pour cela.

Il s'agit de permettre à chacun d'y déposer son « souhait » ou son hypothèse de développement d'activité professionnelle, de fabrication de projets à partir des potentiels proposés avec mises en lien.

Les problèmes locaux qui ne trouvent pas de solution à échelle locale pourront puiser dans les potentiels mondiaux les apports qui permettront des solutions à ces difficultés.

Précisions :

L'exhaustivité du recensement des potentiels et besoins étant élargie à son maximum par l'extension mondiale rendra possible une large mise en corrélation avec prise en compte de la mobilité et par ce biais nombre de difficultés écologiques et sociales pourraient être diminuées.

Un système de veille devra être envisagé afin que ces espaces soient exempts de toute manipulation, de tout parti politique, etc. Chaque pays devra apporter une contribution pour garantir la neutralité. La Gouvernance devrait être assurée par des « sages » se distinguant pour avoir consacré leur vie à défendre des causes humaines.

Une pure utopie ?

« L'avenir est une porte, le passé en est la clé » (Victor Hugo)

Mettre en place, sous la responsabilité du Grand Orient de France, et animé par lui, un Observatoire national des utopies pratiquées, qui serait décliné au niveau des régions et de chacune des loges pour recenser, analyser, soutenir, confronter et diffuser les expériences et actions utopiques qui sont conduites par chacune des loges (seule ou en partenariat), pour contribuer à l'amélioration de l'Homme et de la société.

– Pourquoi ne pas créer tout simplement un ministère des utopies

– Ou une assemblée citoyenne du futur

Utopies ? Se berce- t-on d'illusions en Maçonnerie ? Notre pouvoir d'agir semble bien inférieur à celui aux lobbies économiques ? Les idées et les utopies ne manquent pas, il faut maintenant les prioriser et les mettre en action par une volonté politique.

Pour s'évader enfin ...

Paul Éluard écrivait : « C'est la douce loi des hommes de changer l'eau en lumière, le rêve en réalité et les ennemis en frères. »

Voilà de quoi nourrir l'utopie constructive et le rêve réaliste qui doit nous conduire à une redéfinition de notre éthique humaniste maçonnique. En intégrant les dimensions tout à la fois humaines, économiques, sociétales et environnementales dans un projet de société, une sorte de République universelle.

Une non-conclusion

La grave crise mondiale que nous traversons a touché notre planète en un temps record. Partout le constat sanitaire d'abord, économique ensuite, a révélé une fragilité plus ou moins grande de chaque pays quel que soit leur système politique décisionnaire.

La crise a également apporté son lot de belles surprises avec une certaine solidarité retrouvée, une prise de conscience de l'importance de la santé, une réflexion sur la mort. L'importance aussi de la protection sociale, des mouvements associatifs, des corps de métiers indispensables et mal considérés. Elle a mis au jour les valeurs modifiées du travail et permis d'envisager sereinement une consommation et des mobilités raisonnées.

Notre utopie maçonnique constructive nous a laissé entrevoir quelques pistes à travailler. Une société du lien et non du bien est à imaginer. Dans tous les domaines l'humanité est à considérer d'abord. Tes tests de marché démontant cette perspective seraient à règlementer dans les actions commerciales mais aussi dans la vie politique courante. « Sacraliser » les systèmes de santé hors de la rentabilité de marché, amener par la loi la gestion publique au plus près des problèmes à solutionner, maintenir et améliorer la protection sociale des plus faibles, réévaluer les bas salaires qui occupent des fonctions indispensables à la vie collective voire installer une forme de revenu universel permettant la prise en charge des frais vitaux, d'alimentation, de logement et l'épanouissement culturel des bénéficiaires, en seront les lignes directrices majeures.

Fort de l'expérience humaine qui a souvent oublié les leçons de l'Histoire, maçons, n'attendons plus pour travailler et apporter notre pierre taillée à ce monde nouveau. Redevenons militants avec nos valeurs hissées haut et fort pour une humanité du bonheur, une République universelle chère à notre utopie maçonnique.

Le jour d'après, ... retour vers le futur

Respectable Loge, Pax, Orient de Grasse, Région 2
Respectable Loge, Quisqueya l'Amitié Retrouvée, Orient de Port-au-Prince, Région 1
Respectable Loge, Fraternité Européenne, Orient Sarrebruck, Région 4
Respectable Loge, La Gauloise, Orient de Châteauroux, Région 5
Respectable Loge, Alkemia, Orient de Lyon, Région 6
Respectable Loge, Alliance, Orient de Lyon, Région 6
Respectable Loge, Heureuse Alliance, Orient de Provins, Région 7
Respectable Loge, Ecce Homo, Orient de Vaujours-Le-Perreux, Région 7
Respectable Loge, Fidélité et Travail, Orient de Montpellier, Région 8
Respectable Loge, Sobek, Orient de Nîmes, Région 8
Respectable Loge, La Fraternité Normande, Orient d'Évreux, Région 9
Respectable Loge, Picardie, Orient d'Amiens, Région 10
Respectable Loge, Hiram, Orient de Londres, Région 10
Respectable Loge, La Foi Maçonnique, Orient de Castres, Région 17
Triangle, Fraternité des peuples Ernest Renan

Rien ne semble nouveau sur notre planète tellement nous sommes préparés au pire, sans prendre les avertissements au sérieux. La course vers le toujours plus, sans se soucier de la montagne de dettes qui croît, la vie dans un espace mondialisé de plus en plus complexe pour les relations humaines, la remise en cause des savoirs, des cultures et des principes humanistes, la préemption sur les esprits exercée par le communautariste et le multi culturaliste, un écosystème qui s'appauvrit à vue d'œil, épuisé par les ponctions des ressources permanentes et irresponsables, un réchauffement climatique que nous semblons accepter avec fatalisme, l'arrivée à nos portes de migrants déracinés et désorientés, ... tels sont les quelques constats que nous faisons souvent de façon incantatoire. Sommes-nous anesthésiés ?

Si l'après nous interroge, c'est l'avant qui pose question. Les responsables politiques et les acteurs économiques ont-ils été atteints d'une forme d'autisme, encouragés par la passivité complice d'une grande partie de l'humanité, surtout celles des possédants ? Au manque de sens, de connaissance des métiers et des traditions, s'ajoutent la fracture numérique, la perte de souveraineté dans le secteur économique.

Que dire du système éducatif, celui de la santé ou de la sécurité des biens et des personnes ? Partie intégrante du socle régalien, le traitement qui en est fait appauvrit le principe de laïcité et renforce les inégalités entre individus.

Le Service Public Laïque pour tous est devenu une variable d'ajustement budgétaire, perdant son caractère prioritaire. La responsabilité politique des élus est sur la sellette, le fonctionnement de la démocratie réduit aux communications aliénantes et aux statistiques qui ponctuent nos réalités quotidiennes. La solidarité est médiatique avant d'être sincère et activement discrète.

Alors, subir en individus passifs le destin de l'humanité ou attribuer à des causes extérieures les évènements qui nous touchent, est-ce notre raison d'être ? La réflexion des francs-maçons est de travailler à créer du sens et tirer les leçons de façon opérative de ce que nous vivons. Quand prendrons-nous la responsabilité de situer cette crise dans « un ordre de signification intelligible », et analyser les choix « à la portée de la raison » ... pour agir ensuite ?

Brutalement, un virus nommé « Coronavirus » bouscule notre vie, celle qu'on croyait heureuse. Cet équilibre illusoire soudain s'écroule. Avons-nous peur de tout perdre ? Ne rien changer avant de tout changer ? La porte du changement ne vient-elle pas d'abord de l'intérieur de nous-même ?

Et pourtant, nous étions avertis : la peste, la grippe espagnole, la grippe de Hong-Kong n'ont pas été le terreau d'un nouveau monde. Face au Coronavirus, nous constatons cette impuissance à répondre à ce tourment répandu à la vitesse record. Le risque zéro s'est envolé, les enjeux économiques sont privilégiés au détriment de l'Homme. Le virus révèle donc qui nous sommes dans l'immédiateté de nos réponses : richesse économique à préserver nécessairement, mais au détriment de qui, au prix de quels sacrifices ?

Il aura fallu très peu de temps à la COVID-19 pour imposer son autorité morbide à l'ensemble de l'humanité. La réponse des gouvernants fut l'état d'urgence pas toujours compris, vécu comme une démarche autoritaire, subie par les citoyens. Liberté et démocratie exigent un effort permanent de vigilance.

- Symboliquement, ce virus c'est l'étouffement physique par manque d'oxygène.
- Symboliquement, le masque que l'on porte bâillonne nos envies de partager nos idées, nos imaginations, de contribuer à une réponse collective.

« Un évènement ne nous libère que si nous renonçons à nos habitudes et le saisissons comme une occasion de penser ». Hannah Arendt nous invite à la réflexion agissante. C'est le moment de changer de paradigme, de faire preuve de courage, de construire une base commune, grâce à une prise de conscience lucide. Le bien commun ce sont les hommes, c'est la terre sur laquelle nous vivons et son écosystème … notre écosystème auquel nous appartenons.

Il nous faut regarder vers d'autres horizons avec quelques objectifs en étendard :

Instaurer une plus grande justice sociale,

Intégrer le respect de l'environnement comme loi intangible,

Prendre en compte une volonté de résilience,

Valoriser la réponse citoyenne faite de laïcité et de vivre ensemble.

… dans le cadre d'une démocratie participative accrue :

- Travaillons sur une Charte des Devoirs, des Solidarités (entre génération, envers les plus démunis, …),
- Priorisons les services publics à travers l'éducation, la santé,
- Formons le citoyen de demain par une éducation qui donne les clés d'un apprentissage tout au long de sa vie et permette l'exercice plein et entier d'une posture citoyenne,
- Accélérons une vraie transition écologique et « une décroissance heureuse » : circuits courts, consommation responsable, soutien à la COP 21 et aux propositions de la Convention Citoyenne pour le Climat. Pour réussir choisissons l'adhésion et non le dictat !

La place de l'État est primordiale dans ses fonctions régaliennes et dans son absolue obligation de favoriser le vivre ensemble. Il doit veiller à une répartition des richesses plus équitable, avancer sur la question du Revenu Universel Inconditionnel.

Les élus de la République ne peuvent être en reste. De leur exemplarité et leur implication dépend la confiance qui doit absolument relier le citoyen et les institutions républicaines. Mieux représenter grâce au vote à la proportionnelle, user du Référendum d'Initiative Citoyenne ?

La Culture c'est l'expression du vivant et l'Europe en est un magnifique bouquet, mâtiné de traditions. Nos Frères d'Haïti disent bien « qu'il est nécessaire de refaire surgir nos racines culturelles, de faire tomber les barrières ». Face au défi mondial, l'Europe doit révéler un espace solidaire d'intelligence économique, qui construit une autonomie commune en termes énergétique, culturel, une réponse sociale attentive aux questions de santé, de défense, d'imposition, d'accueil de migrants, …

Deux mots enfin pour rappeler combien la terre est un Être vivant qui souffre et se meurt. Nous avons les remèdes pour la guérir mais nous ne sommes pas en accord sur la posologie.

Quant à l'utilisation et à la compréhension éclairée des nouvelles technologies, le travail reste à faire. L'outil n'est pas une fin en soi mais pour le comprendre il faut l'utiliser avec responsabilité … encore faut-il y avoir accès !

Ernest Renan édicte la conception française de la Nation « Une nation est une grande solidarité, constituée par le sentiment des sacrifices qu'on a fait et de ceux qu'on est disposé à faire encore. Elle suppose un passé ; elle se résume pourtant dans le présent par un fait intangible : le consentement, le désir clairement exprimé de continuer la vie commune. »

Faire Nation, c'est évidemment poser la question de la Démocratie, de la Citoyenneté et du Civisme avec ce que cela sous-tend d'implication citoyenne.

« La posture la plus courante est celle de prédire l'avenir, la moins intuitive est celle qui construit l'avènement du jour d'après en disant qu'on ne peut prédire le futur mais que cela n'empêche en rien d'influencer ni d'agir sur le monde présent. Toute situation aussi incertaine soit-elle est pleine de ces ressources aptes à transformer le présent en un futur acceptable. »

Alors ne laissons pas un petit virus à la physionomie insaisissable, ayant réussi à mettre le monde à l'arrêt, devenir le héros d'une pièce de théâtre, accompagné des peurs et des dégâts qu'il a engendrés.

De quoi sommes-nous riches ?

Respectable Loge, Humanisme et Progrès, Orient de Toulon, Région 2

Respectable Loge, Les Enfants de Gergovie, Orient de Clermont-Ferrand, Région 5

Respectable Loge, Les Vrais Zélés, Orient de Chalon sur Saône, Région 6

Respectable Loge, Utopie et la Raison, Orient de Rouen, Région 9

Respectable Loge, Intersection, Orient de Paris, Région 12

Respectable Loge, Union et France, Orient de Paris, Région 14

Pour un être humain, la différence de l'autre peut être source, selon le cas, de richesse mais aussi de souffrance ou d'aliénation. La compatibilité avec les principes de liberté, égalité, fraternité et respect de l'intégrité physique est sans doute un critère permettant de juger de la nature de l'impact de l'autre sur nous. C'est pour cela que nous devons nous mobiliser pour faire vivre et répandre les valeurs philosophiques dont nous sommes riches.

Nous sommes riches de nous, de notre volonté de bâtir, de consolider nos idéaux pour les faire durer. Pour œuvrer sans cesse à leurs réalisations, comme les utopies des Femmes et des Hommes, de nos Frères et Sœurs qui nous ont précédés. Elle nous vient de cette chaîne d'union dans le temps et dans l'espace qui nous permet aujourd'hui d'être riches de ça. Il convient de n'avoir de cesse de les remettre sur le métier pour les interroger. Sont-ils beaux, sont-ils justes ?

La réponse à ces questions impose que demain d'autres Frères et Sœurs, des femmes et des hommes les trouvent et prennent alors le relais.

Cela ne pourra être possible si et seulement si nous gardons l'humain au centre de nos préoccupations.

La richesse dans le monde profane

Dans notre société, la richesse se mesure par la quantité, l'accumulation de biens, d'argent, de matières premières, de nourriture etc... Aux origines de l'humanité, ce besoin d'accumulation est sans doute né avec l'avènement de l'agriculture, de la sédentarisation, de la naissance des regroupements en villages, de la division des tâches et de l'échange. Mues par une conscience du futur, la peur de manquer et la volonté de pouvoir ont généré chez l'Homme ce besoin croissant de richesses.

Aujourd'hui, s'il est relativement convenu de définir un seuil de pauvreté, aucun consensus ne s'est établi pour définir un seuil de richesse acceptable pour tous, au-delà duquel une redistribution serait sans doute nécessaire. Le produit intérieur brut mesure le volume annuel des valeurs ajoutées dans un État. La manière dont il est calculé ne reflète pas la qualité de vie des habitants.
La richesse ne fait pas le bonheur. Afin de mesurer la qualité de vie de ses pays membres, l'Organisation de Coopération et de Développement Économique (OCDE) a créé un nouvel indice en 2011 : le Bonheur Intérieur Brut qui permet de nuancer les résultats froids des statistiques économiques.

Quelles sont nos richesses ?

Dans notre monde maçonnique, nous savons que la véritable richesse n'est pas matérielle. Dégagés dans nos réflexions de toute contingence profane, nous savons que la véritable richesse de l'Homme réside dans son savoir, l'accumulation de ses connaissances, la transmission de ce savoir, la prise en compte du passé pour mieux prévoir l'avenir. Nous sommes riches de notre fraternité, solidarité, diversité, désir de justice et de paix, de ce sens particulier de l'Universel, du sens du devoir, de cet esprit d'ouverture à la différence, de cette volonté de combattre les extrémismes et les dogmatismes, d'humilité, de doutes sur nous-mêmes et sur les autres, de notre liberté d'opinions et de leur confrontation sans passion, de l'apprentissage du silence et du noir et du blanc, de la restitution d'une vérité momentanée dans la nuance, de cette capacité à penser, à réfléchir, à apprendre, de ces capacités cognitives si elles servent à alimenter l'Amour entre les Hommes par des actes de bienveillance, d'attention et de générosité, d'être capable de s'opposer à l'égoïsme et être conscient d'aimer.

L'humanisme est la richesse de la Franc-Maçonnerie

L'humanisme s'appuie tout d'abord sur une méthode de travail collectif particulière. La Maçonnerie est un des systèmes de réflexion parfaitement élaboré et très efficace. Les travaux des ateliers ont permis de mettre en œuvre de nombreuses avancées sociétales qui ont marqué les évolutions de notre monde actuel. Ce mode de réflexion et de travail collectif particulier à la Franc-Maçonnerie permet de nombreuses avancées et, quand il est bien utilisé, d'avoir une rapidité de réaction efficace. De par la nature des maillons qui constituent les loges, les Francs-Maçons ont une vision large de l'ensemble de notre société.

La richesse de nos utopies

Les Francs-Maçons, sont des utopistes qui imaginent en permanence un monde nouveau et plus éclairé... Les utopies de la Franc-Maçonnerie sont à elles seules un trésor de réflexions collectives et constituent une fondation de recherche importante. En permanence, ces remises en question potentielles sont source d'un déséquilibre qui fait avancer les idées et le monde. L'utopie est sans limite et c'est ce qui fait très certainement notre force.

La Fraternité

Troisième pilier de la devise de la République et de la Franc-Maçonnerie, la Fraternité est sans aucun doute la valeur la plus forte qui unie les Francs-Maçons. C'est cette Fraternité qui fait le bonheur de notre institution et qui donne, à cette association humaine, une autre dimension. Cette Fraternité qui nous unie est la base de notre fonctionnement. Elle transforme toutes les relations humaines.

La Solidarité

La solidarité fait partie intégrante du monde Maçonnique. Cette dernière, fondue dans les soubassements de la construction du temple entre parfaitement dans le ciment qui donne aux loges leur solidité. Les compositions issues de la diversité des origines des frères sont un secret propre à chaque atelier et en sont sa richesse. Cette alchimie donne la force qui fait l'union. Notre capacité d'adaptation est notre survie et notre richesse. Au niveau des valeurs, notre seule richesse c'est l'estime, la valeur en tant qu'homme, que les autres nous accordent. C'est à travers leur regard que l'on se sentira riche de leur affection et de notre utilité dans cette communauté des hommes.

Dans un sens plus matériel et financier, ce qui doit contribuer à ma richesse, c'est la reconnaissance de l'importance, de l'utilité, que les autres accorderont à mon activité, à mon travail, au service du collectif. C'est cette seule reconnaissance qui devrait déterminer le montant de mon salaire

Notre richesse est en nous et nous sommes riches d'être. Et Être, c'est faire.

Enrichissement ou aliénation ?

Pourrait-on trouver des critères permettant de discerner si la différence de l'autre me nuit ou m'enrichit ? Bien entendu, si l'on veut que ces critères puissent s'appliquer légitimement à l'évaluation des impacts des différences de l'autre sur moi, il faudrait que ces critères soient indépendants de ces différences, donc indépendants des différentes cultures. En quelque sorte, il faudrait disposer d'une grille de critères universels.

Le premier critère est probablement l'intégrité physique. Si la différence de l'autre nuit à mon corps, à sa survie, à son intégrité, à sa santé, elle ne saurait évidemment m'enrichir. Ensuite, la République française et la Maçonnerie ont adopté comme devises trois principes universels que nous pouvons reprendre, si nécessaire en les généralisant :

La liberté représente le droit, pour les individus, de faire sans entrave tout ce qui ne nuit pas à autrui, et notamment tout ce qui n'entrave pas sa liberté. L'égalité consiste à s'efforcer de ne pas tenir compte, socialement, de tout ce qui n'est pas relatif à l'utilité sociale effective des individus. Une variante plus ambitieuse est l'équité. La fraternité pose le principe de la paix sociale et de la solidarité entre les personnes. Une différence est susceptible de m'enrichir que si elle est compatible avec un de ces quatre critères.

Ce n'est qu'à partir du moment où je suis effectivement parvenu à être moi-même que je peux rencontrer les autres de façon féconde. Et il serait souhaitable de toujours faire passer toute proposition d'altérité au crible des quatre critères évoqués ci-dessus. Après quoi, si elle y a satisfait, elle peut effectivement être porteuse d'une grande ouverture et donc d'une grande richesse.

Pour aller plus loin :

Ce qui constitue une de notre plus grande richesse est cette aspiration au vivre ensemble dans le respect de nos différences. Cette richesse est polymorphe et construite de très nombreuses dimensions. Aristote nous décrit comme des animaux sociaux… Nous sommes à la fois des Hommes inquiets, curieux, insatisfaits et aussi animés par le désir de comprendre. Nous sommes des animaux sociaux, interdépendants les uns des autres. Associée aux valeurs individuelles qui nous animent, la raison nous impose une responsabilité fondée sur le respect envers autrui. Nous sommes aussi des esprits en éveil permanent, capables de nous retourner contre notre logiciel de départ - nos origines, le poids des traditions familiales et locales – pour accéder à une humanité élargie. C'est le projet porté par les philosophes du siècle des Lumières.

Alors nous lançons un appel à la mobilisation autour de nos valeurs philosophiques

Créons une méthodologie ! Notre mission cardinale consiste à faire redécouvrir les vertus de l'intelligence humaine pour mieux vivre avec et pour les autres en :

Réinventant les solidarités interprofessionnelles et intergénérationnelles,

Consolidant l'appropriation et l'analyse de l'information avec discernement,

Défrichant de nouveaux horizons à la lumière des découvertes scientifiques et de leur diffusion,

Redécouvrant et valorisant les ressources citoyennes en péréquation avec les valeurs individuelles, professionnelles, politiques.

Devenons maîtres de cordée ! Il sera alors possible d'atténuer les fractures quasi-sismiques que la situation sanitaire a révélé. Notre action progressive et féconde consiste à répandre à l'extérieur du temple maçonnique les valeurs que nous avons acquises. Nous sommes un moteur de toutes les transformations sociétales possibles. Alors levons nous, entreprenons, proposons et donnons ! Car même si le monde est dangereux à vivre, il ne l'est pas seulement à cause de ceux qui agissent, mais surtout à cause de ceux qui regardent et laissent faire.

Ne nous perdons pas !

Nous sommes riches des succès de notre histoire ! Les grands combats en faveur de l'instruction, de la laïcité, de la propagation de l'hygiène publique et de la santé se sont déroulés dans un climat de tension politique.

Humanisme

Respectable Loge, Amour et Liberté, Orient de Thionville, Région 4

Respectable Loge, Paix et Lumière, Orient de Lyon, Région 6

Respectable Loge, Athanor, Orient de Montfort l'Amaury, Région 7

Respectable Loge, Fraternité Cévenole, Orient de Bédarieux, Région 8

Respectable Loge, Étoile Eutopia, Orient de Dunkerque, Région 10

Respectable Loge, Intersection, Orient de Paris, Région 12

Respectable Loge, Arago Fraternité, Orient de Paris, Région 12

Respectable Loge, Espérance, Orient de Paris, Région 12

Respectable Loge, Thélème, Orient de Paris, Région 14

Respectable Loge, La Rose du Parfait Silence, Orient de Paris, Région 14

Respectable Loge, Akh, Orient de Marseille, Région 15

Respectable Loge, Daleth, Orient de Bordeaux, Région 16

Respectable Loge, Les Francs Chevaliers de Saint André d'Ecosse et Solidarité réunies, Orient de Bordeaux, Région 16

Respectable Loge, Phare du Quercy, Orient de Cahors, Région 17

Remise en question des valeurs les mieux établies de la société occidentale

« Nous autres, civilisations, nous savons maintenant que nous sommes mortelles » écrivait Paul Valéry dans La crise de l'esprit au sortir de la Première Guerre mondiale. Il peut y avoir aujourd'hui la sensation d'un emballement de la fréquence des crises (financières, économiques, morales, identitaires, sociales ou encore sanitaires) et de l'accroissement de la fracturation de notre monde. Ces périodes de crises favorisent une perte de repères, une remise en cause des certitudes et plus que jamais le doute surgit. L'Homme perd ses repères, ses valeurs qui l'unissent aux autres, plonge dans la peur du présent et de l'avenir, et se referme sur lui-même.

Crise sanitaire et conséquences

Dans son Histoire de la folie à l'âge classique publié en 1961, Michel Foucault a écrit que les épidémies « pulvérisent nos rêveries modernistes de maîtrise absolue ». Elles remettent en cause l'équilibre de nos sociétés en sapant insidieusement, peut-être involontairement, les valeurs fondamentales sur lesquelles celles-ci reposent.

Le prix de la vie : Mais le prix de la vie a changé, même si, comme la crise l'a cruellement souligné, toute vie n'a pas le même prix sur la planète. En 1969, la « grippe de Hong Kong » a généré 31.000 morts en France, sans que cela n'émeuve ni le président Pompidou, ni les médias, ni même la population. Aujourd'hui, la santé semble constituer le but lui-même. Elle n'est pas une valeur, elle est un bien. L'aspect sanitaire seul n'est pas suffisant pour définir ce qui est vital, c'est-à-dire tout ce que nous considérons comme faisant « partie de la vie », de nos expériences positives (comme une naissance, une rencontre, une découverte…). La raison de la peur collective durable et peu rationnelle est peut-être à chercher dans le fait que nous vivons dans des sociétés « assurantielles » (selon l'expression de Francis Wolff) dans lesquelles les risques liés à des phénomènes collectifs (maladie, chômage...) sont traités par la mutualisation. Or, la singularité de cette épidémie est qu'elle fait naître une inquiétude forte sur le degré de solidité de nos systèmes. Depuis des années selon André Comte-Sponville, nous avons fait de la santé la valeur suprême, en remplacement du bonheur, de l'amour, de la justice ou de la liberté. Pour qualifier un tel phénomène, il parle de « pan-médicalisme », qui serait une idéologie conduisant à soumettre à la médecine la gestion de l'ensemble des comportements de nos vies. Ajoutons que le flux incessant des informations et des réseaux sociaux, « qui empêche de penser et de prendre du recul », a largement contribué à entretenir cette peur collective.

Les mesures de confinement : Les mesures de confinement ont révélé ou souligné l'isolement, la promiscuité, la perte des repères temporels et professionnels, des addictions, des violences familiales, des problèmes alimentaires (notamment chez les enfants) ou de continuité pédagogique, des pathologies psychiatriques (dépression, passage à l'acte…), ou la prise en charge des malades de cette pandémie au détriment des autres pathologies. À cela s'est ajoutée la douleur de la séparation aux services des urgences sans aucune certitude de se revoir, l'absence de rituels marqueurs de l'humanité, comme l'accompagnement des morts pour les familles et amis. Et puis des soignants, qui en mettant à disposition un WhatsApp, ont pu assister au bonheur des retrouvailles visuelles et une communication perdue. Cette crise sanitaire a aussi révélé des solidarités intergénérationnelles et culturelles, des mises au service des autres sans rien réclamer en retour, sans l'intervention de l'État. Les mesures liées à la COVID-19 menacent des dizaines de millions d'emplois dans le monde (un demi-million détruit rien qu'en France au 1er trimestre 2020) et creusent les inégalités préexistantes entre les plus riches qui continuent de s'enrichir et une partie grandissante de la population qui s'appauvrie. Dans ce contexte, un revenu minimum universel fait sens. Si l'on veut penser le fameux « monde d'après », il va nous falloir panser les hommes et les femmes d'aujourd'hui. Surtout, ces mesures de confinement, qui ont paralysé une partie de l'économie nationale, ont dû être prises en raison de la politique de réduction des dépenses et de rentabilité de notre système de santé, mais aussi de gestion des stocks stratégiques médicaux de l'État. Nous ne pouvons plus faire des économies sur les soins médicaux, même si le système de santé a tenu tant bien que mal pour cette fois.

La restriction des libertés : Il semble que nous soyons prêts à sacrifier, tout à fait volontairement, ce qui fait la valeur de la vie démocratique et l'intérêt de nos existences individuelles. Une telle pandémie ne pourrait-elle pas favoriser, à terme, un système de contrôle et de surveillance des corps. Une société disciplinaire, ou auto-disciplinaire, pourrait voir le jour, dans laquelle l'état de santé de chaque individu serait épié en permanence, avec d'ailleurs l'acceptation des personnes. On commercialise déjà des objets connectés que les gens achètent et commencent à trouver cela normal. Dans un registre différent, c'est d'ailleurs ce qui se passe déjà avec la généralisation de la vidéo-surveillance qui est acceptée voire demandée par une large partie de la population. Les mesures prises en vertu de la loi du 23 mars 2020 portent une atteinte grave aux droits et libertés les plus fondamentaux. Il faut souligner que le nécessaire contrôle de ces mesures ne devrait faire aucun doute. Pourtant ce n'est pas le cas ! D'une part, le contrôle du Parlement est largement écarté, puisque le Gouvernement peut adopter des mesures plus attentatoires aux libertés sans aucun contrôle parlementaire pendant un mois. D'autre part, la loi organique du 23 mars 2020 a suspendu l'intervention du Conseil constitutionnel durant l'état d'urgence sanitaire, en suspendant les délais dans lesquels le Conseil d'État et la Cour de cassation sont tenus de statuer sur la transmission au Conseil constitutionnel d'une QPC. À cela s'ajoute l'usure de la Ve République, de ses modes de fonctionnement, des partis politiques dits de gouvernement, qui laissent le citoyen sans possibilité d'exprimer une réaction avant le prochain scrutin. Lors de la crise sanitaire, nous avons pu observer que nous consommions moins et que ce qui nous manquait le plus n'était pas le dernier pull à la mode, mais simplement d'être « libres » et d'aller à la rencontre de l'autre. L'humanisme manque à tous.

Humanisme et universalisme en question

Humaniser l'universalisme : La crise de la COVID-19 questionne brutalement la place de l'humanité dans le monde, ses responsabilités, ses devoirs et ses éventuels droits dans l'ordre de la Nature. Ce qu'elle vient interroger sans détour, au fond, c'est la légitimité de l'Humanisme, ce mouvement philosophique né à la Renaissance qui prétend faire de l'Humain le centre et la valeur de toute chose. Ce faisant, la COVID-19 vient ébranler dans ses tréfonds la franc-maçonnerie elle-même. Un délitement des valeurs humanistes semble en marche dans nos sociétés occidentales, où l'importance du « Je » semble l'avoir emporté sur le « Nous ». Aujourd'hui, la grande passion n'est plus du côté de l'universel mais du côté du particulier. Dans ce monde globalisé, l'humanisation de l'Universalisme est essentielle. En d'autres termes, il est nécessaire de remettre l'humanisme au cœur de l'Action, au service de l'amélioration de notre Société. Le philosophe Francis Wolff souligne que : « seules les idées universalistes permettent la coexistence des cultures ». Et c'est à partir de l'unité de notre humanité que s'ouvre l'éventail de toutes les humanités. Apparu à la fin du XVIIIe siècle, le mot humanisme désigne un courant de pensée européen optimiste, né au XVIe siècle, qui place l'Homme au centre du monde et honore les valeurs humaines. L'humanisme occidental de la Renaissance, qui est une redécouverte de la culture gréco-romaine, a amené au siècle des Lumières.

Rapprocher les humanismes : Mais dans le monde, d'autres courants de pensée ont pu développer des idées qui pourraient être classées dans une typologie des humanismes. La Franc-Maçonnerie, qui agrège différentes pensées, est l'antithèse de l'uniformisation. En ce sens, le Grand Orient de France peut contribuer au rapprochement de tous les humanismes. Par ailleurs, l'humanisme, comme idéal, n'est pas un dogme. Confronté à son époque, il doit s'adapter, utiliser de nouveaux outils. Cela passe par une revalorisation des humanités et de l'étude de l'humain sous tous ses aspects, tant sur le plan scientifique que culturel. Mais aussi, le développement d'une « reliance », en termes de Fraternité, doit permettre d'accorder le « Je » et le « Nous », de contribuer, par la bonne communication, à l'empathie et à la compréhension des autres et de soi. Ne faut-il pas réinventer l'homme pour redécouvrir la planète, repenser sa relation avec l'environnement naturel ? L'être humain ne serait plus placé au centre du monde, mais serait in fine une force attentive et responsable, capable de réaliser une interaction constructive avec son environnement, à travers un pacte indissoluble avec les multiples énergies de la planète.

La tentation du transhumanisme : Ces dernières années, de nombreux colloques et conférences ont été organisés par le Grand Orient de France pour traiter du transhumanisme, notamment sur le plan scientifique, éthique ou philosophique. Il s'agit d'un courant de pensée selon lequel les capacités physiques et intellectuelles de l'être humain pourraient être accrues grâce au progrès scientifique et technique. Mais en se dotant d'outils depuis fort longtemps, l'homme ne s'est-il pas déjà augmenté ? Et les progrès de « l'homme augmenté » ne sont-ils pas encore limités par les risques de rejets ou de destructions cellulaires par exemple au niveau cérébral ? L'article 7 de la Déclaration transhumaniste de 2002 va plus loin en affirmant que : « le transhumanisme englobe de nombreux principes de l'humanisme moderne et prône le bien-être de tout ce qui éprouve des sentiments qu'ils proviennent d'un cerveau humain, artificiel, post-humain ou animal ». Le transhumanisme s'inscrit selon les auteurs dans deux traditions différentes. Certains pensent, que tout comme l'existentialisme auquel on peut le rattacher, qu'il a une filiation avec l'humanisme de la Renaissance. D'autres le rattachent à la tradition bouddhiste, notamment pour ce qui relève de la dualité du corps et de l'esprit. Le transhumanisme a même pu être qualifié de « néo-bouddhisme ». À la suite de l'intérêt porté par le Dalaï-Lama aux recherches sur l'immortalité, des auteurs se sont demandés si le bouddhisme ne serait pas la religion intermédiaire avant l'ère transhumaniste. Ce dernier serait un humanisme qui pousse jusqu'à son terme ultime sa logique : celui d'un monde sans dieu où l'homme et les créatures issues de l'homme se façonnent elles-mêmes. Le transhumanisme n'est pas sans danger, car l'absence et la disparition de la spiritualité peut entraîner l'individu humain à l'isolement, surtout il pose des questions éthiques essentielles. La question de la refondation de l'humanisme et du transhumanisme pourrait être transversale dans nos réflexions.

Une société d'hommes émancipés et responsables

L'amélioration de la société passe par l'amélioration de l'homme, en termes notamment d'éducation, de formation. En effet si l'on veut éviter de profondes inégalités dès l'enfance, l'éducation ne peut pas être l'affaire de la seule famille. L'école doit ainsi rester le lieu privilégié où l'on apprend à devenir un citoyen libre et où le vivre et avancer ensemble a tout son sens. Il faut également encourager la formation continue tout au long de la vie. Notre devoir est de rechercher des solutions alternatives.

Former l'homme et le citoyen

Trois matières à promouvoir : La philosophie est aujourd'hui délaissée au profit d'enseignements rationnels et quantitatifs, face à un monde guidé par l'émotionnel, promouvant l'avoir à l'être. Trop souvent, le cours de philosophie se résume à une étude historique des grands courants de pensée sans apporter les outils intellectuels nécessaires à la formation de citoyens éclairés. Il est ainsi proposé de systématiser l'enseignement de la philosophie dès l'enseignement primaire dans le cadre d'une approche concrète de situations critiques pour parvenir à l'abstraction pour se construire soi et prendre de la hauteur face aux enjeux futurs que se posera l'humanité. La multitude et la répétition des messages dans les media, dans lesquelles le relativisme peut succéder au binaire, contribue à faire un homme sous influence hors sol, voire tétanisé. On peut craindre ainsi la substitution d'un présent meilleur à un avenir meilleur. L'enseignement de l'histoire est essentiel pour tirer les leçons du passé et entretenir la mémoire. Pour autant, l'histoire officielle, qui est celle des dominants, ne doit pas nous faire oublier d'écrire aussi celle des dominés, de ceux qui ont lutté contre le pouvoir et les inégalités. Il est aussi important de revaloriser la formation éthique et civique du citoyen à l'école, puis qui pourrait être complétée par un « service universel civique ».

Transmission des valeurs républicaines : En plus de la création d'un « service universel civique », il pourrait être créé un du MOOC (Massive Online Open Course), c'est-à-dire une formation à distance ouverte à un grand nombre sur les valeurs de la République sous forme de traitement de situations concrètes en insistant notamment sur les valeurs complexes de Laïcité et de Fraternité. Ce cours en ligne serait obligatoire pour tous ceux qui veulent passer un examen d'État ou accéder à des emplois publics ou en relation avec le public.

L'engagement et l'exemplarité maçonniques : Nous devons redevenir des Maçons utopiques, fiers de l'être et pleins d'espoir. Impliqués plus fidèlement dans les commissions nationales de l'Obédience. Remplis de courage pour aller aux combats et contribuer ainsi à « réenchanter le monde », tout en se montrant conscient des dangers, des risques et des luttes à mener. Nous devons mettre en débat dans les Loges la notion d'engagement, et questionner chaque maçon sur la manière dont il s'engage, dont il pourrait le faire dans le monde, conformément aux valeurs maçonniques. Rappelons que nous sommes engagés à « la propagande de l'humanisme par l'exemple », passer du spéculatif à l'opératif. Plusieurs contributions proposent que les Maçons prennent leur part dans l'instruction civique et l'éveil de la morale, et le travail éducatif sur l'humanisme, dans les écoles, les collèges, les prisons, les hôpitaux. Il est important qu'ils s'engagent à le faire individuellement en tant que citoyen. Partageons au sein de nos loges, puis de l'obédience pour construire une parole forte du Grand Orient de France. Chaque Loge ou chaque Région pourrait prendre en charge plusieurs thèmes pour élaborer un contenu maçonnique à rendre public aux profanes. Il serait utile de renforcer les rencontres avec les acteurs de la vie politique locale et soutenir des ONG partageant nos valeurs fondamentales. Il est proposé de mettre en place une véritable stratégie de communication globale sur les valeurs humanistes avec un usage de l'outil numérique et une chaîne Youtube vulgarisatrice pour toucher le plus grand nombre et notamment les jeunes qui représentent l'avenir de l'Obédience et de l'humanisme. La diffusion des propositions jugées pertinentes de ce Livre Blanc dans l'espace public pourrait y contribuer. Il est également proposé que le Grand Orient de France crée un Observatoire de l'Humanisme, de l'Utopie et du Lien Social, pour faire connaitre les initiatives, identifier les difficultés et les dangers, proposer des sujets de réflexion et valoriser les initiatives vertueuses. Celui-ci pourrait proposer des actions d'extériorisation.

Quelle société construire ?

Préserver notre bien commun : Il faut envisager de travailler philosophiquement et démocratiquement à la cohabitation entre l'Homme et la Nature, constituer un nouveau mode de conception de la citoyenneté basé sur l'équité et le partage, placer l'écologie comme un cadre de pensée, hors des débats politiques et devant être pris en compte par toutes les sensibilités et œuvrer pour l'application effective des décisions internationales prises en faveur du climat. Notre planète est désormais réduite à la taille d'un village global où les échanges, des hommes comme les idées, se font à la vitesse de l'éclair. Règne l'illusion d'un progrès indéfini de la société industrielle avec pour corollaire une croissance salvatrice. Pour autant, l'exigence de progrès doit aujourd'hui traverser les Parvis, mais un progrès soucieux d'éviter la destruction de l'écosystème et de la civilisation humaine. Dans un monde aux ressources limitées, la croissance de la population humaine ne peut être infinie et les problèmes se posent déjà (pollution, climat...). Il faut organiser la transition de nos sociétés vers des modèles compatibles avec ces limites physiques.

Repenser notre espace de vie après la COVID-19 : Nous ne prenions pas sérieusement les signaux de l'altération de l'écosystème planétaire. Et le confinement récent a montré un retour de la vie sauvage dans notre environnement et une baisse significative de la pollution. Nous avons pu ainsi constater que nous avions les moyens de lutter contre le réchauffement climatique, contre la disparition de la biodiversité. Il nous appartient donc de renouer avec cette vieille tradition de l'utopie urbanistique pour la mettre au service de la redéfinition des nouveaux équilibres entre la ville et les espaces naturels qui l'entourent et la pénètrent. Créons des villes végétalisées et à énergie positive au travers des six couloirs de solidarité, de sociabilité, de mobilité, de biologie, de biosphère et d'énergie. La mixité des activités de proximité permettrait de réduire les déplacements autonomes en remplaçant les moteurs à énergie fossile par les moteurs électriques ou par sustentation.

Sortir de la surconsommation globalisée : Il nous faut sortir de la surconsommation, changer les habitudes des citoyens et repenser nos industries. Il ne s'agit pas de s'engager sur la voie de la décroissance, mais de transformer les entreprises pour qu'elles n'aient plus l'argent comme seule finalité, d'imaginer de nouveaux emplois et réévaluer un peu la hiérarchie sociale des métiers, car certaines fonctions traditionnellement dévalorisées ont évolué. Il faut aussi relocaliser certaines de nos productions, produire plus durable, penser une consommation raisonnée, assurer une partie de notre indépendance et faciliter la transition économique. Il est nécessaire de sortir du PIB, cet indicateur unique de développement de l'Ancien Monde et de son mode de production, et fixer des indicateurs anthropolitiques pour un autre progrès et une autre voie de développement. Ils pourraient être en lien avec les critères mis en évidence par le principe de la résilience, comme par exemple : éthique, économique, technologique, culturel, appropriation, faisabilité, démocratie… La communauté de destin de l'humanité apparait comme une évidence, le seul but à atteindre.

Pour un Humanisme écologique

Respectable Loge, Humanisme et Progrès, Orient de Toulon, Région 2

Respectable Loge, La Réunion des Étrangers, Orient de Paris, Région 13

Respectable Loge, L'Étoile des Mascareignes, Orient de Saint-Pierre, Ile de La Réunion, Région 3

Respectable Loge, Valmy Fraternité, Orient de Reims, Région 4

Respectable Loge, La Vraie Lumière, Orient de Nancy, Région 4

Respectable Loge, Altérité, Orient de Tours, Région 5

Respectable Loge, La Société des Dix, Orient de Riom, Région 5

Respectable Loge, Le Réveil Anicien, Orient du Puy en Velay, Région 5

Respectable Loge, La Grotte D'Andarta, Orient de Valence, Région 6

Respectable Loge, Maillon et Liberté, Orient de Lyon, Région 6

Respectable Loge, Les Vrais Zélés, Orient de Chalon sur Saône, Région 6

Respectable Loge, Les Neuf Frères, Orient de Grenoble, Région 6

Respectable Loge, Les Ecossais Roannais, Orient de Roanne, Région 6

Respectable Loge, Jean-Baptiste Clément, Amitié, Orient de Noiseau, Région 7

Respectable Loge, Germanor, Orient de Perpignan, Région 8

Respectable Loge, République Malouine, Orient de Saint Malo, Région 9

Respectable Loge, Les Passeurs de Gué, Orient de Vannes, Région 9

Respectable Loge, La Parfaite Union, Orient de Rennes, Région 9

Respectable Loge, Justice et Raison, Orient de Dreux, Région 9

Respectable Loge, Convergence et Progrès, Orient de Nantes, Région 9

Respectable Loge, Triple Union, Orient de Dinan, Région 9

Respectable Loge, La Défense Maçonnique, Orient de Paris, Région 11

Respectable Loge, Arago Fraternité, Orient de Paris, Région 12

Respectable Loge, Intersection, Orient de Paris, Région 12

Respectable Loge, Le Chantier des Imparfaits, Orient de Paris, Région 12

Respectable Loge, Parole et Création, Orient de Paris, Région 12

Respectable Loge, Libertas, Orient de Paris, Région 13

Respectable Loge, Les Vrais Experts, Orient de Paris, Région 14

Respectable Loge, La Rose du Parfait Silence, Orient de Paris, Région 14

Respectable Loge, Thélème, Orient de Paris, Région 14

Respectable Loge, Union des Rites, Orient de Marseille, Région 15

Respectable Loge, Les Francs Chevaliers de Saint André d'Écosse et Solidarité Réunies, Orient de Bordeaux, Région 16

Respectable Loge, Les Chevaliers de la Fraternité, Orient de Bordeaux, Région 16

Respectable Loge, Humanisme et Condorcet, Orient de Dax, Région 16

Respectable Loge, Utopie Latine, Orient de Pamiers, Région 17

Respectable Loge, Utopia Soleil Noir, Orient de Toulouse, Région 17

Respectable Loge, Darwin, Orient de Toulouse, Région 17

Souverain Chapitre Daniel Michotte – Vallée de Guyane - Amazonie

L'Homme et la nature

Ce qui est en question, au fond, n'est rien moins que le rapport de l'homme avec lui-même, avec la nature et avec le cosmos. C'est l'humanisme né au XVIe siècle et progressivement affirmé le long des siècles qui est interrogé et qui, s'il veut se survivre, ne pourra que profondément se transformer.

Comment faire face à une vision « apocalyptique » de l'écologie mondiale ? En remettant au centre un nouvel imaginaire humain fondé sur la restauration d'un écosystème planétaire en bonne santé. La bonne santé doit être considérée comme un droit vital et inaliénable, comme un élément fondamental du progrès de l'humanité, comme une voie d'accès au bonheur.

Mise en conformité de la règlementation du code de la construction et des plans d'urbanisme conformément aux exigences des gestes barrières favorisant l'habitat individuel avec jardin

Aussi est-il temps de réorganiser et de reconquérir les territoires afin de donner place à la vie bonne : ancrons l'Homme à la terre, faisons le choix d'une agriculture raisonnée synonyme de réhabilitation de la qualité alimentaire et la possibilité, par le travail de la terre, de tendre vers un équilibre absorption/ rejet de gaz à effet de serre.

Ce besoin de nature fait résonner (raisonner ?) en nous la nécessité que nos enfants aient un avenir qui passe par cette terre que nous leur léguerons, en bon ou en mauvais état. Cette prise de conscience sera peut-être oubliée dans les très surestimés fastes de la relance, encore que.... Cette crise en prépare d'autres, et, crise après crise, clou après clou, nous ne pourrons pas faire comme si l'écologie n'existait pas.

L'interdépendance des espèces est une évidence biologique et l'Homme doit renouer le lien avec la nature et l'environnement. La biodiversité est le gage indispensable à notre survie. Notre humanisme moyenâgeux doit laisser la place à un humanisme contemporain, lucide, écologique appréhendant tout le vivant dans sa globalité.

Poser de façon claire le « zéro artificialisation » des terres ; désimperméabiliser les sols en obligeant à renaturer tous les espaces goudronnés (même les routes) pour lutter contre les inondations, exiger l'absorption des eaux pluviales à la parcelle.

Revoir le code de la construction et de l'urbanisme pour intégrer des obligations pour des logements faibles en consommation de chauffage, rafraichies naturellement et résistantes aux évènements météorologiques extrêmes ; développer les constructions semi enterrées plus fraiches et moins énergivores et recouvertes de végétation.

Mettre en place une vraie politique de préservation de la ressource en eau et de limitation des consommations d'eau, n'oublions pas que les conflits futurs seront liés à l'accès à l'eau.

La reforestation comme impératif. En France redonner un vrai pouvoir à l'Office National des Forêts. Développer l'agroforesterie. Réintroduire les arbres dans les cultures. Le bois matériel du futur, grâce à ses propriétés mécaniques. Définir l'arbre comme un sujet de droit.

L'eau est un bien inaliénable qui doit être protégé et appartenir à l'humanité dans son ensemble. La ressource en eau ne peut être privatisée ni détournée.

Prévoir à court et moyen terme des déplacements de populations entières et préempter comme des terres non territorialisées, des espaces aujourd'hui libres pour accueillir ces populations. Seule l'ONU pourrait mettre en œuvre ces programmes.

« Les terrestres (les humains) ont le délicat problème de découvrir de combien d'autres êtres ils ont besoin pour subsister. C'est en dressant cette liste qu'ils dessinent leur terrain de vie. » écrit Bruno Latour, sociologue, anthropologue et philosophe des sciences.

Donner des droits à la nature et une identité juridique aux milieux de vie afin que la nature acquière la capacité d'intervenir en justice. Cela modifierait en profondeur la manière dont les humains se représentent leur rapport à la Terre et au monde. « Il faut imaginer que puisse être représentés des écosystèmes dotés de moyens pour exercer leurs droits, et devenant alors des sujets politiques ». C'est aussi une manière de remettre au premier plan la notion de « bien commun » comme milieu partagé dont chacun est responsable, milieu inaliénable par des intérêts privés, avec un égal accès de tous aux ressources. Par ailleurs, il faut reconnaitre l'ÉCOCIDE comme un crime contre l'humanité, l'intégrer dans la Constitution, l'outiller en termes de droit et créer des juridictions propres, au niveau national et international.

La protection des écosystèmes ne relève pas seulement d'un phénomène de mode pour l'écologie, elle concerne notre survie car si la terre est malade, nous le sommes aussi. Nous devons arrêter de penser que nous les êtres humains, sommes un élément indépendant du système. Nous en déduisons à tort que nous pouvons transformer, détruire ou modifier l'environnement à notre convenance. Tout changement que nous imposons à notre planète, a déjà et aura des répercussions dramatiques sur notre santé et notre survie. Nous sommes tous dans le même bateau et devons prendre conscience plus que jamais des risques que nous encourons !

Replanter massivement des arbres dans des espaces en friches, obliger les communes par un quota fixé par lois et décrets d'application.

Se nourrir

La relocalisation des productions vitales ou essentielles parait indispensable, ainsi qu'une modification des comportements, pour favoriser les biens de saison de production locale. Il convient aussi de favoriser les semences paysannes, les énergies vertes (solaire, hydraulique, éolien...) chez les particuliers et les entreprises, partout où c'est possible, favoriser la retenue des eaux depuis la montagne et les plaines afin d'éviter les rejets en mer, favoriser un « rafraichissement » de nos territoires, favoriser une agriculture locale vivrière pour plus d'autonomie, ainsi qu'une consommation plus durable et plus digitale en favorisant les circuits courts, le « bio » via une TVA favorable, etc....

Les techniques agricoles qui non seulement doivent produire abondamment, mais en respectant les sols et en les enrichissant de plus en plus. Ces techniques sont connues, agroforesterie, agroécologie, permaculture... Les agriculteurs, cultivateurs de la terre, ne doivent plus être des exploitants agricoles.

Développer de nouvelles technologies permettant de produire et de distribuer de nouveaux produits alimentaires sans consommer plus de ressources naturelles, réduire notre consommation de viande, agir sur l'agro écologie pour diminuer la pression en intrants chimiques dans l'environnement et favoriser la diversité céréalière et végétale.

Mise en place en France d'un système de consigne obligatoire pour les bouteilles en plastique et les canettes.

Humanisme écologique

Les grandes questions de "l'Écologisation" impliquent de réfléchir par exemple aux modes de production, à la faim et l'alimentation dans le Monde, aux modes de vie, au devenir des populations fragilisées, aux formes de la société de demain, la place de la solidarité, sans oublier le maintien d'une démocratie et d'une liberté toujours menacées. Humanité et Environnement sont au cœur de "l'Écologisation".

Ainsi, nous avons à prendre conscience que nous baignons dans un milieu social, mais aussi « naturel » dont nous sommes issus et dont nous sommes les colocataires. Le nier, c'est scier la branche sur laquelle nous sommes assis au risque de nuire, non seulement à nous même personnellement, mais à nos semblables et aux autres êtres embarqués avec nous.

Une nuit du « 4 aout » est à faire par l'abandon des comportements aberrants, des privilèges de situations sociales ou environnementales. Les solutions doivent également être simples, communes, open source, des technologies de désintoxication. Il faut donc réorienter le désir et assurer le bien-être, l'humanisme doit nous guider pour cela. Concilier humanisme et écologie de façon mondiale, implique d'identifier et de lutter contre ce qui nous déshumanise. Rééduquons-nous !

Faire émerger une charte pour le futur de la planète. On s'y essaie mais on continue à fermer les yeux sur une réalité qui dérange, la surpopulation et ses fléaux : augmentation de la misère, destruction du vivant et de la planète.

Il faut construire un nouvel humanisme : priorité au vivant, sans exclure l'homme de ce milieu mais en lui trouvant une place dans le vivant et pas à part. Les bouddhistes, les hindouistes et les animistes ont inclus cette vision dans leur croyance, pas les monothéistes qui ont placé l'homme au centre de l'univers. Le monde vivant est un tout, un ensemble qu'on ne peut amputer de certains morceaux sans endommager la totalité. La pandémie actuelle lui rappelle brutalement qu'il fait partie du vivant et qu'il ne faut pas l'oublier.

Mettre en pratique l'humanisme écologique nécessite des changements profonds dans l'esprit et le mode de vie de l'homme occidental, asservi à la consommation perpétuelle. La conception que la seule finalité de la vie est de produire et consommer toujours davantage doit être abandonnée.

Il est grand temps de réintroduire Homo politicus dans son habitat, de lui faire retrouver tous ses sens en alerte, soucieux des interactions qui le lient au monde et de destituer Homo economicus. Attribuer l'adjectif écologique à l'Humanisme, c'est retrouver le sens de l'universel dans ce qu'il a de plus fraternel aussi.

« L'enjeu est bien de construire une société de coopération qui pense l'humain en relation avec ce qui le fait vivre » (Gaëtan Gorce).

La crise aura mis l'accent sur nos faiblesses et sur nos fragilités. Nos valeurs d'égalité et de fraternité entre les hommes doivent être réaffirmées et se traduire en actions. L'écologie est l'humanisme du 21ème siècle. L'homme est une espèce animale dont la survie est durablement liée à celle de son écosystème.

Textes et postures du Grand Orient De France

L'éthique environnementale n'a de sens que dans des actions concrètes, qui consistent à protéger cet environnement, autant le vivant que le bâti, autant la forêt que la ville, autant les paysages que les arts qui les représentent. Proposition phare : créer une sixième question à l'étude des loges consacrée l'humanisme environnemental.

Dans un premier temps il serait judicieux d'intégrer dans le rituel introductif, à l'instar de ce qui a été fait à juste raison au bénéfice de la Laïcité il y a quelques années, une référence à la nécessité d'un engagement au profit d'un "Humanisme Écologique".

L'impérieuse prise en compte des notions de développement durable qui intègrent l'humain et son environnement apporteront dans la Franc-maçonnerie de demain la base de la modernité et les objectifs de revitalisation nécessaires à la Franc-Maçonnerie de l'après crise.

Modifier l'article 1 de la Déclaration Universelle des Droits de l'Homme ainsi : " Tous les êtres humains naissent et demeurent libres et égaux en dignité et en droits.

Pour participer à réconcilier le progrès avec le respect de l'humanité et de l'environnement, nous proposons que la franc maçonnerie inscrive l'écologie et la protection du vivant au cœur de ses principes généraux. Cela pourrait se traduire par une révision de l'article premier de notre constitution concernant l'objet de la Franc-Maçonnerie ou ce à quoi elle travaille.

Modifier l'article 11 de la Constitution de la Vème République pour assouplir les conditions d'accès et élargir les thématiques du Référendum d'Initiative Partagée.

Le Progrès

Nous ne devons pas craindre de réinterroger le sens du progrès. C'est peut-être ce qui nous bloque le plus dans cette voie. Nous avons peur de trahir notre idéal des Lumières en adhérant à la pensée écologiste, de nous renier en quelque sorte, de devenir passéistes en contrevenant à notre foi dans le Progrès. Or c'est tout le contraire du reniement et du passéisme que nous demandent les changements sociétaux qui s'annoncent. La faillite de la société de consommation risque de provoquer de multiples bouleversements sociaux. Nos valeurs humanistes seront certainement mises à mal par ces périodes de grande incertitude. En nous engageant dans la protection du vivant nous exerçons notre devoir de vigilance envers les dérives que ces bouleversements risquent de susciter (protectionnisme, nationalismes et obscurantismes de tous bords...) que nous voyons déjà à l'œuvre. Vous connaissez la célèbre citation de Gramsci qui s'applique si bien ici « le vieux monde se meurt, le nouveau tarde à apparaître et dans ce clair-obscur surgissent les monstres ». Car la capacité, voire l'obligation morale, pour des Francs-Maçons responsables et éclairés, d'aider à construire ce nouveau Temple doit être l'objet de tous nos travaux.

Mythe de l'abondance

Les Francs-Maçons ne pourraient-ils pas militer contre le mythe de l'abondance et pour le pouvoir d'acheter dans l'esprit de ce qu'il est convenu d'appeler « la simplicité volontaire » ? Un retour à l'épicurisme en quelque sorte.

La pandémie actuelle, due au Coronavirus, doit nous convaincre de mettre en place, de façon urgente, une politique respectueuse de l'environnement et de la justice sociale et dont la finalité ne serait plus d'assurer une croissance dont les bénéfices ne profitent vraiment qu'à un petit nombre. Une telle politique est certainement la condition indispensable à la survie de l'humanité.

Dans les mains des humanistes, l'écologie intégrale peut être une pensée structurante et compatible avec une transition écologique programmée pour sortir de l'impasse capitaliste et de la prise de conscience d'une finitude planétaire.

Éduquer

Soutenir la recherche en sciences de l'éducation.

Introduire dans le cursus primaire et dans le cursus secondaire des échanges à propos des notions de la complexité du monde, (si possible en association avec nos valeurs telles que laïcité, solidarité et fraternité), par exemple avec un conférencier invité.

Introduire dans tous les cursus d'éducation supérieure une éducation aux faiblesses du cerveau (biais) ainsi qu'aux systèmes complexes dont l'écologie.

Le rôle de l'éducation est majeur, pour opérer une véritable révolution mentale, comportementale et trans générationnelle, un partage et une consommation raisonnables des biens communs et le recours volontaire et militant au renouvelable dans le respect des êtres et des cultures. La laïcité en est une des pierres angulaires, et pour favoriser des débats citoyens pertinents, sachant que les réseaux sociaux aident aussi à la prise de conscience, parfois plus que les autres médias.

Il faut repenser l'éducation de nos enfants, en famille comme à l'école. Une école renouvelée qui forme des citoyens éclairés et responsables, une école qui éduque en priorité aux interactions de l'Homme avec la nature, à l'éco-citoyenneté et aux valeurs du vivre ensemble. Introduire de nouvelles matières émancipatrices d'un comportement citoyen futur plus laïque et solidaire.

Remettre des valeurs de la République au centre des préoccupations de la population par l'éducation et la formation. Formation à l'école et création des bus de la République.

Il reste à créer des cours d'écologie à l'école. On y verrait les dégâts causés par telles ou telles actions, ou produits. On y apprendrait surtout à se rendre responsable, acteur de sa vie, de la Vie de tous et du devenir de la Planète.

Mettre en place dans l'éducation nationale de la maternelle jusqu'à l'université des cours de savoir-faire mixtes : cuisiner local et économe, réparation, jardinage, préserver sa santé, apprendre les gestes qui sauvent.

Éducation et acculturation aux enjeux de la protection de l'environnement sont indispensables pour une participation citoyenne et notamment associative inclusive, participative et solidaire. La protection des lanceurs d'alerte doit être garantie partout dans le monde

Redonner un second souffle à l'éducation populaire dont une des vocations n'est pas seulement de transmettre des savoirs, mais aussi de développer les capacités de chacun à vivre ensemble, à confronter ses idées, à débattre et à tendre vers une citoyenneté émancipatrice, permettant de mieux comprendre et de mieux s'orienter dans le monde où nous vivons, et de décider de son avenir.

A travers l'enseignement d'une discipline première, à part entière, centrée sur le développement durable, dispensée au cours du programme scolaire destiné aux collégiens et lycéens, développons une conscience citoyenne aux problématiques environnementales pour un monde socialement équitable et économiquement viable dans un environnement vivable. Afin de maximiser les chances de succès, sensibilisons nos enfants à cette thématique dès leur scolarisation.

Partager

Création de jardins partagés. Ces jardins seraient aussi un lien social, un lieu de partages et d'échanges culturels et intergénérationnels, des lieux de solidarité et de convivialité, des lieux permettant aux anciens d'apprendre aux plus jeunes comment obtenir une nourriture saine naturelle et peu chère ; à ce titre il me semble nécessaire de développer les carrés de jardin en milieu scolaire et ce dès la maternelle afin que les enfants connaissent la vraie nature et non les produits ensachés sous plastique ou transformés pour une consommation immédiate.

Le partage équitable devient une nécessité, il va se concrétiser par des mesures drastiques qui toucheront surtout les pays développés qui consomment trop. On sait que si tous les humains consommaient comme les européens, il faudrait 3 planètes Terre pour les satisfaire. Les limitations doivent être expliquées et partagées.

Équilibrer les migrations en s'attachant d'abord à transmettre aux plus démunis le moyen d'acquérir le savoir-faire qui les sortira de la grande misère. Il faut envisager une distribution raisonnée des biens terrestres et apprendre à partager.

Informer, Éduquer, Instruire. Faire prévaloir l'être sûr l'avoir pour maîtriser une consommation déraisonnable qui nuit à l'ensemble de l'humanité.

C'est pourquoi il convient, notamment, de soutenir les campagnes de boycott visant les entreprises/banques les plus destructrices de l'environnement et développer toutes les formes de désobéissance civile. Voir à ce sujet l'appel des mille scientifiques : « nous appelons à participer aux actions de désobéissance civile menées par les mouvements écologistes (Amis de la Terre, Attac, Confédération paysanne, Greenpeace, Action non-violente COP21, Extinction Rebellion, Youth for Climate...).

Parallèlement, au sein de nos sociétés dites développées, il va nous falloir examiner et repenser les rouages de nos existences : revoir notre relation au travail, valoriser les emplois réellement fondamentaux, en finir avec les "bullshit jobs" tels que les présente l'anthropologue David Graeber, apprendre à ralentir pour durer et privilégier quand c'est possible le "low-tech" au "high-tech"

Démographie

Les ressources de la planète dépendent essentiellement de la démographie mondiale. Seul le continent Africain, globalement, verrait sa population augmenter. Les variations démographiques et donc l'impact écologique des humains, sont liées à la natalité et donc à la libération pour les femmes des contraintes patriarcales, à leur accès à la contraception, à l'éducation, et à l'égalité entre les hommes et les femmes. La condition féminine en Afrique est donc une clef importante de l'avenir de l'humanité. Ainsi corrigerions-nous nombre d'injustices relevant du droit et des libertés individuelles de la moitié de l'humanité tout en réduisant significativement l'impact environnemental de l'être humain. Il en va doublement de notre intérêt.

On ne peut s'épargner l'analyse de la responsabilité des systèmes politiques dans la démographie et la protection de la planète. Le brassage nécessaire des populations et des cultures semble donc nécessaire pour réguler, maîtriser le phénomène de surpopulation.

Inverser la politique de natalité : Yves Cochet : « Renversons notre politique d'incitation à la natalité ! » Dans un entretien remarqué au magazine L'Obs, Yves Cochet dévoile des solutions radicales pour sauver la planète face au dérèglement climatique. Il propose des mesures pour « faire moins d'enfants » et « mieux accueillir les migrants qui frappent à nos portes » afin de limiter l'impact écologique d'une population mondiale toujours plus nombreuse. Et d'ajouter que la limitation des naissances nous permettrait de « mieux accueillir les migrants qui frappent à nos portes ». « Programme massif de formation et d'information au planning familial et prôner la grève du « troisième ventre » pour l'Europe, là où l'empreinte écologique par individu est l'une des plus importantes. »

Finance / Revenu universel

Un système de revenu universel, qui a déjà été expérimenté avec succès ailleurs, doit être instauré pour lutter contre la pauvreté.

Mise en place d'une fiscalité écologique et sociale : exonération de TVA et modulation de l'impôt sur le revenu en fonction du bilan énergie/matière des consommations. Dans cet esprit, il convient de ne plus évaluer les biens sur leur prix seul mais aussi sur leur contenu énergétique et leur niveau de pollution, d'atténuer le besoin de propriété au profil de l'usage, (voiture, lave-vaisselle, friperie...) et peut-être même favoriser, quitte au départ à contraindre, la location de voitures vertes plutôt que l'acquisition d'un véhicule particulier.

Il convient de développer une finance plus humaine, sans « trading » de haute fréquence, des conseils d'administration exclusifs (impossibilité de siéger dans plusieurs simultanément), intégrer les personnels (un siège au moins avec les mêmes droits). Pour ce nouveau mode de gouvernance, il nous est apparu nécessaire, comme pour les acteurs privés, d'insérer dans les marchés publics des clauses sociales et environnementales.

N'ayons pas peur de créer une dette qui, répartie de façon équilibrée entre tous les pays du monde qui pourrait être assimilée à une subvention écologique et durable et non remboursable dès lors qu'elle servirait à des investissements écologiques ou qu'elle est utilisée pour améliorer la santé dans le monde ou qu'elle permet la création d'un « revenu minimum universel de dignité ».

Ajuster le niveau de vie des plus riches sur celui des plus pauvres, pour réduire les émissions de CO2.

Réorganiser et orienter les circuits financiers vers des critères autres que la rentabilité à court terme, incluant la Responsabilité Sociale des Entreprises.

Système incitatif de bonus pour les individus, et de bonus/malus pour les entreprises et les collectivités locales, afin de favoriser des actions écologiques vertueuses.

La projection d'une société plus égalitaire, résiliente face aux crises, implique que nous portions haut le projet d'instauration d'un revenu universel, dans le cadre d'une expérimentation nationale.

Interdire l'entrée des lobbies dans les cercles de décideurs d'État (anciens collaborateurs de groupes influents devenus ministres ou secrétaires d'état, attachés parlementaires) .

Modèle économique : Produire - Consommer

Il est urgent d'aborder ce qu'il est convenu d'appeler la décroissance ou plutôt la croissance verte. L'échelle de mesure du bonheur de l'humanité se mesure actuellement en PIB sans tenir compte ni du bien-être des populations, ni de l'empreinte écologique de la croissance. L'homme se réduit à sa seule dimension économique en oubliant sa dimension culturelle, philosophique et spirituelle.

Serait-il déraisonnable d'envisager un nouveau système économique qui se baserait sur d'autres valeurs qu'une croissance économique perpétuelle, une surconsommation que notre planète ne peut de moins en moins assumer ?

il va falloir après réfléchir à l'absurdité d'une globalisation effrénée qui a fait de la circulation à flux tendu des biens un dogme. Il faut aller vers une forme de relocalisation qui ne se confond ni avec le protectionnisme ni avec le nationalisme. Nous avons reçu une forme d'ultimatum de la nature. Saurons-nous l'entendre ?

Les mots – croissance, concurrence, compétitivité, mondialisation, globalisation, ne font plus envie.

Peut-être faudrait-il les remplacer par entraide, relocalisation, consommer moins et répartir mieux. Peut-on rêver d'une nouvelle société d'entraide et d'auto-organisation, basée sur l'autonomie alimentaire à l'échelon local ?

Notre nouveau mode de production doit être plus sobre, produire moins mais mieux et plus efficacement. L'utilisation des ressources doit être régénérative et non plus destructive.

Au niveau européen, ce plan doit inclure notamment une relocalisation des secteurs vitaux tels que médicaments, énergie, produits essentiels ou/et de première nécessité, grâce à un protectionnisme coordonné et coopératif, une économie planifiée dont la préservation de la biosphère est la priorité car vitale pour l'Homme, et le maintien d'une Humanité voire d'un Humanisme serein, en paix et solidaire.

Il n'est plus question de travailler plus ou de travailler moins, il faut travailler mieux pour vivre mieux et s'épanouir dans un collectif d'échanges. Il faut encore chercher à être en cohérence avec une nécessaire mondialisation des idées et de la liberté car, c'est un fait : une politique écologique de qualité n'a de sens que si elle dépasse les nations, qu'elle devient supranationale ce qui signifie qu'il n'y a pas d'avenir sans mondialisation.

Les filières industrielles stratégiques doivent être relocalisées afin d'accroître notre indépendance et mettre fin à des logiques d'échanges mondialisés, facteurs de dégradation de l'environnement.

Nous devons absolument devenir exemplaires sur les sujets environnementaux, par exemple en modifiant nos process de fonctionnement, par exemple en poussant les Entreprises que nous dirigeons à s'organiser selon une charte vertueuse de l'environnement (type labélisation B Corp) avec une « raison d'être » différente ou complémentaire de la « raison sociale ».

L'engagement de discussion visant à légiférer sur une séparation partielle de l'Etat et de l'économie et à rendre à cette dernière son statut d'outil au service de l'homme et non de fin en soi.

Poser de nouveaux indicateurs de richesse qui donnent de la valeur uniquement à ce qui ne détruit pas les ressources naturelles et à ce qui crée du lien social et du bien-être pour les humains et la nature.

Engager réellement la mutation du système économique (aller plus loin dans l'esprit des sociétés à mission-société à engagements responsables...), reposer les objectifs de formation et d'emploi (baisse du temps de travail...)

Imposer le green budgeting (on analyse un budget au regard de son impact favorable ou non pour l'environnement) pour toutes les dépenses publiques et des grandes entreprises afin de pouvoir très rapidement ne budgéter que les dépenses neutres en carbone et sans impact sur la biodiversité.

Appliquer la notion de One health (une santé celle des humains et celle de la nature) pour guider l'action publique et privée.

Intégrer la notion de services écosystémiques dans l'économie pour préserver la biodiversité avec notamment le paiement des acteurs qui agissent pour la préservation des services écosystémiques.

Donner une valeur au temps en subventionnant le slow et en taxant tout ce qui fait gagner du temps et énergivore.

Doter chaque individu d'un crédit carbone non transférable et non dépassable.

Osons un « frexit » en n'ayant pas d'accord commerciaux avec les pays du G7 qui ne respectent pas à minima les engagements de Biarritz pris en 2019 (charte biodiversité, élimination gaz HFC (gaz de refroidissement), Fashion Pact (industrie mode moins polluante...).

Encouragement des transports en commun, vélos, covoiturage et réseau de location voiture, développement véhicules autonomes sans provoquer d'augmentation de pollution.

Augmenter le trafic ferroviaire, les liaisons villes / aéroports (train puis avion) avec prises en charge des bagages au départ, limiter le trafic routier en augmentant l'offre de ferroutage.

Les collectivités territoriales pourraient mettre en place des transports publics de marchandises en circuits courts, afin d'éviter les ententes des producteurs sur les prix et de limiter la pollution.

Démocratie

Nous souhaitons, comme le propose le philosophe Dominique Bourg, remplacer le Sénat par un « Collège du futur » composé de citoyens et de scientifiques. Ce qui pourrait se faire aussi au niveau local des villes. Et pour que les décisions politiques ne remettent pas en cause notre viabilité écologique un contrôle se ferait par une commission de sages.

A l'instar du Tribunal International de La Haye qui punit les crimes contre l'humanité, il faudrait créer

Un Tribunal International qui sanctionnerait toutes les atteintes contre le monde du vivant et environnemental. Cela va de la contrebande à la déforestation en passant par la surpêche, le massacre des éléphants, l'utilisation agressive des pesticides ou le bétonnage de nos côtes. Le plus difficile sera de trouver un cadre juridique commun à tous les pays.

Puisqu'aussi bien le réchauffement climatique et la COVID-19 sont deux conséquences d'un seul et même phénomène d'entropie : la maximisation du profit au cœur du réacteur productiviste. Alors, ne soyons pas comme des personnages de dessins animés, cessons d'errer au-dessus du vide.

Les enjeux de la transition écologique et énergétique supposent de rompre avec ces processus faussement démocratiques, sans contrôles réels, et de redonner du pouvoir et de l'autonomie aux collectivités au plus près du terrain. Inventer et organiser de nouvelles relations entre le niveau national et le niveau local et donner plus d'autonomie aux territoires, laisser émerger les bonnes pratiques, les fédérer, les amplifier, les diffuser, les promouvoir. Dans ce contexte d'un renouveau démocratique total indispensable, plusieurs propositions d'actions sont à privilégier, que la Franc Maçonnerie doit soutenir et accompagner avec force, notamment :

Pour faire émerger à grande échelle une éco-citoyenneté, rendre obligatoire des modules de formation à l'écologie et à l'environnement dans tous les cursus de formation quel que soit leur niveau et leur spécialité, en y incluant notamment les problématiques de l'alimentation et du rapport de l'homme avec toutes les formes du vivant non-humain (Seulement 11% des formations abordent les enjeux climat-énergie). Plus largement, redonner un second souffle à l'éducation populaire dont une des vocations n'est pas seulement de transmettre des savoirs, mais aussi de développer les capacités de chacun à vivre ensemble, à confronter ses idées, à débattre et à tendre vers une citoyenneté émancipatrice, permettant de mieux comprendre et de mieux s'orienter dans le monde où nous vivons, et de décider de son avenir.

De la psychologie

Respectable Loge, Praxis, Orient de Reims, Région 4

Respectable Loge, L'Étoile de Marianne, Orient de Niort, Région 9

Respectable Loge, Fédération Universelle - Georges Couthon, Orient de Paris, Région 12

Respectable Loge, Isaac Newton, Orient de Paris, Région 12

Respectable Loge, Thélème, Orient de Paris, Région 14

Respectable Loge, Les Francs Chevaliers de Saint André d'Ecosse et Solidarité Réunies, Orient de Bordeaux, Région 16

Nous avons souhaité sous ce chapitre, prendre un peu de recul et plus particulièrement, essayer de dégager les premiers impacts les plus sensibles que le confinement a déjà pu déclencher.

Violences conjugales : l'épidémie ignorée

Vu l'ampleur du problème, et le nombre croissant de féminicides, il y a urgence à protéger les femmes victimes de ces violences et à créer les conditions d'un changement radical dans les comportements citoyens. C'est une priorité sociétale et éthique car notre Société ne peut laisser perdurer une violence sexiste qui fragilise sa structure sociale et menace ses fondements.

Affecter des moyens conséquents et pérennes à la lutte effective contre les violences conjugales. Il s'agit déjà d'évaluer au plus près les coûts des mesures annoncées suite au Grenelle (formation des forces de l'ordre et de justice, prise en charge psychologique des auteurs de violence ...) et d'y consacrer effectivement les budgets nécessaires pour une mise en œuvre au plus tôt. Il convient également de débloquer les fonds suffisants pour financer la création de nouvelles structures d'accueil et les places d'hébergement d'urgence supplémentaires nécessaires au plan local (besoins estimés entre 16 000 et 30 000 places par la Délégation Droits des femmes du CESE contre 6 000 existantes). Plus globalement, il s'agit de doter l'ensemble des acteurs de terrain (collectivités, associations, services sociaux, police, justice, ...) de tous les moyens leur permettant d'améliorer significativement la prise en charge des femmes victimes et d'engager des actions de prévention.

Mieux épauler les victimes. Le plus souvent, face aux violences de leur conjoint, les femmes sont totalement démunies. Dès le 1er contact (appel d'urgence, dépôt de plainte, consultation médicale), un accompagnement individualisé doit donc être mis en place au plus près des besoins des victimes : lieux d'accueil et interlocuteurs dédiés aux victimes de violences conjugales dans les commissariats et gendarmeries, mise en relation immédiate avec une association, identification de référents spécialisés dans tous les tribunaux, accès direct et en urgence aux unités médico-judiciaires avant même tout dépôt de plainte, hébergement d'urgence ... Pour faciliter cet accompagnement, des formations initiales et continues doivent être rendues obligatoires pour tous les services d'accueil des victimes de violences conjugales (police, police municipale, gendarmerie, services sociaux, justice, personnel médical) afin de les sensibiliser et les former aux différents aspects de ces situations.

Développer la conscience citoyenne et faire évoluer les mentalités. Pour reconnaître le féminicide et éradiquer la violence faite aux femmes, il est nécessaire que notre société tout entière s'empare du sujet et prenne conscience du caractère immoral et illégitime des violences exercées sur les femmes.

Cette violence ne peut en aucun cas être seulement l'affaire des femmes victimes. La représentation que les hommes auteurs ont des femmes dans notre Société et la persistance des inégalités entre les femmes et les hommes en sont le moteur. Agir contre les violences faites aux femmes, c'est dénoncer cette violence pour ce qu'elle est, une violence sexiste. C'est aussi agir pour la reconnaissance dans notre Société d'une véritable égalité entre les hommes et les femmes.

Pour redonner un sens à la citoyenneté, il faut continuer à sensibiliser la société à la problématique des violences conjugales, à responsabiliser les témoins de ces violences en les invitant à signaler les situations et à aider les victimes qu'ils connaissent. Réagir peut tout changer.

Développer la conscientisation et la responsabilité individuelle implique par ailleurs de s'attaquer véritablement et simultanément à tous les ressorts qui construisent ces violences en luttant contre les stéréotypes de genre et ce, dès le plus jeune âge. Une véritable éducation citoyenne doit donc être mise en œuvre : campagnes d'information nationales et locales régulières (affiches, clips vidéo ...), présence active des collectifs engagés pour les droits des femmes sur les réseaux sociaux, généralisation de programmes d'enseignement en classes maternelles et élémentaires pour transférer des valeurs d'égalité et de respect entre filles et garçons, éducation à l'égalité femmes-hommes dans les collèges et lycées ...

Nul doute que nous avons nous aussi, Francs-Maçons, un rôle à jouer pour mettre un terme à cette forme majeure d'injustice et de violation des droits humains.

« Nous traversons le présent les yeux bandés. Tout au plus pouvons-nous pressentir et deviner ce que nous sommes en train de vivre. Plus tard seulement, quand est dénoué le bandeau et que nous examinons le passé, nous nous rendons compte de ce que nous avons vécu et nous en comprenons le sens. » Milan Kundera

Pensez l'individu, réfléchir sur ce qui est apparu comme forces et faiblesses

Ce sont les groupes qui par leur force et leur influence sur les individus et sur la société sont les acteurs majeurs. En loge, il nous faut mieux comprendre nos principes de fonctionnement dans le cadre des mythes et réalités socio-historiques qui nous mobilisent, des règles institutionnels et organisationnels qui régissent nos rencontres et travaux, et enfin des dynamiques individuelles et pulsionnelles qui animent nos groupes.

Toute association, toute entreprise ou tout regroupement institué et organisé a ses personnalités et leurs alliances qui l'activent en jouant sur ses réussites, échecs, mythes, rituels et conflits. Concrètement, il ne s'agira pas de juger de la pertinence ou non de ce qui existe, de cibler des événements particuliers, de nommer des personnes, de dicter des conduites ou programmer des réorganisations. Ce seront plutôt des éclairages généraux tirées d'observations de la recherche en sciences humaines. A la suite, chacune, chacun, en son âme et conscience, pourra en connaissance de cause se déterminer face à ce que nos existences impliquent de complexe alors qu'avec force, nous souhaitons être des citoyens, solidaires, responsables et humanistes

Mais est-on sûr que nous cela, car il nous faudra aussi lâcher ce que nous savons et ce qui nous rassure ?

Une psychologie en acte de l'individu

Agir pour que chaque individu ne se sente plus un pion et ose s'impliquer dans la vie commune. Les membres des partis politiques et les forces dites représentatives étant largement minoritaires sur le territoire. On ne peut agir efficacement que si l'on se sent utile et non utilisé.

Rendre à l'individu sa vraie place dans la production-consommation, en commençant par l'entreprise avec, par exemple, autant de représentants des salariés que des actionnaires dans les conseils d'administration des entreprises. « Dénormer » autant que possible pour céder la place à la conscience individuelle et collective comme l'ont montré les soignants.

Que dois-je faire ? Que puis-je faire ?

En référence à nos origines culturelles, notre histoire, nos traditions, des voies pour agir existent :

Former plutôt qu'informer s'impose. Former notamment aux leçons des stoïciens ou épicuriens. La réflexion commune ou individuelle vaut pour exercice spirituel : exerçons-nous ! Former et éduquer particulièrement les enfants et les futurs parents pour combler les fragilités de notre société que la COVID-19 a révélées ou exacerbées. Cela ne peut seulement venir d'en haut. L'exemple, l'accompagnement, l'affirmation quotidienne et tranquille des voix qui gardent ou gagnent la confiance du plus grand nombre sont déterminants. Il s'agit d'abord de laisser s'exprimer le bon sens, le volontariat, l'expérience, de créer et former une société de projets active et agile, de fédérer, de sortir de cette verticalité exclusive, sclérosante et peu efficace, de ranger les monolithes dans les musées, de trouver les mots de l'impulsion et de l'ambition de groupe, de refonder le collectif. Passer de la verticale à l'horizontale avec et par Fraternité. Cela est d'autant plus réalisable que cet esprit est déjà à l'œuvre dans de grandes et petites entreprises. Il faut y préparer notre jeunesse, elle en a de plus en plus souvent le goût ou l'habitude, elle exige du sens à sa vie.

Le confinement nous a recentré sur le plus petit commun diviseur des hommes : le désir de vie

La Maladie, la Mort, le Deuil, la Valeur de la Vie

sont des notions qui ont été bousculées. Comment repenser ces notions en continuité ou en rupture ?

Respectable Loge, L'Étoile Flamboyante, Orient de Sainte Suzanne, Région 3

Respectable Loge, La Société des Dix, Orient de Riom, Région 5

Respectable Loge, Lumière - Tolérance - Fraternité, Orient de Lyon, Région 6

Respectable Loge, Intersection, Orient de Paris, Région 12

Respectable Loge, La Réunion des Étrangers, Orient de Paris, Région 13

Respectable Loge, Luz Atlantica, Orient de Las Palmas de Gran Canaria, Région 17

De notre environnement et de nos valeurs affirmées

La crise de la COVID-19 favorise l'avènement du XXIème siècle par les mutations auxquelles sont confrontées les sociétés. De nouvelles valeurs, une nouvelle conception de la vie sont en cours de réflexion remettant en cause le modèle économique libéral qui est le nôtre.

Aujourd'hui, la vie dépend-elle de la société dans laquelle nous vivons ?
Des mesures économiques et financières très importantes sont mobilisées pour financer la sauvegarde de la vie (confinement – activité économique très ralentie etc.).
Ne s'agit-il pas plutôt d'attribuer une valeur à la mort que nous occultons par peur (nous n'employons plus le terme de mort pour désigner un défunt mais celui de personne décédée – la mort n'existe plus car les mots ne la décrivent plus - la société d'aujourd'hui nous prive de la mort de nos proches) ? Notre capacité ou incapacité à nommer les choses nous permet de nier l'existence de la mort.

La négation de la mort conduit la société à développer une culture transhumaniste par laquelle l'homme veut allonger sa durée de vie et en prendre le contrôle. (Courant de pensée selon lequel les capacités physiques et intellectuelles de l'être humain pourraient être accrues grâce au progrès scientifique et technique / cf. Être humain augmenté)

Cela pose aussi la problématique de notre attitude face à la maladie. En 1968, une grippe a fait plus de 30.000 morts en France. Personne n'en parlait. Aujourd'hui, l'économie s'arrête. Est-ce l'expression d'un égoïsme ?

Les valeurs humanistes doivent constituer la base de la vie. La vie a-t-elle une valeur marchande ? La vie a une valeur lorsqu'elle est consacrée à une cause (qui peut conduire à la mort). Il n'y a pas de différence entre valeur, éthique et mémoire.

Les valeurs sont l'expression des traces que nous recevons au cours de notre vie. Par exemple, soutenir quelqu'un qui fait un effort, créer, prendre soin des autres sont des valeurs. C'est ce que nous faisons en Loge quand chacun peut s'exprimer et qu'il est écouté. Les valeurs nous grandissent. La marchandisation du travail, de l'amour sont des valeurs sociétales. La vie est résistance à la logique marchande qui est une pulsion de mort.

Ce qui donne de la valeur à la vie, c'est exister, c'est mettre des mots sur ce que nous faisons. Le travail de se raconter sa propre vie est un socle nécessaire pour pouvoir agir sur le monde. Dans cette résonnance, cela donne envie d'agir ensemble. Donner de la valeur à la vie, c'est donner de la valeur à sa propre vie.

Maladie, Mort et Deuil ont fait l'objet d'innombrables études philosophiques de penseurs, philosophes, scientifiques depuis des temps immémoriaux.

Pour beaucoup, notamment les plus âgés et les plus vulnérables, car en mauvaise santé, la peur est là. L'autre devient un agent mortifère dont il faut pour survivre se protéger. Cette pandémie ou une autre demain vont nous frapper comme d'autres et encore pires l'ont fait dans des temps historiquement récents Aujourd'hui, les témoignages des malades guéris mettent en exergue la valeur incommensurable de la vie et du temps qui redevient promesse de futur.

Les drames plus anciens n'ont laissé que peu de traces dans nos mémoires (ce n'est pas la question du moment mais elle est fondamentale à savoir la capacité d'oublier et le déni face à une réalité qui nous gêne). Nous vivons dans des sociétés privées de leur vitalité.

Nous vivons dans des sociétés rongées par l'anxiété et la dépression, où des millions de gens se droguent quotidiennement et légalement pour survivre.

De la Santé

Notre société a généré : l'illusion d'une vie sans mort. Une société en capacité de repousser l'espérance de vie à l'infini. Dans notre espace de confort habituel, on remplit nos vies avec des biens matériels et des objectifs, souvent avec une vision à court-terme. Nous avons oublié que vivre c'est donner du sens à nos actes et de laisser à nos successeurs une trace plus ou moins grande de notre passage, à la mesure de chacun. La crise sanitaire montre avec force que la mort n'est qu'un examen de passage. Mais qu'est-ce qu'une vie sans la santé. Si la santé n'a pas de prix, elle a un coût ! Ce qui a conduit en Occident, notamment en France, à la compression drastique des budgets hospitaliers et à une montée de la hiérarchie administrative face au « pouvoir » médical. L'économie de la santé rejoint la réflexion éthique la plus fondamentale lorsqu'elle s'attaque à la question de savoir jusqu'à quel point il faut donner la priorité aux sujets "médicalement les plus défavorisés", si cette priorité revient à obtenir un moindre bénéfice sanitaire global pour les ressources dépensées. On touche là parfois au tragique en matière de politique de santé, mais aussi en termes d'égalité des citoyens.

De la Mort

En effet, si toute l'actualité tourne autour des morts de la COVID-19, « on ne connaît ni leur visage ni leur parcours. Ils sont comptés pour mieux disparaître dans l'anonymat des statistiques », explique un philosophe. Or, « ce paradoxe est extrêmement anxiogène ». Pour lui, « nous assistons au retour d'une mort arbitraire qui peut frapper à tout moment, plus proche de la grande faucheuse d'autrefois, que de cette mort douce, maîtrisée par la médecine et aseptisée par la sédation à laquelle nous étions habitués. Mais si la mort est revenue dans l'actualité, les morts ont disparu ».

Il ajoute : « Nous sommes donc passés d'une mort individuelle, circonscrite au cercle familial, à une mort collective mais sans discours ou cérémonie permettant aux Français d'entrer en deuil ». Néanmoins, nous savons bien, que si contaminés par la COVID-19 et affectés d'une forme grave de Comorbidité, le « tri » des urgences nous orientera vers la fin programmée de notre vie. Nous savons bien que les médecins spécialistes nous indiquent que dans ces conditions, la réanimation par coma artificiel et intubation est une redoutable épreuve, non dénuée de souffrance. Ce que l'on peut comprendre pour des tas de raisons. Mais c'est assez insupportable.

De l'âgisme : pourquoi est-il considéré comme une menace ?

L'âgisme est une forme de discrimination fondée sur l'âge qui affecte aussi bien les personnes jugées trop vieilles que trop jeunes. À l'inverse du racisme et du sexisme, avec lesquels il constitue aujourd'hui les trois principales formes de discrimination, l'âgisme touche l'ensemble de la population compte tenu de son caractère évolutif propre à toute l'Humanité. Dans le cadre de cette réflexion, nous nous limiterons toutefois aux personnes âgées, d'une part car ce sont les principales victimes et, de l'autre, parce que la discrimination fondée sur l'âge implique une vision préjudiciable aux personnes âgées, essentiellement dans le chef des autres groupes d'âge mais aussi de leur propre point de vue.

Cette vision se nourrit d'idées telles que la maladie, la dépendance ou la dégradation physique et mentale. Des reproches qui, bien souvent, ne correspondent pas à la réalité.

La cohabitation de plusieurs générations sous un même toit ayant peu à peu disparu, les personnes âgées, autrefois considérées comme les principales sources de savoir dans la société avant l'alphabétisation générale puis l'avènement de l'Internet, ont perdu ce rôle.

L'âgisme représente une menace pour trois raisons fondamentales. Premièrement, parce qu'il nuit à la santé et au bien-être des personnes âgées en affectant leur participation à la société à laquelle elles appartiennent. Deuxièmement, parce qu'il empêche l'élaboration de solutions adaptées au vieillissement démographique, en consacrant la majeure partie des ressources, déjà limitées, à d'autres pans de la population sur la base de critères qui relèvent davantage de l'âge que de la capacité à en tirer parti. Enfin, parce que la prévalence de la discrimination des personnes âgées est largement acceptée et n'est pas remise en cause par la société.

Toutes les cultures ont tendance à cataloguer les gens sur la base de concepts considérés comme des modèles stables, voire des stéréotypes, sans la moindre considération pour toute la complexité de l'espèce humaine. Au fil des ans, nous nous rapprochons de « l'invisibilité », un phénomène qui traduit l'indifférence progressive des jeunes par rapport à tout ce que leurs aînés peuvent encore leur apporter.

« Vieillir, c'est se retirer progressivement du monde des apparences », disait Goethe.

C'est un fait : ce sont les personnes âgées qui présentent le taux de handicap et de dépendance le plus élevé. De même, ce sont elles qui souffrent le plus de pertes et de difficultés qui minent leur santé et leurs réseaux de soutien social. Pour autant, la majorité des personnes âgées sont pleinement épanouies. Cette réalité vient contredire les stéréotypes sur les personnes âgées et la vieillesse largement répandus dans la société, tant auprès des jeunes que des adultes.

Distinguons mythe et réalité

Mythe (M) : Les personnes âgées sont toutes pareilles.

Réalité (R) : Les personnes âgées constituent un groupe de population très diversifié où les différences sont très nombreuses d'un individu à l'autre.

M : Les personnes âgées sont malades, fragiles et dépendantes.

R : La majorité des personnes âgées sont indépendantes.

M : Les personnes âgées vivent dans l'isolement social.

R : La majorité des personnes âgées maintiennent une relation étroite avec leurs proches et amis.

M : La majorité des personnes âgées souffrent de déclin cognitif.

R : On observe généralement une certaine déficience intellectuelle, mais elle n'est pas suffisamment grave pour entraver leurs activités quotidiennes.

M : Les personnes âgées sont dépressives.

R : Les personnes âgées qui vivent dans la communauté présentent un taux de dépression inférieur à celui des autres tranches d'âge.

M : Les personnes âgées surmontent rarement les écueils inévitables liés au vieillissement.

R : La majorités des personnes âgées relèvent avec brio les défis de la vie.

Les personnes âgées ont une dignité. Elles ont le droit d'exiger une protection accrue en raison de leur vulnérabilité potentielle. Le manque de respect est la forme de maltraitance la plus blessante. La dignité personnelle des personnes âgées est bafouée à chaque fois qu'elles sont exclues des conversations, dépersonnalisées, infantilisées ou affublées de sobriquets au lieu d'être appelées par leur nom ou encore tutoyées sans leur consentement.

Les médias, les institutions et la culture populaire doivent modifier leur approche afin d'être plus à même d'identifier les difficultés auxquelles sont confrontées les personnes âgées au quotidien, d'encourager une réflexion stratégique à long terme, de favoriser la patience et la tolérance et de consacrer du temps à la promotion de la créativité et de la productivité.

De notre principe fondateur : "Ordo ab chaos"

Ordre ou chaos, s'est lui aussi trouvé chamboulé par cette crise. Si l'ordre et le chaos n'existent que l'un par opposition à l'autre, tous deux ont régné pendant ces derniers mois d'incertitude mais aussi de discipline nationale rigoureuse. Les mesures fermes imposées ont côtoyé les contradictions portées par des déclarations péremptoires répétées. Le cadre légal et réglementaire s'est mis au service de l'imprécision généralisée.

Nos fondamentaux se sont trouvés ébranlés. Il nous appartient donc d'observer en quoi notre réflexion peut apporter une contribution neutre à l'état des lieux d'une société qui peine à retrouver ses marques. Il s'agira en somme d'un éclairage bienveillant sur les chemins qui s'ouvrent à nous pour consolider les fondations de notre système humaniste et républicain. Memento Mori.

Nous-mêmes n'avons-nous pas connu des étapes dans notre vie maçonnique qui sont des évocations du renoncement ou des références directes à la mort même ? Dès notre gestation de maçon en devenir, nous sommes confrontés aux images éloquentes des symboles de la vanité de la vie telle que nous la connaissions. Nous nous confrontons à nous-mêmes en réalisant notre testament philosophique.

A cet égard, le mot « testament » prend ici tout son sens. Nous pourrions presque en conclure que nul maçon ne peut ignorer que la mort marche non pas dans ses pas, mais à ses côtés, chaque jour.

Plutôt que de vivre de façon réellement collective et solidaire cette crise, la première rémission de la propagation épidémique, a provoqué une exacerbation des individualismes. Le nombre de plaintes déposées contre l'État concernant son mode de gestion de la crise à de nombreux niveaux en témoigne. La prudence a cédé le pas à l'exubérance.

Nous sommes tellement habitués à recevoir un traitement pour la grande majorité des maladies et maux dont nous pouvons souffrir que l'impuissance admise des pouvoirs sanitaires - si elle nous a en premier lieu paralysés - a fini par entraîner un désordre non sans conséquence quant à la diffusion de la maladie elle-même (gestes barrières non respectés, masques et gants jetés dans les rues ou dans la nature, etc.). Enfants gâtés et blasés face aux progrès de la Médecine, nous n'avons pas accepté de n'être pas satisfaits plus rapidement dans notre envie de voir ce virus disparaître de nos vies. L'ordre et le chaos n'ont pas renoncé à tirer de concert à hue et à dia.

La carence en rationalisation dont témoigneront longtemps les communications officielles ou journalistiques, depuis le mois de février 2020 est-elle irréversible ? Quel pourrait être notre rôle, pédagogique, notre devoir, citoyen, notre contribution, humaniste à ce vaste chantier que représente l'entreprise d'un juste retour à la raison ?

Du pacte destiné à tenir la mort à distance

Le renoncement est précisément l'illustration même du principe de mort : Or, dans le monde actuel, le fait de renoncer est considéré comme suspect, voire criminel, Il importe avant tout de réussir sa vie et de le faire de façon ostentatoire. Il en va de même pour la mort. La multiplication des contrats-obsèques démontre le souci compulsif de contrôler et d'organiser soi-même ses propres rituels de passage de la vie à la mort. De même, alors que la toilette du corps du défunt était confiée aux familles jusqu'à une époque récente, ce sont désormais des thanatopracteurs qui organisent la prise en charge et la disparition du corps.

De la conscience de notre finitude qui permet d'en exprimer l'essence

Pouvons-nous tolérer la mise au ban ou la stigmatisation des mourants, des gens malades ou vulnérables pour la tranquillité d'esprit d'un plus grand nombre ? Laisserons-nous le transhumanisme révolutionner nos systèmes de valeur, notre humanisme d'autant plus précieux que seule notre conscience de la finitude de la vie nous permet d'en exprimer l'essence-même ? Si la conscience philosophique et la peur de sa propre mort sont ce qui différencie l'homme de l'animal, notre rôle n'est-il pas justement de trouver le moyen de rendre ses lettres de noblesse à l'Ars Moriendi, de rendre la vie plus précieuse en soulignant sa fragilité ?

La course vers l'Homme augmenté est en marche. Auparavant simple fantasme, le post-humain serait, selon certains, sur le point de naître

La législation actuelle et son application

La législation française ne nous accorde pas la liberté de choisir les conditions de notre mort et notamment l'euthanasie. Même en présence de directives anticipées du malade, la décision appartient au personnel médical. Dans le même temps on sait que cette législation donne parfois lieu à des dérives. Nous en avons presque tous l'expérience où, pour une raison ou une autre et notamment d'occupation de lits, on accélère la fin de vie et cela, sans même demander l'accord des personnes concernées ou de leurs proches ou de leurs personnes de confiance. Mais cela se passe dans la plus grande discrétion. Parfois seulement, les auteurs de ces actes se retrouvent appelés devant la justice afin de rendent des comptes sur leurs actes constitutifs, en l'espèce, de faits illégaux.

Les Nouveautés dans le contexte COVID-19

Cette situation a pris toute son ampleur pendant le première phase de la COVID-19 où il a été demandé aux soignants de faire des choix de malades entre ceux qu'on décidait de soigner et ceux qu'on laissait mourir et cela toujours sans l'accord des personnes concernées.

Les pouvoirs publics ont ainsi octroyé aux soignants le droit de vie et de mort sur les malades, ce qui n'a pas été sans conséquences aussi sur beaucoup de soignants.

Leçons de l'expérience

Ces questions interrogent nos ressentis personnels voire intimes, résultats d'histoires et de relations familiales. Comment envisager ce que chacun attend dans une épreuve, même heureuse comme la naissance, deviner comment il s'y projette ? Nous sommes des êtres sociaux, peu sont misanthropes. Les difficultés du confinement comme du déconfinement le montrent à l'évidence. Les autres sont ainsi partiellement constitutifs de chacun. Alors altérer la relation à l'autre dans les moments cruciaux de la vie, c'est causer une blessure personnelle. Qu'a-t-on invoqué pour justifier cela ? La santé. Et nous nous sommes inclinés, car il n'est pas si simple de répondre à cet argument. Le philosophe André Comte-Sponville rappelle Montaigne pour qui la santé serait peut-être le bien suprême, et interroge la relation que nous avons avec elle. Certes, dit-il, c'est un bien précieux, que l'on envie plus que tout autre, mais non une valeur qui doit nous guider en toutes circonstances.

Alors, au nom de quelle valeur aurions-nous dû choisir nos pratiques ? Il suffit d'observer ce que les autorités sont décidé de faire : nous interdire les pratiques usuelles, restreindre quasiment totalement notre liberté de mouvement et d'accompagnement des proches. Au nom d'un bien précieux, nous avons annihilé la liberté individuelle. Et ceci de manière non pas temporaire, mais définitive, car l'événement considéré est unique et bien sûr ne peut être différé.

La gouvernance politique s'est appuyée sur un conseil scientifique. Aux différentes spécialités médicales utiles en cas de pandémie, ont été ajoutées deux personnes aux fonctions d'anthropologue et de sociologue. Il convient d'admettre que ces dernières pouvaient être utiles, mais ont-elles eu assez d'influence et fallait-il leur adjoindre d'autres spécialités plus humanistes que techniques, un philosophe par exemple ?

Des propositions, des pistes de réflexions des chantiers à mettre en œuvre

Que pouvons-nous proposer pour nous préparer et si possible "vivre avec" ?

Des économistes anglo-saxons de la santé en ont déduit qu'une organisation efficiente et équitable des systèmes de santé ne pouvait majoritairement reposer sur le recours aux marchés privés, et qu'une intervention régulatrice forte de l'État s'avérait indispensable. Dans notre pays, on devrait en tirer des leçons en matière d'équipement de lits hospitaliers, comme de la rémunération à l'acte médical en milieu hospitalier, se référant à une éthique utilitariste.

Plus largement, la mort et le processus du deuil sonnent comme des rappels à tordre de notre condition. Il est aussi une invitation à faire de notre vie ou plutôt du souffle de vie que nous portons un objet/moment utile pour nos condisciples (contemporains et successeurs).

Être conscient de sa mortalité, sans pathos, est un exercice puissant d'humilité, mais aussi de prise de conscience d'une responsabilité envers soi et les autres.

Nous référant à la sagesse d'Épicure dans la « Lettre à Ménécée », il serait souhaitable à partir d'un âge avancé (65 ans)

- se tenir à retrait pour préserver notre paix intérieure,

- penser que le plaisir épicurien est une fin en soi de la vie, pour le corps de ne pas souffrir, pour l'esprit de ne pas être troublé.

- un évènement physique comme les autres

Voilà pourquoi, il peut paraître indispensable de lutter contre l'acharnement thérapeutique et promouvoir de manière active le "Droit de mourir dans la dignité, préconisant l'euthanasie et aide au suicide assisté.

Notre pays, en retard, en matière d'euthanasie passive, ne sait pas tirer les leçons de ce qui se passe depuis longtemps chez ses voisins immédiats de Belgique, du Luxembourg, des Pays Bas et de Suisse, qui accueillent des nationaux français dans de bonnes conditions éthiques.

Quelles autres actions concrètes peut-on développer afin que les citoyens français puissent appréhender et se réapproprier la mort ?

Cet apprentissage réduira le phénomène de peur, en rappelant que l'ignorance est le meilleur vecteur de peur. Cette convocation de la mort dans notre quotidien et celui de nos proches est inédite pour nous hommes de 2020. D'ailleurs, la mort brutal et soudaine d'un proche ou d'un ami, est toujours un arrêt donné au fil délicat et inconscient de la vie.

La mort d'autrui nous donne la sensation qu'un morceau de nous, est arraché. Notre propre mort est-elle, à bas bruit, toujours présente. La Franc-Maçonnerie se caractérise surtout par ses rituels hérités et transmis, rituels où chacun peut puiser de quoi donner un sens à sa propre mort.

En conclusion, quelques propositions se dessinent :

Reconsidérer que même au XIXe siècle, celui qui marche au pas de sa propre mort, en pleine conscience, est le mieux à même de réussir sa vie et contribuer à améliorer celle des autres ?

Remettre la démarche philosophique au cœur du parcours humaniste : l'École, la Franc-Maçonnerie, les grands courants de pensée ?

Revoir la loi sur la fin de vie en donnant la priorité au choix du patient directement en manifestant sa liberté individuelle.

Le droit pour chacun de choisir l'heure de sa mort (en cas de maladies graves sans aucun espoir) afin d'affronter la réalité de la mort de manière sereine et mourir dignement ou via ses personnes de confiance. :

Par mesure de sécurité, envisageons que les consignes données soient légalisées voire déposées auprès d'un notaire (à l'instar d'un testament) afin d'être sûr qu'elles soient respectées

Les contraintes du confinement ont été trop strictes pour les événements cruciaux d'un parcours de vie (naissance, maladie au stade préalable à la réanimation avec intubation, vieillesse et isolement, deuil).

Un Conseil Scientifique doit être complété d'un Conseil en Humanité.

Établir des liens transgénérationnels renouvelés avec l'aide de sociologues, de philosophes dans des structures de rencontres et de dialogues qui permettent de renouer avec les traditions de Transmission.

Sensibiliser et former les êtres humains au risque biologique (virus et autres) à l'image des japonais qui sont formés au risque sismique, avec l'apprentissage des gestes barrières et port du masque. Les êtres vivants vivent et côtoient les virus et bactéries : c'est notre biosphère commune il faut en être toujours conscient.

Si les progrès scientifiques ne promettent pas encore la vie éternelle, ils ont permis à une population toujours plus nombreuse d'atteindre un âge avancé dont seules pouvaient rêver les élites par le passé. Gageons que de plus en plus de personnes âgées pourront, elles aussi, jouir de ce privilège à l'avenir. Tel devrait être l'un des défis de nos sociétés au lendemain de cette pandémie.

Laïcité, un futur républicain

Respectable Loge, Abbé Grégoire, Orient de Lunéville, Région 4

Respectable Loge, Demain, Orient de Paris, Région 11

Respectable Loge, La Défense Laïque, Orient de Paris, Région 11

Respectable Loge, Intersection, Orient de Paris, Région 12

Respectable Loge, Le Progrès, Orient de Paris, Région 13

Respectable Loge, La Parfaite Sincérité, Orient de Marseille, Région 15

Respectable Loge, Hugo Pratt - Citoyens du Monde, Orient de Bordeaux, Région 16

Respectable Loge, La Propagation de la Vraie Lumière, Orient de Tarbes, Région 17

Le constat : une laïcité essentielle, mais malmenée et mal connue

Le premier effort à demander est de clarifier le concept, notamment par une définition de l'espace public qui permette d'en déterminer les modalités de mise en œuvre au sein de la République.

Fait aussi partie de cette clarification une approche comparée dans l'espace européen des différentes formes prises par la sécularisation.

Le fondement de la laïcité doit être rappelé : la liberté de conscience, née de la volonté de la République de se donner une règle commune permettant à chacun de ses membres de communiquer entre eux sur le terrain des croyances et des opinions. Le défi qu'elle doit relever aujourd'hui est de lutter contre toutes les formes de séparatisme qui minent la société de l'intérieur. La liberté de conscience peut encore être mobilisée car c'est une force qui réunit les hommes et peut aider à surmonter les nouvelles frontières intérieures que la société ne cesse de susciter.

La laïcité est un mode d'organisation juridique et politique de la société française, mais aussi une approche philosophique d'une société humaniste qui ne se réfère à aucun dogme religieux, ni à aucune vérité révélée, ni soumise à aucun appareil religieux.

Parce qu'elle donne les moyens de bâtir une société par-delà les différences, la laïcité est un facteur d'unité et de paix civile.

« La France est une république indivisible, laïque, démocratique et sociale », proclame l'article premier de notre constitution. C'est donc la République qui est laïque et non l'État.

De plus, la crise sanitaire a fonctionné comme un puissant révélateur de mouvements qui travaillent la société en profondeur dans le sens de la séparation entendue comme refus d'allégeance aux institutions républicaines.

L'épidémie nous fait prendre conscience de notre vulnérabilité et de l'importance de la société, c'est-à-dire comme membres d'une communauté politique qui soit en mesure de vouloir et de pouvoir alors que, simples vivants isolés, nous sommes démunis et faibles. Quand l'exercice de la plupart des libertés est suspendu ou fortement perturbé, le refuge de la conscience ne redevient une liberté que lorsqu'est rétabli le lien d'appartenance à une communauté politique, c'est-à-dire la citoyenneté.

C'est la puissance retrouvée de la liberté de conscience qui aide à franchir les obstacles et à retrouver le chemin de la communication entre membres d'une même société et d'une même république.

La situation actuelle se caractérise notamment par la confusion entretenue entre culturel et cultuel pour les financements publics d'associations. Une idéologie individualisante, sous tendue par des intérêts économiques, érige en précepte la satisfaction de demandes individuelles et de demandes communautaires.

Pour préserver la République, il devient urgent de faire partager l'idéal laïque qui concilie la liberté des croyances et des sensibilités plurielles avec le respect de la loi commune et du vivre ensemble.

La laïcité est encore jeune, elle est la réponse à des siècles d'intolérance religieuse.

Des propositions pour l'avenir : comment conforter la laïcité dans la République

Il est temps de se rappeler que la République doit appliquer son programme, tout son programme, dans toute sa dimension historique. On ne peut que se baser sur l'article 1er de la Constitution rappelé plus haut.

La laïcité est souvent définie comme la liberté de croire ou de ne pas croire. Cela va nettement plus loin, car c'est également l'acceptation du contrat social et du pacte républicain. La laïcité et la liberté de conscience seront d'autant mieux comprises et stimulantes qu'elles seront rendues à leur l'écosystème politique dans son intégrité.

Il est grand temps de retrouver l'esprit révolutionnaire qui a placé l'Humanisme au-dessus du religieux et qui a favorisé la raison, le rationalisme et la science plutôt que la croyance et le dogme.

C'est ainsi qu'est née l'école de la République qui doit instruire ses enfants en fonction des avancées actuelles de la connaissance et qui doit également développer l'esprit d'appartenance à une République qui œuvre au bénéfice de l'ensemble de ses membres sans distinction d'appartenance à des communautés, quelles qu'elles soient.

Pour atteindre cet objectif, il est proposé d'agir dans différents domaines, avec l'idée centrale de promouvoir la connaissance de la laïcité dans la République auprès de tous :

a. La généralisation de chartes ou d'engagements personnels à respecter des codes de conduite en faveur en faveur de la Laïcité, ciment du pacte républicain, ce, de la part des différents acteurs de la vie publique et civile : les cocontractants du service public et leurs salariés, mais aussi dans les relations entre les collectivités et l'État, pour les candidats aux élections et les élus à tous niveaux, ainsi que pour les différents agents de l'administration, notamment les agents territoriaux du pouvoir exécutif ; le tout assorti de sanctions.
Il est même préconisé de fournir une information sur ce sujet aux personnes venant en France pour un court séjour ou une résidence temporaire.

b. L'enseignement est l'objet de nombreuses propositions, basées sur la neutralité de l'espace scolaire et le parachèvement du principe de séparation.

- Dans le contenu des enseignements : enseignement de la laïcité comme une matière spécifique aux élèves dès les premières classes et dans la formation des enseignants ; enseigner le principe de l'acceptation de l'autre dans les écoles.
- Inclusion du périscolaire dans l'obligation de neutralité en ce qui concerne les accompagnants des sorties scolaires.
- Des propositions pour favoriser l'enseignement public laïque : recréer un service public de l'instruction ; ne permettre l'accès aux écoles privées qu'à partir du secondaire ; renforcer le contrôle des écoles hors-contrat ; interdire aux établissements supérieurs privés de prendre le titre d'université et de délivrer des diplômes reconnus par l'État.
- Promouvoir l'instruction et l'éducation du citoyen, pour tous et tout au long de la vie.

c. Dans les relations avec les cultes :

- Interdiction au président de la République d'être Chanoine de Latran ;
- Abolition du Concordat en Alsace-Moselle ;
- Réinscription dans la loi du caractère lobbyiste des religions ;
- Soutenir les personnes voulant s'affranchir des préceptes religieux qui leur sont imposés.
- Vis-à-vis du culte musulman, donner un rôle à l'Institut du Monde Arabe pour en dégager l'État : maitrise d'ouvrage de la construction des lieux de culte ; formation des imams.

d. Instaurer et promouvoir des repères républicains dans le quotidien et les principales étapes de la vie : réformer les jours fériés pour leur ôter tout caractère religieux ; lors des déclarations de naissance en mairie, remettre un livret du citoyen nominatif rappelant les principes républicains et proposant des rituels pour les différentes étapes de la vie (baptême républicain, mariage républicain et rituels funéraires laïques) ; instaurer une journée du souvenir contre les intégrismes religieux le 11 janvier en mémoire des victimes des différents dogmes.

Ces propositions ne font pas perdre de vue les objectifs de cohésion sociale :

La pauvreté peut être éradiquée en reconnaissant toutes les formes d'activité ou de travail et en les rémunérant dignement ; ainsi, reconstruire un système politique qui encourage la participation à la vie démocratique et redonne un sens à la promesse républicaine, pour que la République redevienne un idéal pour toutes et tous, sur l'ensemble du territoire, pour répondre pleinement, là encore, à la définition de la République, indivisible, laïque, démocratique et sociale.

De nouveaux domaines sont à explorer pour une laïcité d'émancipation accomplie

L'approche retenue vise à inscrire l'action laïque dans une vision globale de la société.

La laïcité française, principe républicain d'organisation de notre société, inscrite dans la Constitution et réglée par des lois, dont la loi de séparation des églises et de l'État 1905, est manifestement fille de la République, issue des valeurs et des principes du code éthique humaniste.

Ainsi, de nouveaux domaines sont explorés pour passer de la parole aux actes en valorisant des pratiques éthiques à tous les niveaux, individuel et collectif, étatique et mondial, privatif et associatif, scientifique et industriel, spirituel aussi :

La crise sanitaire ayant favorisé l'explosion du télétravail, qui se concrétise par une incursion du professionnel dans le domicile privé, il faudra veiller à ce que cette forme de travail ménage toujours une liberté de choix suffisante pour le salarié.
Le développement des pratiques éthiques d'évaluation collective sur les codes et les référentiels adoptés, pour les élus et les services publics, mais aussi pour les institutions ou les entreprises.
Prise en compte de la souffrance animale : aucun animal ne peut être abattu sur le territoire Français sans avoir été au préalable étourdi. En cas d'importation, taxation des animaux abattus en dehors du territoire français sans respect de cette règle.
L'action de solidarité sociale doit être laïcisée : par exemple l'argent de l'État et de l'Europe dédié aux plus démunis serait distribué en complément du RSA par les départements sous forme de bons d'achat et plus par des associations sous forme de dons matériels ; cela rappellerait que la république sait nourrir ses enfants et que ceux-ci ont le droit de choisir comment se nourrir ; on pourrait aussi remplacer le mot fraternité par celui « d'adelphité », plus neutre et incluant les femmes.
Les liens étroits entre santé, croyances et pratiques religieuses doivent être étudiés pour favoriser l'émergence de comportements favorables à la santé, notamment par la promotion des sciences humaines et sociales dans la formation des médecins et des acteurs de santé publique.
Une réflexion éthique qui inscrive l'humanité comme partie intégrante du vivant, dans le respect de la biosphère et la perspective d'une véritable durabilité.

Quel rôle pour les Francs-Maçons ?

Les Francs-Maçons prônent le courage. Il est temps qu'ils en fassent preuve et organisent beaucoup plus de rencontres avec leurs concitoyens qui n'ont pas connaissance de la réalité de la laïcité, qui l'ignorent ou la rejettent.

Ils pourraient ainsi :

Soutenir les initiatives qui vulgarisent, éduquent et transmettent les valeurs humanistes et laïques.
Organiser des rencontres citoyennes autour de la laïcité.
Être présents dans le débat public pour assurer la défense de la libre pensée et de la liberté individuelle.

Un autre temps

Les loges suivantes ont participé à l'élaboration de ces propositions et pensées concernant une dimension qui préoccupent grandement les Francs-Maçons du grand Orient de France ; cette dimension : Le temps, a été bousculé, réorganisé pendant cette crise.

Respectable Loge, La Vie est belle, Orient de Valbonne-Sophia Antipolis, Région 2

Respectable Loge, Humanisme et Progrès, Orient de Toulon, Région 2

Respectable Loge, Amour et Liberté, Orient de Thionville, Région 4

Respectable Loge, Les Vrais Zélés, Orient de Chalon sur Saône, Région 6

Respectable Loge, L'Harmonie, Orient de Nantes, Région 9

Respectable Loge, Les Frères du Mont Laonnois, Orient de Laon, Région 10

Respectable Loge, Intersection, Orient de Paris, Région 12

Respectable Loge, Droit et Justice École Mutuelle, Orient de Paris, Région 12

Respectable Loge, La Rose du Parfait Silence, Orient de Paris, Région 14

Respectable Loge, Arc-En-Ciel, Orient d'Aix-en-Provence, Région 15

Respectable Loge, Les Amis Réunis, Orient de Bordeaux, Région 16

Reconsidérer le temps, prendre conscience de son cours et de son immuabilité c'est comprendre que le temps n'est pas une réalité absolue mais une abstraction. Ce temps, dorénavant linéaire, borne les existences plus qu'il ne les structure. En supprimant ces manifestations physiques, que nous considérons comme des contraintes intolérables, nous le perdons de vue, nous le dématérialisons car l'envie de « prendre son temps » s'est dégradée en un sentiment, une sensation de « perdre son temps ». L'immédiateté est semble-t-il devenue une vertu. Mener une pensée aboutie, et efficace en allant de plus en plus vite sans laisser le temps à la pensée de s'organiser, c'est jouer contre le temps. Cette improbable inversion des valeurs nous amène dans une impasse. Le ratio gain de temps/valeurs ajoutées n'est plus en faveur de l'homme. Nous n'avons plus les moyens, les ressources de nous payer le luxe de l'empirisme pour mieux faire. Alors Ralentissons !

Dire non

Pourquoi la société nous dicterait-elle la façon dont nous devons agir et être dans nos vies ? Quand la vitesse est érigée en vertu et que l'accélération semble inéluctable, prendre son temps, c'est apprendre à dire non. C'est lutter. Dire non et prendre son temps est une forme de rébellion contre un monde pressé d'en terminer avec Lui-même. Apprendre et redonner le droit de dire non aux sollicitations d'un système productiviste et aux attitudes consuméristes qui en découlent pour construire une société respectueuse de l'humain et de son environnement est une chose simple mais au combien iconoclaste aujourd'hui.

Repenser la place de l'homme pour retrouver le temps

Nous proposons de faire place au "slow thinking" en lieu et place du "low thinking". Il est temps de dialoguer pour réparer afin de mieux vivre ! Cela implique de s'interroger sur la nécessité de prendre son temps car le « toujours plus vite » s'inscrit « naturellement » dans une société qui prône le « toujours plus ». Réfléchir sur l'utilisation que nous faisons du temps et reconsidérons-le.

Des processus organisationnels sont possibles et assez simples à mettre en œuvre : Réinventer une vision progressiste du développement individuel et de l'avenir de l'humanité en établissant une démocratie plus citoyenne, participative où l'on prend le temps de la concertation. Prendre conscience que l'amélioration des droits collectifs et des services publics est indispensable pour que les citoyens puissent disposer d'un temps de vie de qualité. Cela implique de réduire la vitesse de transmission de l'information et prendre le temps du recul et de l'analyse. Il est également temps de mieux consommer, de mieux se déplacer afin de mieux vivre !

Un temps solidaire

Pour nous, il est primordial de mettre en œuvre la politique d'inclusion : Être ensemble, vivre ensemble, agir ensemble et faire ensemble sans discrimination, sans stigmatisation. Attendons celui qui est plus lent, donnons-lui du temps, offrons-nous des pauses. Pourquoi ne pas délimiter des zones sanctuarisées dans lesquelles toute l'activité humaine serait réduite afin de perdre son temps pour mieux le prendre, se le réapproprier et ainsi authentiquement le gagner.

On pourrait imaginer un indicateur donnant de la valeur au temps consacré à ralentir la partie néfaste de l'action humaine, celle qui provoque l'anthropisation des espaces naturels, un indicateur qui valoriserait le temps consacré à la ressource économisée.

Éduquer et Former

Redonnons du temps aux apprentissages premiers à l'école, apprenons l'alphabet avant le mot. Nous devons inventer un monde plus humain en commençant par réformer l'École basée sur la compétition qui revêt une forme de maltraitance. Laisser l'élève prendre son temps pour apprendre. Adapter l'enseignement à son rythme. Parce que l'éducation est au cœur des questions de société, donner à l'École une place majeure dans le dispositif d'apprentissage en faisant en sorte qu'elle permette aux enfants d'apprendre à prendre le temps. Prendre son temps, c'est donc également se donner le temps de la formation tout au long de la vie nécessaire pour éviter le déclassement social

Réorganiser le travail

Prendre son temps, c'est aussi et en même temps disposer de davantage de temps. De nouvelles formes d'organisation du travail peuvent rapidement voir le jour. S'il faut prendre son temps, au sens de prendre du temps libre après le travail, il est possible de le prendre également pendant la durée du travail. Dépasser la vision instrumentale de l'homme - Prendre son temps, c'est donc s'inscrire dans un mouvement qui refuse de réduire l'homme au temps de travail nécessaire à la vie en collectivité et au progrès de la civilisation. Un temps nouveau dans sa conception, a été permis dans les milieux professionnels et familiaux, avec une conception inédite de l'organisation du temps professionnel où l'on reste chez soi. Instaurer la semaine de 4 jours.

Retrouver du loisir

Accorder année sabbatique à chaque citoyen, avec un revenu minimum octroyé sans conditions pour un temps limité. Accélérer la mise en place d'un revenu universel pour instaurer une meilleure répartition du temps entre travail, loisirs et engagement citoyen associatif. Offrir un crédit temps à tout citoyen, qu'il pourrait utiliser comme bon lui semble. En instaurant une période de césure au cours de laquelle le jeune adulte dénué des contingences matérielles, serait conduit à prendre du recul sur ses envies pour éventuellement s'engager dans une cause qui fait sens avec ses propres aspirations. La civilisation des loisirs était à l'honneur. Il faut désormais la réinventer après une longue période d'éclipse provoquée par la contre-révolution néo-libérale. Il semble que notre société de consommation nous fasse oublier ou nous empêche de prendre son temps. Or prendre son temps est nécessaire pour s'adonner à la méditation et rétablir un équilibre plus juste et plus sain entre le spirituel et le matériel. Il faut accepter de perdre du temps « rémunérateur » afin de gagner du temps.

Suivre un rythme naturel

Pourquoi devrions-nous nous imposer des rythmes, pour lesquels nous ne sommes pas faits ?

Nous promouvons la fondation d'une société écologique basée sur le partage et l'échange, selon le rythme de la nature et non contre ce dernier (cela signifie qu'il faut observer la nature, la respecter, apprendre d'elle et être en harmonie avec elle). Se reconnecter au cycle du temps, des saisons et des âges de l'être. Il faut mieux répartir l'espace-temps entre les individus et les espèces qui peuplent la terre et prendre le temps de mesurer les impacts de l'action humaine sur l'environnement. Temporalité, frugalité, préservation. Freinons nos déplacements et reprenons la conscience du voyage, plus important que le but.

Qu'avons-nous appris de cette crise ?

Respectable Loge, Florebo Quocumque Ferer, Orient de Saint Denis de la Réunion, Région 3

Respectable Loge, Abbé Grégoire, Orient de Lunéville, Région 4

Respectable Loge, La Parfaite Harmonie, Orient de Clermont Ferrand, Région 5

Respectable Loge, Les Amis choisis, Orient de Lyon, Région 6

Respectable Loge, Le Cœur et L'Esprit, Orient de Voiron, Région 6

Respectable Loge, La Persévérance, Orient de Saumur, Région 9

Respectable Loge, Locarno Fraternité, Orient de Paris, Région 13

Respectable Loge, Les Vrais Zélés, Orient de Chalon sur Saône, Région 6

Respectable Loge, Pyramidion, Orient de Bordeaux-Cenon, Région 16

Respectable Loge, La Ruche des Patriotes, Orient de Ribérac, Région 16

Qu'avons-nous appris de cette crise ?

Ne voyons pas dans les événements récents un quelconque châtiment divin, trop facile : on tient déjà le coupable. Nous devrons par contre voir dans ce désordre une occasion de nous réaliser dans ce que l'on peut voir de meilleur en l'homme, le don de soi, le gratuit. Aux deux extrêmes se trouveront celui qui a vécu ce temps comme une espèce de pause, le forçant à ralentir un rythme effréné, et celle qui a dû aller travailler, gérer des urgences sans en avoir toujours les moyens.

Au-delà de ces différences individuelles, il nous parait riche d'enseignements de mettre au jour ce qui nous rapproche, ce qui témoigne de notre commune humanité.

Quelques constats au niveau international

Les faits sont têtus : les peuples dont les exécutifs autocrates ou autoritaires qui ont nié l'évidence de la pandémie, ont été plus durement atteints par la crise : Brésil, GB, EU ...

Les économies, dont le rôle de l'État a été protecteur, ont traversé la pandémie et ont été relativement épargnées d'une catastrophe sanitaire, économique et sociale : A l'image de la France, les économies pourvues de stabilisateurs sociaux ont mieux résisté à la crise économique et sociale. Cette situation montre l'intérêt du modèle des économies mixtes et du rôle protecteur de l'État.

En revanche, on observe le danger de l'application des idéologies : les pays sous influence d'économies néolibérales (ultra libéralisme), c'est à dire qui s'interdisent toute intervention protectrice de l'État, ont rencontré une limite liée à cette idéologie dominante (EU, GB, Brésil...) ; conscients de cette limite, les EU et la GB ont rapidement mis en œuvre une politique sociale et monétaire distributrice notamment aux EU où le contexte électoral a favorisé l'intervention de l'État. Cette situation montre, si besoin était, l'intérêt du modèle démocratique, la nécessité de l'intervention régulatrice des États, et la limite des systèmes néolibéraux dominés par l'ultralibéralisme.

Les dangers de la mondialisation des économies néo-libérales (sans contrôle de la puissance publique c'est-à-dire de l'intérêt supérieur de la nation) : les produits et services dont la fabrication est délocalisée deviennent stratégiques en période de crise. Les ruptures de stocks de médicaments apparues précédemment auraient dû servir d'indicateur d'alerte. La nécessité d'une diversification des approvisionnements (considérant que la mondialisation se poursuivra) qui apparait nécessaire devra pour être effective, s'accompagner des conditions (économiques et salariales) de la reconstruction d'un tissu industriel adaptable et performant (l'Allemagne est de ce point de vue un exemple).

Le traité de Maastricht n'a pas prévu les situations de crise sanitaire : l'absence de politique de santé concertée et surtout la règle des 3 % de déficit budgétaire à ne pas dépasser, en toutes circonstances apparait dogmatique ; il en a été de même de l'application de la liberté de circulation à l'intérieur de l'espace Schengen qui a accéléré l'épidémie en France en provenance de l'extérieur et qui a échappé au contrôle des autorités.

Comment nous transformer de façon durable et éthique

Cette crise sanitaire préfigure ce qui nous attend dans un avenir proche, si nous ne prenons pas garde à une pollution sans limite, à l'utilisation et au non-recyclage des déchets, notamment des plastiques, à l'épandage des pesticides et à la déforestation sans modération, à l'élevage industriel, à l'abattage et à la souffrance animale, tout cela pour le profit.

Et si nous sortions du principe de profit ?

Si tout était gratuit, aurions-nous le droit de tout posséder ? Voilà bien une question saugrenue !

Aujourd'hui, nous restons dans la quantité de production pour plus de profit. Nous ne comprenons notre bonheur qu'en le perdant. La société que nous avons bâtie, avec et par le profit est adossée à un système bancaire qui reste loin, très loin, d'une notion de partage ou, a minima, d'être au service de la société. Est-il normal que le système de créances conçu par l'humain, reste au seul profit d'une poignée de personnes qui le contrôlent ? L'unique course au profit démontre maintenant sa limite par cette accélération d'accumulation des biens, ainsi que la soumission des personnes, voire des États. Un exemple criant, il y a quelques années : après la crise de 2008, les banques furent renflouées par centaines de milliards d'argent public, pour relancer les prêts bancaires aux plus faibles entreprises et particuliers, et la première des décisions fut de verser des dividendes en hausse, en toute impunité, parce que les États eux-mêmes sont endettés à vie auprès des banques et marchés financiers. Ces grands argentiers démunis de toute déontologie, sans la moindre éthique, notent la capacité de ces États, donc des peuples, à rembourser leurs dettes et spéculent dessus sans scrupule, et cela est leur moindre défaut, puisqu'ils tiennent aussi les médias, faussant l'information et finançant les élus, sans se culpabiliser.

L'un des principes fondamentaux des banques, et on peut le voir à titre individuel et national, c'est de nous rendre esclaves de nos dettes. Les particuliers peuvent contracter une dette sur plusieurs générations, les États ne solderont jamais leurs emprunts et ne paieront que les intérêts sans fin.

Comment avoir une société libre et éthique quand les décideurs politiques de tous bords sont aidés et sollicités par des sociétés privées et leurs cohortes de lobbyistes ?

Le temps est peut-être venu de réfléchir en tant qu'humanité responsable (et les désordres récents le démontrent). Tout peut être partagé quand il y a un but commun et une évidence de survie.

Les politiques devront aussi se métamorphoser de l'intérieur. Il paraît surprenant qu'une société créant des élites issues des grandes écoles de la République soient aussi déconnectées des problèmes et des solutions qu'il convient d'apporter au peuple, qu'il devrait servir ?

Comment transformer toute une population, comment l'aider à se dépasser ?

Il commence par une volonté des individus assistés par des personnes dépositaires d'un idéal social, sociétal, philosophique et spirituel. Le cherchant se laisse guider par une main responsable qu'il espère, qu'il attend. C'est une situation qui s'est dégradée entre les citoyens et nos représentants.

Dans tout nouveau changement une mise à nu et une soumission, positive, une confiance reste la base d'une relation respectueuse et sincère entre l'impétrant et le guide. Tout n'est pas dû, mais l'essentiel doit être reçu. Après, le travail, (loin d'être une souffrance) peut et doit se transformer en lien social que l'on apprécie, une valorisation de l'être, une acceptation de soi et un respect de l'autre.

Quelle société pour demain ?

Manifestement tous les peuples souhaitent que l'économie soit au service de l'Homme. Une réflexion se fait jour également pour remettre également la santé au rang des priorités nationales.

Une politique de santé au service du citoyen et mettant l'Homme au centre de cette politique : Les populations et les soignants souhaitent à minima que les hôpitaux disposent des moyens d'exercer leur mission au service du citoyen (au lieu d'une politique d'économies à marche forcée),

Dans les faits, une politique de santé qui définit les priorités et les moyens d'y parvenir apparait plus que jamais nécessaire, à partir d'un état des lieux critique des politiques précédentes. Pour être suivie d'effets cette politique doit pouvoir être mesurée avec une sanction possible engageant la responsabilité des dirigeants politiques qui en auront fait la promesse. Ainsi par exemple, une révision législative rendant les dirigeants politiques responsables des impacts de leurs politiques quand elles sont contraires à l'ordre moral devrait voir le jour ;

Article 68-1 et suivants de la Constitution de 1958 définissent les conditions dans lesquelles engager la responsabilité pénale d'un membre du gouvernement dans l'exercice de leur fonction. Cette mise en cause pénale d'un ministre se fera devant la Cour de Justice de la République - composée de 12 parlementaires et de trois juges professionnels, dont l'un préside la Cour. Une requête formulée par une personne se prétendant lésée par un crime ou un délit commis par un membre du Gouvernement dans l'exercice de ses fonctions est examinée par une commission composée de magistrats professionnels. La requête est ensuite classée ou transmises au procureur général près la Cour de Cassation pour saisir la Cour de justice de la République.

L'Homme a finalement réagi très vite et s'est découvert en peu de temps de nouveaux modèles aussi viables que ceux auxquels il croyait avant la crise : relations humaines, communication, entraide, solidarité, travail, déplacements. Il a revu aussi certaines de ses valeurs et remis en cause leur échelle. Seul l'insensé sortira infertile et stérile d'enseignement de cette période si particulière.

Parmi les enseignements de cette crise, on ne peut ignorer l'influence croissante des media d'information qui va de pair avec la boulimie informationnelle du monde profane. Pouvoirs politiques, cercles d'influence, consortiums industriels, géants de l'information et réseaux sociaux ont surfé sur cette soif de savoir avec plus ou moins d'exactitude, de pertinence et malheureusement parfois d'honnêteté. Dans le même temps, les populations submergées par cette vague informationnelle et prises de panique cherchaient plus à savoir qu'à comprendre. Jamais auparavant une crise sanitaire n'aura fait l'objet d'une telle gestion politique.

Vers une transition éthique avec redéfinition d'un bien commun

Après un certain essoufflement, la crise semble reprendre de la vigueur mais l'heure a déjà sonné d'en tirer les enseignements. Ils sont nombreux et couvrent des domaines aussi variés que distants : relations entre individus, entre générations, entre peuples ; relation au travail, relation à la famille ; relations sociales ; modèle de société ; système de santé ; relations entre États ; modèles économiques ; enjeux environnementaux et démographiques. Il faudra des forums de savants et d'experts, de parlementaires, mais aussi l'homme de la rue, le riche, le pauvre, le nanti, le démuni, l'entrepreneur, l'ouvrier, le sans-emploi, le docteur, le brancardier pour espérer sortir plus forts de cette crise inédite. La tâche est énorme mais la volonté semble être là, sera-t-elle persistante ? Et surtout, au-delà des leçons apprises de cette pandémie, saurons-nous les retenir ? Pourrons-nous mettre en œuvre les changements qui seront suggérés ou bien les nécessités économiques, l'égoïsme, la politique et les individualismes reprendront-ils leur cours ?

On le comprend, notre société est perfectible à travers un certain nombre de mesures concrètes et divers, triviales ou de plus grande hauteur, mais qui permettraient de faire passer cette culture des choix collectifs dans les esprits ; nous ne sommes plus au temps des grandes réformes institutionnelles ou les peuples hésitaient entre le régime monarchique et la république. La vie démocratique se décline sur le terrain. Quant à la construction du « monde d'Après », il est à craindre que les optimistes soient déçus, à part quelques habitudes nouvelles qui ne modifieront pas l'ambiguïté et la cupidité humaine ; ce qui ne veut pas dire qu'il ne faut pas essayer au contraire : la voie du progrès et du perfectionnement est plus que jamais la nôtre.

L'après, c'est d'abord changer notre vision de nos conditions d'existence et accepter des incertitudes qui peuvent avoir des points positifs. Comme par exemple la mondialisation à qui l'ont a reproché l'incapacité à produire des masques ou des médicaments, mais qui a aussi permis d'avoir une vision mondiale de la pandémie et peut être un vaccin d'ici deux ans. Il ne faut pas opposer mondialisation et souveraineté nationale, il faut faire du ternaire, c'est que qui s'appelle la solidarité internationale.

Notre quête doit aussi porter sur une solidarité plus grande entre les pays. La réflexion doit porter sur ce qu'on veut faire au titre de la mondialisation d'une part, et au titre de la souveraineté nationale d'autre part. Par ailleurs, la logique des flux qui fait que l'on veut toujours aller plus vite doit être proscrite à l'avenir.

Une nouvelle Solidarité

Respectable Loge, Coupo Santo, Orient du Cannet des Maures, Région 2

Respectable Loge, La Vie est belle, Orient de Valbonne-Sophia Antipolis, Région 2

Respectable Loge, Valmy Fraternité, Orient de Reims, Région 4

Respectable Loge, Saint Jean Le Parfait Désintéressement, Orient de Mirecourt, Région 4

Respectable Loge, Saint Jean de Tours, Orient de Tours, Région 5

Respectable Loge, Ténacité et Solidarité, Orient d'Yerres, Région 7

Respectable Loge, La Fraternité Normande, Orient d'Évreux, Région 9

Respectable Loge, Les Trois H, Orient du Havre, Région 9

Respectable Loge, Union et Progrès de Saint-Jean, Orient de Lambersart, Région 10

Respectable Loge, Intersection, Orient de Paris, Région 12

Respectable Loge, L'Effort, Orient de Paris, Région 12

Respectable Loge, Pro Solis, Orient de Paris, Région 13

Respectable Loge, Univers, Orient de Paris, Région 14

Respectable Loge, Parfaite Rectitude, Orient de Marseille, Région 15

Respectable Loge, Voyages, Orient de Marseille, Région 15

Respectable Loge, Les Françaises et Neuf Sœurs Réunies, Orient de Bordeaux, Région 16

La solidarité est la colonne vertébrale de la franc maçonnerie universelle, elle ne peut se cantonner à un entre-soi maçonnique. C'est pourquoi, l'obédience du Grand Orient de France a fait depuis bien longtemps le choix de l'Action au sein de la société, par des prises de position humanistes et républicaines, là ou d'autres préfèrent laisser ce rôle à chacun de ses membres. « La liberté augmente avec la capacité de créer des liens de solidarité » disait le Frère Léon Bourgeois. Les idées du solidarisme demanderaient à être bien plus promues dans la société et le Grand Orient de France s'honorerait d'en être un des vecteurs principaux.

Les moyens actuels de communication et l'image porteuse de la fondation du Grand Orient de France pourraient être sollicitées. La richesse de la franc maçonnerie vient de sa conception philosophique. Même si elle est basée à l'origine uniquement sur les valeurs « occidentales », c'est pour le Grand Orient de France entre autres, la seule institution initiatique, libérale, adogmatique ; constituée par la diversité de ses membres, grâce à la mixité sociale, culturelle, confessionnelle, philosophique ...etc... que nous apporte la République Française. Les valeurs « des Lumières » que nous véhiculons, ayant dépassées les frontières, des loges du Grand Orient de France sont disséminées sur tous les continents. Le travail en loge et la pratique des rituels favorisent la prise de conscience de soi et l'ouverture humaniste à l'autre. Mais dans ce monde d'Après, comment porter au dehors, dans la société, les valeurs acquises par notre travail en commun. Comment faire comprendre que l'homme doit être remis au centre des préoccupations et que l'économie et la politique ne sont que des moyens ?

Tout simplement en s'engageant. L'implication des loges dans des projets sociaux ou culturels locaux, en partenariat avec la fondation du Grand Orient de France doit être massive pour promouvoir les valeurs de solidarité dans le cadre d'un maillage de proximité sociale solidaire et laïque. Nous ne reviendrons jamais en arrière, le démantèlement des services publics pour motif de non-rentabilité continuera. Mais il fait, réinventer ce principe à l'échelon communal, territorial, régional afin de recréer un tissu social cohérent. A l'opposé du communautarisme et du mercantilisme affairiste, il nous faut promouvoir la valorisation du travail, la reconnaissance de chacun, le respect fraternel. Cette vision républicaine nous amène, par exemple, à vouloir élargir au maximum le vote extracommunautaire aux élections locales : moteur d'intégration et du respect d'autrui.

Dans le monde d'Après, nous savons que les collectivités locales seront en première ligne sur la solidarité active « de terrain ». L'engagement fraternel et solidaire de chacune et chacun dans sa commune, son quartier, ses activités sociales et professionnelles devient valeur maçonnique.

Rassembler ce qui est épars n'est pas la négation des individualités puisque nous travaillons au respect de l'autre et de soi-même. Travailler pour le bien commun, pour le collectif à l'échelon local, c'est tenter de renouer avec les valeurs républicaines, c'est se rassembler pour se dépasser et faire face à la crise sanitaire, économique, sociale et écologique. La citoyenneté n'est pas un produit de consommation. La citoyenneté, c'est comprendre le monde qui nous entoure et se sentir acteur de son devenir.

Notre regard progressiste nous pousse à comprendre le passé pour s'approprier demain. Mais dans ce monde d'incertitude, le discours d'Albert Camus à Stockholm en 1957 prend toute son importance : « ... chaque génération se croie vouée à refaire le monde. La mienne sait pourtant qu'elle ne le refera pas. Mais sa tâche est peut-être plus grande. Elle consiste à empêcher que le monde se défasse. » L'éducation des jeunes, la transmission des savoirs, doivent être remis au centre des préoccupations. Sans éducation : naissance de l'incivisme, absence de solidarité et fragilisation des plus faibles. Il n'y a pas antinomie entre la protection sanitaire et l'éducation de nos enfants. Il suffit de le faire dans le respecte de chacun et dans un climat d'apaisement mutuel. Mais à la différence d'hier, l'éducation doit être fortement teintée d'une prise de conscience écologique. La pédagogie prend du temps mais nous a prouvé son efficacité, encore faut-il lui en donner les moyens. Cet enseignement doit bien évidemment être multiculturel. N'oublions pas que l'ouverture d'esprit, la richesse de diversité linguistique et artistique sont des piliers fondamentaux de la solidarité humaine.

Alors qu'aujourd'hui, le seul mot utilisé pour parler d'universalité est le mot pandémie, comment oser prôner nos valeurs universalistes ? La mondialisation : une arrogance ! La mondialisation économique dictatoriale et uniformisée, certes, mais cela n'est pas notre regard humaniste universel car notre jugement n'est pas binaire. Le libéralisme économique prône la libre circulation des marchandises et des biens mais surtout pas celle des hommes et des femmes. Fermeture des frontières et repli nationaliste sont les mesures préconisées par la quasi-totalité des états, surtout les plus riches. Il serait temps pourtant de redéfinir le rôle du citoyen au regard d'une nouvelle notion de frontière. « Le mot frontière est un mot borgne. L'homme a deux yeux pour voir le monde. » disait Paul Éluard. Nous Francs-maçons avons aussi comme symbole, l'œil décillé qui ne peut se voiler la vérité. Le monde d'Après ne peut se résumer à un retour en arrière, ceci serait la négation de notre pensée progressiste humaniste. Notre Engagement ne peut se résumer à un engagement purement maçonnique, ni même citoyen, il doit nous conduire vers l'universel. Le monde d'après doit s'accompagner de plus d'équité et de sécurité pour les peuples, notamment en favorisant le revenu universel inconditionnel. Ce monde d'Après doit également promouvoir le développement durable dans la large acception de ce temps.

L'homme d'Après ne doit plus simplement cultiver son jardin, mais tenter d'ensemencer le champ des possibles et retrouver le plaisir de l'hospitalité franche.

Valeurs et éthique

Respectable Loge, Guyane - Trait d'Union, Orient de Cayenne, Région 1

Respectable Loge, Coupo Santo, Orient du Cannet des Maures, Région 2

Respectable Loge, Scola Sapientae, Orient de Brignoles, Région 2

Respectable Loge, XXIème Siècle, Orient de d'Antibes, Région 2

Respectable Loge, Les Trois Globes, Orient de Berlin, Région 4

Respectable Loge, Travail & Fraternité, Orient de Bourges, Région 5

Respectable Loge, Le Réveil de l'Yonne, Orient d'Auxerre, Région 5

Respectable Loge, Les Vrais Zélés, Orient de Chalon sur Saône, Région 6

Respectable Loge, Les Trois H, Orient du Havre, Région 9

Respectable Loge, Picardie, Orient d'Amiens, Région 10

Respectable Loge, Demain, Orient de Paris, Région 11

Respectable Loge, Intersection, Orient de Paris, Région 12

Respectable Loge, Janus-Fraternité, Orient de Paris, Région 14

Respectable Loge, Union et France, Orient de Paris, Région 14

Respectable Loge, La Lumière du Sud, Orient de La Ciotat, Région 15

Respectable Loge, L'Aimable Sagesse, Orient de Marseille, Région 15

Respectable Loge, Luz Atlantica, Orient de Las Palmas de Gran Canaria, Région 17

Respectable Loge, Utopie Latine, Orient de Pamiers, Région 17

Respectable Loge, Cabaret Voltaire, Orient de Toulouse, Région 17

Souverain Chapitre, Daniel Michotte - Vallée de Guyane - Amazonie

Après cette crise, le citoyen doit-il repenser son éthique personnelle, à savoir la combinaison subtile de ce qu'il peut faire, ce qu'il doit faire, ce qu'il veut faire ?

Ces contributions participent à une réflexion plus large dans le cadre de la thématique : « Un nouvel Horizon »

Par sa capacité prospective, la Franc-maçonnerie du Grand Orient de France peut penser un peu plus loin et se projeter dans un espace plus en avant. Ces contributions se veulent des espaces et temps de réflexions avancés.

Garante des principes et valeurs qui régissent l'institution, la Franc-maçonnerie est au cœur de cette dynamique de désenclavement des catégories socioprofessionnelles, des postures, des modes de pensée par ce qu'elle porte comme objectif en son sein : une humanité meilleure et plus éclairée.

Soutenir et « encapaciter » l'éthique personnelle !

« Après cette crise, le citoyen doit-il repenser son éthique personnelle, à savoir la combinaison subtile de ce qu'il peut faire, ce qu'il doit faire, ce qu'il veut faire ? » Chacun devrait-il, individuellement, apprendre/réapprendre à s'appuyer sur des points d'équilibre éthiques pour vivre avec l'Autre et construire la fraternité ?

La problématique en jeu

Quand « je » suis en face de « l'autre », quand nous sommes tous deux vulnérables, qu'est ce qui va l'emporter, la peur ou la fraternité ? Vais-je réagir avec peur et en privilégiant la conformité avec des règles extérieures ou vais-je chercher en moi des points d'équilibre qui me permettront d'agir avec humanité ? Vais-je devenir « collabo » ou « juste parmi les nations », un raciste ou un humaniste ?

L'éthique est la réponse, au contact d'un autre, à une exigence intérieure que me fait vivre et ressentir notre commune humanité. Le vécu individuel du comportement éthique correspond à un déplacement intérieur pour chercher en soi le centre humain et personnel, centre de sa propre vulnérabilité qui est en lien avec la vulnérabilité de l'autre. C'est en ce centre que je me rencontre, humain, et que nous nous rencontrons dans notre condition humaine. L'éthique n'est donc pas le respect d'une exigence prescrite de l'extérieur.

L'éthique n'est ni une morale ni une déontologie

La morale vise d'une part à la conservation des formes collectives d'organisation sociale, de la société, de l'intérêt général, et d'autre part à l'agrément de la vie des individus en société. « Dans toute société, la morale est promue par certains groupes d'intérêt (par exemple religieux, sexuels, de classe, ethniques) ». Chaque individu peut ainsi trouver un sens moral selon différentes sources possibles d'autorité (les grandes religions, les mythes traditionnels, les institutions publiques nationales ou internationales) ;

La déontologie est une notion contemporaine caractérisant certaines pratiques professionnelles qui mettent en avant la traçabilité de leurs comportements et méthodes. Comme les règles de droit, les règles déontologiques s'appliquent de manière identique à tous les membres d'un ordre ou d'une association professionnelle. Une autorité est chargée de les faire respecter et d'imposer des sanctions en cas de dérogation.

L'éthique est de l'ordre du sentiment, de la fraternité, de l'amour. André Comte-Sponville pour préciser la distinction entre morale et éthique, et en référence à Spinoza et à Kant, entend par morale tout ce qu'on fait par devoir (de l'ordre de la volonté) et par éthique tout ce qu'on fait par amour (de l'ordre du sentiment).

L'éthique est subjective. L'énergie subjective à l'œuvre dans l'action éthique touche notre rapport intime à l'humain. L'éthique, peut même nous exposer à des impasses pratiques, dans l'application des lois notamment.

L'éthique, parce qu'elle est réflexive, a une puissance de subversion. Avec Emmanuel Levinas, « l'éthique est la philosophie première » et elle est sociétale, car elle se vit dans la relation au visage vulnérable d'Autrui. Elle fait vivre une expérience « traumatisante » qui n'est ni un commandement, ni un ensemble de règles qu'on pourrait appliquer ; ce n'est pas non plus l'idée d'un « bien vivre ». Avec le visage d'un Autrui vulnérable, « Je » traverse une épreuve et fais l'expérience d'un bouleversement radical qui défait tous les repères et toutes les significations instituées. Ça « Me » met radicalement en question car ça met en question mon effort habituel et immédiat d'être qui « Je » suis en persévérant à être qui je suis.

L'éthique individuelle est fraternité, elle est constitutive de la République et elle y est protégée pour pouvoir s'exercer indépendamment du champ politique. C'est ainsi que la décision du Conseil constitutionnel (6 juillet 2018) reconnaît, au titre du principe constitutionnel de fraternité, le droit individuel d'agir pour aider autrui dans un but purement humanitaire, pour préserver l'intégrité physique et la dignité de la personne, sans en tirer contrepartie.

L'enjeu : l'éthique et la méthode, nouvelles urgences républicaines

La crise actuelle, systémique, déstabilisait déjà les valeurs anciennes et provoquait, par un élan vital présent en chacun, la recherche de repères nouveaux pour une « renaissance ». Avec la crise mondiale du coronavirus, le risque majeur que l'autre soit vu comme un danger a pris une acuité nouvelle ; être au contact de l'autre m'expose potentiellement à la maladie et à la mort. Le réflexe de protection est alors celui de la clôture et du repli, à l'opposé de l'attitude éthique qui est ouverture vers Autrui vulnérable.

La crise sanitaire a en outre montré des conflits d'expertises, a ravivé les divergences d'intérêts (quel pays aura en priorité les masques chinois ou les vaccins et à quel prix ?), a pu faire douter de la fiabilité de la parole publique, a fortifié l'expression d'un besoin de médiations et de concertations dans les processus décisionnels.

Tout ceci interpelle directement l'éthique de la personne et du citoyen. Des moments fraternels nouveaux, des solutions pragmatiques et innovantes, des solidarités nouvelles sont d'ailleurs nés. La République, parce qu'elle est la promesse d'un « vivre ensemble » d'émancipation, la République, elle-même interpelée sur ses vulnérabilités, doit cultiver la résilience des citoyens pour faciliter celle des individus.

Proposition : Trois ateliers républicains pour « encapaciter » l'éthique des individus

Santé publique : Organiser une plateforme participative citoyenne sur les questions d'éthique : l'objectif est d'associer la réflexion individuelle et citoyenne pour ne pas la tenir à l'écart mais « l'encapaciter »

Éducation nationale : Chaque « école », chaque classe doit être une « mini République » où, dans la vie simple, sont pratiqués le respect entre personnes, la régulation des conflits, la vie collective organisée, des relations de qualité entre enseignants et entre élèves, des conseils de classe et de discipline respectueux des droits et des devoirs... Il faut revoir, pour cela, la formation initiale et continue des enseignants, des équipes administratives et des corps d'inspection. Cela passe par une professionnalisation - avec certification professionnelle - de compétences internes en médiation, accompagnement/coaching, régulation, évaluation.

Dirigeants publics : Leur sélection et formation doit intégrer un « travail sur soi », athanor indispensable d'une vertu républicaine qui manque, l'éthique, avec discernement et courage ! Pour L'Après, des voies nouvelles sont à construire pour éviter l'entre-soi des dirigeants publics (fonctionnaires et hommes politiques élus), pour promouvoir l'ouverture d'esprit et l'ouverture du cœur tout autant que la force intérieure et la persévérance. L'enjeu est que la République humaniste puisse être incarnée par ses serviteurs au risque d'être balayée par des mécontentements populistes que rejoindront les aigris, les désespérés, ceux que l'on n'entend pas, que l'on n'écoute pas et à qui on ne répond pas.

Éthique : Une dimension plurielle

Définition de ce qui doit être ?

Le pouvoir faire, c'est la loi, la capacité d'action, l'autorisation...

Le devoir faire, c'est la nécessité d'agir, l'obligation morale...

Le vouloir faire, c'est l'envie, le désir, le plaisir, tout ce qui nous fait avancer...

En tant que Franc-Maçon, notre humanisme et notre respect de l'autre nous permettent de supporter les contraintes et autres distanciations mises en place pour la santé de l'autre et pour la nôtre. C'est notre choix, notre liberté ; nos actions dans la société vont déjà dans ce sens.

Est-ce que tous les citoyens partagent nos valeurs ? Il y a peu de chance que ce soit le cas, mais nous devons espérer que l'Homme devienne un peu plus Humain !

En tant que Maçons, notre éthique est déjà tournée vers l'Autre, et nos actions sont menées à la lumière des Humanistes. Mais qu'en est-il du Citoyen ? Saura-t-il ou voudra-t-il faire des efforts pour l'autre ? Doit-on l'y contraindre ? La question reste posée.

Du bien-fondé d'une éthique évolutive

Orienter son éthique personnelle sans la dénaturer

Le citoyen n'a pas à repenser son éthique personnelle qui est comme modélisée sur sa posture d'Être humain.

Pour agir et répondre aux impératifs du « bien-agir », le citoyen prend, assume, ses responsabilités faisant par exemple du respect de la dignité et de l'altruisme des priorités, d'équité plus que de l'égalité sa philosophie. Il se refuse à tout dogmatisme, privilégie la raison et fort de son expérience, se propose d'accomplir les tâches qui l'ont assigné avec pertinence et en conscience, c'est-à-dire en prenant soin de l'intérêt général.

Face à une situation de crise inédite à l'image de celle que nous vivons, le citoyen peut, doit orienter sa réflexion éthique sans la dénaturer pour lui donner du sens — et non un autre sens —. Une telle situation est pour lui l'occasion d'apporter la preuve ou de se prouver à lui-même qu'il est capable d'envisager la réalité sans compromettre ce qu'il est. Les décisions qu'il prend n'ont qu'une seule limite : elles ne sauraient remettre en question le visage de l'Autre pour le dire comme le philosophe Emmanuel Levinas (Éthique et infini). « L'accès [à ce] visage est d'emblée éthique », affirme-t-il. Il s'en explique d'ailleurs en précisant : « Autrui est un moi – et en cela il est identique à ce que je suis, puisque je suis un moi – mais il est un moi qui n'est pas moi ».

Face à la crise sanitaire et économique que nous connaissons, le citoyen n'a nul besoin de repenser son éthique personnelle parce qu'elle est fondée sur les valeurs morales et des principes qui le « font » Homme — être humain —. Il peut en revanche réfléchir pour mieux adapter son « bien-agir » aux incertitudes du moment, pour rendre l'impossible

Adopter une logique de guerre

Il est temps de décréter l'état d'urgence climatique mondial et d'adopter une logique de guerre avec des moyens proportionnels au combat

Alors que nous arrivons à renflouer des banques en danger, de quelles mesures exceptionnelles allons-nous à présent nous doter pour sauver la planète ? La fin du monde ne justifie-t-elle pas les moyens de le sauver ? Nos ressources pour y parvenir doivent donc être illimitées et l'argent dans ce contexte n'apparait pas être une difficulté. Nous devons frapper massivement et sur plusieurs fronts, en nous attaquant en priorité aux plus gros pays pollueurs : Chine, États-Unis, Inde, Europe et le secteur pétrolier ce qui représente globalement les trois-quarts des émissions mondiales. Chaque pays doit prendre sa responsabilité dans le drame qui se joue et être solidaire dans la mise en œuvre du plan mondial d'urgence. Dans ce combat qui est celui de se sauver nous-mêmes en tant qu'être humain et parti d'un plus grand tout, la biosphère, la lutte contre le changement climatique qui s'engage peut représenter une chance pour l'homme de changer et de sauver l'Humanité.

Une extériorisation intelligente de nos travaux en loge pourrait démontrer que l'humanisme d'aujourd'hui est « différent ». Nous sommes entrés dans une nouvelle ère où l'écologique

Entre éthique et mensonge, sommes-nous entrés dans l'ère de la post vérité ?

Comment peut-on faire société quand la vérité est congédiée ? Comment éradiquer les dérives de la post vérité ?

Le monde d'« Après » est un futur en construction qui requiert du temps. Ce monde d'« Après » doit trouver les remèdes pour protéger les générations futures, en priorité nos enfants. Fort du constat supra, il nous apparaît vital d'aider les futurs citoyens à cultiver leur raison, à aiguiser leur esprit critique, à développer leur sensibilité. Notre proposition concrète concerne l'éducation de la petite enfance (la païs grecque appelée : « la tendre enfance ») à la philosophie. Il est primordial, dès la moyenne-grande section maternelle, par la mise en place d'ateliers-philo, de former nos enfants à l'esprit critique. Cela relève d'une mission de salut public.

Éclairons le mot éducation par un retour aux sources. Éducation vient du latin educare, verbe qui signifie l'ensemble des soins destinés à assurer la croissance physique et mentale de la petite enfance. Ce verbe se rapporte à un autre : educere signifiant faire sortir de... qui n'est ni plus ni moins que la mise en œuvre d'une maïeutique socratique.

Dans le monde d'aujourd'hui, nous faisons le constat que l'école est en crise, qu'elle n'instruit plus, qu'elle n'éveille plus d'où tout mal en devenir. Dans le monde d'« Après », redonner une vraie valeur à la fonction éducative en lui restituant sa fonction première qui est celle de l'instruction publique implique d'abolir la notion d'Éducation Nationale au profit d'Instruction Publique. L'instruction est la fonction éducative faisant appel à l'excellence. Elle est ce par quoi une nation éduque un peuple.

En parallèle d'une approche de la philosophie par la mise en place d'ateliers-philo, il est impératif d'instaurer réellement des cours d'initiation musicale dès la moyenne-grande section maternelle. Pour mémoire, Platon dans La République (livre III 401d) dit que la Musique est l'art éducatif souverain et qu'élever les enfants dans la musique constitue une valeur suprême. Quant à Aristote, il disait que la musique est un moyen de rectifier le caractère. La musique influe sur les mouvements affectifs de l'esprit et donc est capable de les discipliner. L'art musical fait accéder à la dialectique relevant d'un ensemble de savoirs résultant d'un travail de recherches, de réflexions intellectuelles par la mise en oeuvre de l'esprit de synthèse qui se doit de précéder celui d'analyse. Ateliers-philo et musique se doivent d'être enrichis par la valorisation de l'histoire dont l'objectif est de former progressivement l'élève à l'esprit critique des futurs citoyens. L'enseignement de l'histoire est plus que jamais nécessaire à l'exercice de la pensée.

Mettre l'approche de la philosophie (ateliers-philo) tout autant que celle de la musique et de l'histoire au centre de l'Instruction Publique est la voie royale conduisant la « tendre enfance » vers un monde meilleur et plus éclairé propice à tout développement de l'esprit critique, seule arme pure en capacité d'éradiquer le mensonge, les dérives de la post vérité. L'instruction est par essence la communication du savoir acquis par le travail de la connaissance. Ainsi, l'instruction relevant de la transmission de la vérité permet à nos enfants d'échapper à la caverne de l'ignorance en les aidant à devenir des êtres qui feront preuve de lucidité par leur capacité à discerner le vrai du faux. Accédant à la vérité par un travail de compréhension, nos enfants deviendrons dans une génération (c'est-à-dire dans 20 ans) des êtres authentiques, maîtres de leur pensée. L'éthique retrouvera ainsi sa place au coeur de notre société.

L'instruction publique est donc le rempart au mensonge, un pare-feu aux dérives de la post vérité.

La morale doit-elle être indépendante de toute religion ou conception métaphysique ?

Il faudrait accentuer la diffusion des valeurs républicaines auprès de toutes les couches de la société française, y compris les croyants des différentes religions, et rappeler fortement que dans la République française, les lois humanistes votées par le parlement prévalent sur toute loi religieuse contraire.

Il faudrait se donner les moyens de promouvoir les valeurs de la République dans l'intégralité de la société, y compris les croyants de toutes les religions. Et pour cela, on pourrait ignorer les tabous qui nous empêcheraient d'être efficaces.

Vers la dignité universelle

Les humiliations que subissent les citoyens en situation précaire pourraient être aplanies, à défaut d'être supprimées, par une démarche unique qui permettrait à tous de recevoir et ce quelle que soit la situation sociale d'origine, un revenu universel inconditionnel, le même pour tous, travail ou pas.

Ce revenu universel inconditionnel serait calculé sur un panier mensuel moyen (peut-être à pondérer en fonction de l'âge) qui assurerait une vie, digne et intégrée dans la société. Ce système permettrait d'une part de limiter les démarches, les fraudes et d'autre part la prolifération et le labyrinthe des aides au cas par cas où même l'administration arrive à se perdre.

Avec son inconditionnalité, idée fondamentale, le revenu universel est neutre de tout jugement. Ainsi, il permet à chacun d'exister quels que soient son parcours et ses actions. L'existence n'est pas quelque chose qui doit se mériter ou se justifier, c'est un droit qui ne se négocie pas.

Si nous voulons protéger les citoyens des infortunes de la vie prévisibles et surtout imprévues, la COVID-19, en est une brillante démonstration, il faut avancer rapidement.

Dans l'article du Huffington Post paru en octobre 2020, il est indiqué que la BCE pourrait annuler la dette des pays européens, réinjectant par la même quelques 11 000 Milliards d'Euros dans les circuits économiques, soit plus de 2 000 Mds d'Euros pour la France.

Cet acte fort permettrait de financer dans un premier temps l'instauration en France du revenu universel inconditionnel, en attendant que passe la crise sanitaire et que de nouveaux paradigmes économiques se mettent en place, pour autofinancer le dispositif.

Le reliquat pourrait notamment contribuer à renforcer les hôpitaux, créer des places supplémentaires, augmenter les salaires des soignants et en recruter de nouveaux, développer la recherche, etc...

Constitutionaliser le revenu universel inconditionnel permettrait à ce droit de primer dans notre droit. Le raccrocher à la déclaration des Droits de l'Homme, assurerait la dignité de l'ensemble des citoyens. C'est un combat de Franc-Maçon.

Nous avons la Liberté, l'Égalité, La Fraternité, la Solidarité comme étendard : comment promouvoir ce concept ?

Qui peut dire, si les conduites et idées novatrices vont prendre leur essor, révolutionner politique et économie, ou si l'ordre d'avant, quoi qu'ébranlé, se rétablira ?

Peut-on craindre une régression généralisée (crise de la démocratie, corruption et démagogie triomphantes, régimes néo autoritaires, poussées nationalistes, xénophobie, racisme...) ? Toutes ces régressions sont probables tant que ne surgira pas la nouvelle voie politique, écologique, économique, sociale guidée par un humanisme régénéré ou renaissant. Celle-ci multiplierait les vraies réformes, qui ne seraient plus motivées par des réductions budgétaires, mais des réformes de civilisation, de sociétés liées à des réformes de vie.

Cette nouvelle voie politique, économique, écologique et sociale devra concilier les termes contradictoires « mondialisation » pour tout ce qui relève de la coopération et « démondialisation » pour mettre en œuvre une autonomie vivrière et sanitaire et ainsi sauver les territoires de la désertification.

L'objectif serait de mettre en œuvre l'idée de « croissance » de l'économie des besoins essentiels, du durable, de l'agriculture fermière et non plus industrielle et de « décroissance » de l'économie du superflu, du frivole, de l'illusoire, du jetable. Cet objectif serait complété par une vision plus large. Développer pour l'humanité entière ce qui contribue au bien-être et à la santé. N'oublions pas que le nomade a besoin d'une terre promise pour avancer ; l'homme est un nomade, offrons-lui donc cette utopie !

Liberté-S

Ces lois dites d'exception en cette période de confinement seront-elles bien bornées dans leur application et leur durée (on a vu ce qu'il en est avec les dispositions « temporaires » de l'état d'urgence qui ont finies introduites dans la loi courante). Alors, soyons vigilants sinon gare à un changement de régime. De nombreuses questions restent posées.

L'exécutif a-t-il trop de pouvoirs liés aux lois d'exception ?

Où sont les contre-pouvoirs ?

Quels pouvoirs ont les instances de contrôles ?

Quel rôle fait-on jouer à La Police et plus largement aux institutions républicaines victimes de défiance et de plus en plus souvent de violences sur leurs représentants ?

Protéger nos libertés ou les restreindre ?

Protéger les citoyens ou le pouvoir en place ?

Nous avons vu le rôle déterminant du Conseil constitutionnel et du Conseil d'État pour protéger la Liberté d'expression et la Liberté de manifester ou encore réguler la Liberté d'entreprendre. Alors, faut-il revoir la Constitution ? Refonder la République ?

Dans la salle des séances de notre Assemblée Nationale, derrière le Président et la tribune de l'orateur, deux statues sont élevées.

À gauche, La Liberté, vêtue d'une peau de bête, foule de ses pieds des chaînes et un joug rompu. Elle tient de la main droite le drapeau tricolore et de la main gauche une Victoire. À droite, la statue de l'Ordre public tient une lance ainsi qu'une main de justice. La main gauche, la liberté, la main droite, l'ordre.

Ces deux statues de La Liberté et l'Ordre public représentent une invitation, adressée aux parlementaires, à résister à la pression de l'exécutif et à s'opposer à toute insurrection populaire.

Égalité

Le confinement fait prendre conscience d'un certain nombre de futilités qui emplissent notre vie, de besoins qui n'en sont pas vraiment. Notre société s'est fixée sur l'avoir plutôt que sur l'être et a oublié l'humain dont l'importance réapparaît aujourd'hui. La société de consommation passe à côté des valeurs essentielles comme, par exemple, la dimension écologique de la vie humaine qui se manifeste par l'étonnement des gens à redécouvrir le silence, l'absence de pollution, les bruits de la nature, comme une redécouverte des choses essentielles qui font la valeur de la vie et permettent de rapprocher les gens ; en prendre conscience et le pérenniser est une opportunité de diminuer les divisions dans notre société et de rapprocher les êtres. La société doit assurer à chacun une vie digne. Les réflexions menées au Grand Orient de France sur le Revenu Universel Inconditionnel en est l'un des aspects.

L'exposition médiatique des inégalités souligne la nécessaire exigence de respect de la dignité des personnes.

Fraternité

Lamartine disait" La haine et l'égoïsme ont une seule patrie, la Fraternité n'en a pas et il ajoutait " Le monde et nous, nous voulons marcher à la fraternité et à la paix."

Dans les circonstances que nous vivons, la Fraternité se manifeste dans la solidarité, la compréhension de l'autre. Une autre « vraie valeur » qui en ressort est la nécessaire solidarité entre les humains, comme elle se manifeste dans les actions spontanées dans divers endroits du territoire en soutien aux équipes médicales, dans la confection de masques ou l'aide aux personnes isolées. Soutenons continuellement ces actions.

L'universel

« Il faut défendre la valeur de l'homme, de l'individu, face à la puissance de la masse » Gao Xingjian

Retrouver l'universel, nous projeter vers le Monde par la force de nos valeurs, de nos idées, de nos créations plutôt que l'illusion de nos forces armées. Qu'avons-nous résolu sur le long terme avec nos armées (Lybie), qu'avons-nous empêché (Rwanda)? Là aussi, le sens de l'action est primordial comme socle de l'adhésion et de la légitimité. Plutôt que des débats sur combien ça coûte, des débats sur pourquoi faire. La vocation de notre armée républicaine est-elle d'être le showroom de notre industrie d'armement ? (2.5 Mds € pour la coopération internationale, 37.5 Mds € pour l'armée dans le budget de l'État)

Comme preuve de notre clairvoyance, nous nous projetons gaillardement dans le « monde d'après ». Le virus vient nous rappeler à un peu plus d'humilité. Cependant indépendamment de la situation sanitaire, la régénérescence de notre triptyque passe peut-être par l'adjonction d'autres vertus comme Force, Sagesse, Beauté.

Avec ou sans virus, il n'est pas de modèle sans fierté, sans désir, sans sacrifice. La République doit rester un idéal ouvert, ambitieux et vertueux servi par une gouvernance qui démontre de façon sensible et compréhensible que tel est bien le chemin.

Construire un monde viable, vivable et équitable

Mobilisons nos outils avec force et vigueur pour construire les « communs »

La disruption que nous affrontons doit être une destruction créative. Il nous faut nous emparer solidairement de cette situation pour concevoir l'avenir et le créer en construisant un monde solidaire, « en commun », rétablissant prioritairement les services publics garants d'Égalité républicaine.

La privatisation « catastrophique » de la ressource naturelle, du travail et de la monnaie, imposée par le « système », nous a conduits au bord de la falaise. Pourtant, par nature, les trois sont des « communs » qui structurent l'intérêt général. Ils doivent le redevenir :

- En faisant un « commun » de la ressource naturelle avec une gouvernance démocratique participative et coopérative.

- En glorifiant le travail et en lui rendant sa juste valeur de bien commun, de ressource rare dont il faut prendre soin et dont une communauté entière doit se saisir car il s'agit de travail décent, émancipateur, respectueux de la planète, d'activité sociale source de bonheur grâce au progrès humain et social qu'il construit.

- En restituant la création et la régulation monétaire à la Puissance Publique pour que la monnaie retrouve sa place de « commun » par excellence dont la fonction est d'assurer le pilotage démocratique.

Mais veiller sur l'environnement « bien commun » en assurant un développement durable dans l'ère de l'humanisme écologique, notamment en changeant radicalement de modèle agricole, fait partie du devoir pour chacun de nous d'adopter des attitudes responsables :

Alors, s'il y a une figure géométrique définissant un espace à réintégrer dans notre géographie terrienne, c'est le cercle : une multitude de cercles dans lesquels les valeurs, dont nous ne sommes pas dépositaires mais qu'il faudrait réactiver, peuvent retrouver tous leurs sens. Celles dites maçonniques en font partie.

Nous proposons de revenir à un ancrage relié à la Terre et de recourir à la méditation au Soi et à l'Univers. Travailler là-dessus est important afin de redonner de la noblesse et porter du respect à Dame Terre et à la Nature et de redécouvrir l'Homme, qui a été abandonné aux forces des économies avides.

Le point central du cercle c'est chacun. Que peut ce « chacun » pour engendrer, dans son propre cercle, l'Amour et l'universalité des choses ? Qui peut-il toucher, du producteur de biens au consommateur, et selon quel niveau de mobilisation quant à son implication et son engagement ?

Les réponses résident dans la décision de chacun de la qualité de son propre environnement qui est le cercle dont il est centre.

« Il est l'heure de bâtir un nouveau contrat social, fondement d'un humanisme renouvelé, durable »

Conclusion provisoire

Le présent travail peut-il seulement trouver une conclusion confrontée qu'il est à l'incertitude des représentations qu'il exprime et des analyses qu'il propose ?

Tout, ici, est baigné de doutes au regard d'un avenir que l'humanité ne maîtrise finalement pas vraiment !

Et pour autant, il est peut-être possible de croire que les humains sont capables de prendre conscience de leur inconscience…

Les utopies apparaissent comme nécessaires à la formulation d'idées et de perspectives nouvelles à la condition d'échapper aux multiples conditionnements qui nous font voir le monde tel qu'il n'est sans doute pas !

A la dimension profane des choses, il importe d'apporter d'autres dimensions qui ne se complairont pas dans la seule satisfaction d'avoir « bien pensé » !

L'extériorisation et le partage de cette vision, si elle n'atteint pas tout le monde, aura eu au moins le mérite de soulever un bout de voile… un bout d'une vérité.

Renforcer la Société Républicaine sur la base des valeurs républicaines de justice, d'équité et de partage. Veiller à ce que la liberté, l'égalité la fraternité et la laïcité dépassent les seules incantations pour être préservées et renforcées malgré le resserrement des marges existentielles et l'insécurité croissante.

Rebâtir et conforter la Confiance et la Bienveillance : donner du sens à l'avenir avec des perspectives pour les plus jeunes et les « précaires ».

Améliorer les Moyens sanitaires de prise en charge : Donner enfin aux secteurs sanitaires et médico-social (Établissements et Domiciles) les moyens d'accomplir leurs missions de service public.

Développer les Systèmes d'information et de communication en réduisant la fracture numérique.

Adapter et préparer l'école et la formation en général, aux défis d'un monde incertain.

Respecter le climat par le contrôle des énergies nécessaires au fonctionnement de la société.

Dans cette situation exceptionnelle d'enfermement, nous n'arrivons pas à distinguer la réalité de la fiction... parce que la réalité ressemble à de la fiction. Alors quelles parties de la fiction sont elles aussi réelles ?

Et tout ceci vient à nouveau bouleverser notre éthique personnelle. C'est ici que l'on a pu voir les plus gros bouleversements. Tout est amplifié, démultiplié. On réagit sur les réseaux, on brave les interdits, on veut plus que tout, ce qui nous importait peu avant, l'isolement nous rend extrêmement sociable, on recherche le lien à tout prix, on touche du doigt « l'instinct de survie ».

Puis vient l'acceptation, le lâcher prise, animé par le sens du devoir. On se détache de son intérêt personnel pour regarder te tableau dans son intégralité, on se rend compte des inégalités, du côté éphémère de tout. On aligne nos désirs et nos envies sur ce que l'on peut ou ne peut pas faire.

On s'adapte.

Toute cette aventure, nous a fait prendre conscience de notre éthique, qu'elle n'est pas linéaire, qu'elle est altérable relativement facilement.

L'intérêt collectif nous pousse à penser que le devoir doit se placer au-dessus du reste. Le devoir envers le pays, le devoir envers les autres. Ce n'est rien d'autre qu'une mise en relief d'une maladie bien plus sournoise qui progresse chaque année à travers le monde : l'individualisme.

N'oublions pas que seul, nous ne sommes rien. L'altruisme et l'entraide nous ont aidé à « sortir » de cette crise, mais aussi celles d'hier, et les prochaines a venir.

A la lumière des évènements vécus par tous dans cette crise mondiale que nous traversons depuis plusieurs mois, quels enseignements devons-nous tirer et quelles propositions fondamentales devons-nous formuler, pour améliorer l'homme et la société comme l'article 1 de la Constitution nous y engage ?

Nous espérons ainsi parvenir à terme à :

Donner du sens à sa vie personnelle et professionnelle

Ralentir notre rythme de vie effréné indispensable à la diminution de nos facteurs de risques vitaux (cancer, obésité, stress, maladies cardiovasculaires...).

Mettre en place une politique préventive pour le bon fonctionnement de la société plutôt que de réagir aux intempéries climatiques, sanitaires et sociales.

Mettre en pratique, plus complètement et plus régulièrement, nos valeurs et nos qualités. Pour les Francs-Maçons, il ne suffit pas de le dire, il faut le vivre.

Affecter les moyens sans contrepartie aux fondamentaux des besoins raisonnés de l'être humain en matière d'alimentation, d'instruction, de santé, de logement, de sécurité et de bien-être.

Faire émerger un modèle lié à l'économie de partage circulaire en déplaçant les activités professionnelles et les besoins fondamentaux vers les provinces en profitant du numérique tout en réhabilitant les centres villes en lieu de vie culturel, sportif, écologique et de production locale.

Porter la construction d'institutions internationales fortes par l'exemple de nouveaux modèles que nous mettrons en place sur nos territoires.

Stopper le capitalisme sauvage et au dogme budgétaire en accentuant la prise de conscience que le don de soi est une source de bénéfice bien plus importante que le monétaire.

S'unir et s'organiser pour déployer ces scenarii avec une vision humaniste positive débordante … l'objectif utopique sera de changer l'état d'esprit et la conscience humaine.

La Maçonnerie : un questionnement continu

Respectable Loge, L'Étoile des Mascareignes, Orient de Saint-Pierre, Ile de La Réunion, Région 3

Respectable Loge, L'Arbre et la Pierre, Orient de Metz, Région 4

Respectable Loge, Les Vrais Zélés, Orient de Chalon sur Saône, Région 6

Respectable Loge, Les Ecossais Roannais, Orient de Roanne, Région 6

Respectable Loge, Alliance, Orient de Lyon, Région 6

Respectable Loge, Les Amis des Hommes, Orient de Lyon, Région 6

Respectable Loge, Amics de la Via Domitia, Orient de Poussan, Région 8

Respectable Loge, Aménité et Fidélité, Orient du Havre, Région 9

Respectable Loge, Conscience de l'Armor, Orient de Vannes, Région 9

Respectable Loge, République Malouine, Orient de Saint Malo, Région 9

Respectable Loge, Athanor Bleu, Orient de Nantes, Région 9

Respectable Loge, Le Grand Œuvre, Orient Vervins, Région 10

Respectable Loge, Picardie, Orient d'Amiens, Région 10

Respectable Loge, Paix Travail et Solidarité, Orient de Paris, Région 13

Respectable Loge, Union et France, Orient de Paris, Région 14

Respectable Loge, La Parfaite Union, Orient de Marseille, Région 15

Respectable Loge, Les Hommes Libres, Orient d'Angoulême, Région 16

Respectable Loge, Saint Exupéry - Terre des Hommes, Orient d'Andernos les Bains, Région 16

Respectable Loge, Les Chevaliers de la Fraternité, Orient de Bordeaux, Région 16

Respectable Loge, Harmonie Universelle, Orient de Castres, Région 17

L'inventaire de nos espérances

La somme de ces contributions que l'on pourra lire dans ce thème est forgée à l'aune de plusieurs principes généraux.

Dans quelques mois ou quelques années, lorsqu'on évoquera la crise sanitaire, il faudra se méfier du « ce n'était pas si terrible que ça » ou de la suffisance d'un « nous avons vaincu le virus », expressions qui risquent de foisonner et qui viendront comme pour nous empêcher de tirer la pleine mesure de ce que nous avons vécu. Par Respect pour ceux qui en ont souffert. Par Respect pour les Générations futures. Par Respect pour nous-mêmes ! Même si nous pleurons encore les morts et les conséquences matérielles, n'oublions pas de travailler encore davantage à notre Idéal, à commencer par l'amélioration de nous-même. Et c'est déjà le chantier d'une vie.

Nous savons qu'il n'existe de Lumière que parce qu'existent les ténèbres et que de cette dualité naît un ternaire salvateur : celui du monde idéal que la crise nous donne à regarder. Dans l'espoir de surmonter les épreuves, le franc-maçon marche résolument vers la Vérité. C'est l'essence même de son engagement. Saisissons cette opportunité pour progresser même si la tâche s'annonce difficile.

Les symboles que nous utilisons sont intemporels puisque nous les retrouvons dans les cultures les plus anciennes. Pour faire advenir le monde d'après nécessite que le monde d'avant meure pour renaître.

Une maçonnerie réinterrogée. Un bruissement ...

Une forte réactivité dans la tradition, le respect des rituels dans une modernité adaptable à la situation Le Grand Orient de France doit œuvrer pour promouvoir des utopies, réaffirmer les valeurs qui font le ciment de nos sociétés et proposer des évolutions sociétales qui répondent à ces nouveaux enjeux mis en exergue par cette crise sans précédent depuis la Seconde Guerre mondiale. Gardons en mémoire la fable de la Fourmi et du Roi Salomon où l'Esperance et l'Amour peuvent aider à déplacer des dunes de sable.

Il apparaît une demande de plus en plus criante, d'intégrer les principes d'environnement et de durabilité dans la boite à outils des outils symboliques

Nous avons été bousculés par cette crise. Le Grand Orient de France doit se doter d'outils pour la continuité démocratique en circonstances exceptionnelles.

La philosophie : Source de progrès et outil maçonnique

Il est temps de promouvoir dans la formation des enseignants des temps de réflexion philosophique en faisant la promotion d'une « propédeutique philosophique » tout au long du cursus scolaire. Une propédeutique consiste en une démarche qui vise à familiariser les élèves avec un savoir ou un savoir-faire dans le but de faciliter un apprentissage ultérieur. Elle permet également de nourrir progressivement la réflexion pour lui permettre de maturer. Nous avons déjà quelques exemples concrets qui permettent d'instaurer des débats citoyens dans les communes, organisés par le Grand Orient localement dans le respect des valeurs de la maçonnerie.

La Fraternité au cœur

La sagesse ancestrale de la civilisation chinoise, peut être intéressante pour notre réflexion sur la Fraternité à l'aune de la COVID-19. En chinois, l'écriture est celle d'idéogrammes. Ainsi le mot « Crise » s'écrit avec deux caractères, le premier signifie « danger » et le second « opportunité ». La crise sanitaire, de toute évidence, est un danger mais elle est aussi une opportunité pour bouger, notamment pour que la fraternité vécue lors du confinement devienne encore plus virale.

Refuser le repli sur soi en allant vers les autres. En servant aux autres, par exemple : En soutenant les personnes qui ont besoin d'aide. Mieux les informer sur les différents organismes ou circuits qui permettent d'obtenir effectivement les aides auxquelles ils auraient droit en principe.

La Franc-Maçonnerie est-elle encore une force motrice de la transition sociétale ?

Adeptes de la dynamique de transformation, militants humanistes, les francs-maçons ne peuvent attendre que la société change. Pour participer à l'évolution de la société ils doivent repenser leur organisation sous peine de programmer son obsolescence. Pour préparer l'avenir, les femmes et les hommes francs-maçons ne doivent-ils pas sortir de la logique conventionnelle qui veut que l'on pense les faits à venir avec les croyances d'hier et qu'on gère demain avec les institutions d'avant-hier ?

Face à une situation chaotique, voire pré-révolutionnaire, nous devons nous appuyer sur les vertus maçonniques que sont : l'humilité, la sagesse et l'analyse raisonnée pour développer un nouveau rapport au temps, retourner dans la société en agissant localement et imaginer de nouvelles utopies à proposer aux générations montantes. Le monde maçonnique est attaché aux traditions et à la transmission de rites qui changent peu avec le temps. Les symboles que nous utilisons sont intemporels puisque nous les retrouvons dans les cultures les plus anciennes. Nous Francs-Maçons, nous devons dessiner une nouvelle voie d'espérance, une nouvelle éthique au nom de nos valeurs fondamentales humanistes, philosophiques, philanthropiques et progressives.

Les francs-maçons devront élargir leurs réflexions maçonniques et la notion d'Humanisme à celle de respect du vivant pour la faire évoluer vers une notion de Respect de la Vie au sens large.

La proposition que nous choisissons est donc de d'abord construire les solutions pour que la société puisse elle-même choisir son avenir et les politiques publiques à mettre en œuvre.

L'expression de la démocratie en continue constitue le moyen de donner du sens au monde d'après dans une société qui pourra à nouveau être apaisée, si une grande majorité reprend la parole et est écoutée. Conscience, Tolérance, Amour, les clés d'un futur humaniste.

Il nous faut saisir l'occasion qui nous est donnée d'une prise de Conscience pour pratiquer la Tolérance et donner de l'Amour aux autres.

Le chemin qui mène à la Lumière suit-il une ligne droite ?

N'est-il pas temps de revivifier, d'actualiser quelques concepts clefs qui sont à la base de notre engagement pour les débarrasser de toutes sortes de scories mortifères ?

Par exemple, qu'entendons-nous exactement aujourd'hui par « humanisme » ? La colonisation, les deux guerres mondiales, les compromissions politiques de toutes sortes ont pu le dévaloriser. Comment aujourd'hui penser l'homme sans prendre en compte ce que nous disent éthologues, philosophes, historiens, militants écologistes, qui remettent enfin l'homme à sa vraie place : un vivant parmi les vivants respectant son environnement, la biodiversité, les animaux.

Il nous semble qu'il faut désormais, dans nos prises de position maçonniques, fuir certains poncifs hérités du passé et rénover quelques notions clés, comme, par exemple, le travail (de quel travail parlons-nous ?), la solidarité, la fraternité, le bonheur, la raison (« lanterne à tête de fourmi », selon le poète Paul Eluard), la laïcité, etc. Il nous paraît urgent de nous repositionner sur ces sujets fondamentaux car nous sommes en quête de Vérité. On connaît la position de Camus : « Mal nommer les choses, c'est ajouter à la misère du monde ».

Il nous paraît nécessaire que notre obédience s'engage enfin concrètement en menant des actions pour l'instauration d'une société plus juste, tout en gardant une hauteur de vue qui fonde notre identité.

Proposons, innovons, combattons plus vigoureusement tous les dogmatismes, retrouvons enfin l'enthousiasme de nos aînés de la IIIe République qui ont souvent mené un remarquable combat social, au lieu de nous enliser dans de vains débats, comme le choix de tel ou tel rituel, la primauté de la réflexion symbolique, etc.

Retrouvons donc ce petit bonheur à hauteur d'homme dont avaient rêvé les philosophes présocratiques comme Épicure et, plus près de nous, Voltaire (dans Candide), notre Frère Paul Lafargue qui réclamait « le droit à la paresse », ou Camus qui imaginait un Sisyphe heureux. C'est une des leçons positives que nous pouvons tirer de la période du confinement qui nous a forcés à « cultiver notre jardin » !

Vers une maçonnerie 4.0

Pour une approche et un usage conscient et responsable du numérique en maçonnerie

Un plan d'action coordonné au niveau de l'obédience et déployé au niveau de chaque loge veillera à :

- Partager les compétences, sensibiliser les Francs-Maçons au numérique : constituer et mettre à disposition des Loges un référentiel accessible à tous (glossaire, bibliographie, didacticiels, bonnes pratiques, planches...).
- Repenser sereinement à ce qui est essentiel dans notre fonctionnement en faisant la part entre ce qui est partie intégrante de notre démarche ou de nos rites et ce pour quoi l'assistance des outils numériques est un gage d'efficacité.
- Réfléchir ensemble régulièrement sur les enjeux du numérique et partager nos conclusions, par exemple en dédiant une QEL à ce domaine, en organisant des débats locaux animés par un expert.
- Travailler ensemble à l'utilisation des outils numériques et à leur harmonisation au profit des synergies internes à notre fonctionnement. Des questions se posent de façon prégnante : Quel outil retenir pour la visioconférence ? Quels standards de formats d'échanges ? Comment sécuriser notre utilisation des outils ? Quels hébergeurs pour nos sites ? ...
- Redéfinir le rôle du « Maître de la Toile », au centre des échanges et de l'animation de sa Loge pour ce domaine technique.

Liste des Loges contributives classées par Région

Région 1 – Antilles – Guyane - Caraïbe

Région 2 – Alpes – Côte d'Azur

Région 3 – Afrique – Asie – Amériques – Pacifique – Océanie dite le Monde

Région 4 – Champagne – Ardenne – Alsace – Lorraine et Loges d'Allemagne

Région 5 - Centre

Région 6 – Est et Loges de Suisse

Région 7 – Ile de France

Région 8 – Languedoc - Roussillon

Région 9 - Ouest

Région 10 – Nord – Pas de calais – Picardie et Loges d'Angleterre

Région 11 Paris 1

Région 12 Paris 2

Région 13 Paris 3

Région 14 Paris 4 et Loges d'Europe de l'Est

Région 15 - Provence – Alpes – Corse et Loges de Sardaigne et d'Italie

Région 16 Sud-Ouest

Région 17 – Sud et Loges d'Espagne

Autres

Edition déléguée : Conform edition
3 rue Darboy – 75011 Paris

Dépôt légal : Janvier 2021
N° éditeur : 978 – 2 – 917075

Imprimé en France

Ouvrage disponible sur
www.conform-edit.com